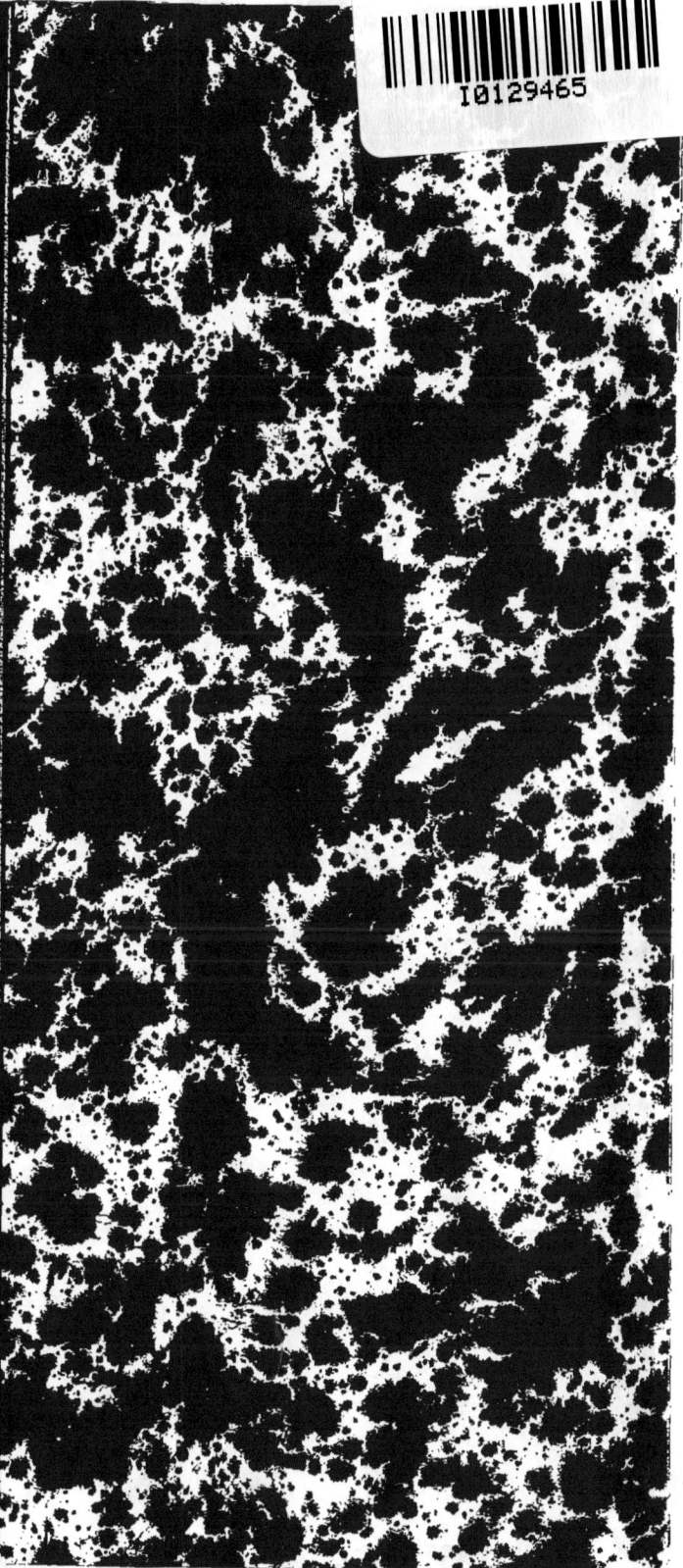

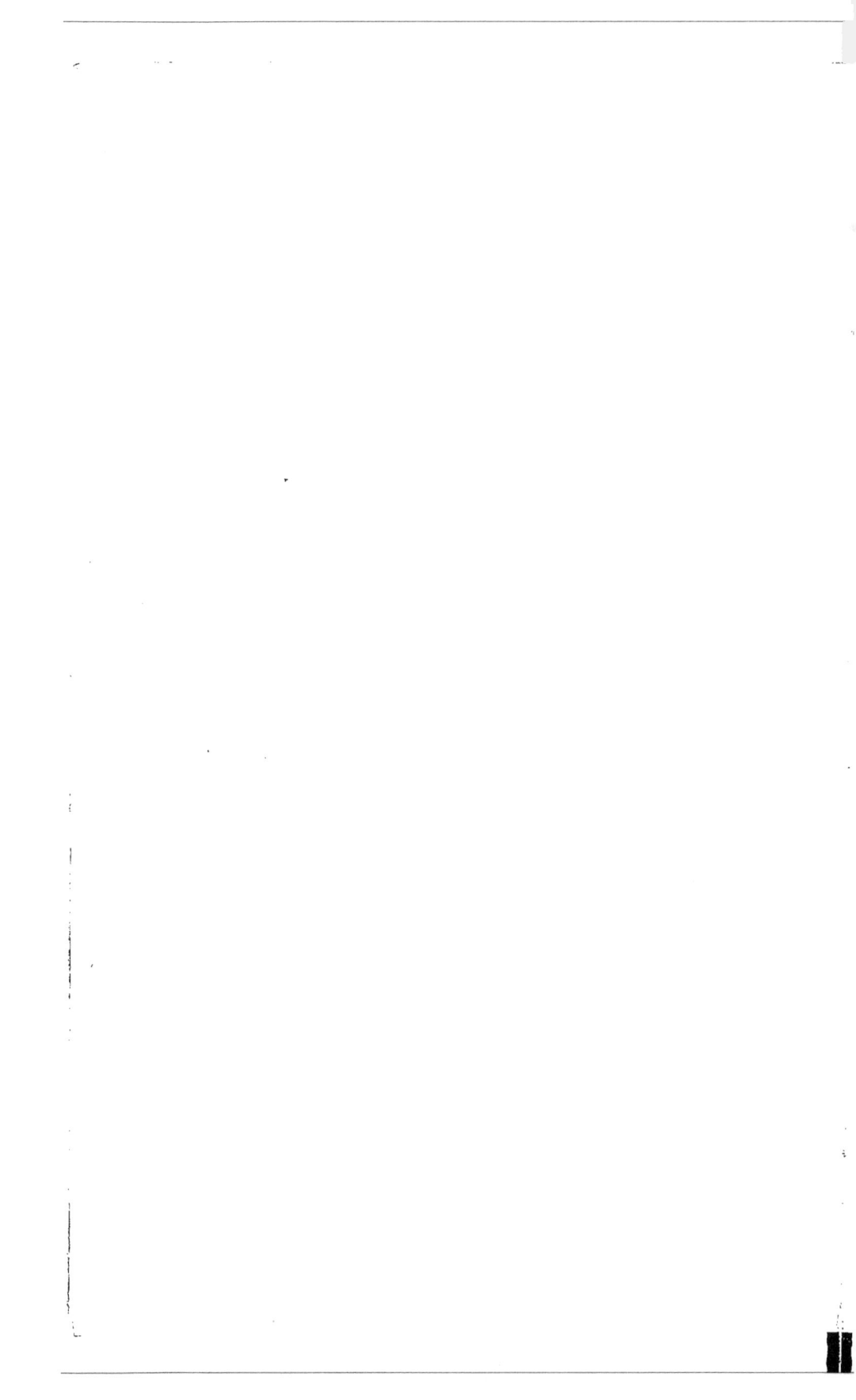

PUBLICISTES

MODERNES

Paris. — Imprimerie P.-A. Bourdien et Cie, rue Mazarine, 30.

PUBLICISTES

MODERNES

PAR

M. HENRI BAUDRILLART

PROFESSEUR AU COLLÉGE DE FRANCE

Nouvelle édition

ARTHUR YOUNG ET LA FRANCE DE 1789.

ROYER-COLLARD. — J. DE MAISTRE.

MAINE DE BIRAN.

ADAM SMITH. — BECCARIA. — J. BODIN. — BACON.

TH. MORUS ET LE COMMUNISME MODERNE.

M. LOUIS BLANC. — M. PROUDHON.

P. ROSSI. — M. JOHN STUART MILL.

PARIS

LIBRAIRIE ACADÉMIQUE

DIDIER ET Cie, LIBRAIRES-ÉDITEURS

QUAI DES AUGUSTINS, 35

—

1863

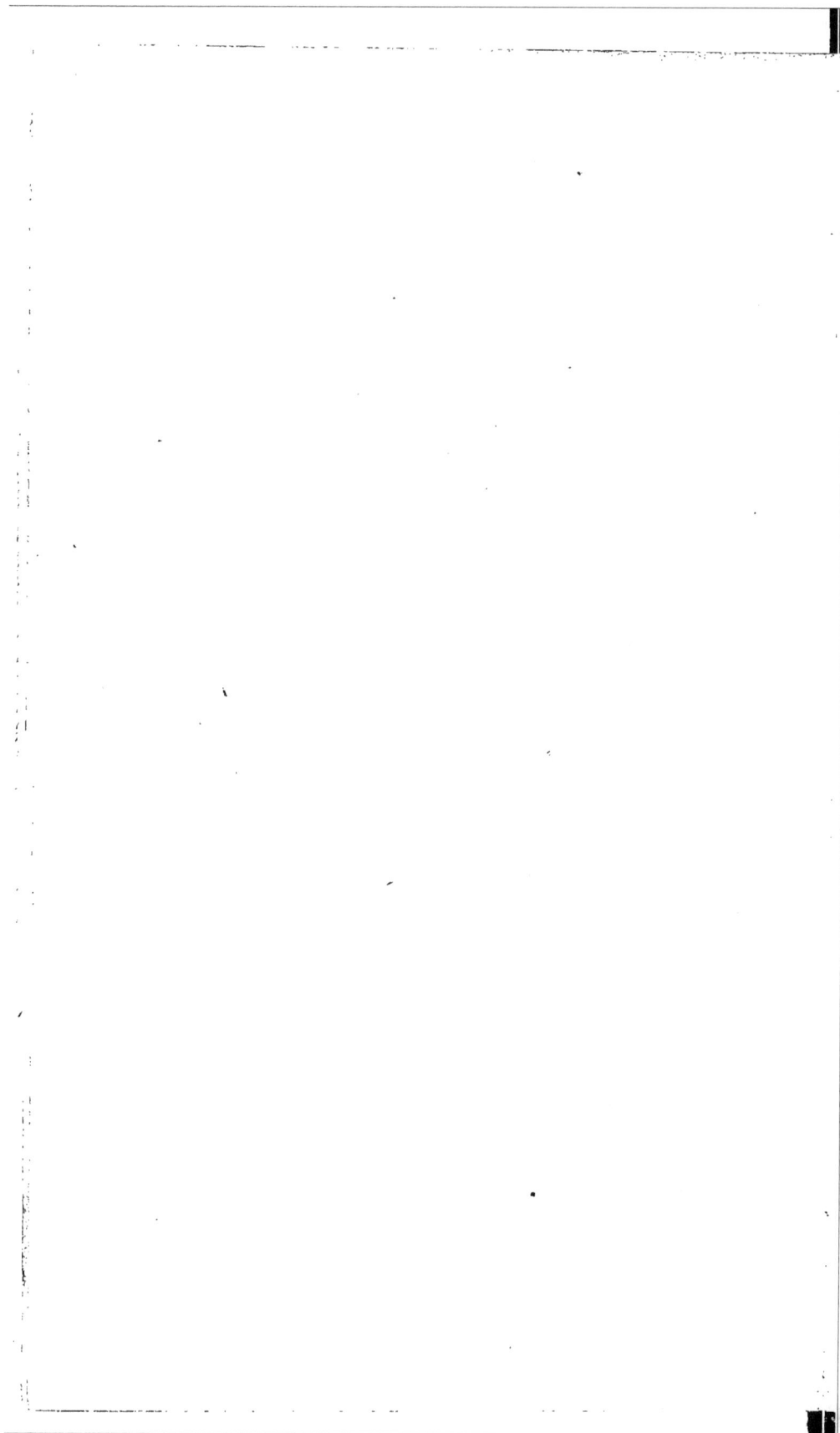

INTRODUCTION

Quelques-unes de ces *Études* sur d'éminents publicistes voient le jour pour la première fois; d'autres ont déjà paru; je ne les soumets à cette épreuve d'une seconde publicité qu'après des corrections et des additions qui les ont en quelque sorte renouvelées. Puissent-elles y avoir gagné en instructive solidité! Des expositions fidèles, des appréciations consciencieuses, voilà tout ce que je promets. C'est bien peu, je le sens. Le lecteur a été rendu plus exigeant par la critique moderne et mis à un autre régime par ce qu'on nomme la critique fantaisiste. Lorsque le critique fantaisiste est une intelligence supérieure, ce qui est le plus ordinaire aujourd'hui, on le sait, le public y gagne deux œuvres originales au lieu d'une, le livre dont il s'agissait de parler, et l'article qui n'en parle pas. Obtiendrai-je mon pardon si, attaché à une méthode plus modeste, je me suis appliqué à donner avant tout une idée exacte des hommes et des théories que je cherche à faire connaître et que j'essaye de juger? Le respect pour le lecteur, superstition dont je suis loin de me sentir dégagé, m'a

a

paru faire une loi de ce souci de son temps et de sa peine. Il faut être bien sûr de soi-même pour croire qu'on les ménage assez en ne faisant des noms les plus illustres, employés comme appâts, qu'un prétexte honnête à parler de soi.

Ce qui m'appartient dans ce volume, c'est l'esprit commun à ces études. Cet esprit est assez sensible partout pour que je sois dispensé de démontrer que raconter et exposer n'a pas été mon unique but. Je défends une cause. A cette cause je pourrais donner différents noms. C'est celle de la société moderne contre des penseurs révolutionnaires qui s'imaginent de bonne foi, en vertu de la théorie du progrès, que la pyramide sociale n'en sera que plus solide quand on l'aura posée sur la pointe. C'est aussi celle de la liberté contre des écrivains absolutistes. C'est celle enfin du progrès moral et matériel contre des publicistes rétrogrades. Toutes ces causes n'en font qu'une; car il n'y a pas de progrès sans un certain respect de la tradition, pas de liberté sans ordre, pas d'ordre durable et profond sans la faculté du développement individuel. L'esprit libéral ne laisse en dehors de lui aux nations modernes d'autre alternative que le marasme ou les convulsions, deux causes de corruption et de décadence qui traînent ou précipitent les peuples à la ruine. Toutefois la pensée qui se dégage de l'ensemble de ces études et qui en est l'âme a quelque chose de plus précis que ce que je viens de dire : c'est la solidarité des libertés unies entre elles par le lien le plus étroit. Je ne crois pas que la liberté puisse désormais se scinder; et, selon mon opinion, c'est en grande partie parce que nous ne l'avons pas suffisamment compris, qu'une de ces libertés précieuses, la liberté politique, couronnement promis à celles dont nous jouissons du moins en partie, a succombé sous nos yeux et donne seulement quelques signes de renaissance.

Non, parmi tant de raisons par lesquelles on explique cette grande chute, aucune n'a eu plus d'influence. Sans doute on peut dire de la liberté politique qu'elle est excellente en elle-même, utile à la grandeur des nations, indispensable à la dignité des individus, nécessaire à la garantie de tous les droits, mais elle ne saurait tirer sa force d'elle seule. La liberté politique a besoin de trouver une base suffisante dans les autres libertés privées et publiques, et elle ne l'avait pas toujours à un degré satisfaisant. Nous avons cru qu'on pouvait allier la liberté avec une centralisation excessive, négation quotidienne, étouffement pour ainsi dire régulier de cette modeste liberté des actions qui intéressent de plus près chacun de nous, comme homme, comme citoyen, comme habitant d'une localité. Qu'on se figure un gouvernement qui, en matière d'instruction publique, ne laisserait subsister que le haut enseignement des Facultés, tout au plus quelques colléges, et supprimerait d'un trait de plume les écoles primaires. Les lumières comme la pratique de la liberté étaient de même concentrées en haut où elles brillaient du plus vif éclat. La masse restait dans l'ombre. Con-

traste affligeant et bien fait pour inquiéter! Spectacle
d'autant plus alarmant qu'il n'était point une exception
à l'état général du pays! En même temps que la France
se plaçait au premier rang par les grandeurs de l'esprit
humain, n'était-elle pas au nombre des pays les plus
mal partagés pour la moyenne de l'instruction répartie entre ses citoyens? Pendant trente-trois ans d'un
développement imposant, la liberté en France a vécu
sur les hauteurs. Elle n'a eu nulle part des maîtres
plus éloquents, nulle part non plus moins de disciples éclairés et fervents. Et comment expliquer autrement qu'elle ait pu disparaître en un jour de tempête? Comment expliquer surtout qu'elle ait disparu
sans que la société en restât aussi profondément atteinte
qu'elle l'avait cru d'abord? Le gouvernement constitutionnel est tombé en 1848. On a craint pendant assez
longtemps que la société, elle aussi, ne fût soumise à
une révolution radicale. Il n'en a rien été. Sous le coup
d'un vent violent on croit entendre craquer jusqu'aux
racines de l'arbre qui ploie et semble se briser; mais on
s'aperçoit bientôt que le faîte seul a été renversé: C'est
trop, beaucoup trop : ce n'est pas assez pour avoir ébranlé
le tronc vigoureux qui résistera à d'autres tempêtes
non moins redoutables peut-être.

Il faut que le nouveau parti libéral conçoive bien ceci,
c'est que l'extension des libertés religieuses et civiles,
et, avec elle, comme cause et comme conséquence tout
ensemble, la décentralisation, sont les conditions absolues du succès de la liberté politique. Vouloir la liberté

générale sans la liberté particulière, la liberté publique sans la liberté locale, c'est vouloir la patrie sans la famille, la nation sans l'individu. On ne saurait séparer l'usage de la liberté politique, qui demande un apprentissage régulier et prolongé, de l'usage de ces libertés plus élémentaires. Dans un roman socialiste, naguère célèbre, le *Voyage en Icarie*, l'auteur, comme s'il était las lui-même du tableau de la félicité toute faite qu'il destine à ses Icariens, s'émancipe jusqu'à déclarer qu'après avoir joui du bonheur réglementaire pendant six jours, ils seront entièrement libres de faire tout ce qu'ils voudront... le dimanche. La liberté qui consiste à aller de temps en temps porter un nom dans une urne pour élire un représentant ne ressemble-t-elle pas un peu trop à cette liberté du dimanche, que M. Cabet promettait à ses communistes ? Malheureusement, l'expérience le prouve, on ne redevient pas capable de liberté à jour fixe, pas plus que de vertu. La liberté n'est pas une distraction qu'on se donne, une fête qu'on célèbre de temps en temps, la liberté est une habitude.

Il s'agit pour nous non de la reprendre, quoi qu'on en ait dit, mais de la prendre enfin, cette habitude fortifiante et salutaire. Il est en effet douteux que nous l'ayons jamais eue, et je ne sais s'il n'entre pas un reste de présomption dans nos regrets. Les vraies habitudes d'un peuple ne se perdent pas en vingt-quatre heures. On a mis en avant, pour expliquer l'insuccès de la liberté, deux hypothèses également peu flatteuses. Les uns ont prétendu que la nation française était servile, les autres qu'elle était ingouvernable. Servile ! Non, la servilité n'a jamais été le caractère de cette nation. En France, l'esprit reste trop libre pour que les volontés y demeurent longtemps aplaties. La flatterie, même sous Louis XIV, était trop spirituelle, en même temps que trop sincère, pour être basse. Boileau, Molière, La Fontaine, respectueux avec enjouement, flattent sans s'avilir. Qu'on nous cite un seul gouvernement en France, sauf celui de la Terreur, où l'on n'ait pas ri des choses ridicules. Signe infaillible d'affranchissement, comme le contraire en est un de servilisme sans remède. Les Romains de l'empire ne riaient pas même du cheval consul de Caligula. Les Orientaux peuvent tout voir sans avoir l'idée de se moquer. L'esprit frondeur, dont je reconnais au reste les défauts, et qui est chez nous poussé jusqu'à l'excès, n'est pas, hâtons-nous de le dire, le seul obstacle au servilisme. Où est l'époque qui n'ait vu se déployer de fermes caractères ? Ce qu'on appelle servilité, il faut le dire à l'honneur de la France, s'est bien rarement montré sans l'illusion de quelque grand motif de gloire nationale ou d'ordre public, sans quelque mélange honnête de dévouement et même de fanatisme. On dit, en revanche, que nous sommes ingouvernables. Si nous avons jamais mérité ce reproche, nous nous en sommes tellement repentis, qu'il y aurait presque un manque de générosité à nous l'adresser aujourd'hui. Mais est-il bien vrai qu'il soit ingouvernable, le peuple qui depuis si longtemps veut tant être gouverné et en tant de choses ? La France prise en masse ne doit pas être jugée sur la minorité remuante qu'elle renferme. La France a presque toujours aimé ses chefs jusqu'à la passion. Lorsqu'ils sont tombés, ç'a été soit par leurs excès, comme en 1814, et devant la force étrangère que favorisait l'épuisement des forces nationales surmenées sans aucune mesure ; soit pour s'être mis directement, comme en 1830, en opposition avec le pays et avec la foi jurée; soit, comme en 1848, par un de ces coups de surprise qui accusent eux-mêmes bien plus le vice du mécanisme centralisateur envoyant du centre aux extrémités des révolutions toutes faites, que la conspiration hostile des volontés.

Gouvernants et opposants, pendant toute la durée du gouvernement constitutionnel, nous semblent avoir commis la même erreur. Tous, ou presque tous, ont donné les mains aux gênes administratives, aux empêchements mis au libre exercice des cultes, aux entraves économiques, aux règlements excessifs et multipliés, à l'effacement de la vie communale et de tout ce qui n'était pas, dans les provinces, le pouvoir central représenté par les préfets. On semble s'être appliqué à envisager la liberté, soit pour l'étendre, soit pour la restreindre, surtout par son côté critique et négatif. On a fait d'elle le synonyme de contrôle du gouvernement. Sens beaucoup trop restreint, et qui a le tort de la faire apparaître aux intérêts uniquement sous ses faces menaçantes pour la tranquillité publique. Surveiller et critiquer n'est pas toute la vie d'un peuple libre : ce n'est qu'une des expressions et pour ainsi dire l'aspect

militant de la liberté. Surveiller, critiquer, contrôler le
gouvernement, ce n'est pas nécessairement limiter sa
sphère d'action et l'empêcher d'empiéter sur le domaine
de l'activité privée. Affaiblir le gouvernement n'est pas
la même chose que fortifier l'individu, quoi que pen-
sent là-dessus trop de gens. Ni le droit de suffrage,
ni le gouvernement des majorités ne s'opposent à ce
que l'État jouisse d'une masse de prérogatives qu'aucun peuple réellement libre ne lui a jamais concédées.
Or, si la liberté politique cesse d'apparaître comme
une garantie de tous ces droits individuels, de toutes ces
libertés précieuses à exercer, est-il étonnant que l'élite
seule qui voit en elle un noble but et un des plus grands
modes de l'activité humaine y demeure fermement
attachée ? C'est une des plus belles et des plus utiles
distinctions de la moderne philosophie politique que
celle de la souveraineté et de la liberté [1]. La même importance s'y attache qu'à celle du spirituel et du temporel, de l'Église et de l'État. La souveraineté est si peu
synonyme de la liberté, qu'on les voit souvent aller
l'une sans l'autre. Prendre part au gouvernement, ce
n'est pas assurer dans tous les cas la liberté de ses
actions contre le gouvernement. Tout le monde est souverain et personne n'est libre dans l'État imaginé par
Rousseau, ce type encore aujourd'hui de la république
démocratique et sociale. La souveraineté est une très-

---

[1] Peu d'écrivains, dans ces derniers temps, auront plus contribué à bien formuler et à répandre cette distinction que M. La-
boulaye, notamment dans son beau travail sur *l'État et ses limites*.

vieille idée, fort pratiquée des anciens, la liberté civile et religieuse est une découverte moderne, comme la liberté économique, qui n'est elle-même qu'une des manifestations de la liberté civile. L'union intime de ces libertés se révèle à la théorie aussi bien qu'à la pratique. Comment, là où règne la liberté de choisir son Dieu et d'exercer son culte, contesterait-on à l'individu, avec quelque apparence de bon sens et de logique, le droit de dire son opinion sur les choses de l'ordre temporel ? Comment la liberté de la pensée n'entraînerait-elle pas celle de l'action, celle d'exercer ses facultés, dès lors de suivre telle ou telle profession sans rencontrer d'autres entraves que celles que commandent impérieusement la sécurité publique et le respect d'autrui ? Et quelle liberté n'exige pas à son tour, comme complément ou comme garantie, la liberté du travail ? Qui n'a remarqué, en fait, combien les peuples fortement habitués à la pratique de la liberté religieuse sont plus façonnés à celle des autres libertés et combien ils y tiennent davantage ? C'est donc l'appui mutuel des libertés qu'il faut prêcher et chercher à établir, et pour les rendre fortes chacune individuellement, et pour empêcher chacune prise à part d'être dangereuse. Je comprends, l'avouerai-je ? qu'on ait trouvé qu'une presse aussi centralisée que la nôtre, et qui est ou était à elle seule une sorte de pouvoir public, ait paru un péril en face de la désorganisation de toutes les influences intermédiaires entre l'individu et l'État. Le jour où la presse départementale existera réellement au lieu d'être un reflet de celle de Paris, la liberté de la presse aura perdu la moitié de ses inconvénients, que l'on exagère d'ailleurs, et dont on ne l'a que trop guérie. Mais la naissance d'une presse provinciale tient elle-même au réveil de bien d'autres libertés locales. Une liberté isolée, loin de puiser sa force dans la faiblesse des autres, participe de cette faiblesse et risque de s'affaisser sur elle-même.

Il est certain que l'erreur de l'ancien parti libéral, non pas dans tous ses groupes, mais dans ses groupes les plus nombreux et les plus influents, a été de méconnaître cette solidarité fondamentale des libertés. L'ancien parti libéral professait, par exemple, un respect fort médiocre pour la liberté religieuse. Lorsque Béranger, dans une de ses chansons politiques, dit ce mot : *Qu'il soit permis d'aller même à la messe,* cela sembla presque audacieux et parut une concession des plus méritoires à ceux qui n'y allaient pas. Eux-mêmes, en récitant ce vers avec une sorte de componction, s'extasiaient sur leur tolérance. Si le poëte populaire, ou quelque publiciste du parti avait dit : qu'il soit permis aux catholiques de se réunir, de s'associer, il eût passé pour un rêveur ou pour un transfuge. Le même parti, en revanche, eût trouvé peut-être assez naturel que ces mêmes Parisiens, qui renversent et remplacent en trois jours le gouvernement de toute la France, n'eussent pas la moindre voix au chapitre quant à leurs affaires municipales, et assistassent, les bras croisés, à tout ce que veut bien faire une autorité tutélaire pour l'embellissement de leur ville.

En voilà assez pour indiquer la pensée qui anime les *Études* comprises dans ce recueil. J'y reviens sans cesse sur les conditions modernes de la liberté, conditions morales, conditions politiques, conditions économiques. On ne s'étonnera pas sans doute de la place que j'accorde à ces dernières : j'entends les conditions économiques. Elles sont, à mon avis, fondamentales. L'économie politique et l'industrie, — mot qui signifie l'agriculture et le commerce aussi bien que les manufactures, — ont été parfois accusées de se montrer peu favorables à la liberté en répandant le goût des intérêts, et on a même reproché à celle-ci de tendre à l'abaissement des esprits et des caractères. C'est un reproche, selon moi, peu fondé, quand on l'examine de près. L'industrie vit de liberté et de publicité. En multipliant les intérêts, elle multiplie les besoins de garantie. Un peuple composé de propriétaires soit de terres, soit d'actions, soit de toute autre forme de biens, tient à l'ordre avant tout sans doute, mais il ne tarde pas, par cela même, à comprendre que rien ne lui est plus fatal que l'arbitraire. L'industrie veut la responsabilité dans le pouvoir. Elle est libérale par calcul comme d'autres forces sociales le sont par générosité. Quant au reproche d'abaisser les âmes, ce qui est une autre manière de déclarer qu'elle les rend incapables de liberté, peut-être il me sera permis ici de reproduire quelques-unes des réflexions et des paroles que j'y opposais naguère devant mes auditeurs du Collège de France, en réponse à de nouvelles attaques émanées parfois d'esprits éminents et libéraux.

« On prétend, disais-je, qu'il y a de nos jours une
tendance marquée, chez un grand nombre d'hommes,
à s'enrichir sans travail. On ajoute que le goût du luxe
a tout envahi, et que l'opinion, se faisant complice,
accorde à la fortune une estime disproportionnée, qui
classe les hommes moins en raison de ce qu'ils sont
que de ce qu'ils ont. J'accorde tout ce qu'il y a de vrai
dans un pareil tableau, mais je pense aussi que la société française, prise dans sa masse, ne ressemble pas à
cette peinture. Jamais, en ce qui regarde la propriété,
la source n'en a été plus pure. Jamais elle n'a été autant que depuis un demi-siècle le fruit du travail honnête. Pour la propriété foncière, nos vingt millions de
paysans propriétaires vous diront à quel prix la propriété s'acquiert et se maintient. Si c'est cet esprit même
de travail modeste, d'humble épargne qu'on accuse
comme ne donnant lieu qu'à des vertus secondaires,
subalternes, intéressées, qui ne feraient qu'abaisser
l'idéal moral de l'humanité et la rendre incapable de
vertus publiques comme de sentiments élevés, je ne sais
que répondre, tant il me paraît peu vraisemblable que
ces vertus simplement estimables, dites si vous voulez
médiocres, qui prennent dans la masse la place des
vices qu'engendrent la misère, l'ignorance et l'irré-
flexion, fassent obstacle à un développement moral supérieur, au déploiement des vertus les plus délicates et
les plus hautes !

« Est-il vrai qu'il y ait en effet moins de fermeté, de
noblesse, d'élévation morale dans la société de nos

jours? Tout ce qu'on peut dire, c'est qu'en faisant même grande la part du mal, ce n'est pas l'aisance, ce n'est pas l'industrie qu'il en faut accuser; elles y sont étrangères. La cause du mal est plus profonde. Un grand vide s'est fait dans la partie la plus divine de l'âme humaine. Ce vide, il serait insensé de l'imputer à l'industrie : il existait avant ses derniers progrès; les causes qui l'ont accru datent de loin; les unes sont purement philosophiques et tiennent à la situation même de l'esprit humain à qui manque une croyance, une foi supérieure, et qui s'agite ou s'endort faute de la trouver; les autres sont politiques et tiennent à l'état de la société. Si réellement quelque chose a fléchi, s'est abaissé dans l'homme moral, accusez-en ces révolutions successives qui ont si profondément troublé les cœurs, accusez-en le manque de principes en toutes choses. La cause du mal est là, non ailleurs. Et la preuve, c'est que lorsque l'homme aperçoit clairement son devoir, on ne voit pas qu'il y manque plus que par le passé. Voilà pourquoi, nous l'avons constaté récemment à la gloire de nos armées, son dévouement n'a pas cessé d'être admirable à la guerre : il n'éprouve là aucune perplexité sur le devoir à remplir, il voit le but, et il s'y dévoue.

« Comment contester que l'industrie ait sa grandeur propre, puisqu'elle représente les conquêtes successives de l'esprit humain sur la matière? Mais quand, en outre, elle a pour double effet l'élévation de la moyenne du bien-être dans un même peuple et le rapprochement pacifique des nations, alors elle ajoute à la puissance matérielle du fait la grandeur de l'idée. Le dix-neuvième siècle représente l'inauguration de la plus grande pensée générale qui ait jamais paru dans le monde, à savoir, cette pensée que l'humanité a une destinée collective à poursuivre. Jusqu'alors les nations avaient suivi leur chemin dans un isolement systématique et sur le pied d'une hostilité réciproque. L'humanité commence à s'appliquer ce que Pascal avait dit seulement de l'homme intellectuel considéré comme *un seul être qui se développe continuellement*. Elle s'est mise par l'organe des peuples les plus avancés à chercher en commun les moyens d'assurer ce développement de sa puissance, non plus seulement sous la forme des découvertes scientifiques transmises d'une main à une autre et s'accroissant sans cesse, mais sous toutes les formes, non plus seulement dans le temps, mais dans l'espace. Je dis qu'il y a à cela une incontestable grandeur ; prétendra-t-on que la liberté doit en souffrir ? Je répondrai que c'est le contraire qui paraît vraisemblable. L'affranchissement des grossiers besoins est la condition première de tout affranchissement. L'aisance ne confère pas à elle seule les qualités qui font le citoyen libre ; il y faut des vertus morales ; car la liberté n'est pas un pur agrément ; elle est une tâche, un fardeau ; mais l'aisance permet ces vertus, elle y contribue ; les peuples les plus riches aujourd'hui sont aussi les plus libres ; là où règne la misère, dites adieu à la liberté !

« L'antiquité, le moyen âge, l'ère moderne ont eu, sans doute de grands hommes, images à jamais glorifiées du génie humain. Ils expriment la civilisation dans ce qu'elle a de plus élevé. Mais il ne faudrait pas oublier, quand on nous les montre en exemple, que, s'il y a des grands hommes qui sont comme les points culminants de l'humanité, il y a aussi des masses. Dans les républiques anciennes, l'immense majorité, réduite à la condition d'instrument de travail, était esclave. A-t-on le droit, quand on compare les deux civilisations, de glisser là-dessus comme sur un détail accessoire? Que les panégyristes trop exclusifs de l'antiquité osent donc s'avouer un peu plus qu'il y avait les plus grandes chances pour qu'ils ne fussent eux-mêmes ni des Thémistocle, ni des Euripide, ni des Scipion, ni des Cicéron, ni même des hommes libres, mais au nombre de ces pauvres esclaves qui grattaient la terre ou tournaient la meule. Je ne veux ôter aucun de ses mérites au moyen âge. Je consens à n'être frappé que des vertus chevaleresques des barons et non de leurs vices, je ne m'attache qu'aux personnifications héroïques ou saintes de cette époque; mais je ne puis pas ne pas entendre comme l'écho d'un long gémissement partant du sein des villes, et courant dans les campagnes, que l'histoire, idolâtre des grandes figures, n'a pourtant pas étouffé. Je me transporte au dix-septième siècle. J'assiste en imagination aux tragédies de Corneille, aux comédies de Molière, aux oraisons de Bossuet. J'ai soin de me placer en idée dans l'élite qui forme la cour. Mais

Vauban m'apprend qu'il y a eu aussi dans cette époque glorieuse sans doute, mais qui ne fut ni heureuse
ni libre, d'affreuses misères. La Bruyère décrit ces êtres
abrutis répandus dans les champs, qu'il fallait regarder
de près pour s'assurer qu'ils avaient une face humaine.
Madame de Sévigné me parle presque en riant de ces
pauvres paysans, dont on pend un ou deux, de temps
à autre, pour je ne sais quelle cause frivole. J'avouerai
qu'en présence de ces tableaux je n'ai pas la force de ne
voir dans le monde que l'importance qui s'attache aux
grandes personnalités, et que si l'homme me frappe
en tant qu'il dépasse de la tête le niveau de ses semblables, l'homme en tant qu'homme me touche encore
davantage. S'il était vrai que pour former une de ces
statues sublimes qui dominent les siècles il fallût comme
matière première l'esclavage, le servage, l'anéantissement moral et intellectuel du grand nombre; alors,
avec regret, mais sans hésiter, je dirais : Périssent les
grands hommes, mais que l'humanité ne périsse pas!

« Heureusement cette alternative n'existe point. Le
développement industriel qui ouvre une carrière à l'activité du plus grand nombre, et qui peut seul donner
satisfaction à ses besoins, n'a rien qui s'oppose aux développements les plus élevés de la pensée, de l'art et de la
liberté. Bien loin de là. Sparte, si peu libre, Sparte qui
repoussa l'industrie et le commerce, n'a produit ni un
savant, ni un artiste. C'est au contraire au moment de
sa plus grande prospérité commerciale qu'Athènes a pu
enfanter Phidias et Platon. Quelle cité s'est rapprochée

davantage chez les anciens de la vraie liberté? La libre Angleterre, en même temps qu'elle produisait des inventeurs et des industriels comme Watt et Arkwright, enfantait avec Byron la poésie la plus rêveuse et des types auxquels du moins on n'a jamais reproché d'être plats. Quant à l'Italie, d'où vient donc que Venise, depuis qu'elle a cessé d'être une république de marchands, ne nous montre plus de Titien?

« Pourquoi se complaire à exagérer le conflit entre les idées et les intérêts? Les idées et les intérêts ne sont-ils pas également indestructibles? Les idées ne peuvent pas plus périr que l'esprit humain dont elles sont la vie, les intérêts sont immortels comme la société dont ils forment la base et l'indispensable ciment. L'inconséquence est la même de la part des intérêts à se montrer dédaigneux des idées, et de la part des idées à mépriser les intérêts, puisque les idées prennent pour ainsi dire corps dans les intérêts, puisque les intérêts empruntent aux idées leur légitimité, leur progrès et leur conformité avec l'ordre. La vraie science comme la bonne politique doit s'attacher à maintenir cette union féconde. »

Cette pensée n'a pas cessé de me guider dans ce recueil d'*Études* comme dans d'autres écrits d'une nature plus purement théorique. La politique domine dans ces études qui s'appliquent à d'illustres publicistes dont il est bien difficile de parler avec un peu d'étendue sans passer en revue quelques-uns des principaux points de vue auxquels le gouvernement et la société

peuvent être envisagés. Mais, par suite des raisons que
je viens d'indiquer, je fais aussi sa part à l'économie
politique. Elle s'unit de plus en plus à la politique
proprement dite. De même je reste convaincu, malgré
l'espèce d'ingénuité qu'on attribue à cette opinion,
que l'une et l'autre se sépareront de moins en moins de
la morale au sein de l'Europe chrétienne. N'est-ce pas
dire assez que je crois au progrès et non à la décadence?
Aux raisons que j'essaye de donner de ma foi per-
sistante à la liberté sous toutes les formes et au perfectionnement des relations sociales de classe à classe,
de peuple à peuple, le temps, je l'espère, en ajoutera
d'autres. En attendant, je trouve cette foi suffisamment
abritée par ces paroles d'un éminent publiciste qui ne
sont que le résumé même de l'histoire de la civilisation :
« Un principe, une idée, un sentiment, écrit M. Guizot
dans un de ses récents ouvrages, plane depuis quinze siècles sur toutes les sociétés européennes, sur la société
française en particulier, et préside à leur développement : le sentiment de la dignité et des droits de tout
homme, à ce titre seul qu'il est homme, et du devoir
d'étendre de plus en plus à tous les hommes les bienfaits de la justice, de la sympathie et de la liberté...
L'Europe entière et notamment la France marchent,
depuis quinze siècles, dans les mêmes voies d'affranchissement et de progrès général. Ces voies ont conduit les peuples qui s'y sont le plus résolûment engagés,
à ce haut degré de puissance, de prospérité et de grandeur que nous appelons et que nous avons droit d'ap-

peler la civilisation moderne... Dieu ne trompe pas le genre humain; les peuples ne se trompent pas constamment dans le cours d'une longue destinée; l'abîme n'est pas au bout de quinze siècles de mouvement ascendant; ce qui a été, depuis quinze siècles, un principe de vie et de progrès, n'est pas aujourd'hui une cause de décadence et de mort. » Ces paroles, même alors que je combats avec le moins de ménagement certaines théories qui abusent de l'idée du progrès, auraient pu servir d'épigraphe au volume que je publie.

Henri BAUDRILLART.

10 juillet 1862.

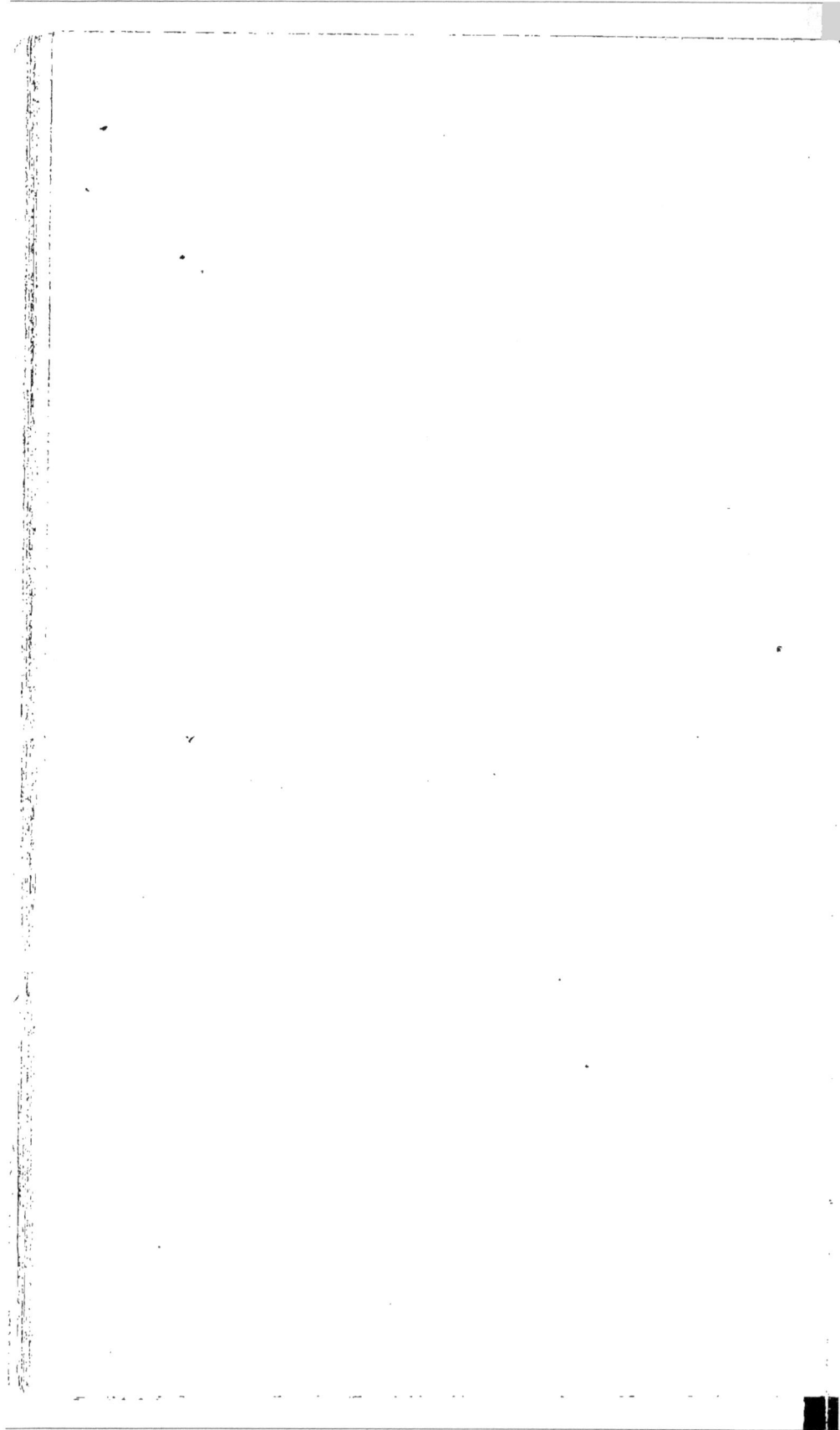

PORTRAITS

PUBLICISTES MODERNES

TABLEAU HISTORIQUE

DES PROGRÈS DE LA PHILOSOPHIE POLITIQUE [1]

I

A mesure que nous nous appliquons à mieux comprendre les liens intimes qui unissent entre elles les
diverses manifestations de l'esprit humain, poésie, art,
philosophie, politique, nous risquons moins de tomber
dans ces histoires purement abstraites qui rétrécissent et
faussent leur objet à force de l'isoler. On peut montrer
les inconvénients de cette méthode critique qui substitue l'explication à l'enthousiasme, l'histoire à l'idéal,
l'observation et l'érudition à la leçon de morale et de
goût; on ne saurait de nos jours complétement s'y sous-

---

[1] *Tableau historique des progrès de la Philosophie politique*, par
M. Edmond de Beauverger, 1 vol. in-8°.

1

traire, car elle marque un pas nouveau de la réflexion. Tâchons seulement de ne pas la pousser à ce point où l'expérience instructive mènerait à l'indifférence. Nous aurions alors moins gagné que perdu. Se rendre un compte exact des conditions dans lesquelles sont nés tels et tels système, se sont développées telles et telles formes, c'est bien. Chercher la vérité et la beauté, les aimer, s'y attacher de toute son âme, c'est mieux encore. Ce serait à tort que l'on voudrait séparer la Politique des circonstances générales de race, de climat, de configuration géographique, de traditions historiques de toute nature dont elle est à beaucoup d'égards une résultante. Est-ce à dire pourtant qu'il n'y ait pas là aussi un idéal à atteindre et quelque chose d'absolu? Prise dans son sens le plus général, la politique relève de la morale dans ce que celle-ci a d'éternel et de nécessaire. De même qu'à travers les différences que mettent entre les hommes la forme du crâne et la couleur de la peau il subsiste un type commun qui est l'*homme*, de même, à travers toutes les diversités secondaires qui tiennent à de variables éléments, il y a un type constitutif de la Politique, qui se rapporte aux éléments fixes du droit naturel et du droit civil, et aux lois stables selon lesquels se gouvernent ces machines vivantes qu'on appelle les gouvernements.

Il peut donc y avoir une philosophie politique; et par le fait la succession des systèmes atteste qu'il y en a une; est-il également vrai de dire qu'elle ait réalisé des progrès, des progrès tels que l'écrivain qui en retrace l'histoire puisse en faire l'objet et le titre même de son ouvrage? Nous avons fait bien des révolutions; en avons-nous découvert une seule cause qui ait échappé à la sagacité profonde d'un Platon et d'un Aristote? Opérant, pour ainsi dire, à l'aide d'une intuition prodigieuse, sur la masse des Constitutions connues de leur temps, ont-ils laissé un des grands ressorts de la politique sans l'indiquer, une seule des maladies du corps social sans la décrire? Combien de fragments de politique à l'usage de toutes les époques, aisés à formuler en lois et en principes, d'une application universelle, ne trouve-t-on pas dans Polybe et dans Thucydide, dans Tacite et dans Tite-Live? Pourtant je crois que l'on a le droit de parler des progrès de la Politique. On a ce droit, si on désigne ainsi ce qui est relatif aux formes de gouvernement. On l'a plus visiblement encore si l'on met sous le même mot la connaissance de la constitution intime des sociétés et des conditions diverses de leur développement. La science politique juge aujourd'hui les relations sociales au nom d'une morale plus haute, plus pure, plus humaine. Elle se complique de toute une science nouvelle, science des lois qui président à l'organisation de l'industrie humaine, à la répartition de la richesse librement créée et se distribuant par de libres contrats entre les membres de la société. Certes, la Politique proprement dite, la *science du gouvernement*, s'est perfectionnée, elle aussi, chez les peuples modernes. Ils connaissent et pratiquent mieux la division des pouvoirs. Le gouvernement représentatif, tel que nous l'entendons, est une découverte moderne, presque autant que l'imprimerie et la vapeur. Quel changement ne pâlit pourtant devant la transformation radicale qui a pour symboles une nouvelle constitution du travail, une autre organisation de la propriété, la réforme de la famille, et cette conquête admirable, la distinction du spirituel et du temporel, la séparation de la religion et de l'État, qui garantit à la fois la liberté des consciences et le repos des sociétés? Enfin rattachez-vous à la philosophie politique la philosophie de l'histoire s'élevant ou cherchant à s'élever à une conception générale des destinées de l'humanité? Ici encore on se trouve placé en présence d'un élément nouveau. Les Vico, les Herder, les Condorcet, les Hegel n'ont pas d'analogues grecs ou romains.

Les progrès de la philosophie politique ainsi définie et comprise ne me semblent donc pas devoir être sérieusement contestés. Pour les nier, il faudrait nier la supériorité de la religion des modernes sur celle des anciens, nier la supériorité de nos mécanismes politiques, nier la supériorité de notre philosophie sociale. Plus de barbares, plus d'esclaves, des êtres égaux devant Dieu, égaux devant la loi humaine comme devant la loi divine, libres de la liberté spirituelle pour le culte, de la liberté civile dans le choix d'une profession comme dans l'exercice de leurs différents droits : l'initiative partant de l'individu, c'est-à-dire l'homme primant le citoyen; la patrie *objet d'un amour de préférence et non plus d'exclusion*, selon la belle expression de Turgot; la solidarité des peuples comme des classes, c'est là un fait, c'est là un idéal vraiment nouveau. Toutes les nations, d'un pas plus ou moins lent ou précipité, s'y acheminent. Nier un tel résultat, encore une fois, serait impossible. Ne pas y voir un progrès serait pousser l'aveuglement au delà de toutes les limites permises à l'esprit de système et de parti pris.

Le progrès existe; l'erreur serait de faire des écoles politiques qui ont paru dans le monde depuis l'avénement du christianisme une série continue dans laquelle chaque anneau marquerait un perfectionnement inévitable. Aucun tableau n'offre, au contraire, plus de confusion. Les tendances les plus opposées s'y livrent bataille comme dans une arène. Même aujourd'hui il s'en faut bien que l'idée antique et païenne soit passée à l'état de chose morte; tant que l'esclavage subsistera et comptera des partisans, tant que l'émancipation de l'individu des trop nombreuses tutelles de l'État ne sera ni achevée ni généralement admise à titre de principe, tant que de grandes nations permettront et que des penseurs trouveront bon qu'on identifie l'Église avec l'État ou l'État avec l'Église, l'idée antique, dans ce qu'elle a de contraire à la civilisation moderne, n'aura pas cessé d'exister, le paganisme politique ne sera pas mort. L'autre cause d'opposition entre tant de théories en lutte les unes avec les autres tient à l'extrême diversité des régimes qui se sont succédé en Europe depuis la période romaine : féodalité, monarchie tempérée, monarchie pure, monarchie constitutionnelle, république ou empire plus ou moins imités de la Rome des tribuns ou des Césars. C'est l'effet de toute forme de gouvernement qui a duré de laisser non-seulement des regrets et des espérances qui lui forment un *parti*, mais des défenseurs systématiques qui lui forment une *école*. Nous l'avons assez vu depuis soixante ans.

Quelle division introduire dans cette foule d'écoles qui, depuis l'antiquité, sont à la recherche du *souverain bien politique?* Cela dépend du point de vue auquel on se place. La politique, envisagée comme branche et dépen-

dance de la philosophie, a ses spiritualistes et ses matérialistes, les uns croyant au droit et au devoir, les
autres ne professant d'autre culte que le succès et la
force. Considérée comme la recherche des conditions du
bonheur social, elle a ses rêveurs et ses inspirés, livrés
au souffle de la fantaisie et chercheurs intrépides de la
félicité absolue; elle a ses observateurs calmes et sagaces.
Enfin, s'il s'agit de classer les écoles par la préférence
donnée à telle ou telle forme de gouvernement, ne
pourrait-on pas les ramener à deux : les partisans des
gouvernements simples, les partisans des gouvernements tempérés? Cette division n'est pas aussi usitée,
je ne l'ignore pas, que celle qui classe les publicistes
en amis de la monarchie et de la république, de l'aristocratie et de la démocratie, mais peut-être elle va plus
loin. Il y a telle manière de concevoir la république qui
se rapproche fort de la conception de la monarchie absolue. Spinosa est démocrate, Hobbes est un partisan
déclaré de la monarchie absolue; il n'existe pas moins
de profondes analogies entre ces deux publicistes, également enivrés de l'idée de la simplicité dans la constitution de l'État, maître omnipotent et unique. Combien
tous deux, au contraire, ne diffèrent-ils pas de Montesquieu et des publicistes que l'on a nommés depuis *constitutionnels !*

Un tableau même rapide de la philosophie politique
suffit pour motiver la préférence à donner aux gouvernements mélangés sur les gouvernements simples. Tout
s'est compliqué dans les sociétés modernes. Cette complication est un de leurs traits distinctifs les plus saillants.
C'est pourquoi nous comprenons aussi peu la simplicité

absolue du gouvernement chez les modernes que nous la comprenons aisément dans certains États de l'antiquité. Un œil attentif a d'ailleurs bien vite aperçu que l'apologie des gouvernements simples n'est qu'un accident dans l'histoire de la politique sous la plume des écrivains de génie. Presque toujours ceux qui les ont soutenus sont ou de ces esprits éblouis par l'antiquité, qui adorent l'histoire dans le passé et qui ne la comprennent pas vivante autour d'eux, ou des logiciens emportés, bâtissant *a priori* leur État idéal sur un modèle fourni par l'imagination. Les hommes qui ont laissé un autre renom que celui de rêveurs, ceux qui ont mêlé l'observation à la spéculation dans une juste mesure ont décidément accordé la préférence aux gouvernements tempérés, à ces gouvernements qui admettent dans l'organisation du pouvoir un mélange d'éléments distincts se limitant les uns les autres. On le comprend aisément. Ces publicistes étaient des moralistes comme Platon, Aristote, Cicéron, ou des hommes pratiques qui avaient su lire dans les enseignements des faits. Aux moralistes l'étude de la nature humaine montrait que l'indispensable condition de la sagesse, si ce n'est la sagesse même, consiste dans un certain équilibre de nos facultés; que si on laisse une seule pensée, une seule tendance, établir son empire absolu sur notre nature, elle se corrompt inévitablement; que la variété est la condition de tout ordre vrai; que la prédominance unique d'un seul principe, pensée ou passion, n'est bonne à produire que des monstres, des monstres de vertu parfois, presque toujours des monstres de crime et de vice. De même les simples observateurs politiques avaient vu par l'histoire à quelles conséquences mène la simplicité absolue en politique. Pour reconnaître en elle un type durable et normal des gouvernements, il faudrait prouver que tout pouvoir, soit monarchie, soit aristocratie, soit démocratie, abandonné à toute sa pente et libre de tout faire, ne sera pas fatalement amené à abonder à l'excès dans son propre sens. Il faudrait prouver qu'il n'est pas de son essence, par cela seul qu'il est humain, c'est-à-dire peccable et faillible au plus haut degré, de ne pas se laisser emporter à la répression exagérée et même à la suppression violente de tout ce qui l'entrave et le gêne. Or la preuve du contraire dès longtemps n'est plus à faire. Il n'y a que les aveugles volontaires qui ne savent pas la lire en traits éclatants dans l'histoire des institutions.

La philosophie politique, en dévoilant ces dangers, a rendu au monde d'impérissables services. Celui qui la ferait disparaître effacerait avec elle une des plus belles pages de l'esprit humain et détruirait un des instruments les plus utiles de l'amélioration sociale. Pas un de nos droits qu'elle n'ait revendiqué, pas un de nos devoirs qu'elle n'ait professé, pas de vérités salutaires qu'elle n'ait fait briller longtemps à l'avance sur les hauteurs de la théorie comme autant de phares de l'avenir. Soyons donc reconnaissants envers elle; mais soyons clairvoyants aussi. Sachons nous rendre compte de ses incertitudes, de ses contradictions, de ses erreurs, mêlées aux vérités dont elle a doté le monde par le génie des penseurs, et qui forment désormais la substance et la vie des sociétés civilisées.

II

Il y aurait un chapitre curieux à écrire sur les *causes des erreurs* humaines en matière politique. Je n'entends pas parler ici seulement de ces erreurs qui sont des fautes et qui entraînent les révolutions; je ne parle que des erreurs de la théorie. J'ai distingué les partis et les écoles. Les partis se forment sous l'empire des intérêts et des sentiments, les écoles naissent ou sont censées naître sous l'empire des idées pures. On serait tenté de croire que cette dernière origine est une meilleure garantie de la vérité intrinsèque des doctrines. Malheureusement il n'en est pas toujours ainsi. S'il est vrai que la politique a dû à la philosophie et en général aux théories religieuses et morales, dont elle s'inspire, de grandes lumières, elle en a reçu de non moins graves altérations qu'elle eût évitées en restant ce qu'elle doit être, une science expérimentale. C'est jouer trop gros jeu que de mettre la vérité politique à la merci d'un système philosophique qui a mille chances d'être faux. Le système fût-il vrai par aventure, il n'amènerait pas forcément d'ailleurs à sa suite la vérité politique. En voulez-vous une preuve éclatante? Il n'existe pas dans toute l'antiquité un moraliste supérieur à Platon. Quelle politique pourtant que celle qui, dans la *République*, aboutit à la promiscuité des sexes, à la communauté des enfants, à celle de toute espèce de biens, à l'emploi des femmes à la guerre! Les admirables parties de la politique platonicienne arrivent-elles à compenser ces

1.

monstruosités? Hobbes, au contraire, tire de sa morale la politique qui y est légitimement contenue. Qu'est-ce que la politique à laquelle Hobbes a créé toute une école, sinon la déduction de cette philosophie qui ne voit dans l'homme que la sensation et qui n'admet d'autre morale que l'égoïsme? Si la sensation est le tout de l'homme, comment l'état de guerre, comme le veut Hobbes, ne serait-il pas l'état naturel de la société, et quel autre moyen, comme il le veut encore, de le faire cesser, que la force? Qu'on cesse d'attribuer à la pénalité pour fondement le principe moral qui donne à la peine une sanction dans le cœur même du coupable. Le coupable pour Hobbes n'est qu'un imprudent qui a mal calculé, et la peine n'a pas d'autre source que l'utilité sociale, c'est-à-dire le désir d'inspirer une salutaire terreur. Qu'on cesse aussi de parler de la variété des droits et des intérêts, trouvant leurs limites légitimes dans la condition d'un respect réciproque. Le devoir, le respect, mots sans portée, paroles creuses! Chacun se fait centre exclusif, unique, du monde entier, et *l'homme est un loup pour l'homme*. Pour arriver à l'ordre, il faut que chaque individu, dominé par la crainte d'être le plus faible dans ce conflit de tous les désirs, dans cette anarchie de toutes les volontés, transfère sans réserve, pour son plus grand bien, à un homme ou à une réunion d'hommes, tout ce qu'il a de force et de pouvoir; il faut que toutes les volontés se confondent dans une volonté unique. L'*épée de justice* et l'*épée de guerre*, comme dit Hobbes si énergiquement, doivent se trouver dans la même main. Le droit de succession ne s'appuie que sur la volonté présumée du souverain. La propriété des sujets lui appartient. C'est bien là le code du despotisme déduit de la théorie exposée par Hobbes sur la nature humaine, dans laquelle tout se ramène au corps, et sur l'origine des idées, qui elles-mêmes se réduisent toutes à l'impression des sens. Le *De cive*, le *Corps politique*, le *Léviathan* n'ont pas d'autre but que d'appliquer ces principes à la société et au gouvernement.

J'ai cité Platon et Hobbes; je pourrais citer Spinosa, et, dans un autre ordre d'idées, Bossuet lui-même. Pour Spinosa aussi, la politique n'est qu'une conséquence d'une philosophie générale. La politique de Spinosa est le fruit d'un génie purement logique, ivre de l'unité absolue, de l'unité panthéistique. On peut arriver sans doute à plus d'une sorte de politique avec le panthéisme. Il peut conduire à l'anarchie la plus sauvage comme à l'unité monarchique la plus inexorable ; il peut conduire aussi à l'absolutisme démocratique, et c'est ce dernier parti qu'a pris Spinosa. Qui n'a pas lu le *Traité théologico-politique* ne sait pas jusqu'où va la puissance logique. Spinosa élimine la liberté morale de l'homme, il l'élimine de la substance éternelle, infinie, qui est Dieu ; comment s'étonner qu'il arrive à la tyrannie politique? plus libéral que Hobbes seulement en matière philosophique et religieuse, sans doute parce qu'il était juif, métaphysicien, et doué de l'âme la plus élevée et la plus généreuse.

Faut-il classer Bossuet, lui aussi, en dépit de ce grand et solennel langage qui imite si bien la vérité éternelle, parmi ces théoriciens dont la pensée politique n'a été que l'application d'un système? Il y aurait excès de timidité à ne pas le confesser : Bossuet, le grand moraliste et le grand orateur chrétien, n'est chrétien qu'à demi dans sa politique ; il y est plutôt l'homme de l'ancienne loi ; il s'inspire des livres hébreux ; l'antiquité païenne elle-même garde encore trop de droits sur la pensée du grand évêque. Certes il serait injuste de confondre *la Politique tirée de l'Écriture sainte* avec le *Léviathan* de Hobbes, bien que Bossuet enseigne comme le philosophe anglais que la puissance sociale est toute transportée au souverain. L'élévation morale tempère ici du moins ce qu'il y a d'absolu dans la théorie politique. Si Bossuet enseigne aux peuples le culte de la royauté, il enseigne aux rois la justice. « Dieu, dit-il, n'a fait les grands que pour protéger les petits. » — « Sous un Dieu juste, il n'y a point de puissance qui soit affranchie par sa nature de toute loi naturelle, divine ou humaine. » Mais à côté de ces prescriptions toutes morales qui n'ont d'autre garantie que la conscience même du monarque, quelle absence de garanties positives puisées dans la nature et dans le jeu des constitutions ! Et, d'un autre côté, quel triste recours au bras séculier, tout en enseignant dans les limites du gallicanisme la séparation de l'Église et de l'État ! « Ceux qui ne veulent pas souffrir que le prince use de rigueur en matière de religion, parce que la religion doit être libre, sont dans une erreur impie. Autrement il faudrait souffrir, dans tous les sujets et dans tout l'État, l'idolâtrie, le mahométisme, le judaïsme... » Combien ici est plus véritablement chrétienne et moderne la pensée de Fénelon, quelque païennes que soient d'ailleurs en politique les réminiscences qui ont inspiré l'utopie de Salente !

Le dix-huitième siècle présente le même mélange de

vérités et d'erreurs empruntées par la politique à une théorie générale sur l'homme et ses destinées. Autant le dix-septième siècle, partant de la chute originelle, devait être peu favorable à la liberté humaine et prendre contre elle ses sûretés, autant le dix-huitième siècle se montre plein de confiance dans l'individu. De là cette noble revendication des droits de l'humanité appelée à transformer les sociétés et à faire le tour du monde. Mais de là aussi, chez presque tous les penseurs de ce temps, la défiance exagérée de l'autorité, la pensée de l'inutilité des freins, le droit proclamé trop souvent indépendamment du devoir, et l'orgueil de l'homme surexcité !

L'explication la plus haute et la plus satisfaisante de cette tendance commune est dans la philosophie du temps, qui s'inspire de l'idée toute contraire à celle de la chute, de l'idée de l'excellence native de l'homme, de la bonté originelle de ses instincts et de ses sentiments. Rousseau est le plus éloquent, il n'est pas le seul ni même le plus radical interprète de cette pensée générale, qui se résout dans la souveraineté du nombre et dans le triomphe de l'instinct sur la raison.

Je viens de montrer comment la théorie philosophique peut altérer la science politique en la faisant reposer sur une base défectueuse; je n'ai pas la prétention d'épuiser les cas bien plus nombreux encore où la philosophie politique a été faussée d'une autre manière en devenant la servante des circonstances particulières à tel état de la société et à telle situation des partis. Combien de fois la spéculation politique en apparence la plus désintéressée n'apparaît-elle pas comme une

arme de guerre aux mains des partis, comme un instrument de polémique au service de causes équivoques,
comme une amorce pour prendre les peuples. L'émigration et la contre-révolution, à l'époque de la Restauration et dans les années précédentes, n'ont-elles pas
produit, elles aussi, leur philosophie politique? Les
théories des Bonald et des Joseph de Maistre sont-elles
autre chose qu'un témoignage de cet esprit de réaction
qui tient surtout aux circonstances, bien qu'il affecte
tous les caractères de la pensée pure? Aussi est-ce une
règle imposée à l'historien des théories politiques de ne
jamais séparer les systèmes du mouvement des faits,
sous peine de s'exposer à de singulières méprises. Je n'en
voudrais d'autre exemple que ces évocations si étranges
au moyen âge et au commencement des temps modernes
du dogme de la souveraineté populaire, qui paraissent
au premier abord de brillantes échappées du génie spéculatif, de hardies anticipations de l'avenir. N'est-il pas
curieux de voir, dès le treizième siècle, un Henri de Gand,
surnommé le *Docteur solennel,* proclamer que le prince
a droit au respect, à l'obéissance, mais que si ses ordres
sont injustes, le devoir des sujets est de lui adresser des
remontrances, et, s'il n'y a point d'amendement, de
poursuivre sa déposition? Vous croyez peut-être qu'il
s'agit ici d'une stipulation révolutionnaire en faveur des
droits des nations. Pure illusion. Il s'agit tout simplement d'armer le Saint-Siége d'une doctrine qui, au
besoin, soulève au profit de sa politique les peuples
contre les rois. Il en est de même d'un autre livre, resté
célèbre sans nom bien connu d'auteur, quoiqu'on l'attribue à saint Thomas, le *De Regimine principum.* On

croirait volontiers, sur la foi de citations isolées, que c'est le pur amour de la démocratie qui l'inspire. Détrompez-vous et arrivez vite à cette conclusion : « *In lege Christi, reges debent sacerdotibus esse subjecti;* » arrivez vite au développement de cette pensée : « Les princes méchants ou infidèles peuvent être privés du pouvoir par l'autorité de l'Église, la puissance temporelle étant soumise à la puissance spirituelle, comme le corps à l'âme. C'est dans le Pape que l'une et l'autre ont leur plus haute expression. » Voilà le fond de cette démocratie anticipée du moyen âge !

Celle du seizième siècle est-elle de meilleur aloi ? N'en croyons rien. Un des publicistes vraiment éminents de cette forte époque, le grand jurisconsulte Hotman, écrit, pour prouver la supériorité de l'élection sur l'hérédité, de l'aristocratie sur le pouvoir royal, un livre remarquable par la vigueur de la pensée, par la promulgation éclatante du dogme de la souveraineté nationale, par le choix ingénieux des preuves, par sa science historique enfin, malgré des paradoxes qui n'ont pas supporté l'épreuve d'une connaissance plus sûre de nos origines nationales. C'est bien ; mais il reste à voir l'auteur du *Franco-Gallia* placé dans des circonstances différentes. Ce n'est plus l'ennemi des huguenots, Henri III, qui est l'héritier du trône, c'est leur ami, c'est le Béarnais. — Hotman fait volte-face ; il criait : Vive la noblesse et l'élection ! il crie : Vive la monarchie et l'hérédité ! Il oublie alors le *Franco-Gallia* pour écrire le *Droit du neveu* (Henri IV) *sur l'oncle* (le cardinal de Bourbon) ; il y soutient que nulle combinaison n'est plus sage pour la stabilité des États que l'ordre de succession sur le trône. Ainsi la politique du temps invoque le suffrage populaire, *civium universitatem*, comme dit Hotman, quand elle croit l'avoir pour soi. Craint-elle de ne pas l'avoir? elle déserte avec armes et bagages au *jus hœreditarium*.

L'histoire tout entière de ces temps, où les théories les plus audacieuses et les plus savantes furent si souvent mises en avant, ne conclurait que trop dans le même sens. Les mêmes systèmes passent d'un parti à l'autre avec une incroyable facilité, suivant les besoins du moment. Le pour et le contre sur les droits de la liberté religieuse et politique se trouve par exemple tour à tour chez les réformés et chez les ligueurs. Si Théodore de Bèze avait appelé la liberté de conscience un dogme *diabolique*, ce sera demain le langage des prédicateurs de la Ligue. Si Hotman avait mis l'élection au-dessus de l'hérédité, c'est aussi la thèse soutenue dans le traité de Guillaume Rose. On rencontre dans les *Mémoires de la Ligue* cette maxime. « Le peuple fait les rois; il peut les défaire comme il les a créés. » Le *Dialogue du maheustre et du manant* dira de même : « La couronne de France n'est point héréditaire, mais élective; nous obéissons aux rois et non aux tyrans. » Si enfin Hubert Languet, dans son fameux livre *Vindiciæ contra tyrannos*, avait approuvé le régicide, le régicide n'est pas moins prêché par Boucher et par la plupart de ses confrères, et ainsi de suite. « Les révolutions de France, dit Bayle admirablement, changèrent de telle sorte la scène que les maximes des deux partis passèrent réciproquement du blanc au noir. Tant que le monde sera monde, il y aura partout des doctrines ambulatoires et dépendantes des temps et des lieux, vrais oiseaux de passage qui sont en un pays pendant l'été et en un autre pendant l'hiver; lumières errantes, qui, comme les comètes des cartésiens, éclairent tour à tour divers tourbillons. Quiconque voudra là-dessus faire le censeur ne passera que pour un critique chagrin natif de la république platonique. »

Le résultat d'un pareil examen, c'est que trop rarement la politique a été traitée comme elle doit l'être, c'est-à-dire comme une science d'observation. Aristote, Bodin à un rang inférieur, Montesquieu enfin sont peut-être les seuls qui l'aient envisagée avec toute la largeur désirable et avec un souci dominant de la méthode expérimentale. Qu'on ne m'accuse pas d'oublier Machiavel. C'est par l'étude profonde de l'*art* et non de la *science* politique que le nom de Machiavel demeure grand; les ressources d'analyse et de finesse qu'il déploie ne doivent pas plus nous cacher ce que son point de vue a d'étroit qu'elles ne dissimulent ce que ce même point de vue a d'immoral et de peu exact, présenté comme l'équivalent de toute la politique. La supériorité scientifique des trois grands publicistes que j'ai nommés, c'est d'avoir mêlé un idéal raisonnable à l'observation la plus désintéressée, la recherche des lois à celle des faits, celle des moyens de perfectionnement du gouvernement à l'étude désintéressée et à la comparaison la plus étendue qui ait été faite des constitutions passées ou existantes. Ils n'inventent pas la politique, comme Thomas Morus ou Harrington; ils n'en tirent ni des pamphlets comme Sidney ou Milton, ni des preuves à l'appui d'un système de philosophie ou d'histoire, comme on l'a vu

si souvent depuis le dix-huitième siècle. Ils l'étudient,
ils l'expliquent, ils la commentent comme de hardis et
sensés esprits. Avec moins de grandeur, l'école hollan-
daise, par l'organe d'Althusius et de Boxhorn, se place
aussi dans la même voie expérimentale, la seule voie de
salut pour la science politique. Je me refuse à mettre
Sieyès dans cette grande famille de publicistes. Sieyès,
esprit vigoureux, original, appartient visiblement à
l'école purement abstraite. C'est le docteur subtil d'une
politique dont le génie pratique du premier consul n'a
pu tirer parti qu'en l'altérant profondément. Ce qui
dans l'œuvre de Sieyès appartient aux idées du temps
frappe par le bon sens et par le plus solide enchaîne-
ment; ce qui lui est propre et personnel inspire moins
encore d'admiration pour l'habileté logique que présentent ces constructions ingénieuses que d'éloignement
pour tant d'arrangements laborieux qui ne se tiennent
debout que sur le papier.

Il y a bien plus de philosophie véritable et plus d'idées
applicables dans les publicistes constitutionnels de la
Restauration. Assurément leurs théories compliquées
que différencient entre elles bien des nuances ne sont pas
inattaquables; Dieu sait si on leur épargne aujourd'hui
les attaques les plus vives! mais, malgré les prises que ces
publicistes laissent à la critique, on peut dire d'eux qu'ils
ont cherché avec le moins d'esprit systématique possible
les conditions d'un bon gouvernement, soit idéalement,
soit dans son application à l'état de la France. Ils ont employé dans cette recherche une méthode sans comparaison plus scrupuleuse et plus sévère d'investigation que
leurs prédécesseurs. Le gouvernement représentatif a

trouvé des preuves à l'appui dans une étude de l'histoire plus sincère qu'elle ne l'avait jamais été, en même temps qu'il était scruté dans ses conditions organiques avec une recherche d'impartialité qui n'était pas seulement d'apparat. Les Royer-Collard, les Guizot, les Chateaubriand, les Benjamin Constant n'ont pas été, quoi qu'il plaise de dire, de purs hommes de parti, ni de serviles commentateurs de la théorie du gouvernement anglais. En admettant même qu'ils aient fait à cette théorie la part trop grande dans leur conception de la science politique, jamais le mécanisme des gouvernements libres n'avait été compris, expliqué avec ce soin et cette pénétration. Dans toutes les constitutions européennes, aujourd'hui en voie de se réformer, figurent les principes qui furent alors si soigneusement élaborés au nom de la philosophie, de l'histoire et de l'expérience contemporaine. N'y vît-on qu'une œuvre de l'esprit, on ne peut que placer très-haut dans l'ordre de la théorie cette philosophie politique qui réunit, plus que ne l'avait fait aucune autre, l'élévation dans les idées et dans le but, la précision dans la recherche des moyens.

Dans le livre intéressant qu'il a consacré à l'étude des théories politiques, M. Edmond de Beauverger a su faire ressortir plus d'une leçon utile. L'esprit général de son ouvrage est spiritualiste et à beaucoup d'égards libéral. M. E. de Beauverger ne réduit pas la politique aux surprises de la force et aux expédients de l'habileté. Il lui assigne un plus noble but dans le perfectionnement de l'espèce humaine. Si son livre, écrit avec une élégante précision, présente des lacunes; si quelques jugements, celui par exemple qu'il porte sur Sieyès, pèchent par un excès de partialité favorable, s'il est d'autres écrivains auxquels il n'a pas, selon moi, rendu suffisamment justice, il n'en est pas moins une source le plus souvent exacte d'informations, une sage et instructive étude. L'auteur a eu raison d'insister sur le caractère expérimental que doit présenter de plus en plus la science politique, je voudrais même qu'il l'eût marqué davantage encore. A une analyse d'utopies parfaitement vaines j'aurais préféré une étude substantielle des problèmes qui forment le champ de la politique proprement dite. Je tiens peu à des détails, curieux d'ailleurs, sur l'*Oceana* et sur la *Cité du soleil*. Que nous apprennent-ils sur l'état présent, sur l'avenir probable de la société, sur les conditions normales auxquelles doit satisfaire toute politique rationnelle? car, je tiens à le répéter, il y a une politique rationnelle comme il y a une mécanique pure. La notion de l'État ne se suffit pas moins à elle-même que la notion du beau ou la notion de la ligne droite. Il y a quelque chose de permanent dans la nature des combinaisons qui forment la machine gouvernementale; le degré et la mesure dans lesquels ces éléments s'associent varient seuls. C'est ce qu'on oublie ou feint d'oublier beaucoup trop aujourd'hui, par suite d'une réaction à son tour exagérée contre les constitutions abstraites. On commente servilement, dans l'ordre politique, un mot célèbre de M. de Maistre : on veut bien qu'il existe des Chinois, des Persans, des Anglais, des Espagnols, des Allemands, des Français, c'est-à-dire des *hommes*, mais l'*homme*, on soutient qu'il ne se rencontre nulle part. Autant vaut dire qu'on ne voit jamais le *genre*, mais seulement les *individus :* grande vérité, qui ne prouve rien contre le genre, à titre de caractère commun et de lien collectif. Ce *nominalisme* politique ne saurait avoir qu'un de ces deux termes : ou une effroyable anarchie ou le despotisme le plus absolu. La morale appliquée à la politique repousse la prétendue fatalité de la race, comme celle qui résulterait, dit-on, de notre passé historique et qui nous condamnerait, en dépit de tous nos efforts, à ne jamais nous approprier la liberté politique. Le meilleur *progrès* de la philosophie politique consiste, selon moi, à assurer, autant que le comporte l'imperfection humaine, le triomphe de la raison et de la justice, et à tenir compte des obstacles moins encore pour les subir que pour combattre avec succès. Toute philosophie politique qui n'inspirerait pas le courage en enseignant la prudence, qui n'instruirait que pour abattre, qui ferait des lumières de la science des prétextes à l'indifférence et au laisser aller, trahirait sa plus noble mission et mériterait d'être rejetée comme l'indigne et méprisable instrument de l'avilissement des esprits et de l'affaiblissement des caractères.

ARTHUR YOUNG

ET LA FRANCE DE 1789[1].

I

Un Anglais, grand agronome et philanthrope, parcourt la France dans les années 1787, 1788 et 1789. Il la visite non-seulement en agriculteur, mais en observateur moral. Ses jugements, presque toujours marqués au coin d'une originalité piquante, offrent la précision la plus exacte. Ses notes, jetées sans prétention au fur et à mesure des événements ou plutôt des simples accidents du voyage, n'oublient rien de ce qui peut intéresser la postérité. La vieille société française y est reproduite comme dans un miroir, avec ses qualités et ses défauts. Le grand seigneur, l'homme du tiers état, l'habitant des campagnes s'y retrouvent également, au moins par quelques traits expressifs. A ces détails recueillis tantôt dans la ferme, tantôt dans le cabinet du savant, tantôt à la table du bourgeois enrichi, tantôt dans le salon du noble libéral, passionné

[1] *Voyages en France* d'Arthur Young, nouvelle traduction par M. Lesage. — Deux volumes in-18.

pour la guerre d'Amérique et imbu de la philosophie du dix-huitième siècle, tantôt même sur la place publique et dans la rue; à ces détails s'unissent, comme une gerbe abondante et serrée, les renseignements sur la vie matérielle et les documents statistiques les plus précieux. Aussi l'autorité de l'écrivain si bien instruit, de l'homme de toutes façons *éclairé*, n'a-t-elle rien perdu avec le temps. Elle a plutôt grandi. Le nom d'Arthur Young n'a jamais été plus cité que depuis ces dernières années. Sa curiosité si éveillée a fait pour son ouvrage ce que le génie a fait pour d'autres; elle l'a fait vivre. C'est un témoin qu'on appelle toutes les fois que s'instruit le procès du passé. Il n'en est pas de plus véridique. Même quand il lui arrive de ne pas juger les faits comme nous les jugeons, il ne les altère pas; il les produit tous, avec une sorte d'ingénuité courageuse, dussent-ils déposer contre ses opinions. Plût au ciel que chaque période de notre histoire de France possédât de tels témoignages, même de moitié moins complets! Combien de doutes et d'obscurités nous verrions se dissiper! Combien de jugements faux s'y rectifieraient! Combien de vérités que nous ne faisons qu'entrevoir y gagneraient par la précision! Qu'étaient nos pères? Comment *vivaient-ils*, en prenant ce dernier mot dans toute son étendue, et dans chaque portion du royaume, et dans chaque période de durée comprenant vingt ou trente ans? Hélas! il faut se résigner souvent sur tous ces points à bien du vague. Une foule de nuances dans leur existence morale comme dans leurs conditions de souffrance ou de bien-être nous échappe encore et nous échappera probablement toujours. Com-

ment donc mesurer avec une exactitude suffisante l'é-
tendue du progrès accompli si, ne sachant même pas
très-bien où nous en sommes aujourd'hui, par suite de
ce que les documents destinés à nous éclairer sur la situation morale et économique du pays ont encore d'incomplet ou de trop peu èxact, nous n'avons que des vues
mille fois plus imparfaites des époques qui nous apparaissent comme le point de départ du présent! Le dix-
huitième siècle lui-même, si près de nous, est plein de
questions non éclaircies. Arthur Young aide du moins
plus qu'aucun autre à voir clair dans ces problèmes mal
débrouillés.

C'est moins encore l'économiste que le témoin et le
juge de la vieille France morale et politique qu'il me
paraît curieux d'étudier dans les deux volumes dont
nous possédons depuis peu une nouvelle traduction,
traduction plus fidèle et plus complète que celle qui
existait et qui devenait chaque jour plus rare, et récla-
mée à la fois par les besoins de la science historique et
de l'économie politique [1].

Je chercherai comment cet Anglais avisé, sagace,
libéral, dont l'esprit est assez bienveillant pour s'intéres-

[1] M. Lesage, le nouveau traducteur, est un ancien élève distingué de l'Institut national agronomique de Versailles. Depuis
lors il a complété ses études techniques par un séjour prolongé en
Angleterre. Il avait donc toute espèce de titre à entreprendre une
pareille tâche. Comment ne pas signaler aussi l'*Introduction* placée
en tête du livre par M. L. de Lavergne? Elle est un guide nécessaire
dans ce voyage entrepris à la suite du savant agronome. Elle con-
firme ou contredit ses assertions avec toute l'autorité que donnent
la comparaison réfléchie du passé avec le présent et une incontestable compétence dans les matières d'économie rurale.

ser même au bonheur de la France, assez dégagé de préventions hostiles pour n'être blessé que de nos défauts, comment Arthur Young voit, comprend, apprécie la nation française à ce moment de transition qui précède 1789, et à cette date elle-même, alors que le caractère national, mis en mouvement par la révolution, monte pour ainsi dire tout entier à la surface et se livre sans réserve à l'observateur. Le premier volume se prête naturellement à ce genre d'étude. Il est général, agréable, varié, autant que le second est didactique et savant.

Les menus détails que Young lui-même appelle des *riens* tiennent beaucoup de place dans cette première partie de son voyage. On me permettra, en commençant cette étude, de m'y étendre avec lui. Je suis de l'avis de l'auteur qui pense que ces riens caractérisent une nation mieux que les grandes affaires. Dans les grandes circonstances, dit-il, l'humanité est partout et toujours la même. Les riens, ou ce qu'on désigne par ce mot, font souvent toute la différence. D'ailleurs la familiarité porte avec elle quelque chose de persuasif et pour ainsi dire d'irréfutable. Pour justifier la simplicité et le sans-façon de son procédé, Arthur Young remarque encore qu'on n'aime « ni un homme ni un écrit montés sur des échasses et vêtus de cérémonie; » il n'est pas moins vrai qu'on s'en défie. Sachons donc gré à l'exact voyageur d'avoir noté ces traits familiers avec une attention presque scrupuleuse et sans y mêler jamais la moindre affectation solennelle. C'est un lieu commun de dire que les Français sont aimables, légers, moqueurs, crédules, vaniteux, sans être fiers, mais les preuves? On est heureux de rencontrer de temps en temps un de ces auteurs qui supposent volontiers que nous ne savons rien, qui consentent à tout prouver sans en avoir l'air, et comme pour mieux se convaincre eux-mêmes de ce que chacun s'imagine savoir. Ils nous délivrent de ces façons de caractériser générales et vagues, qui feraient volontiers ressembler l'histoire à une de ces pièces de théâtre où tout Français est représenté dansant, tout Anglais s'ennuyant et tout Allemand ivre. Arthur Young saisit parfaitement ces nuances, et sait se mettre à l'abri des partis pris. Par exemple, les Français ont la réputation d'être bruyants et bavards. Young est frappé dans les tables d'hôte de leur silence, de leur peu de liant. Il remarque que du moment qu'on ne peut pas tout se dire en France, on ne se dit rien du tout, par un sentiment de défiance réciproque, et faute de quelque grande idée générale à laquelle on s'intéresse en commun. Il accuse le caractère des Français de cette époque d'être à l'excès poli par le monde et par la hiérarchie, et comme effacé. Il n'y trouve ni le relief du caractère britannique, ni cette énergie individuelle qui s'accuse jusque dans la voix et dans le geste plus accentué, et il se plaint que la convenance semble ici tout étouffer, il se plaint que le mérite et la nullité se trouvent ramenés au même niveau, il se plaint qu'élégante et insignifiante, la masse des idées échangées dans un salon n'ait le pouvoir ni de soulever la contradiction ni d'instruire, il se plaint que l'entretien trop uni ressemble trop souvent à un voyage dans une plaine sans fin. Aurions-nous donc affaire à un Anglais lourdement infatué de son pays qui ne voit en France que le mal? Nullement. La bienveillance, la sociabilité française le touchent extrêmement. Il reconnaît et signale lui-même ce trait de *bon naturel,* mot qui lui revient sans cesse en parlant de nous, comme infiniment honorable pour notre nation, et qu'il souhaite même à la sienne. Il s'étonne d'être l'objet de bons traitements, d'attentions particulières et même de préférences marquées, *parce qu'il est Anglais.* Ce *parce que* lui semble admirable. Un autre trait qu'il se plaît à relever, c'est la simplicité gracieuse de l'hospitalité française : non pas seulement de cette hospitalité riche et brillante qui lui est offerte par M. de la Rochefoucauld-Liancourt, son hôte et son ami, dont les idées philanthropiques se rapportent si bien avec les siennes ; mais de cette hospitalité de moindre marque, surprise à l'improviste, à l'heure du dîner, par exemple, chez des personnes simplement aisées, chez qui des explorations à travers la campagne l'ont conduit inopinément. Rien ne lui paraît meilleur que d'être mis à son aise par une famille aimable devant un dîner médiocre, assaisonné de laisser aller et d'entrain. « Une famille anglaise à la campagne, de même rang et prise de même à l'improviste, remarque-t-il, vous recevrait avec une politesse anxieuse et une hospitalité inquiète ; après vous avoir fait attendre que l'on change en toute hâte la nappe, la table, les assiettes, le buffet, le bouilli et le rôti, on vous donnerait un si bon dîner que, soit crainte, soit lassitude, personne de la famille ne trouverait un mot de conversation, et vous partiriez chargé de vœux faits de bon cœur de ne vous revoir jamais. Cette sottise, si commune en Angleterre, ne se voit pas en France. Les gens y sont tranquilles chez eux et font tout de bonne grâce. »

Je ne donne pas ce petit tableau comme une expression toujours exacte de ce qui se passe en Angleterre et de ce qui a lieu chez nous; on trouverait peut-être que notre voyageur était bien tombé, et qu'il n'aurait pas fallu qu'il répétât souvent ni partout l'expérience; mais la remarque n'a pas moins sa vérité relative et son incontestable finesse.

Ce n'est pas, — pour citer encore quelques-uns de ces *riens* qu'il laisse échapper de sa plume, — ce n'est pas que le *confortable* lui soit devenu indifférent en mettant le pied sur le sol de France. Il ne laisse pas peut-être passer vingt pages sans maudire nos auberges. Trouve-t-il quelque brillante exception dans une de nos grandes villes, il l'enregistre avec une admiration qui ne se refuse aucun détail. Mais pour la plupart des auberges, même les mieux établies et les mieux réputées, quel dédain qu'elles justifieraient trop souvent encore aujourd'hui. Quelles expressions de dégoût! Il parle des garçons d'écurie et des filles d'auberge, « *ces êtres appelés femmes par courtoisie,* » en des termes tels que l'ignominie du sujet semble salir jusqu'à son langage. Cette supériorité du matériel et du personnel des auberges anglaises n'est d'ailleurs pas douteuse à la même époque, et s'explique par le nombre et l'aisance des voyageurs, riches commerçants pour la plupart. Rien ne donnait une idée de ce mouvement des hommes et des choses dans notre France d'alors, et Young pouvait à bon droit proclamer le peuple français un peuple essentiellement « sédentaire. »

Autant la France lui paraît digne d'admiration par ses lumières, son génie sociable, par le cas que l'on y fait de la science et des savants, des lettres et des lettrés, par l'espèce d'égalité que les salons avaient introduite entre l'intelligence et le rang, autant en un mot la nation ou plutôt sa surface brillante lui semble avancée pour tout ce qui tient au mouvement des idées et aux rapports de la société polie, autant il trouve le pays lui-même critiquable dans son état matériel. La situation des campagnes et de leurs habitants l'afflige à chaque pas. Ici et presque en tous lieux ce sont des femmes courbées, flétries avant l'âge, aux traits durs, qui portent de lourds fardeaux. Partout des traces d'ignorance. Les maisons des paysans manquent pour la plupart de vitres aux croisées; combien même pour s'aérer n'ont d'autre ouverture que la porte! Presque en tous lieux les grands propriétaires vivent loin de leurs domaines. Chose lamentable, désastreuse pour le présent, remplie pour l'avenir de présages funestes! Pour qu'un duc de Choiseul et un duc d'Aiguillon se résignassent à habiter, à embellir, à cultiver convenablement leurs propriétés, il a fallu, expression tristement caractéristique, qu'ils fussent par une disgrâce de cour *exilés dans leurs terres!* Quel spectacle choquant pour un Anglais, pour un Anglais surtout comme celui-là! Comme il se sentira blessé, révolté dans son culte des mœurs rurales, dans ses idées de philanthropie, dans son goût même pour la belle nature! Qu'on songe que, tout spécial et tout technique qu'il est, il saurait aussi bien que qui que ce soit parler poétiquement de l'agriculture; nul n'en sent mieux toute la grandeur et l'espèce de charme sévère. Qui donc pourrait être plus indigné de l'*absentéisme*, ce crime de lèse-société, cette trahison de l'homme en-

vers la terre?... Les propriétés du prince de Soubise et
du duc de Bouillon sont des plus grandes de France, et
tous les signes que l'on aperçoit de leur grandeur sont
des bruyères, des landes, des déserts, des fougeraies.
Visitez leur résidence, et vous les verrez probablement
au milieu de forêts très-peuplées de cerfs, de sangliers
et de loups. Aussi ne se tient-il pas à une pareille vue,
et laisse-t-il échapper une exclamation qui lui a été
reprochée, une exclamation que lui-même notera avec
un amer regret quelques années plus tard : « Ah ! si
pour un jour j'étais le législateur de la France, comme
je ferais sauter les grands seigneurs ! »

Tout n'est pas sombre pourtant dans le tableau qu'il
retrace. De riants aspects de félicité champêtre, de frais
paysages en diversifient le caractère, en rompent la tristesse. Elles ne manquent pas dans cette France de
Louis XVI, qui commençait à se relever de tant de
guerres et de tant de fautes politiques, les gracieuses
cultures, les agréables *villas,* et l'on aperçoit dans quelques oasis de la Touraine ou du Béarn et de quelques
autres provinces des visages sur lesquels se lit un paisible
bonheur. La petite propriété, dont Young est l'ennemi
systématique, n'a-t-elle pas déjà créé des prodiges de
culture ? n'a-t-elle pas répandu l'aisance sur un assez
grand nombre de familles ? Il a beau faire, ses jolies
peintures des petits domaines bien cultivés démentent
ses malédictions théoriques contre la petite culture ; du
moins elles en amoindrissent singulièrement l'effet :
« Une longue suite de chaumières bien bâties, bien
closes et confortables, construites en pierres et couvertes
en tuiles, ayant chacune son petit jardin entouré d'une

haie d'épines nettement taillée, ombragé de pêchers et d'autres arbres à fruit, de beaux chênes épars dans les clôtures, et çà et là de jeunes arbres traités avec ce soin, cette attention inquiète du propriétaire que rien ne pourrait remplacer. De chaque maison dépend une ferme parfaitement enclose ; le gazon des tournières dans les champs de blé est fauché ras ; et ces champs communiquent ensemble par des barrières ouvertes dans les haies. Les hommes portent des bonnets rouges comme les montagnards d'Écosse. Quelques parties de l'Angleterre (là où il reste encore de petits semainiers) se rapprochent de ce pays de Béarn ; mais nous en avons bien peu d'égales à ce que je viens de voir dans ma course de 12 milles de Paris à Moneng. Il est tout entre les mains de petits propriétaires, sans que les fermes se morcellent assez pour rendre la population misérable et vicieuse. Partout on respire un air de propreté, de bien-être et d'aisance... Nous sommes en Béarn, à quelques milles du berceau d'Henri IV. Serait-ce de ce bon prince qu'ils tiennent tant de bonheur ? Le génie bienveillant de ce monarque semble régner encore sur le pays : chaque paysan y a la poule au pot. »

J'aimerais à citer d'agréables pages doucement nuancées qui attestent combien ce sentiment du *paysage* s'unissait, chez Arthur Young, à l'intelligence de l'utilité pure, qui montrent combien l'agriculteur le mieux au courant des procédés d'amélioration du sol était aussi un peintre délicat des beautés rustiques. L'absence de naturel dans nos habitations et dans nos parcs le choquait vivement. Parlant d'une propriété de Mme Du Barry, près de Toulouse, dont il loue l'élégance : « Quant au jardin, ajoute-t-il, il est au-dessous de tout mépris, si ce n'est comme exemple des efforts où peut entraîner l'extravagance ; dans l'espace d'un acre sont entassés des montagnes de carton, des rochers de toile ; des abbés, des vaches et des bergères, des moutons de plomb, des singes et des paysans, des ânes et des autels en pierre ; de belles dames et des forgerons, des perroquets et des amants en bois ; des moulins à vent, des chaumières, des boutiques, des villages, tout, excepté la nature. »

Ces tableaux d'aisance ou de richesse ne sauraient lui cacher ce qu'a de profondément arriéré l'agriculture nationale. Il est vrai, les routes sont superbes. Ces routes dignes du nom de *royales* lui arrachent des cris de surprise. Mais quelle largeur excessive ! Que de terres précieuses enlevées à la culture ! Quel entretien coûteux, et surtout combien peu de circulation ! Il en est frappé aux abords mêmes de Paris, qui contrastent si fort avec les approches de Londres. La vie, concentrée dans quelques centres, ne rayonne guère au delà. L'ignorance côtoie les lumières, l'abrutissement la culture intellectuelle la plus haute et la plus raffinée ; la civilisation et la barbarie coexistent sur un même point et semblent se connaître à peine mutuellement. De temps à autre seulement, la barbarie fait sentir sa présence par un regard de haine ou d'envie, par une menace ou une explosion soudaine des instincts qu'éternellement elle couve en elle. Déjà le monstre commence à rugir et n'attend que le moment de se déchaîner. Un jour (et nous ne sommes pourtant qu'en 89), allant voir le duc de la Rochefoucauld, Young remarque, à peu de distance du château, une pièce de terre en friche où plusieurs paysans plan-

taient des haies et faisaient des séparations. A qui donc
était cette terre ? Au duc lui-même. Mais les pauvres du
village ont déclaré qu'ils étaient la *nation*, et que les
landes appartenaient à la *nation*. Un spectacle beaucoup
plus triste encore vient plus d'une fois affliger les regards du voyageur. Lorsqu'il s'achemine, le soir, le long
des routes, gagnant quelqu'une de ces auberges maudites,
après une journée d'excursion laborieuse, sur sa vieille
jument anglaise qui n'a plus qu'un œil, et qu'il garde,
dit-il, par amitié, qu'aperçoit-il briller au loin dans la
campagne? C'est la flamme de quelque incendie qui
dévore en se jouant un des plus beaux, un des plus vieux
châteaux du royaume. Il se dit avec tristesse qu'une
héréditaire bienfaisance aurait dû mieux le protéger, et
que la colère populaire, dans son stupide aveuglement,
ne sait pas distinguer les nids de colombe des nids de
vautour. — De ces vautours, combien donc, malgré sa
remarque, y en avait-il qui fussent encore debout en
1789 ?

II

Les deux dates de 1787 et de 1789 indiquent par
elles-mêmes la nature des impressions qu'Arthur Young
dut éprouver en visitant notre pays. En 1787, ses remarques portent sur les mœurs, les habitudes, sur la
société en un mot ; en 1789, elles portent sur la situation
des esprits et sur la politique. Ses jugements se résument à l'égard de la France dans un singulier mélange
d'attrait et de sévérité. Il aime la France, surtout Paris,
ce foyer d'activité, de sociabilité et de lumières qui l'at-

tire, le rappelle, le retient, l'éblouit chaque fois davantage. Plus tard, quand la coalition menace la France,
Young écrira des pages d'un accent fort noble et fort
ému contre toute idée de conquête et de partage. Tout
projet de ce genre est à ses yeux un attentat contre la
civilisation, même une détestable combinaison politique
dans l'intérêt bien compris de l'Angleterre. Avec tout
cela, il ne peut s'empêcher de relever dans les idées
françaises un certain manque de sérieux. Il a des sorties
d'agronome contre les Sociétés d'agriculture qui viennent de se former sur des points multipliés du territoire, et il pense qu'elles font moins de besogne que de
bruit. Il résume toute leur action dans ces deux choses :
donner des prix au son des fanfares et imprimer des
inutilités. Il a beau excepter Paris et un petit nombre
d'autres villes, cette appréciation de nos vieilles Sociétés
agricoles est amère à l'excès, injuste même. Il eût été
digne du célèbre agronome de tenir compte à ces pauvres
Sociétés d'agriculture, tant critiquées, de leur extrême
nouveauté, de leurs intentions, du bien partiel qu'elles
faisaient, du bien plus grand qu'elles devaient faire un
jour. Que dira-t-il donc de ces expositions d'instruments
aratoires, *sous verre*, à la Bibliothèque du roi ? Il n'en
fait que rire. Il trouve à cela je ne sais quel air de
joujou ; il se dit que si sa petite fille était là, elle se
mettrait à pleurer jusqu'à ce qu'on lui donnât ces jouets
d'une nouvelle espèce. L'imitation alors à la mode des
jardins anglais lui semble aussi maladroite que puérile.
Quelle complication ! quels labyrinthes ! Ce sont les ré-
bus du jardinage ! C'est à ce point de vue exclusif que le
frappe surtout Chantilly. Voici qui révèle plus encore

l'esprit anglais en opposition avec la frivolité et les autres défauts mondains de notre société du dix-huitième
siècle. Ce qui le choque dans les habitudes de la société
polie, c'est cette indolence habituelle et sans remords,
tant de temps qui se dissipe en futilités, et la coutume
alors générale de dîner à midi. Dîner à midi! Toute la
philosophie de notre voyageur ne tient pas contre un
pareil renversement de ses habitudes et de ses idées.
Sa mauvaise humeur lui fait voir dans un peuple qui
dîne à midi une nation irrémédiablement vouée à la
paresse. Qui mieux est, il le prouve en forme. —
— En coupant la journée exactement en deux, ne rend-
on pas impossible toute course, toute affaire demandant sept ou huit heures d'attention non interrompue?
En Angleterre, on s'habille pour le dîner, la fin de la
journée étant consacrée au loisir, à la conversation, au
repos. A quoi est bon, demande-t-il plaisamment, un
homme en culotte et en bas de soie, le chapeau sous le
bras et la tête bien poudrée? — A faire de la bota-
nique dans une prairie arrosée? — A gravir les rochers
pour recueillir des échantillons minéralogiques? — A
parler fermage avec le paysan et le valet de charrue?
— Non, il n'est propre qu'à s'entretenir avec les dames,
ce qui en tout pays, mais surtout en France, observe-
t-il galamment, forme un excellent emploi du temps,
mais dont on jouit mieux, ajoute-t-il en homme positif,
après une journée passée à quelque chose qui a élargi
la sphère de nos idées, ajouté au trésor de nos connaissances. On sent là dans sa solidité animée l'esprit anglais; l'esprit aussi du dix-huitième siècle, sérieux sous
l'enjouement. Intelligence curieuse, toujours en mou-

vement, Young prend aisément en haine ou en mépris
tout ce qui s'oppose aux efforts vigoureux, aux occupations utiles. Il loue et blâme à la fois les Français de
leur économie, souvent excessive; sur ce seul point du
temps il les trouve prodigues; mais ce point n'est-ce pas
tout? L'Anglais, qui connaît tout le prix du temps et
n'en laisse rien perdre, l'Anglais n'entend-il pas mieux
l'existence que nous, dût-il se montrer ensuite plus
large et plus coulant comme *consommateur* et s'accorder plus de satisfactions permises après s'être imposé
plus de travail? Qu'on ne dise point que c'est affaire de
goût. Non, ce n'est pas pure affaire de goût que de prendre
une part petite ou considérable aux grandes créations de
l'art ou de l'industrie, que de laisser de son passage sur
cette terre où Dieu a voulu que nous fussions utiles les
uns aux autres une trace plus ou moins grande, plus ou
moins fortement imprimée!

Quittons les petites remarques pour celles qui ont une
portée plus manifeste. Arthur Young est vivement frappé
d'un fait qui pèse encore aujourd'hui sur la société française: ce fait déplorable à plusieurs égards, c'est le peu de
mélange des classes. La noblesse, étrangère et fermée au
tiers état, ne fraye guère qu'avec elle-même. Elle s'isole
moralement dans une sorte de vanité stérile et de considération dépourvue d'influence. Les ducs et les grands
propriétaires que visite l'illustre voyageur *ont la bonté
d'ordonner à leurs régisseurs* de le renseigner sur l'a-
griculture du pays. C'est charmant d'amabilité, de formes gracieuses; mais ce n'est pas ainsi que les choses se
fussent passées chez un noble anglais. Il eût en son
honneur invité à dîner trois ou quatre fermiers qui se

seraient assis à table à côté de dames de premier rang. Cela est arrivé cent fois à Arthur Young dans les premières maisons du Royaume-Uni. Or c'est une chose que, dans l'état des mœurs du dix-huitième siècle, encore assez semblables à celles d'aujourd'hui, on n'aurait pas vue de Calais à Bayonne, excepté par hasard chez quelque grand seigneur ayant beaucoup voyagé en Angleterre, et encore à condition qu'on le demandât. Imaginez-vous une élégante française placée près d'un fermier. Quel silence de glace ou quelle nuance de condescendance dédaigneuse ! Dans une réunion de la Société d'agriculture à la campagne, où l'on avait admis des fermiers à la table avec des personnes de premier rang, l'évêque de Beauvais, un sot, à vrai dire, selon Arthur Young, avait fait les plus ridicules difficultés pour prendre place dans une telle compagnie. De telles particularités peignent un peuple. Elles ont ici le triste mérite de nous renseigner sur cette espèce d'émigration à l'intérieur, disons-le, d'abdication morale de la noblesse française avant la révolution. Elle versait son sang sur les champs de bataille avec un courage tout aussi brillant qu'autrefois ; elle s'était éclairée, même libéralisée, du moins dans quelques familles et au sein de quelques grandes villes ; mais elle ne se mêlait pas à la vie de tous les jours des populations et laissait le tiers état grandir à côté d'elle sans s'y associer et comme sans paraître le voir. Des priviléges et peu de charges ; point de patronage exercé sur les masses populaires ; rien qui sentît la présence efficace d'une aristocratie véritable ; quelque chose d'extérieur et de superficiel que le pénétrant observateur retrouve dans toute notre civili-

sation; de brillants théâtres, mais une grande misère;
du luxe, mais une foule d'immondices sur ces bou-
levards si resplendissants dès lors; une absence complète de balayeurs et de réverbères; et au point de
vue moral, le même contraste de l'extrême développement intellectuel et de l'extrême ignorance. « J'ai rencontré aujourd'hui, dans un marchand français de bonne
mine, un exemple d'ignorance qui m'a surpris. Il m'a-
vait harassé par une foule de questions saugrenues, et
me demandait, pour la troisième ou quatrième fois, de
quel pays j'étais. Je lui dis que j'étais Chinois. — Combien y a-t-il d'ici? — Deux cents lieues, répliquai-je. —
Deux cents lieues! diable! c'est un grand chemin! —
L'autre jour un Français me demanda, après que je lui
eus dit que j'étais Anglais, si nous avions des arbres
dans mon pays? — Quelquefois, lui répondis-je. — Et
des rivières? — Oh! pas du tout. — *Ah! ma foi! c'est
bien triste!* » Et il ajoute : « Cette ignorance, incroyable
quand on la compare aux lumières si universellement
répandues en Angleterre, doit être attribuée, comme
tout le reste, au gouvernement. »

Encore un trait de caractère qu'il relève vivement.
Dans cette France où les classes supérieures ont tant
d'estime, on pourrait dire même à cette époque tant
d'engouement pour les lumières, c'est à qui se récriera
sur ce qu'il voyage sans mission et sans aucune indemnité du gouvernement. « Cette idée, dit-il, est tout à
fait française : ils ne comprennent pas qu'un particulier
quitte ses affaires pour le bien public sans que le public
le paye. »

Un Anglais libéral, un esprit pénétré des idées philosophiques du dix-huitième siècle, tel est Arthur Young. Il a l'horreur des guerres, la haine du luxe prodigue, le mépris de l'oisiveté, la passion de l'utile. Il mettra sans hésiter le canal du Languedoc au-dessus de Versailles, et ne s'extasiera à Paris que devant la Halle-aux-Blés. Nullement Béotien pourtant, je dois le dire, goûtant fort une conversation choisie, amateur de la Comédie-Française et de la musique, de tous les plaisirs intellectuels. Comment, avec ces dispositions d'homme éclairé et libéral, n'eût-il pas sympathisé avec l'esprit de 1789 ? Il y applaudit en effet, mais ici encore, au milieu de la sympathie même, avec un mélange de perspicacité sévère que l'événement ne tardera pas à justifier. Ces notes de voyage se lisent aujourd'hui encore avec émotion. Il s'inquiète sur l'issue finale de ce mouvement qui commence à peine ! Il s'étonne, lui accoutumé aux luttes et aux façons d'agir de la liberté anglaise, de cette manière de procéder saccadée, imprévue, radicale.—Ce n'est pas que l'événement en lui-même le prenne à l'improviste. Dès 1787 il semble l'annoncer, et il nous avertit qu'il n'était pas seul à le prévoir. Le 17 octobre, il dîne dans une société dont la conversation a roulé sur la politique. « Toute la compagnie, écrit-il, semblait imbue de cette opinion que l'on est à la veille de quelque grande révolution dans le gouvernement, que tout l'indique : les finances en désordre, avec un déficit impossible à combler sans l'aide des états généraux du royaume, sans que l'on ait une idée précise des conséquences de leur réunion ; aucun ministre, soit au pouvoir, soit au dehors, ayant assez de talent pour promettre d'autres remèdes que des palliatifs ; sur le trône,

un prince dont les dispositions sont excellentes, mais à
qui font défaut les ressources d'esprit qui lui permet-
traient de gouverner par lui-même dans un tel moment ;
une cour enfoncée dans le plaisir et la dissipation ; une
grande fermentation parmi les hommes de tous les rangs
qui aspirent à du nouveau, sans savoir quoi désirer ni
quoi espérer ; en outre, un levain actif de liberté qui
s'accroît chaque jour depuis la révolution d'Amérique.
Voilà une réunion de circonstances qui ne manquera
pas de provoquer avant peu un mouvement, si quelque
main ferme, de grands talents et un courage inflexible
ne prennent le gouvernail pour guider les événements
et ne pas se laisser emporter par eux…. On tombe
d'accord que les états ne peuvent s'assembler sans qu'il
en résulte une liberté plus grande ; mais je rencontre
si peu d'hommes qui aient des idées justes à cet égard,
que je me demande l'espèce de liberté qui en naîtrait. »

Deux ans ne s'étaient pas écoulés que ces prévisions
se réalisaient. Arthur Young assiste à ces préludes, déjà
si chargés d'orages, de la révolution qui se lève. Il continue à noter ses impressions jour par jour ; il avertit
qu'il met un redoublement d'attention à le faire. Plus
tard ne trouvera-t-il pas un vif intérêt de curiosité à
comparer les événements accomplis avec ces impressions toutes chaudes du moment? Il n'attend pas une
minute pour saluer dans la réunion des états généraux
un grand événement, une phase véritablement nouvelle
dans la destinée de 25 millions d'hommes. On comprend
qu'il ne s'abuse pas non plus un seul moment sur l'intérêt du débat qui s'agite au sujet du mode de vérifica-

tion des pouvoirs par les trois ordres, séparément ou en commun, et sur les conséquences immenses que doit avoir cette formalité. La division des ordres, le peu d'esprit politique de la noblesse, l'incurie de la cour, le frappent et l'inquiètent. En véritable Anglais, il aimerait mieux une transaction, et dès le commencement il paraît douter qu'elle s'effectue. A ses yeux il y a autant d'anarchie que d'amour de la liberté dans ce qui se passe. « N'est-il pas étrange que, tandis que la presse répand à foison des principes excessivement niveleurs et même séditieux qui renverseraient la monarchie si on les appliquait, rien ne paraisse en réponse, et que la cour ne prenne aucune mesure contre la licence extrême de ces publications? Il est aisé de concevoir l'esprit que l'on éveille de la sorte chez le peuple. » Les scènes du Palais-Royal, ces clubs improvisés chaque soir en plein air, ne le séduisent nullement. Il s'effraye de cette foule, formée en une multitude de groupes, « écoutant, dit-il, *à gorge déployée* certains orateurs qui, montés sur une table ou sur une chaise, haranguent chacun son petit auditoire. » Ce ne sont pas pour lui les heureux présages d'un peuple qui s'essaye à la liberté. Ces funestes pronostics du citoyen d'un pays libre, d'un pays habitué à l'usage et aux abus du droit de réunion, d'un pays qui n'a point comme nous les nerfs faciles à émouvoir et l'esprit prompt à se décourager à cause de quelques désordres inhérents à l'exercice de la liberté; ces pronostics, quand tout est espoir et illusion, me paraissent encore des plus tristes. On se dit que cette politique, élaborée dans les cafés ou qui vient y faire explosion, ne saurait être que chimérique et subversive. On croit avec

Young que la France est placée dans une impasse d'où elle ne peut sortir que par la décision vigoureuse d'un gouvernement aussi déterminé à réprimer les désordres de la rue qu'à opérer des réformes, ou par une terrible révolution. On conçoit à peine qu'il en soit autrement avec une haute classe entichée de ses vieux priviléges, quelque lourds qu'ils soient pour le peuple, et n'entendant rien céder à l'esprit de liberté, rien du moins au delà de l'égalité des taxes foncières, dernière limite de ses sacrifices. On conçoit à peine qu'il en soit autrement avec un parti populaire qui ne connaît pas de bornes à ses exigences et qui appelle tyrannie toute espèce de gouvernement. Young ne comprend point la liberté sans une haute Chambre; la vive opposition qu'il rencontre partout sur ce point ne lui semble qu'un signe de plus du peu d'aptitude des Français à se faire une idée exacte des conditions de la liberté politique.

Toutefois la fierté, la tenue intrépide de ces bourgeois au Jeu de Paume, la foudre partant de la bouche de ces nouveaux Hampden, d'une éloquence aussi mâle et plus pathétique que celle de leurs grands devanciers anglais, réveillent chez lui trop de passions libérales pour ne pas forcer son admiration. Comment serait-il insensible à cette réunion de tant de talents hors ligne, à ce faisceau de lumières dans la première assemblée de la révolution? En une même séance il vient d'entendre Mirabeau, Sieyès, Barnave. Sieyès, ce sphinx de la révolution, est parmi tous ces hommes éminents un de ceux dont la physionomie le saisit davantage. Il nous le peint avec « son œil vif et toujours en mouvement qui pénètre la pensée des autres, mais se tient soigneusement sur la réserve pour ne pas livrer la sienne. » Ne craignez pas d'ailleurs que l'enthousiasme chez lui déborde et finisse par emporter le jugement. Hélas! ce jugement calme et rassis, il revient bientôt avec son implacable clairvoyance. Pourquoi ces tribunes remplies par un public tumultueux? Qu'en attendre un jour, sinon des troubles et l'oppression peut-être de l'Assemblée? Et puis, quelle confusion parmi les députés! Combien de vains efforts du président, M. Bailly, pour les ramener à leurs places! Les délibérations ne présentent pas moins de désordre. Ces motions complexes, dans lesquelles il est question d'une foule de choses à la fois, paraîtraient absurdes à des oreilles anglaises, et ne le sont-elles pas en effet? Maint symptôme ne révèle-t-il pas l'absence complète d'ordre et de discipline dans ces assemblées naissantes?

Si je mets de l'insistance à reproduire ces impressions d'Arthur Young, c'est qu'elles ont une portée plus qu'individuelle. Ce n'est pas un homme, c'est l'esprit anglais, expérimenté et sagace, qui nous épie et qui nous juge. Faut-il répéter qu'ici il n'est nullement suspect de malveillance à notre égard? Je ne saurais suspecter un homme qui écrit, à la vue de cette grande Assemblée constituante : « Comme ce spectacle est fait pour raviver toute flamme cachée, toute émotion d'un cœur libéral! Comme il est fait pour éloigner de moi toute idée que ce peuple s'est montré trop souvent hostile envers le mien, pour me faire reposer les yeux avec plaisir sur le splendide tableau du bonheur d'une grande nation, de la félicité de millions d'hommes qui n'ont point encore vu le jour! » Il faut de bien sérieux motifs pour altérer cette sérénité d'espérance.—Ces motifs, les voici. Le peuple ne possède à aucun degré cet esprit d'examen qui contrôle les griefs et se refuse à admettre sans preuve les calomnies que lui font entendre ses tribuns. Il est défiant et crédule sans mesure. Dans la bourgeoisie et dans les classes éclairées, il y a plus de vivacité que d'énergie et de suite dans les desseins politiques. A un dîner auquel Young assiste chez le duc d'Orléans, il s'étonne que chacun mange, boive, sourie avec négligence ; il ne revient pas de tant de froideur. Les mêmes acteurs seront tout feu le lendemain ; mais les sentiments qui animent ces hommes si prompts à les cacher ou à les oublier ont-ils pénétré bien profondément dans leurs cœurs ? Le vague des idées, que ne cache point l'uniformité des mots de ralliement, ne lui échappe pas. Tout le monde emploie les expressions de *liberté* et de *régénération* du royaume. Mais qui s'entend sur la liberté, et quel parti comprend de la même manière le procédé à employer pour régénérer l'État et la nature même de cette régénération ? On se divise sur les moyens, bien que la plupart inclinent à l'emploi des plus radicaux ; on se divise encore plus sur le but. Plusieurs déjà vont jusqu'à la république. Enfin, si l'on pénètre dans l'intérieur du royaume, à part quelques villes, on est frappé de voir que toute vie politique y cesse. Écoutons encore ceci : « Quand j'arrivai à Château-Thierry, le 4 juillet 1789, il était cinq heures, et, dans un moment si plein d'intérêt pour la France et même pour l'Europe, je désirais lire un journal. Je demandai un café : il n'y en avait pas dans la ville. On compte ici deux paroisses et quelques milliers d'habitants, et il n'y a pas un journal pour le voyageur dans un moment où tout devrait être inquiétude! Quel abrutissement! quelle pauvreté! quel manque de communication! A peine si ce peuple mérite d'être libre; le moindre effort vigoureux pour le maintenir en esclavage serait couronné de succès. Celui qui s'est habitué à voir, en parcourant l'Angleterre, la circulation rapide et énergique de la richesse, de l'activité, de l'instruction, ne trouve pas de mots assez forts pour peindre la tristesse et l'abrutissement de la France. »

J'ai recueilli dans ces notes écrites sur place tout ce qui m'a paru propre à éclairer d'un jour nouveau la situation morale de la France en 1789. Je les ai recueillies avec un douloureux intérêt. Elles n'ébranlent pas ma foi aux principes que la révolution française a proclamés, et dont, sur le grand point de l'égalité civile, elle a assuré le triomphe. Elles expliqueront plus d'une lacune, plus d'une défaillance saisies à leur source dans les défauts du caractère national et dans l'absence d'une préparation suffisante à l'exercice de la liberté. Nos fautes, nos entraînements, suivis de désenchantements si profonds, nos vicissitudes politiques en un mot depuis trois quarts de siècle me paraissent écrites dans ces notes rapides dont la sagacité prophétique est moins due encore à la supériorité de l'esprit du juge qu'à son habitude d'observer la vie d'un peuple sachant faire usage de la liberté. Il nous est facile d'écrire la philosophie de nos révolutions et d'étaler aux yeux du monde la confession de nos erreurs après que l'expérience a prononcé. Mais le mal qu'on dit de soi n'a jamais beaucoup corrigé. S'accuser, c'est presque toujours, en une certaine manière, s'excuser. Il y a plus d'autorité, d'ef-

3.

ficacité aussi, je l'espère, dans ce langage d'un témoin rigoureux sans malveillance et sans haine, qui indique les symptômes du mal. Une singulière coïncidence me frappe ici. Voici deux esprits opposés de tous points, écrivant presqu'en même temps sur la révolution française; l'un est un catholique théocrate, un gentilhomme attaché à l'ancien régime, une grande intelligence armée de théories éclatantes, de paradoxes et d'éloquence sonore; l'autre est un esprit tout moderne et tout libéral, n'ayant ni ces prétentions ni cette hauteur, et dont l'unique mérite est d'être un observateur de premier ordre. Eh bien ! le grand esprit qui n'est autre que Joseph de Maistre et l'esprit simplement sensé s'accordent dans leurs principaux jugements et dans leurs plus essentielles prévisions sur la révolution française. Tous les deux y signalent les mêmes défauts, le goût des solutions radicales, le mépris de l'histoire, la pensée exorbitante qu'il suffit d'écrire une constitution sur le papier pour la rendre viable. L'accord de ces deux esprits de trempe et de portée si différentes, dont l'un emprunte peut-être sa perspicacité à l'éloignement du théâtre et à sa haine même, dont l'autre la doit au contraire au contact immédiat des hommes qu'il observe et au désir qu'il a de voir réussir l'expérience révolutionnaire, un tel accord est un enseignement. Toutes les fois que cette nation voudra se juger elle-même, toutes les fois surtout qu'elle voudra accomplir un nouveau progrès, elle ne saurait mieux faire que de mettre ces deux jugements sévères sous ses yeux, pour s'aider à faire son examen de conscience, et pour éviter de tomber dans les mêmes erreurs.

III

Le tableau politique et moral que l'auteur des *Voyages
en France* retrace de notre pays en 1789 m'a frappé par
son caractère général de justesse et de sévérité pour la
France, sévérité mêlée de sérieuse sympathie. La partie
économique de ce beau livre est plus précieuse encore
par les renseignements exacts et multipliés qu'elle renferme ; elle n'est pas exempte toutefois de préventions et
d'erreurs. Les observations d'Arthur Young sont presque toujours neuves et vraies. Ses conclusions sont assez
souvent attaquables. Il est Anglais ici plus qu'il ne convient de l'être en jugeant la France.

Plus d'une fois on peut en faire la remarque en suivant le mouvement parallèle des écoles d'économie politique en France et en Angleterre. En Angleterre, les
écoles se sont modelées volontiers à l'image des faits
existants. En France, au contraire, elles se sont avant
tout constituées dans des vues arrêtées de réforme. Si,
sur des points même de premier ordre, cette règle souffre
exception, cela demeure vrai pour la grande propriété
et pour la grande culture, pour l'impôt, pour les lois de
succession. Sur tous ces points la théorie économique
en Angleterre est l'expression de faits éminemment bri-
tanniques. C'est ainsi qu'à travers des principes communs qui consacrent la liberté du travail et du commerce, et à côté des grandes lois économiques communes
à tous les peuples, se font jour des différences sensibles
entre les doctrines d'économie politique dans les deux

pays. Au dix-huitième siècle, nos *physiocrates* voulaient mettre tout l'impôt à la charge de l'aristocratie foncière, qui, à côté d'eux, en était exempte. Les économistes anglais, en conformité avec la pratique qu'ils trouvent établie autour d'eux, se font à la même époque les panégyristes de l'impôt de consommation, si vivement attaqué chez nous par l'école de Quesnay et de Turgot. De même ils n'admettent aucune culture perfectionnée en dehors de la grande propriété dont ils ont le spectacle en Angleterre. Enfin, ils sont en général partisans des substitutions et des majorats. C'est dans ces dispositions toutes favorables aux grands domaines que le voyageur anglais parcourt la France. Déjà il y trouve beaucoup à reprendre quant à l'excès de la division des propriétés. Témoignage curieux et précieux que celui-là. La petite propriété, même poussée à une division excessive et partagée entre un très-grand nombre de mains, n'est donc pas née de la révolution française, comme on l'a tant répété à titre de censure ou d'apologie; d'après Young, elle couvrait déjà le *tiers* du territoire. Cette évaluation est exagérée; l'état actuel de la division des terres ne représente pas même aujourd'hui cette proportion, malgré les progrès qui se sont opérés dans ce sens; l'assertion d'Arthur Young ne constate pas moins la réalité et l'étendue, sous l'ancien régime, d'un fait que l'on croit récent.

Arthur Young ne s'est pas trompé seulement au sujet de l'excessive étendue qu'il attribue à la petite propriété, il s'est trompé dans l'excessive apologie qu'il fait de la grande. L'expérience a prononcé. Ces apologies exclusives de telle ou telle étendue des propriétés territoriales

n'ont rien que justifie l'économie politique. La nécessité, les convenances font ici loi plus que les systèmes.
Demander le développement de la grande propriété chez
un peuple qui présente telle configuration et telle nature du sol, telle étendue de capitaux et de débouchés,
tel caractère d'institutions politiques, c'est former un
vœu chimérique, et dont, en plus d'un cas, l'accomplissement serait funeste. Qui ne sait les inconvénients particulièrement frappants du métayage? Et pourtant Young
est-il en droit de se récrier comme il le fait toutes les
fois qu'il le voit établi au lieu du bail à ferme, qui exige
la propriété déjà riche et le capital abondant? Si cette
coutume, encore établie dans nos départements méridio-
naux, résulte de la tradition routinière, on a raison de
l'attaquer. Si, comme c'était et comme c'est encore le
cas le plus fréquent en France, là où elle subsiste, elle
se maintient forcément par l'insuffisance des capitaux,
et présente même des avantages locaux incontestables
pour les terres et pour les personnes, à quoi tend l'amertume de vos censures? de quel usage peuvent être vos
impérieux conseils? N'en est-il pas de même de la
grande et de la petite propriété? Celle-ci a opéré des
merveilles. Dès le temps où le voyageur anglais étudiait
la France, chose remarquable, les provinces où elle
régnait étaient les mieux cultivées. Depuis 1789, et
particulièrement depuis la Restauration, les progrès
relatifs de la petite culture ont, en dépit de ce qu'elle a
de fâcheusement excessif sur certains points, de beaucoup dépassé ceux de la grande culture. La petite propriété a vu croître sa valeur et son revenu dans une
proportion fort supérieure à la grande. Affirmer que la

culture en France est toujours meilleure sur les fermes de 120 à 260 hectares, c'était, suivant la remarque de M. de Lavergne dans la savante *Introduction* dont il a fait précéder l'ouvrage de Young, se mettre en dehors des faits plus qu'il n'était permis à un observateur si judicieux. Peu d'exploitations ont en effet cette étendue et même s'y prêteraient. Ce ne sont pas les vignobles qui pourraient l'admettre, et les terres arables ne s'y accommoderaient pas elles-mêmes facilement dans la plupart des cas. M. de Lavergne venge les petites cultures de la Flandre et de l'Alsace, celles des environs de Paris et de toutes nos grandes villes, des reproches que leur adresse Arthur Young. L'agronome anglais lui-même a mieux posé ailleurs la question des progrès de la culture. Où est-elle avant tout? *dans la quantité du capital employé*, selon le titre d'un de ses meilleurs chapitres. En Italie, en Allemagne, en Angleterre même, dans cette Irlande enfin où l'immensité de la propriété s'est résolue dans le morcellement des fermes poussé jusqu'à l'absurde, l'histoire lamentable des méfaits du *latifundisme* est facile à opposer aux abus de la petite propriété. Young affirme que, de son temps, le capital du cultivateur anglais était en moyenne de 4 liv. sterl. par acre ou 250 fr. par hectare, tandis qu'il n'était en France que de 15 à 20 sh. par acre ou de 45 fr. par hectare. Que faut-il de plus? Comment, avec un capital quintuple, la terre n'aurait-elle pas produit beaucoup plus en Angleterre? Assurément, il faut que la propriété ait une étendue assez grande pour que ces applications du capital dans de grandes proportions puissent avoir lieu. Ce qui est plus que contestable, c'est qu'elle doive avoir le plus souvent l'étendue qui justifie cette expression pompeuse de grande propriété. L'indispensable condition, pour que l'agriculture se développe, c'est la sécurité, la facilité des communications, des marchés bien pourvus, l'existence de ce qu'on a nommé les mœurs rurales, le progrès des arts mécaniques et chimiques, une industrie intérieure qui serve de débouché aux produits agricoles, et surtout cette liberté qui inspirait à Montesquieu ce bel axiome, tant de fois justifié par l'expérience, que les terres sont bien moins cultivées en raison de leur fertilité naturelle que de la liberté dont elles jouissent. Supposez un pays dans lequel l'impôt, écrasant et arbitraire, agisse à la façon de la grêle et de l'inondation, un pays dans lequel vienne se joindre au défaut des routes la présence de douanes intérieures et d'entraves multipliées tant au dehors qu'au dedans, vous aurez le secret du peu de penchant du capital à s'appliquer à l'industrie agricole, et la question de l'étendue des domaines perdra une notable partie de l'importance trop exclusive qu'on a coutume de lui attribuer.

Que les lecteurs désireux de connaître en 1789 le produit en blé, la rente et le prix des terres, de s'instruire des assolements, des irrigations, des prairies, tant naturelles qu'artificielles, des luzernes, des vignes, du nombre des moutons, etc., consultent l'ouvrage du grand voyageur; ils y trouveront au delà de ce qu'on pouvait attendre, ce semble, de renseignements exacts à une époque où la statistique officielle était si peu organisée. Quelques erreurs sur l'étendue proportionnelle du sol occupée par les vignes et les terres arables relativement à celle des bois et des terres incultes, et même l'exagération insoutenable du chiffre qu'il présente comme exprimant la rente totale des terres, n'infirment pas la masse et la portée de ces renseignements. Ils abondent sur notre état agricole et économique. Mais, au point de vue de l'histoire générale, il y a d'autres instructions à tirer de ces notes de voyage. On peut se demander ce qui, dans l'état matériel, administratif, économique de la France, contredit ou explique la nécessité de cette révolution dont l'auteur des *Voyages* nous a montré les premiers préludes. C'est ce que je voudrais rechercher en terminant cette étude sur Arthur Young, envisagé comme publiciste.

IV

Un éminent publiciste de nos jours, M. de Tocqueville, en a fait la remarque dans son livre, resté malheureusement inachevé, sur *l'Ancien Régime et la Révolution :* la révolution française a moins éclaté parce que les abus étaient alors plus graves et plus nombreux que parce qu'ils étaient plus sentis. M. de Tocqueville, il ne le cache pas, s'est beaucoup servi des notes d'Arthur Young. Il suffit de parcourir celles-ci pour se convaincre que le moment choisi par la révolution pour éclater, s'il est vrai que les révolutions choisissent leur moment, était précisément un des meilleurs dont la France ait jamais joui. Comment nier en effet que le règne de Louis XVI ait été à tous égards une ère, peut-être sans égale dans le passé, de prospérité et de progrès? La population, d'après les chiffres que nous donne le voyageur anglais, se développe alors rapidement, et la richesse plus encore. Les lois, toujours empreintes, il est vrai, de la dureté d'un autre âge, se sont fort adoucies dans l'application. Il y a une amélioration notable dans les mœurs administratives. On ne saurait, pour citer un exemple, assimiler en 1780 l'intendant et le contrôleur général, cette double personnification du régime administratif centralisé, tel qu'il existait autrefois, à ce qu'étaient les mêmes fonctionnaires en 1740. Vainement ils ont les mêmes pouvoirs, les mêmes agents, le même arbitraire que leurs prédécesseurs. L'esprit a changé. Les pensées devenues à la mode parmi ces agents supérieurs sont toutes tournées vers l'utilité publique. Il ne sagit plus seulement de provinces à maintenir dans l'obéissance, de milice à lever ; les routes, les canaux, les manufactures, le commerce, sont les principaux objets de l'activité administrative ; l'agriculture surtout attire ses regards. Les violences du fisc envers les misérables sont rares, les remises d'impôts fréquentes, les secours nombreux. Le roi augmente tous les fonds destinés à créer des ateliers de charité dans les campagnes ou à venir en aide aux indigents, souvent il en établit de nouveaux. Veut-on une preuve parlante, matérielle, de la prospérité publique? Quand on compare les uns aux autres les traités faits, aux différentes époques du règne de Louis XVI, entre l'État et les compagnies financières chargées de la levée des impôts, on voit que le prix des fermages ne cesse de s'élever à chaque renouvellement avec une rapidité croissante. Le bail de 1786 donne 14 millions de plus que celui de

1780. « On peut compter que le produit de tous les droits de consommation augmente de 2 millions par an, » dit Necker dans le compte rendu de 1781. Personne ne prétend plus en 1780 que la France est en décadence. On dirait au contraire qu'il n'y a plus de bornes à ses progrès. L'espérance est dans tous les cœurs, et comme toute disposition générale et tout fait de quelque importance se traduisent vite chez nous sous la forme de système, c'est alors que se développe la théorie de la perfectibilité indéfinie, théorie qui a sans doute de profondes racines dans le passé de l'esprit humain, mais qui devient alors vivante et populaire comme une religion.

Il n'est aucun trait de ce tableau qui manque à l'enquête faite par Arthur Young, la plus complète que nous ayons sur l'ancienne France. Partout il se plaît à relever la réalité de ce progrès; il y rend hommage à travers la vivacité de ses critiques et de ses vœux de réforme. Que signifie cet immense accroissement de nos villes de commerce et de nos ports de mer, de notre commerce d'exportation, de notre marine marchande? En vingt ans, Young estime que le commerce français a doublé. Le tableau qu'il nous a conservé des importations et des exportations en 1784 et en 1787 atteste d'une manière éclatante cette importance croissante que prenait sous Louis XVI notre commerce extérieur. En 1784, les importations et exportations réunies formaient un total de 578 millions; trois ans après, en 1787, ce même total était de 690 millions, et les colonies n'y étaient pas comprises; elles figurent à part pour 175 millions. Pendant tout le cours de la Révolution et de l'Em-

pire, ce chiffre a baissé de moitié; ce n'est que plusieurs
années après 1815 que la France a retrouvé le mouvement commercial d'avant 1789, mouvement qui depuis
lors n'a fait que s'accroître. Arthur Young donne en
même temps les tableaux de notre commerce extérieur
depuis Louis XIV; il en résulte qu'en 1716 ce commerce s'élevait en tout à 171 millions, ou 500 millions
de moins qu'en 1787. Il voit dans l'augmentation des
prix, très-sensible dès lors, un signe même de ce développement des transactions et de cette aisance plus générale. Rarement cet effet de l'augmentation de la demande vis-à-vis d'une offre très-accrue elle-même n'avait
été signalé avec plus de force. Tandis que déjà la mise
en œuvre de nouveaux procédés d'amélioration tendait à
faire baisser les prix, la masse accrue des consomma-
teurs et l'aisance de tous les relevaient au delà du taux
ancien. Si, au rapport de notre voyageur, le bois dans le
Limousin a triplé de valeur, et si les terres y rapportent
deux fois plus qu'un quart de siècle auparavant; si, à
Bordeaux, à Bayonne, la progression n'a pas été moindre
pour le prix des denrées et des maisons, ainsi qu'aux
environs de Paris et dans l'Ile-de-France; si les biens
qui se vendaient 300 livres en Franche-Comté, il y avait
vingt ans, valaient alors 800 livres; si la même hausse
s'était fait sentir sur la viande, Young explique cette
élévation avant tout par l'amélioration des routes, par le
développement de l'industrie. Nul doute sur la nature
de la conclusion à tirer de son enquête. La France, relativement à ce qu'elle était sous les règnes précédents, a
sensiblement gagné.

Où donc est le revers de la médaille, à ce point de

vue purement économique? Où était le vrai mal de la
France, ce mal qui allait la précipiter dans la plus for-
midable des révolutions? Ce mal, il était à la fois réel
et imaginaire, ce qui ne veut pas dire que sous cette
dernière forme il eût moins de gravité. On avait vécu
des siècles avec des maux plus grands sans avoir la même
envie de s'en plaindre et de se révolter. Mais, avant
tout, avouons la gravité du mal économique subsistant.
Quoique l'administration des finances se soit perfectionnée sous Louis XVI, comme tout le reste, elle gar-
dait les vices qui tiennent au gouvernement absolu. Elle
était secrète et sans garantie. On y trouvait encore quelques-unes des plus mauvaises pratiques qui avaient eu
cours sous Louis XIV et sous Louis XV. Ajoutez que
l'effort même que faisait le gouvernement pour développer la prospérité publique, les secours et les encouragements qu'il distribuait, les travaux publics qu'il
faisait exécuter augmentaient chaque jour les dépenses
sans accroître dans la même proportion les recettes. Le
nombre de ceux qui avaient avec lui des relations d'argent, qui étaient intéressés dans ses emprunts, vivaient
de ses salaires et spéculaient dans ses marchés, s'était
alors prodigieusement accru. Jamais la fortune de l'État
et la fortune particulière n'avaient été à ce point entre-
mêlées. Comment la mauvaise gestion des finances n'aurait-elle pas été alors, plus que jamais, pour une multitude de familles, une calamité privée? Songez qu'en
1789 l'État devait ainsi près de 600 millions à des
créanciers presque tous débiteurs eux-mêmes! Combien
l'envie de spéculer, la passion de s'enrichir devenues
plus générales, plus ardentes, ne devaient-elles pas con-

tribuer à faire paraître ces désordres plus intolérables?
Dès lors, comment s'étonner que les rentiers, les hommes
d'argent, que les industriels et les commerçants, c'est-
à-dire la classe même d'ordinaire la plus ennemie des
nouveautés politiques, la plus amie du gouvernement
établi, quel qu'il soit, du moment qu'il donne une certaine sécurité aux intérêts, se soit montrée cette fois la
plus impatiente, la plus résolue en matière de réformes?
Avec les philosophes, avec les lettrés, c'étaient les droits
de l'homme qui réclamaient plus de liberté, plus de publicité, plus d'ordre vrai. Avec cette classe accoutumée
à ne voir jamais qu'elle-même, c'étaient les intérêts qui
faisaient entendre leur voix toujours écoutée. Cette
classe des financiers et des gens d'affaires, si redoutable
quand elle se met à faire de l'opposition (la Restauration plus tard en a su quelque chose), elle combattait
l'ancien régime comme arbitraire, anarchique, comme
n'offrant ni liberté suffisante à l'esprit d'entreprise, ni
sécurité aux transactions. Détourne-t-on les yeux sur la
masse des hommes qui habitent les villes et les campagnes? le spectacle n'est ni plus satisfaisant ni plus rassurant. Dans les villes, les corporations subsistent avec
leurs abus vexatoires, avec leurs jurandes et leurs maîtrises surannées, si odieuses à l'ouvrier. Dans les campagnes, les traces de la corvée seigneuriale, bien qu'atténuées, se retrouvaient de même presque partout. Dans
presque toutes les provinces on rencontrait encore une
foule de droits de péage onéreux sur les chemins. Dans
toutes, les seigneurs prélevaient des droits sur les foires
et dans les marchés. Dans la France entière ils jouissaient
du droit exclusif de chasse, possédant seuls des colom-

biers et des pigeons, presque partout obligeant le paysan
à faire moudre à leur moulin et vendanger à leur pres-
soir. Arthur Young indique tous ces droits et signale
leurs effets funestes sur la population rurale. Combien
il devait paraître vexatoire à des paysans propriétaires
ce droit si lourd de *lods et ventes*, impôt qu'on paye au
seigneur toutes les fois qu'on vend ou qu'on achète des
terres dans les limites de la seigneurie ! — Pauvres
paysans, pauvre royaume, s'écriait Quesnay. Sur toute
la surface du territoire, la terre est alors chargée de cens,
de rentes foncières, de redevances en argent ou en nature,
qui sont dues au seigneur par le propriétaire, et dont
celui-ci, qu'on y songe, ne pouvait se racheter. C'est là
ce que nos pères appelaient avec colère les *servitudes de
la terre*. Nulle n'était plus impopulaire que la taille. Au
sujet de cet impôt qui avait décuplé, aux dépens presque
uniquement des paysans, depuis deux siècles, écoutez
cette phrase de Turgot, si expressive dans sa brièveté :
« La taille, arbitraire dans sa répartition, solidaire dans
sa perception, personnelle et non réelle dans la plus
grande partie de la France, est sujette à des variations
continuelles par suite de tous les changements qui arrivent chaque année dans la fortune des contribuables. »
C'est la plus triste histoire écrite en quelques lignes !
L'arbitraire, avec son cortége d'incertitudes meurtrières
et d'iniquités sans recours possible ni dans les lois, ni
dans la prévoyance même des intéressés, est là tout entier. Qu'on se rappelle seulement que la somme totale
que devait la paroisse était fixée tous les ans ; qu'elle
variait sans cesse, de façon qu'aucun cultivateur ne pouvait prévoir un an d'avance ce qu'il aurait à payer l'an

d'après ; que, dans l'intérieur de la paroisse, c'était un paysan pris au hasard chaque année, et nommé le collecteur, qui devait diviser la charge de l'impôt sur tous les habitants. Ce *collecteur,* qui ne pouvait se soustraire à sa charge, très-souvent ignorant et brutal, responsable sur tous ses biens, même par corps, de la recette, obéi seulement à la condition de marcher entouré de garnisaires et d'huissiers, agissant dans les ténèbres, et décidant seul de la part afférente à chacun au gré de ses préventions, de ses craintes, de ses complaisances et de ses haines, réunissait à la fois dans sa personne le rôle de martyr et de tyran de la localité. Chose qui fait peine au milieu de tant de richesses, de lumières et de douceur de mœurs! le paysan français, pour échapper aux aides et à la taille, agit en plein dix-huitième siècle comme le juif au moyen âge. Il est réduit à se donner les apparences de la misère même qu'il n'a pas. Il cache jusqu'à son pain et à son vin. On se rappelle qu'égaré près de Lyon, J.-J. Rousseau n'obtint qu'à grand'peine d'un paysan chez lequel il s'était réfugié, n'obtint, dis-je, qu'à travers toutes les démonstrations de la plus vive terreur, un repas composé d'une omelette et d'un peu de vin du cru : « De ce jour, ajoute l'auteur des *Confessions,* s'alluma dans mon cœur une inextinguible haine contre les oppresseurs du peuple. » Young a donné la liste de ces impôts vexatoires et ruineux. Mais ce qu'il aurait fallu dire surtout, c'est que ces vexations, bien qu'assurément beaucoup moindres que celles qui constituaient autrefois l'oppression des classes rurales, étaient alors presque universellement *senties*, et de la manière la plus vive, par suite même des droits

que les paysans avaient acquis. En même temps qu'il
avaient possédé ces nouveaux droits, ils avaient éprouv[
des susceptibilités nouvelles. Les entraves qui subsis-
taient leur étaient d'autant plus odieuses qu'elles tran-
chaient sur une situation infiniment plus libre et plu[
prospère dont elles gênaient le développement. Moin[
malheureux, ils étaient beaucoup plus irritables. L'étud[
de la nature humaine et la connaissance de l'histoir[
enseignent l'une et l'autre qu'un droit étouffé est suje[
à moins de désirs et à moins de révoltes qu'un droi[
qui a reçu une satisfaction déjà, mais une satisfactio[
incomplète et troublée. Tout obstacle levé ou vaincr
est un encouragement à continuer la lutte, et rend plu[
amère la pensée de l'obstacle qui subsiste. Il n'y a qu[
les peuples à demi affranchis qui regardent comme u[
intolérable outrage toute trace de la servitude, et eu[
seuls sont en état de la secouer, parce qu'ils font servi[
à ce dessein la part de liberté qu'ils possèdent déjà.

Une révolution était nécessaire. Tel est le sens d[
chapitre final d'Arthur Young. Mais dans sa convictio[
elle pouvait être opérée sans violence. La force de résistance qu'elle rencontrait n'était pas telle qu'elle dû[
s'emporter aux dernières extrémités. Si elle n'eût voul[
que le raisonnable, si elle se fût attaquée aux seul[
abus, elle eût réussi sans le secours des insurrection[
et des échafauds. Les droits féodaux avaient fait leu[
temps. La royauté se serait laissé limiter, si ceux qu[
exigeaient qu'elle se limitât n'eussent pas poussé l'exigence jusqu'au point où la monarchie même cesse d'êtr[
possible. Quant aux résultats à proprement parler économiques de la révolution, Young les approuve e[

général. Comment n'applaudirait-il pas à l'affranchissement du travail, à la levée des entraves intérieures?
Mais il doute de quelques-uns des bienfaits sur lesquels
on paraissait le plus compter. Ainsi il pense que l'abolition de la dîme ne profitera guère à l'agriculture. Il
prouve que cet impôt était alors modéré et peu domma-
geable. Les 133 millions de la dîme iront, selon lui,
très-peu aux cultivateurs et à la terre, mais feront
retour aux propriétaires détenteurs du sol, qui sans
doute se garderont bien de donner à ce nouveau revenu
un emploi agricole. Le système d'impôt direct qui prévaut avec tant d'exagération dans l'Assemblée lui semble
avec raison une charge de plus pour la culture. Il blâme
énergiquement les prohibitions établies sur le commerce
des grains et le maintien des biens communaux. En un
mot, « il doute, dit-il, en général pour l'agriculture,
du succès de la révolution. »

Pour quelle part le grand agronome, témoin et juge
de la vieille France, le savant et piquant observateur
dont la vie se prolongea jusqu'aux premières années de
la Restauration, s'est-il trompé et a-t-il eu raison dans
ses prévisions? Pour le rechercher en détail, il ne faudrait pas moins qu'écrire une histoire économique de
notre pays depuis 1789. Ce qui est certain, d'après ses
propres chiffres comparés à ceux que nous possédons
pour le temps présent, et en nous tenant à quelques faits
très-élémentaires, c'est que le prix du pain n'a pas
haussé depuis 1789, puisqu'il était alors de 3 sous la
livre, avec un mélange de seigle et de farine; c'est que
la consommation en légumes a grandement augmenté;
c'est que le prix moyen de la journée de travail s'est

beaucoup accru, puisqu'on ne peut pas l'estimer aujour-
d'hui à moins de 1 fr. 50 c., tandis qu'il était alors de
19 sous. Mais, — ce qui est capital, — Arthur Young
s'est certainement trompé sur le sort qu'il annonçait,
ainsi que toute une école qui s'est rangée bruyamment
sous sa bannière, à la petite propriété en France. Elle
allait, croyait-il, et répétait-on autour de lui, « tomber
en poussière. » Il est mort trop tôt peut-être pour que
des faits sans réplique pussent être opposés à ses assertions alarmantes. Eût-il même vécu quelques années de
plus, les excès du morcellement, lors des exploits de
la *bande noire*, n'eussent pas contribué à le rassurer.
Comme beaucoup de bons esprits, il n'eût été frappé
que de l'abus. C'est en effet surtout depuis 1820, dans
une longue période de paix, que toute ombre s'est dis-
sipée sur le résultat final bienfaisant de la petite propriété, même alors que de très-sérieux abus, auxquels,
hâtons-nous de le dire, il serait temps de remédier plus
complétement, ont pris dans quelques parties du territoire des proportions inquiétantes. La petite propriété
paraît devoir durer autant que la France elle-même.
Maintenue dans une sage mesure, elle est la représentation vivante et à la fois la digue la plus sûre de la
démocratie. Il n'y a que la terre pour satisfaire ainsi et
pour contenir dans les limites du bon sens et du bon
droit ceux qui la possèdent. La propriété mobilière n'a
pas cette vertu. Une instruction plus solide, une capacité productive accrue pourront, on peut l'espérer, corriger le paysan de sa fureur de *s'arrondir* et le sauver
des dévorantes étreintes de l'usure. Comment, au contraire, ôterait-on à la propriété mobilière son caractère

aléatoire, son goût, utile à d'autres égards, de spéculation hardie, son ambition indéfiniment conquérante?
Comment aussi lui communiquer ces tranquilles et pures
jouissances et ces fortes habitudes morales qu'inspire à
ses détenteurs la possession du sol? Il n'y a de stables,
il n'y a d'enracinées aux traditions et à la patrie que les
populations rurales. Supposez que, grâce aux progrès
croissants de cette *mobilisation* universelle qui nous
emporte et à laquelle certains théoriciens se plaisent
à n'assigner aucunes bornes, un jour vienne où le sol
de la France serait mis en *actions*, où une vaste exploitation industrielle se partagerait ce sol exploité par des
Compagnies, je ne sais si les porteurs de ces nouveaux
titres feraient une bonne affaire; mais il est à croire
qu'avec cette disparition de la propriété personnelle et
directe il y aurait grande baisse dans la dignité, grande
baisse dans le repos, grande baisse dans le bonheur des
populations. Écartons cette vaine hypothèse. En fait
d'amour de la propriété rurale, la démocratie française
a fait ses preuves jusqu'à l'excès et dépassé de beaucoup
cette aristocratie avec laquelle Young et son école semblaient identifier le progrès et l'avenir de la richesse
agricole. C'est par là, en grande partie, ne l'oublions
pas, qu'a réussi et que s'est consolidée cette révolution
dont il avait tiré un si funeste horoscope.

ROYER-COLLARD[1]

Les années que nous avons traversées depuis la Restauration ont éteint bien des renommées alors dans toute leur force et dans tout leur éclat ; celle de Royer-Collard n'a point pâli. Il était de son vivant même presque un ancien ; il semble plus que jamais en être un aujourd'hui. Peu d'hommes politiques mêlés aux luttes contemporaines ont paru plus que lui dessiner leur attitude et graver leurs pensées en vue de la postérité. L'expression des idées politiques a chez lui quelque chose d'achevé et de définitif. L'émotion du moment ne fait qu'y prêter un accent plus vibrant et plus solennel. La durée est le caractère éclatant de ses écrits. Aussi les personnes qui n'excluent pas plus la recherche de la vérité en politique de leur amour général pour le vrai qu'elles n'excluent la littérature politique de leur culte pour le beau se plaignaient-elles de ce que ces écrits si parfaits n'eussent point encore été réunis, et qu'à l'exception d'un certain nombre de leçons qui se trouvent dès longtemps dans l'édition du philosophe

[1] *Vie politique de M. Royer-Collard, ses discours et ses écrits,* par M. de Barante, de l'Académie française. — Deux vol. in-8º, chez Didier, Paris.

écossais Thomas Reid donnée par M. Jouffroy, il fallût chercher le témoignage de cette pensée si rare et si haute dans les colonnes du *Moniteur*. Le seul reproche que l'on puisse adresser à la publication faite par l'honorable académicien est donc d'être bien tardive; mais s'il lui a fallu tout ce temps pour trouver le loisir d'en rassembler les matériaux et d'en écrire le sobre et judicieux commentaire, bien nécessaire à des discours politiques prononcés il y a trente ou quarante ans, on ne songera plus à s'en plaindre. Personne n'était plus propre en effet à une pareille tâche que M. de Barante, qui a vécu dans l'intimité de Royer-Collard, qui a été de son école et de son parti, qui en est même encore, autant que les révolutions humaines permettent cette exacte fidélité à une même formule politique dans une longue carrière. Quelles étaient les secrètes pensées de cet esprit à la fois ardent et scrupuleux, les troubles, avant de prendre un parti, de cette âme énergique qui ne laissa pas plus percer l'hésitation dans sa conduite que dans ses écrits? M. de Barante le sait pour s'être entretenu avec l'illustre orateur dans toute la liberté de l'amitié. Si nous ne connaissons pas Royer-Collard tout entier, ce ne sera pas la faute de ses élèves et de ses amis. Il y a quelques années, c'était M. de Rémusat qui, succédant à la place laissée vacante à l'Académie française par ce maître éminent, traçait de lui une vivante peinture. Hier c'était M. Guizot qui parlait de son ancien maître dans ses *Mémoires* comme il sait parler de tous les hommes qu'il a connus. Demain peut-être (et j'aime à croire qu'on peut effacer ce peut-être), ce sera M. Villemain qui fera pour Royer-Collard ce qu'il a fait avec tant

4.

d'éclat pour Chateaubriand. Tenons-nous-en pour aujourd'hui à M. de Barante, qui peut nous suffire, et dont les jugements sont précieux à recueillir sur le grand philosophe politique de la Restauration. Laissons-nous aller à ce pur courant de pensées justes, suscitées par le long commerce des hommes et de l'histoire, de sages opinions motivées avec une sûreté concise, et en suivant Royer-Collard lui-même, dont le texte nous parle et nous pénètre comme si nous l'entendions, cherchons l'histoire de cette pensée qui se livre enfin dans la continuité comme avec les contrastes de ses développements successifs. Étudier ce que pensa Royer-Collard, c'est apprendre ce que pensa et voulut la France éclairée durant toute une·période, une des plus mémorables de son histoire.

I

Il ne saurait s'agir de nombreux détails biographiques intimes sur la vie privée de Royer-Collard dans cette étude réservée entièrement à retracer le tableau de sa vie publique. Cependant on n'aurait que trop imparfaitement le secret de ce que celle-ci eut de grave et de digne, et du fonds d'austérité de cet esprit méditatif qui n'a point eu son analogue de nos jours et qui l'aura moins que jamais à l'avenir, à en croire les *signes du temps*, si l'on ne savait au sein de quelle famille se passèrent ses premières années. L'imagination des anciens entoure de poétiques et riantes fictions le berceau des grands orateurs. La réalité nous montre l'enfance du plus puissant orateur de la Restauration s'écoulant dans un village de Champagne, à quelques lieues de Vitry, sous l'influence de l'enseignement chrétien le plus rigide qui fut jamais. Un de ses aïeux, Paul Collard, avait transporté dans ce village de Sompuis les sentiments et les pratiques de Port-Royal. « On eût dit une communauté de la primitive Église. Les plus sévères austérités y étaient observées avec zèle, l'instruction religieuse avait pénétré dans toutes les classes. Chaque famille y vivait sans rechercher le bien-être de l'aisance, et pratiquait la pauvreté évangélique. » — « Jamais, nous dit encore M. de Barante, il ne parlait de sa mère qu'avec un profond respect, et il rendait une sorte de culte à sa mémoire. Il aimait à raconter sa grave et rigide tendresse pour ses enfants. La simplicité de mœurs à laquelle il fut accoutumé dès son enfance lui donna, pour sa vie entière, la répugnance pour le luxe et le sybaritisme. » Enfin « il attribuait la direction de son esprit, son goût exclusif pour les études sérieuses, son habitude de méditer longtemps sur ce qu'il venait de lire, à la manière dont il avait reçu l'instruction classique. » Il passa du collège de Chaumont, dont le frère de sa mère était supérieur, au collège de Saint-Omer, chez les Pères de la Doctrine chrétienne. Il eut d'abord un grand goût pour les sciences exactes, et dans la dernière année qu'il passa au collège de Saint-Omer il y enseigna lui-même les mathématiques. Il fut un moment professeur au collège de Moulins ; puis il vint à Paris, se plaça chez un parent du même nom que lui, procureur au Parlement, fit ses études de droit et s'instruisit à la pratique des affaires. En 1787, sous les auspices de Gerbier, le jeune

Royer-Collard plaidait sa première cause devant la Grand'Chambre du Parlement. Il se plaisait à raconter combien lui avait paru imposant l'aspect de cette magistrature, honorée par tant de témoignages historiques, par les vertus héréditaires des familles parlementaires, et qui semblait la représentation vivante de la loi. On retrouvera dans ses discours l'impression vivante encore de ces images de l'ancien régime sous ses traits les plus respectables. Même lorsqu'il le jugera le plus sévèrement et qu'il repoussera avec le plus d'énergie le rétablissement de ses abus, il n'aura jamais le ton ironique et frondeur à son égard ; il ne cachera pas qu'il en aime beaucoup de choses qui ont disparu et plus d'une institution protectrice de la dignité individuelle et de l'indépendance des caractères.

La Révolution montre Royer-Collard tel qu'il doit être toute sa vie, un ami de la liberté réglée, un ennemi des priviléges injustes, un adversaire de tous les désordres. La liberté civile, l'égalité devant la loi, l'intervention d'une représentation de la nation dans le vote de l'impôt, une sage liberté politique, voilà ses vœux et la règle de ses opinions et de sa conduite politique en 1789. Je regrette de ne pas trouver plus de détails ni chez M. de Barante ni ailleurs sur ses succès dans sa profession d'avocat et sur les raisons, quelles qu'elles soient, qui purent lui assurer assez de notoriété pour être porté d'emblée par la section de l'île Saint-Louis dans le conseil de la Commune de Paris. Il y siégea près de Camille Desmoulins et de Danton, son compatriote champenois, qui le traitait, nous dit-on, et je le crois aisément, avec une certaine familiarité de supérieur. Il la quitta aussitôt après le 10 août, et quand déjà Marat y siégeait et y régnait. — M. Royer-Collard et Marat en présence l'un de l'autre, singulier rapprochement, bizarre jeu de l'histoire! — La popularité dont il jouissait dans son quartier de l'île Saint-Louis, qui avait pris le nom de section de la Fraternité, ne se ressentit point de sa retraite. Il conversait avec les bateliers, les gens de rivière, leur prêchant la modération, et réussissant à la leur inspirer. Le besoin d'influer, qui paraît avoir été chez le futur homme d'État bien plus grand que le besoin de gouverner, s'exerçait dès lors sur ce théâtre populaire comme il devait s'exercer plus tard dans la Chambre des députés et sur les intelligences les plus distinguées de notre temps. Y a-t-il beaucoup de témérité à présumer que cet empire qu'il sut prendre sur des esprits grossiers par l'éloquence et la raison ne lui parut pas moins flatteur et ne lui laissa pas un souvenir moins agréable? On a la curieuse Adresse qu'il lut à la barre de la Convention, au mois de mai 1793, au nom de la section de la Fraternité, Adresse qui avait reçu l'adhésion des sections de la Butte-des-Moulins et de la Bibliothèque, dévouées aux opinions modérées. Il s'agissait, tout en appuyant l'enrôlement volontaire appelé par la Convention pour marcher contre l'insurrection qui venait d'éclater dans les départements de l'Ouest, de faire entendre la protestation de l'opinion publique, qui se prononçait contre Marat, Robespierre et les Montagnards. « Nous ne connaissons dans la Convention que la Convention elle-même, disait Royer-Collard. Nous la défendrons contre ceux qui, sous le masque du patriotisme, veulent tuer la liberté... Que le sceptre sanglant de l'anarchie soit brisé, que le règne des lois commence, et qu'une Constitution fondée sur les bases de l'égalité et de la liberté fasse triompher la souveraineté du peuple, » etc. Cette Adresse, concertée sans doute avec le parti girondin, fut couverte d'applaudissements. On voit que le langage qui y est tenu se ressentait des circonstances, malgré sa modération hardie. Si l'orateur eût parlé en son propre nom, il est à croire qu'il eût été moins question de la souveraineté du peuple. Le peuple qu'il invoquait, au surplus, c'était le peuple de l'ordre, le peuple du travail, contre le peuple des septembrisades.

Les détails qui suivent étaient pour la plupart peu connus, et les biographes qui ont précédé M. de Barante semblaient à peu près tous croire et nous laisser croire que Royer-Collard ne datait que de l'époque de la Restauration. Toute une période préparatoire se trouvait ainsi supprimée. Pour moi, ces premières années de Royer-Collard personnage public, ne sont pas celles qui m'intéressent le moins, et j'aime à me figurer l'auteur du discours sur le sacrilége, le chef respecté de l'Opposition de 1830, sous les traits de l'orateur populaire de la section de la Fraternité en 1793.

Bientôt suspect de modération, il lui fallut quitter Paris et se réfugier dans la maison paternelle à Sompuis. Son père venait de mourir; sa mère était aimée et respectée de tous les habitants de la commune. Elle n'avait pas la crainte d'être trahie par aucun d'eux; son fils, en habit de paysan, s'en allait chaque matin menant la charrue et lisant un livre posé sur ce nouveau pupitre; un cheval était constamment sellé dans l'écurie pour fuir dès qu'on apercevrait quelque gendarme ou quelque homme de la ville. Vaines précautions, si le procureur-syndic du district de Vitry, déjà prévenu par la recommandation de Danton, ne s'en était rendu complice! On lui écrivit de rechercher le citoyen Royer, qui était sans doute réfugié dans les environs de Vitry. Il se rendit chez sa mère. La haute considération qui l'environnait, cette chambre meublée avec une extrême simplicité, sans autre décoration qu'un grand crucifix, tant de dignité et de courage en l'écoutant, le frappèrent et l'émurent. « J'étais venu, disait-il, avec le projet de sauver son fils sans exposer ma tête; à présent je monterais pour elle sur l'échafaud. »

En 1796, Royer-Collard n'avait pas encore quitté son village natal, et c'est de ce coin obscur qu'il trouvait le moyen de donner un témoignage de vie politique et d'opposition énergique à l'arbitraire. La commune de Sompuis avait été requise par les administrateurs du département de la Marne de conduire à Metz 5,000 pesant d'armes et de munitions, et d'acquitter les frais de la force armée qu'il avait fallu employer pour contraindre à l'obéissance les habitants du canton. Il semble qu'on reconnaisse déjà Royer-Collard tout entier dans l'acte de protestation qu'il rédigea au nom de sa commune contre cet acte administratif. Il s'élevait contre le principe des réquisitions, et cependant annonçait que les habitants de la commune sacrifiaient leurs justes réclamations à l'intérêt général, refusant seulement de payer la somme de 8 livres fixée par le président de l'administration pour leur portion des frais de la force armée. La modicité de la somme attestait elle-même que l'honneur seul des principes était en jeu. L'opposant qui agitait si résolûment dans un village ignoré la question qui partageait alors la France, celle de l'arbitraire et de la légalité, ne s'en tint pas à cet acte collectif; il écrivit une lettre sur les réquisitions à M. de Branges, administrateur du département de la Marne. Cette lettre, datée du 8 vendémiaire an V, pourrait s'appeler le premier discours de Royer-Collard. Elle a de ses autres discours le ton impérieux, l'accent pressant, l'impitoyable dialectique, avec quelque chose de plus âpre encore dans la manière dont l'adversaire est traité. C'est le même *crescendo* de raisonnements, tel qu'il semble que la partie adverse n'a plus un seul mot à dire et reste accablée sous le poids de la honte. — M. l'administrateur du département de la Marne a agi selon les lois révolutionnaires, ce qui n'est plus permis en 1796; voilà le premier point. Bien plus : les lois révolutionnaires l'*abandonnent*, car il a renchéri sur leur arbitraire; voilà le second point. Mais ce n'est pas assez encore que les lois révolutionnaires abandonnent l'administrateur du département de la Marne, elles le *confondent;* voilà le troisième point. Pauvre M. de Branges ! où se cachera-t-il, n'ayant plus même l'abri des lois révolutionnaires? Une pareille argumentation ne laisse pas respirer un moment le malheureux qui en est l'objet. Il n'a pas même le temps de crier grâce.

Au mois d'avril 1797, l'auteur de la lettre sur les réquisitions, qui avait exprimé d'une manière si vive et si originale le sentiment universel, était élu député au Conseil des Cinq-Cents par l'assemblée électorale du département de la Marne; c'était un bail électoral qui

commençait et qui devait durer quarante ans. Arrivé à
Paris, M. Royer-Collard se lia avec Quatremère de
Quincy, avec Camille Jordan, son ami le plus tendre,
et aussi, quoique à un degré moindre, avec M. Cor-
bière, dont la voie politique devait être si différente de
la sienne. Son royalisme, qui n'était pas d'ailleurs encore bien prononcé, ne devait jamais faire de Royer-
Collard un conspirateur. C'est un des mérites de la nouvelle biographie d'indiquer avec exactitude à quelles
conditions libérales et nationales il mettait le succès
de sa cause. Royer-Collard ne fit qu'un seul discours
au Conseil des Cinq-Cents; ce fut pour soutenir l'é-
loquent et noble rapport de Camille Jordan en faveur
de la liberté des cultes. Cet ancien vœu des philosophes et des libres penseurs était en ce moment l'objet
des pétitions les plus pressantes de la part des catholiques fatigués et indignés de voir persécuter le clergé
et de ne pouvoir pratiquer leur culte en sécurité. Ce
discours de début dans les grandes assemblées politiques a déjà presque toutes les qualités hautes et larges
de l'éloquence propre à Royer-Collard, et l'on y voit
pour la première fois se développer cette faculté puissante de généralisation qui lui confère tant d'autorité.
Prononcer le rappel des prêtres bannis, et ne pas exiger
d'eux une promesse spéciale de soumission au gouvernement républicain avant de leur permettre l'exercice
public de leurs fonctions, telles étaient les conclusions
de ce discours. Pour un politique chrétien, pour un philosophe connaissant les besoins de la nature humaine,
elles devenaient le prétexte nécessaire d'une revendication éclatante de la nécessité d'un culte et de l'éloge du

christianisme, particulièrement du catholicisme, cette religion des siècles et des masses. Mais c'est surtout la justice et la politique de générosité, depuis si longtemps mise en oubli, qu'il invoquait. Il était temps, selon lui, d'y recourir comme à un refuge, de s'y jeter à bras ouverts. A quoi bon d'odieuses mesures préventives quand la surveillance suffit? C'est par la liberté et par la douceur qu'on s'attachera le clergé, aliéné par tant de persécutions. Pour expliquer cette défiance des moyens généreux, qui seraient souvent le meilleur appui et la plus grande habileté de la politique, il citait cette belle pensée d'Adam Smith : « Quoique l'art de ménager et de persuader les esprits soit, de tous les ressorts, le plus aisé et le plus sûr que puisse employer le gouvernement, comme l'usage de la force en est le plus dangereux et le plus mauvais, telle est néanmoins l'insolence naturelle de l'homme, qu'il dédaigne presque toujours d'user d'un bon instrument, à moins qu'il ne puisse ou n'ose en employer un mauvais. »

Le coup d'État du 18 fructidor ne plaça pas Royer-Collard, comme son ami Camille Jordan, sur la liste des déportés qu'on envoyait à Cayenne; on se borna à annuler son élection et à l'exclure des Cinq-Cents. Ce retour du Directoire à la politique révolutionnaire était bien fait pour ôter aux modérés toute foi dans l'avenir de la république. Ce n'est, à vrai dire, qu'à dater de cette époque que Royer-Collard se convainquit pleinement qu'il n'y avait de liberté et d'ordre durables qu'avec la monarchie, qu'il ne séparait pas de l'idée d'hérédité et de la dynastie en possession depuis des siècles de régner sur la France. « Bien des gens, disait-il, ont été proscrits pour des opinions qu'ils n'avaient pas et que la persécution leur a données. » Excellent avis aux persécuteurs et même à ceux qui s'en tiennent à exercer des vexations à l'égard des gens suspects d'un peu d'indépendance !

La présence de Royer-Collard dans le conseil secret du roi Louis XVIII avait besoin d'être expliquée. Le mot de *conseil secret* sonne mal à nos oreilles. Quelque habitués que nous soyons aux révolutions, l'idée d'intrigue et de complot nous répugne de la part d'un homme politique dont l'existence est empreinte à un tel point de gravité et de moralité. Les détails et les documents les plus précis éloignent entièrement toute idée de ce genre de la participation que M. Royer-Collard prit au conseil secret du roi Louis XVIII de 1797 à 1803. La révolution en 1797 n'était point finie. Les partis se classaient, s'organisaient. Quant aux royalistes, deux nuances allaient se distinguer parmi eux. Les uns, ceux que l'on appelait les tièdes et peut-être les traîtres, et que nous appelons les judicieux et les sensés, n'accepteraient le retour de la monarchie qu'à la condition d'adopter les principes et les conquêtes de la Révolution ; les autres voudraient la royauté pour elle-même et à titre surtout de réaction et de vengeance contre 1789. Ceux-ci se rattachaient plus étroitement au comte d'Artois, et leurs informations pleines d'erreurs sur l'état de l'opinion avaient plus d'une fois trompé Louis XVIII lui-même. C'était à la portion la plus libérale du parti royaliste à faire savoir la vérité à ce prince et le prix que mettait la France au rétablissement de la royauté.

Telle fut la condition expresse à laquelle Royer-

Collard se détermina à entrer, par l'intermédiaire de M. Dandré, royaliste constitutionnel, dans la commission royaliste en correspondance avec M. le comte de Provence. Cette commission n'avait guère été jusque-là qu'une intrigue et une source de renseignements inexacts et compromettants dont le prince exilé s'était plaint lui-même plus d'une fois. Étranger aux communications que Sieyès et Barras eurent avec Louis XVIII, Royer-Collard se refusa de même constamment à avoir le moindre rapport avec les agents de Monsieur, qui, sans être assurés de l'existence du comité, et sans soupçonner le nom de ceux qui le composaient, auraient voulu agir de concert avec lui. On connaît la lettre écrite par le comte de Provence au Premier Consul, quelque temps après le 18 brumaire, pour tenter de faire de lui le Monk de la dynastie déchue. Lorsque cette lettre, monument de crédulité et d'illusion, eut reçu, après Marengo, une réponse facile à prévoir, Louis XVIII s'était déterminé à confier à son frère, le comte d'Artois, la direction de tout ce qui pouvait être tenté à Paris. Il fit savoir à son comité secret qu'il jugeait à propos de réunir dans une action commune tous les agents royalistes. Le comité répondit par une Note du 25 juin 1800 en donnant sa démission. Cette pièce, écrite par Royer-Collard, témoigne d'un profond sentiment de dignité et de patriotisme, et explique déjà chez lui le royaliste de 1815 et l'opposant des années suivantes. « Le comité a été établi dans une parfaite indépendance des puissances étrangères et des variations qui peuvent subvenir dans leur politique et dans leurs vues.... Dans le but de son institution ainsi que dans les principes des hommes qui le

composent, il n'est point, il ne peut devenir un foyer de
conspirations et d'insurrections ; il n'entretient point de
relations avec les cabinets étrangers.... En adressant à
Monsieur l'hommage de leur profond respect et l'expression de leurs regrets, les membres du conseil regardent comme un dernier devoir de lui déclarer que si,
malgré tant de funestes expériences, on persiste à former
des rassemblements d'agents inconnus les uns aux autres, et sans autre lien commun que l'influence d'une
direction éloignée, ces prétendus agents seront infailli-
blement ce qu'ils ont été jusqu'à ce jour, des intrigants
en discorde, étrangers à la grande scène des affaires,
sans considération personnelle et sans capacité, dont la
correspondance mensongère ne servira qu'à entretenir
des illusions profitables pour eux, mais bien nuisibles
aux intérêts du roi. Comme c'est la force des événements
et des choses qui a produit et conduit la Révolution, c'est
la même force qui peut seule l'arrêter ou la détruire.
Tous les plans qui ne s'appuient pas sur cette force, qui
n'ont pas pour unique objet de l'employer lorsqu'elle
existera, ne sont que des intrigues impuissantes qui ne
tardent pas à devenir la pâture de la police et le scandale
de l'opinion. Les vrais royalistes ne peuvent y prendre
aucune part. »

La nature des idées monarchiques de Royer-Collard
achève de se marquer dans la lettre qu'il écrit en 1803,
au nom du comité, pour féliciter le roi d'avoir à son tour
refusé de renoncer à ses espérances en acceptant du Pre-
-mier Consul une position qu'on lui présentait comme
grande et honorable. « On propose à Votre Majesté, y
est-il dit, d'assurer à la France, autant qu'il est en elle,

à la place du gouvernement monarchique héréditaire
tempéré par des lois fondamentales, le gouvernement
militaire électif sans limites et sans barrières. Avoir réduit la question à ces termes, c'est l'avoir résolue. Il s'a-
git en effet de prononcer entre le plus parfait et le pire
des gouvernements ; entre celui qui a fait la gloire de la
France et celui qui a été la honte et le fléau de Rome ;
entre celui qui a donné à l'une soixante-dix monarques
en treize siècles, et celui qui a donné à l'autre le même
nombre de despotes en un siècle et demi ; entre celui qui
confond les intérêts de l'État et de son chef et celui qui
les sépare ; entre celui qui éteint les ambitions criminelles et celui qui les allume dans le cœur des plus indignes ; entre celui pour qui la guerre est presque toujours une calamité et celui pour qui elle est presque
toujours une nécessité. » Le Premier Consul eut-il connaissance de cette lettre ? sut-il même l'existence du comité secret qui s'était continuée sans caractère officiel ?
Si sa police ne la lui laissa pas ignorer, il paraît s'en être
peu ému. L'existence d'un comité qui disait la vérité aux
princes exilés sur la France ne pouvait lui déplaire beaucoup ; et quant aux idées de Royer-Collard relatives à la
préférence que mérite la monarchie héréditaire sur le
pouvoir électif, il y paraissait lui-même fort converti,
car il faisait l'Empire.

II

L'Empire trouva M. Royer-Collard étranger plutôt
qu'hostile. S'il le blessait dans ses instincts de liberté,

il le satisfaisait, comme toute la France, dans ses instincts d'ordre à l'intérieur après les excès révolutionnaires. Ce n'était point, comme madame de Staël et M. de Chateaubriand, une de ces natures auxquelles il faut à tout prix l'action et le bruit. Une fois engagé dans l'action, il ne s'y ménageait pas, mais il pouvait s'en passer et trouver dans l'activité intérieure de la pensée une compensation et un dédommagement qui lui laissaient peu de regrets pour les agitations de la vie publique; c'était, en un mot, un philosophe dans toute la sincérité du terme, cherchant dans l'exercice désintéressé de l'intelligence une occupation et non une distraction. Quel autre parti d'ailleurs était à prendre sous l'Empire? La réforme de la société et des institutions politiques était éliminée de la scène; la réforme de l'entendement et de la philosophie restait seule à l'ordre du jour. La métaphysique avait son despote accepté de tous dans Condillac depuis près d'un demi-siècle. On ne risquait, à attaquer ce dominateur, ni exil ni censure. Loin de là, restaurer le spiritualisme contre les atteintes portées par l'idéologie du dix-huitième siècle aux principes d'ordre moral était une pensée qui agréait à l'Empereur. Il voyait avec raison dans le spiritualisme un auxiliaire du dogme de l'autorité, mais il en pressentait et en redoutait peu l'influence libérale. M. de Bonald et ses amis contribuaient assurément à entretenir cette illusion qui n'apercevait dans les doctrines opposées à la philosophie du dix-huitième siècle que le côté favorable à l'obéissance.

Ce fut donc sans objection que l'Empereur consentit, sur la demande de M. de Fontanes, à appeler Royer-

Collard, malgré ses opinions royalistes bien connues, à
la chaire d'histoire de la philosophie à la Faculté des
lettres, en 1811, quand elle devint vacante par la retraite de M. de Pastoret.

Comment ce nouveau devoir trouvait-il préparé l'é-
minent esprit qui en acceptait l'accomplissement? Quel
emploi de ses longs loisirs avait-il fait pendant toute la
durée de l'Empire? Sa vie était grave et studieuse. Il
lisait et relisait les chefs-d'œuvre de la littérature, et surtout de la littérature française. On ne trouve d'ailleurs
de Royer-Collard aucun écrit daté de cette époque, si ce
n'est un long article littéraire inséré dans le *Journal des
Débats* de 1806, sur un homme qui fut presque une
célébrité, M. de Guibert, auteur d'Éloges de Catinat, de
L'Hospital, de Thomas et de mademoiselle de Lespinasse.
Le dix-huitième siècle y est attaqué sans mesure. Royer-
Collard traite les grands hommes de ce siècle de ce même
ton léger dont ceux-ci traitaient leurs adversaires. Un
accent mordant, un tour satirique, des mots heureux et
piquants, quelque chose enfin de plus spirituel dans le
sens ordinaire et de plus agréable que ne l'admet sa manière habituelle, font présumer qu'il eût pu réussir aussi
dans ce genre de polémique plus légère. Cette haine de
la philosophie du dix-huitième siècle tenait évidemment
chez Royer-Collard à son esprit religieux et monarchique. Mais ses études, ou du moins ses lectures philosophiques, l'avaient confirmé dans cette antipathie
d'instinct. Il avait lu Descartes et Leibnitz. Il y avait
puisé la conviction que la métaphysique de Condillac,
qui explique l'âme tout entière par les transformations
de la sensation, n'était qu'une fausse hypothèse sous

couleur d'observation et d'expérience. Ainsi qu'on l'a
rappelé d'ailleurs trop souvent pour que je croie y devoir revenir, tout semblait tendre alors à la renaissance
du spiritualisme en philosophie. L'opposition politique
elle-même avait cessé d'être tout entière du côté des
survivants de la philosophie du dix-huitième siècle.
Bernardin de Saint-Pierre, Chateaubriand, madame de
Staël, Benjamin Constant lui-même échappant, par le
travail de sa pensée et le résultat de ses propres études,
au pur voltairianisme qui l'avait guidé dans ses premières recherches sur le génie des religions, enfin un
souffle fécond venu d'Allemagne et d'Écosse, impri-
maient aux esprits une direction opposée à celle que
suivait avec une fidélité routinière la postérité philosophique d'Helvétius et de Saint-Lambert. Royer-Collard
n'avait qu'à obéir à sa nature pour se trouver placé en
plein dans ce courant, et du moment où un esprit comme
le sien se décidait à s'y jeter, ce ne pouvait être que pour
lui donner un mouvement à la fois plus puissant et plus
régulier. Après ce qu'il y a d'un peu vague dans les doctrines philosophiques des poëtes du spiritualisme, c'est
en effet ce rôle de législateur qu'il devait jouer à l'égard
de la nouvelle philosophie.

Le livre de Thomas Reid, intitulé *Recherches sur
l'entendement humain*, qu'il rencontra sur les quais, et
qu'il emporta à la campagne pour le méditer à loisir,
les autres ouvrages du même philosophe écossais, qu'il
lut successivement, lui donnèrent ce solide fonds d'idées
dont a besoin tout professeur, et l'espèce de philosophie
qui convenait le mieux et à lui-même et à son moment;
cette philosophie se réduit en effet presque à un plus

grand degré de précision mis dans le sens commun et
dans les croyances morales de l'humanité. Dévoué à
cette méthode de l'expérience, à laquelle il prétend rattacher certains principes innés en métaphysique et en
morale, auxquels la sensation sert d'occasion sans suffire
à les expliquer, Royer-Collard professait cette idée que
la science humaine a atteint son plus haut degré quand
elle a réussi à « dériver l'ignorance de sa source la plus
élevée; » entendant par là que les premiers principes
sont inexplicables et coupant court à toutes les audaces
de la métaphysique. Puisqu'il s'agissait non plus de
poésie et d'éloquence, mais de démonstrations, c'était
seulement sous cette forme modeste que le spiritualisme
avait chance de reprendre de l'empire sur des intelligences exactes, élevées dans le mépris des témérités spé-
culatives et dans le respect de l'analyse.

M. Royer-Collard s'enferma pendant deux ans et demi
dans la question métaphysique de la perception des objets extérieurs, et il s'appliqua à convaincre les philosophes de l'école de la sensation de n'avoir fait sortir de
leur théorie que le scepticisme absolu sur la réalité du
monde entier, et dès lors sur toute vérité, quelle qu'en
soit la nature. Toute cette philosophie de Royer-Collard
est connue dès longtemps, et on n'a plus rien à apprendre au public à ce sujet. Qu'il nous suffise de rappeler que peu d'enseignements furent à la fois plus austères et plus efficaces. Nulle déclamation sentimentale
dans la revendication des droits de l'esprit sur la certitude
et de l'âme sur la règle morale. Partout la plus pure
et la plus sévère abstraction. C'est une langue exacte
comme celle de l'algèbre, de temps en temps sillonnée

par les éclairs de l'orateur. Quand il a réfuté scientifiquement une doctrine, quand il l'a convaincue pied à
pied d'être fausse, il la foudroie en quelques phrases de
l'effet le plus grandiose. Que son explication de la perception du monde extérieur saisi et pour ainsi dire rétabli
sur sa base par le procédé de l'induction, d'une induction
toute spéciale qu'il décrit avec une rare habileté de langage et qui n'a rien de commun avec l'induction baconienne, prête à son tour à de sérieuses objections et risque
d'être elle-même une de ces hypothèses qu'il a si sévèrement critiquées et décriées, cela pourrait bien être ; mais
cette querelle d'école, dont je ne méconnais pas la portée
en métaphysique, est sans importance quant à l'influence
exercée par l'enseignement de Royer-Collard. Il avait
établi l'origine des idées en dehors de la pure sensation.
Il avait accompli dans l'école une révolution dans le sens
du spiritualisme, autant du moins que ce mot de révolution, qui réveille une idée de bruit et d'éclat, peut exprimer une action exercée sur un petit nombre d'adeptes
à l'ombre de la Sorbonne. Sait-on en effet combien
comptait d'auditeurs ce cours, qui est un chef-d'œuvre
de dialectique pressante, où brille au plus haut degré
le talent, il faut dire ici le génie de l'expression, où
s'unit à une vigueur habituelle une grandeur frappante
quand la pensée rencontre l'infini ? Il en comptait environ
vingt ou trente. La nature et la perfection même des
leçons de Royer-Collard expliquent ce peu de popularité. Les démonstrations auxquelles il se livrait, l'examen approfondi de l'unique question qu'il envisageait
sous toutes ses faces avec une patience infatigable et
d'inépuisables ressources, n'étaient pas beaucoup plus

faites pour attirer la foule qu'un cours de hautes mathématiques. Tout d'ailleurs, dans ces leçons méditées à
loisir, écrites avec un art profond, sentait trop l'huile, si
l'on peut user de ce terme, pour un auditoire qui veut
être remué et amusé. Royer-Collard était attachant au
plus haut degré pour les esprits très-méditatifs; il n'était
pas divertissant. Il n'avait rien de la facilité, d'ailleurs si
aimable et si attrayante, de Laromiguière, dont la chaire
continuait tout auprès de lui à attirer la foule. On sortait
des leçons de ce dernier séduit et persuadé, dût-on oublier la leçon à la porte. Au sortir des leçons de Royer-
Collard, on emportait le trait profondément enfoncé, et
il fallait revenir se placer sous la domination de cette
parole convaincante et impérieuse qui changeait son au-
diteur en disciple. Mais c'était le petit nombre; la masse
n'y avait rien compris et sentait qu'il n'y avait là pour
son attention, facile à distraire, ni instruction à recueillir en passant, ni plaisir à attendre en se laissant
aller à une audition toute passive. Elle attendait son
orateur dans un autre philosophe dont les grandes qualités s'adressaient à la fois à l'élite des esprits et au public : M. Cousin n'était pas loin. C'est lui qui, à vrai
dire, dans la lutte contre l'école du dix-huitième siècle,
emporta la place. Royer-Collard fit le plan du siége et
se borna à ouvrir le feu.

Revenons au publiciste et à l'homme politique. Aussi
bien son jour approche, ou, pour mieux dire, il est
déjà venu. Nous sommes en 1814. Je cherche le trait
principal de son rôle à cette époque, et je le trouve dans
ce mot : la modération. Des hommes au fond de peu
de foi parlent alors et agissent comme des fanatiques.

Des hommes portés à la bienveillance et à la douceur deviennent impitoyables sous l'empire des circonstances et par l'émulation de l'exemple. Royer-Collard avait une impétuosité de caractère et une vivacité d'imagination que peu d'hommes de parti surpassèrent. Cette imagination le portait volontiers à outrer les choses, à exagérer les intentions, à assombrir les couleurs d'une situation politique. Pourtant on le trouve exempt de tout fanatisme, de celui du lendemain comme de celui de la veille. Sa main ne trempe dans aucune réaction. Son esprit garde toute sa justesse, son âme toute son équité. Modéré, il se fait modérateur autant que cela est possible. Il est digne de remarque qu'il n'entra pour rien dans les combinaisons d'où résultèrent un gouvernement provisoire et l'abdication de Napoléon. Une fois la royauté rétablie, il n'avait pas à s'y rallier. Il avait cru, dès 1797, voir dans son retour le dénoûment de la révolution, et les désastres de l'Empire avaient confirmé et ranimé en lui cette première opinion. Il n'avait pas cessé de rester en rapport avec l'abbé de Montesquiou. C'est par celui-ci, devenu ministre de l'intérieur, qu'il fut nommé directeur de la librairie et conseiller d'État. Si l'on veut bien comprendre le rôle de Royer-Collard à cette époque, il faut se rendre compte de l'état intérieur du parti royaliste. M. de Blacas et ses amis les émigrés en formaient l'extrême droite, comme on eût dit plus tard. M. de Montesquiou était au centre. Royer-Collard et M. Guizot, qui avait été choisi comme secrétaire général du ministre de l'intérieur, occupaient pour ainsi dire le centre gauche : c'était le nouveau régime cherchant à s'entendre avec l'ancien, auquel appartenait l'abbé de Montesquiou lui-

même, tout libéral qu'il était relativement à la masse
des royalistes. M. de Montesquiou fut, avec M. Beugnot
et M. Ferrand, le principal des membres chargés de
préparer une Constitution conforme à la Déclaration de
Saint-Ouen et aux bases proposées par le Sénat. Il par-
tait volontiers, quant à lui, de l'idée de la Charte octroyée
et acceptait le principe de la souveraineté royale telle
qu'on l'entendait en 1788. C'est dire que M. Royer-
Collard et ses amis furent peu consultés en ce qui con-
cernait la Constitution. Pour mieux marquer la différence qui se cachait sous une certaine communauté de
but et d'opinions, je ne puis mieux faire que transcrire
ici une anecdote qui peint en outre la brusquerie piquante des reparties de l'illustre homme d'État. L'abbé
de Montesquiou crut un moment que donner des lettres
d'anoblissement aux hommes du tiers état qui dans les
assemblées avaient manifesté ou du moins conservé les
opinions royalistes, serait un honorable témoignage
de la bienveillance du roi. Il pensa d'abord à mettre
M. Royer-Collard sur cette liste. Celui-ci en eut connaissance et se contenta de dire de cet accent qu'on lui a
connu : « J'ai assez de dévouement pour oublier cette
impertinence. » Cela n'empêcha point l'abbé de Montesquiou, instruit de cette réponse, de lui demander un
peu en plaisantant : « Voulez-vous que le roi vous fasse
comte? — Comte vous-même, répondit sur le même ton
Royer-Collard. — Ce n'est qu'un bon mot. » Eût-il été
possible il y avait seulement trente ans de la part d'un
« sujet? » Cette fierté bourgeoise, ce sentiment de la
valeur personnelle chez un homme qui avait un sincère
respect pour les hautes positions aristocratiques n'indi-

quaient-ils pas une révolution dans les idées, dans les sentiments?

C'est que l'idée de l'hérédité royale était pour Royer-Collard un dogme de raison, rien de moins, mais rien de plus. Tandis que M. de Chateaubriand, soufflant sur la cendre éteinte des souvenirs historiques, cherchait à entourer la monarchie restaurée de toute la poésie du temps de Clovis et de saint Louis, l'école qu'on a nommée depuis *doctrinaire* s'inspirait du principe de l'utilité sociale constituant le droit héréditaire au sein d'une race royale, gardienne et protectrice de tous les droits et de tous les intérêts.

La coterie de M. de Blacas contribua, par sa sourde opposition, à resserrer le lien qui unit durant cette première période de la Restauration l'abbé de Montesquiou et Royer-Collard. La présentation d'un projet de loi sur la presse, que réclamait vivement l'opinion, lasse du silence de l'Empire, consolida cette alliance. Combien de discussions depuis 1815 n'avons-nous pas entendues, roulant sur la définition des mots *prévenir* et *réprimer!* C'est qu'en effet tout est là. Le régime préventif est l'enfance de la liberté; le régime répressif en est la virilité. Nos Constitutions, toujours plus libérales que nos lois, semblent l'avoir généralement reconnu. La Charte de 1815 accordait la faculté à tout citoyen d'exprimer ses opinions par la voie de la presse, en se conformant aux lois qui doivent réprimer les abus de cette liberté. Par là semblait exclue toute mesure préventive qui précéderait la publication. Pourtant les auteurs du projet de loi sur la presse ne l'entendaient pas ainsi en général. Les principaux d'entre eux furent M. Royer-Collard et

M. Guizot. Mais tandis que M. Guizot défendait le projet dans une brochure où il considérait la loi comme provisoire et motivée par les circonstances, le ministre et M. Royer-Collard ne consentaient pas à lui donner ce caractère d'exception temporaire. Devant la Chambre, l'abbé de Montesquiou essaya de montrer comment la censure préalable des journaux et des pamphlets ne nuisait en rien à la manifestation des opinions sages et sincères et ne pouvait arrêter la diffusion des connaissances utiles. Moyennant quelques amendements consentis par le ministre, qui déclara que la censure et l'autorisation préalables imposées aux journalistes cesseraient après la session de 1816, la loi fut adoptée par cent trente suffrages contre quatre-vingts. Plus tard, Royer-Collard devait se montrer un peu moins coulant sur les principes. Lorsqu'il crut les mesures préventives nécessaires et des rigueurs exceptionnelles indispensables, il s'attacha constamment à faire ressortir ce caractère d'exception temporaire. Il mit la plus grande énergie à combattre ceux qui, ôtant à l'arbitraire son vrai nom, s'appliquaient, suivant son expression pittoresque, à le revêtir « d'une parure légale. »

Ce n'était pas, au reste, le seul principe sur lequel il n'était point arrivé alors à dégager sa définitive opinion. Un autre point plus considérable encore dans le jeu du gouvernement constitutionnel le trouvera en 1815 et en 1816, et même un peu plus tard, très-différent de ce qu'il devait rester durant le cours de sa longue vie parlementaire. Ce point, c'était le rôle de la Chambre au sein du gouvernement représentatif. Dans un gouvernement constitutionnel composé d'un roi et de deux

Chambres, à qui appartient le dernier mot s'il y a conflit? C'est une question à laquelle il est impossible d'é -
chapper. Elle contient en elle le développement des
destinées politiques d'une nation ; elle porte dans ses
flancs la paix ou la guerre. La théorie parlementaire
désintéresse en quelque sorte le roi, qu'elle place dans
une sphère élevée, au-dessus de tous les partis, comme
un suprême modérateur, et elle lui substitue un ministère amovible, que le roi reçoit de la majorité. Le droit
de dissoudre la Chambre élective donne au roi la faculté
de se refuser au jugement que celle-ci porte sur le ministère responsable, et remet à la nation, représentée
par le corps électoral, la puissance de juger en dernier
ressort entre le ministère et la Chambre. Le droit de
dissolution est un véritable appel au peuple entre les
mains du monarque. Mécanisme savant et délicat, trop
délicat et trop savant, disent aujourd'hui beaucoup de
personnes. Je ne prétends pas en nier les difficultés.
Je demande seulement si en dehors de ce mécanisme,
dont nos voisins ont éprouvé la vertu, il est possible
d'échapper, soit au pouvoir absolu d'un seul, soit à la
toute-puissante tyrannie d'une assemblée qui pourrait
se perpétuer dans son omnipotence oppressive. Royer-
Collard, en 1814 et dans les premières années de sa
carrière parlementaire, paraissait encore loin de ces
idées. Il voyait dans le roi plus qu'un suprême modérateur. Il regardait la Chambre des députés comme un
pur conseil. Le véritable souverain, à ses yeux, était le
monarque. A lui appartenait le dernier mot, comme la
suprême initiative. Sous l'influence de quelles circonstances cette opinion fut-elle adoptée pendant un temps

par Royer-Collard, et comment, en la soutenant avec
éclat, put-il croire mieux servir la liberté qu'en s'attachant à la pure théorie parlementaire? Je le marquerai
tout à l'heure. Ce qu'il fallait noter ici, c'est le développement successif de ses doctrines. Elles ne furent pas,
on le voit bien, conçues tout d'une pièce. Elles ne sortirent pas de son esprit comme un système de philosophie.
Il n'y a que sur la partie morale de la politique qu'il ne
changea point. De là le caractère philosophique de ses
écrits et de ses discours. Sur la politique elle-même, il
varia plus qu'on n'eût pu l'attendre d'un esprit si réfléchi,
si cet esprit n'eût été impressionnable au plus haut degré. La nature et la portée de ses contradictions appartiennent à l'histoire de notre temps, et s'expliquent,
disons-le, par l'attitude prise alors par les partis. Il
avait confiance dans la sagesse du roi Louis XVIII; il
se défiait des tendances d'une Chambre ultra-royaliste,
jalouse de ses prérogatives qu'elle voulait faire servir
contre les conquêtes de l'esprit moderne et de la révolution; là est le secret de ses déclarations en faveur de la
prérogative royale, et des critiques qu'il adresse alors,
avec une vivacité qui méritait d'être relevée récemment
par les amis du *pouvoir consultatif*, contre le gouvernement parlementaire tel que l'Angleterre l'a toujours
entendu.

III

Quand une nation s'est lassée à la poursuite d'un
grand but qu'elle n'a pas atteint, elle cesse de comprendre l'enthousiasme dont ce but a pu l'enflammer

autrefois. Les luttes qui lui parurent les plus nécessaires, les plus fondées en justice et en raison, ne lui
semblent plus que des mouvements sans profondeur et
des fantaisies d'opinion. La recherche de l'idéal politique, la conciliation de l'ordre et de la liberté, est traitée comme une chimère dont quelques rêveurs attardés
peuvent continuer à se préoccuper, mais dont les sages
se montrent revenus et tout à fait guéris. Que nous en
fussions hier à ce degré de découragement, qui en doute?
En est-il encore de même aujourd'hui? On aimerait à
croire que non. Le mot de liberté politique a reparu.
Les hommes les plus intelligents du gouvernement actuel ont cru s'honorer en le prononçant. Le mémorable
décret du 24 novembre a été une leçon de politique donnée de haut aux ultra du nouveau régime, qui décla-
raient toute participation des Chambres et la discussion
publique des affaires d'État un luxe de liberté hors de
mise désormais, un danger pour le gouvernement et
pour le pays. S'il n'y avait pas eu quelques vérités dans
ce qu'on appelait les illusions d'autrefois, croit-on par
hasard qu'il en eût été ainsi? Si le gouvernement constitutionnel, pratiqué chez nous pendant trente-trois ans
avec une franchise et un éclat auxquels l'histoire rendra
pleine justice, n'avait pas laissé une forte empreinte sur
notre pays, pense-t-on que le pouvoir, usant de son
initiative, eût recouru de lui-même à quelques-unes des
pratiques les plus vitales d'une forme de gouvernement
que l'on jugeait tombée sans retour? Jugement qui dénote assez peu de clairvoyance, pour le dire en passant;
car au moment où on la proclamait morte, elle gagnait
chaque jour du terrain en Europe, elle envahissait la

Prusse et l'Autriche elle-même, comme elle avait envahi la Belgique, l'Espagne et le Piémont. Les idées de
contrôle et de publicité, et par conséquent jusqu'à un
certain point de contre-poids, n'étaient donc point si
vaines! La France n'avait donc pas tellement tort quand
elle en poursuivait le triomphe! Elle n'était donc pas si
dépourvue de sens politique quand, à l'époque de la
Restauration, elle accueillait l'aurore du gouvernement représentatif avec une vivacité d'espérance pleine
d'enthousiasme, et qu'elle mettait toute son énergie à
défendre sa nouvelle conquête! Les critiques sur la manière dont ce gouvernement fut organisé dans quelques-
unes de ses parties ne sauraient infirmer ce point fondamental. Que tout ne fût pas aussi heureusement combiné
qu'il eût été désirable dans cet *équilibre* des pouvoirs
tant cherché, que le rôle du pouvoir exécutif fût trop
effacé, que l'une des deux Chambres notamment, celle
qui représentait plus particulièrement ce qui reste chez
nous d'aristocratie, fût constituée fort imparfaitement,
que la base électorale sur laquelle reposait l'édifice constitutionnel fût trop insuffisante, c'étaient là des défauts
graves sans doute, qu'il n'eût dépendu que de la sagesse
et de la volonté du pays plus encore que du gouvernement de ne pas rendre mortels, et que le temps eût réformés successivement. Mais faire consister l'existence
des gouvernements libres dans ces imperfections est un
sophisme qui ne saurait plus faire illusion aux esprits
redevenus de sang-froid.

La question restera toujours celle-ci : N'y a-t-il d'autre
alternative pour une nation qu'entre ces trois excès dont
l'histoire a démontré mille fois les énormes inconvé-

nients : le gouvernement absolu d'un seul, l'omnipotence tyrannique d'une assemblée, ou la licence et le
despotisme de la foule? Louis XIV ou Napoléon Ier, la
Convention, le règne de la Commune de Paris, est-ce là
l'idéal politique d'un peuple arrivé à maturité? Si vous
reconnaissez que non, comment ne pas pousser l'aveu
plus loin, comment nier encore que la plus sage entreprise que puisse faire un peuple soit de chercher des
garanties contre ces excès, qui d'ailleurs s'engendrent
l'un l'autre, dans des constitutions bien combinées?
C'est à ces constitutions de tenir compte à la fois de l'expérience et de la raison abstraite, et de se montrer assez
souples pour se prêter à des modifications opportunes et
pour laisser prendre aux divers pouvoirs dont se compose le gouvernement total du pays une part d'influence, tantôt plus forte, tantôt plus faible, selon les
circonstances et les nécessités. En Angleterre, où le
dernier mot appartient à la majorité de la Chambre des
Communes, comme dans tout gouvernement constitutionnel, ce caractère souple s'est montré à la fois dans
l'admission successive des réformes utiles et dans l'inégale importance du rôle qui a appartenu en fait aux
divers pouvoirs. La Chambre des Lords et même le pouvoir royal y ont eu tantôt moins, tantôt plus d'ascendant, sans qu'il en résultât de violation essentielle de la
Constitution, sans qu'il en sortît de conflit mortel à
l'ordre ou à la liberté. Nier que le but des constitutions
soit de chercher des garanties, s'en remettre à un pouvoir unique, assemblée, homme ou multitude, c'est nier
l'art politique et revenir à l'état de barbarie. On conçoit
difficilement qu'un pays tout entier, si éprouvé qu'il lui

ait plu d'être par les révolutions, en arrive là. La France
n'avait pas découvert ce secret sous la Restauration. Elle
ne savait pas que ces belles discussions sur l'organisation
du pouvoir fussent des subtilités vaines, méprisables,
dangereuses. Aujourd'hui même, il y a des esprits qui,
touchés du souffle de cette noble époque, persistent à
penser que, sous la partie accidentelle et périssable des
doctrines émises alors, il survit un certain nombre de
vérités durables destinées à reprendre autorité dans tout
gouvernement voulant être autre chose qu'une dictature.
Ces esprits, en si petit nombre qu'ils soient, trouveront plaisir et profit à lire et à méditer des discours tels
que ceux de Royer-Collard, admirable école de philosophie politique que les nouveaux écoliers de Machiavel
ne remplaceront pas et ne réfuteront pas, quoi qu'ils
disent.

Le seconde Restauration vit se développer ce haut
enseignement. La tribune y devint une chaire. Elle n'y
contracta, chose remarquable, aucune froideur didactique. L'enseignement politique s'y passionnait des émo-
tions des partis. Peu d'hommes d'ailleurs au même
degré que Royer-Collard allièrent la hauteur des idées
poussée jusqu'à la métaphysique la plus élevée et parfois la plus subtile, à la fierté des sentiments et à la
chaleur de l'âme. Tout ce qu'il disait, il le disait avec
force et de manière à le rendre pour ainsi dire con-
tagieux.

Royer-Collard avait vu avec un vif chagrin les fautes
qui conduisirent la première Restauration à sa ruine.
Après le 20 mars, il cessa d'exercer aucune fonction politique, mais il conserva le titre et la position de doyen

de la Faculté des Lettres, et prêta le serment exigé de tout fonctionnaire ou employé. Bientôt il devint visible, même aux moins prévoyants, que cette résurrection de l'Empire improvisée par un coup de main militaire ne pourrait se soutenir devant l'Europe coalisée, et qu'une seconde restauration des Bourbons était la seule combinaison qui fût désormais possible. Que serait cette seconde restauration? Recommencerait-elle à parcourir le cercle d'erreurs qui avait encouragé l'entreprise de Napoléon? Ne reviendrait-elle pas animée de sentiments encore plus violents de vengeance quant aux individus, de réaction quant aux choses? Telles étaient les pensées dont s'entretenaient quelques amis de Royer-Collard réunis autour de lui. La petite cour rassemblée à Gand près du roi exilé n'était pas faite en général pour rassurer l'opinion. C'est alors que Royer-Collard, se comportant comme s'il avait encore la mission de faire connaître au roi l'état de l'opinion en France, chargea M. Guizot de la mission délicate et plus tard si reprochée de porter au roi l'expression des vœux du parti constitutionnel. Les commencements de la seconde Restauration semblèrent attester que ces sages conseils avaient prévalu. La proclamation de Cambrai avait avoué les fautes commises et promettait d'ajouter aux garanties données par la Charte. Le choix des ministres annonçait des vues modérées. Quant à Royer-Collard, rentré au Conseil d'État, il y parut d'abord occupé surtout du plan de réforme de l'enseignement universitaire, de concert avec MM. Cuvier et Silvestre de Sacy. C'était la seconde fois qu'il mettait la main à ce travail; mais le projet qu'il avait préparé à la fin de la première Restauration, et d'où était sortie l'ordonnance royale du 17 février, restée sans exécution, marquait des vues plus libérales. A l'Université impériale il substituait alors dix-sept Universités provinciales. En 1815, la défiance du clergé réactionnaire le ramenait à la pensée de maintenir simplement l'Université impériale, en transportant les fonctions de grand maître à un conseil de l'instruction publique dont lui-même devint président.

Bientôt le département de la Marne l'envoyait siéger à la Chambre. On sait sous quelle impression de réaction terrible eurent lieu ces élections de 1815. La Chambre introuvable en sortit.

Les modérés eux-mêmes, Royer-Collard en tête, crurent alors à la nécessité de mesures extraordinaires de sûreté. Un projet fut présenté ayant pour but de conférer au gouvernement le pouvoir d'arrêter et de détenir pendant un temps limité, sans les traduire devant les tribunaux, les prévenus de crimes d'État. C'était suspendre la liberté individuelle garantie par la Charte, et il semblait qu'une telle loi dût rencontrer une vive opposition. « Mais à cette époque, dit très-bien M. Duvergier de Hauranne dans son *Histoire du gouvernement parlementaire*[1], le souvenir des vingt-cinq dernières années et l'exemple mal compris de l'Angleterre faisaient croire à presque tous les hommes politiques que les lois ordinaires sont faites pour les circonstances ordinaires, et qu'en temps de crise il est légitime aussi bien que nécessaire d'en suspendre l'exercice. C'est seulement quinze ans plus tard que la France devait donner l'exemple

[1] Tome III, page 272.

d'un gouvernement assailli par des ennemis acharnés, environné de complots de toute espèce, fréquemment menacé dans la personne de son chef, et pourtant assez hardi ou assez sage pour se passer de toute mesure exceptionnelle contre la liberté individuelle ou contre la liberté de la presse. En 1815 tout le monde eût regardé cela comme impossible. » En conséquence, Royer-Collard ne combattit pas le principe de la loi; mais il lui reprocha d'en remettre l'exécution à une foule de fonctionnaires inférieurs, mal choisis et mal déterminés. Il demanda qu'une arme aussi redoutable ne fût laissée qu'à des fonctionnaires du rang le plus élevé, en très-petit nombre et amovibles, car des magistrats inamovibles et non responsables pourraient commettre les abus les plus effrayants. Il proposa donc de confier ce pouvoir aux seuls préfets. Cet amendement fut rejeté par la majorité.

Une question plus grave encore, car elle est fondamentale dans l'organisation d'un État, celle de l'inamovibilité des juges, plaça Royer-Collard au premier rang des défenseurs des vrais principes de gouvernement et des adversaires de la majorité. M. Hyde de Neuville proposait que les juges ne fussent inamovibles qu'après un an à compter de leur installation, ce qui voulait dire que lui et ses amis de la majorité royaliste se défiaient du ministère Richelieu-Decazes, comme étant trop modéré, et qu'ils espéraient bien d'ici à un an se rendre maîtres du pouvoir et installer alors des magistrats à leur convenance. M. Royer-Collard soutint l'inamovibilité des juges avec une hauteur de raison et de langage à laquelle on peut dire, en dépit des grandes discussions de la Constituante de 89, que

la tribune française n'avait point été encore accoutumée. Voici comment il expliquait, avec une vivacité et
une originalité incomparables, la nécessité de l'inamovibilité :

« Puisqu'on peut dire avec vérité que la société existe
« ou qu'elle n'existe pas selon que la justice est bien
« ou mal administrée, il n'y a pour elle aucun intérêt
« aussi grand que l'équité et l'impartialité des juge-
« ments, et, par cette raison, il n'y a pas de ministère
« aussi important que celui du juge. Lorsque le pou-
« voir d'instituer le juge au nom de la société appelle
« un citoyen à cette éminente fonction, il lui dit : Or-
« gane de la loi, soyez impassible comme elle. Toutes
« les passions frémiront autour de vous : qu'elles ne
« troublent jamais votre âme. Si mes propres erreurs,
« si les influences qui m'assiégent, et dont il m'est si
« malaisé de me garantir entièrement m'arrachent des
« commandements injustes, désobéissez à ces comman-
« dements; résistez à mes séductions, résistez à mes
« menaces. Quand vous monterez au tribunal, qu'au
« fond de votre cœur il ne reste ni une crainte ni une
« espérance; soyez impassible comme la loi. Le citoyen
« répond : Je ne suis qu'un homme, et ce que vous me
« demandez est au-dessus de l'humanité. Vous êtes trop
« faible, et je suis trop faible; je succomberai dans
« cette lutte inégale. Vous méconnaîtrez les motifs de
« la résistance que vous me prescrivez aujourd'hui, et
« vous la punirez. Je ne puis m'élever toujours au-
« dessus de moi-même, si vous ne me protégez à la
« fois et contre moi et contre vous. Secourez donc ma
« faiblesse, affranchissez-moi de la crainte et de l'espé-

« rance ; promettez-moi que je ne descendrai point du
« tribunal, à moins que je ne sois convaincu d'avoir
« trahi les devoirs que vous m'imposez. — Le pouvoir
« hésite ; c'est la nature du pouvoir de se dessaisir len-
« tement de sa volonté. Éclairé enfin par l'expérience
« sur ses véritables intérêts, subjugué par la force tou-
« jours croissante des choses, il dit au juge : Vous se-
« rez inamovible ! »

Nous n'avons nul goût pour les mots de parti ; celui de
terreur blanche, qu'on a appliqué aux actes d'hommes
qui ne comptaient parmi eux ni Robespierre ni Couthon
et que recommandaient presque toujours les vertus privées les plus respectables, semble être d'abord une de
ces appellations sans justice que l'histoire abandonne au
vocabulaire des haines contemporaines. Cependant il y
eut dans cette funeste année 1815 un moment qui parut
justifier cette comparaison de la Chambre royaliste à
nos assemblées révolutionnaires. Ce ne sont point seulement les historiens contraires à la Restauration qui
l'affirment, ce sont les esprits les moins suspects de partialité hostile à son égard, c'est M. de Barante lui-même
qui le proclame avec un noble accent dans un livre
écrit avec tout le sang-froid qu'exige l'histoire et toute
l'indulgence qu'inspire l'expérience des révolutions,
c'était alors Royer-Collard qui osait le dire à la face des
passions émues. Quand la question d'amnistie, qu'avait
tranchée, ce semble, la promesse royale, se trouva livrée
par le gouvernement lui-même à la discussion de la
Chambre des députés, quand une liste de proscription
dressée par Fouché avec une légèreté cruelle, digne du
proscripteur révolutionnaire, eut donné pâture aux fu-

rieuses vengeances qui poursuivaient le châtiment du
20 mars, Royer-Collard reconnut dans de telles mesures la *force* qu'il avait toujours détestée, mise à la
place du *droit*. Il combattit, au nom du principe de
non-rétroactivité, la mesure inique et impitoyable qui,
créant des catégories entières de coupables au lieu de
rechercher la culpabilité individuellement, frappait de
la déportation ou de la mort, suivies de la confiscation
des biens, trente-huit personnes sans jugement.

Une faible majorité de vingt voix rejeta les catégories sur l'annonce faite par M. de Richelieu que le
roi les repoussait : satisfaction insuffisante qui n'empêcha pas de cruelles réactions ! La Restauration, condamnée en quelque sorte par sa nature de transaction à
l'oubli et à la clémence, ne devait recueillir d'autre
fruit de ces violences qu'un redoublement de haines
avivées et tenaces dans les classes qui ne lui pardonnaient pas son origine étrangère.

C'est dans les discours de Royer-Collard sur la loi
des élections, prononcés en 1816, que commence à se
dégager un ensemble de vues sur le gouvernement représentatif, sa vraie nature et ses conditions essentielles.
J'ai déjà dit qu'à cette époque de sa vie politique Royer-
Collard soutint des thèses qu'il devait abandonner plus
tard. En 1815, l'espoir des modérés, des fidèles amis
de la Révolution de 1789, était dans tout ce qui pouvait
empêcher une Chambre réactionnaire de s'emparer de
la dictature. De là un de ces curieux changements de
front dont l'histoire des partis est pleine. La théorie
parlementaire fut soutenue par les royalistes exaltés.
C'étaient eux qui se défiaient du roi et des ministres,

eux qui voulaient mettre le gouvernement dans la
Chambre. Porté, par nature d'esprit, à tout formuler
en axiomes, Royer-Collard, dans son premier discours
sur la loi d'élection, dirigé contre le renouvellement
intégral de la Chambre qu'il regardait comme dangereux pour l'ordre, s'attacha à établir avec sa vigueur
ordinaire les principes suivants : que les ministres n'a-
vaient pas besoin d'avoir la majorité; que le gouvernement est tout entier dans les mains du roi; que le concours des Chambres, toujours utile, n'est cependant
indispensable que si le roi reconnaît la nécessité d'une
loi nouvelle pour le budget, qu'enfin « le jour où le
gouvernement sera à la discrétion de la majorité de la
Chambre, le jour où il sera établi en fait que la Chambre peut repousser les ministres du roi et lui en imposer
d'autres qui seront ses propres ministres et non les ministres du roi, ce jour-là c'en est fait non pas seulement
de la Charte, mais de notre royauté, de cette royauté
indépendante qui a protégé nos pères, et de laquelle
seule la France a reçu tout ce qu'elle a jamais eu de
liberté et de bonheur; ce jour-là nous sommes en république. » — « Ne croyez pas, ajoutait-il, que si la
royauté est affaiblie, il restera au pouvoir de la Chambre
de venir à son secours et de la relever. Une fois abais-
sée, elle ne se relèvera que par des révolutions et des
tempêtes. Entre des pouvoirs parallèles, la force ne se
transmet pas; elle reste tout entière et plus grande à
celui qui la donne; elle détruit celui qui la reçoit. Les
gouvernements n'ont jamais que la force qu'ils possèdent en eux-mêmes. » — En vertu du même principe,
il s'opposait à l'augmentation du nombre des députés.

6.

Rendre la Chambre plus nombreuse, c'était la rendre plus forte sans la rendre plus sage, bien loin de là ; car les Chambres les plus nombreuses sont les plus susceptibles de précipitation et d'enthousiasme; c'était rompre l'équilibre entre le roi et le pouvoir populaire; c'était faire un pas vers l'anarchie.

Le second discours sur les élections va plus au fond encore des principes constitutionnels. La question depuis lors si fréquemment agitée : L'électorat est-il un *droit* ou une *fonction?* y est abordée directement. Royer-Collard croyait, comme philosophe, à l'existence de droits naturels. A ses yeux, la loi les consacrait et ne les créait pas. Ainsi le droit de propriété, et dans un autre ordre d'idées la liberté de conscience, préexistaient à la Charte et à toutes les Constitutions. Mais il ne pensait pas que le droit d'élire les députés fût un de ces droits primordiaux dont le titre est dans la nature humaine elle-même. La qualité d'électeur, le nombre des personnes investies de cette qualité, ses conditions nécessaires, l'organisation du corps électoral à un ou à deux degrés, tout cela naissait de la loi et pouvait changer avec elle. Revenant sur le rôle de la Chambre des députés, il soutient, la Charte en main, cette proposition un peu singulière, que « la Chambre fait partie du gouvernement du roi, et qu'ainsi, relativement à ce gouvernement, elle ne vient pas du dehors et comme envoyée, mais qu'elle est placée au dedans par le prince lui-même comme une modification et une limitation de son propre pouvoir. » L'objection que la Chambre *représente* le pays, et que par conséquent l'élection seule confère la *représentation*, lui fournit l'occasion de s'expliquer sur le gouvernement représentatif. Il nie la théorie de la représentation. Il soutient qu'elle n'est dans aucun des trois pouvoirs ni même dans leur ensemble. Ce que l'on cherche dans l'ensemble des pouvoirs et leur harmonie, c'est la certitude de l'ordre, c'est la garantie des libertés nationales, c'est l'assurance que les besoins et les intérêts du pays seront compris et obéis. Pour que la Chambre *représentât* véritablement les électeurs, que faudrait-il ? Que le mandat fût impératif, ce qui est une théorie toute démocratique et républicaine. La représentation n'est donc qu'un préjugé politique qui ne soutient pas l'examen, quoique très-répandu et très-accrédité. D'éloquentes paroles sur la souveraineté des assemblées et les nouvelles révolutions que cette théorie prépare à la France ajoutaient à l'effet de ces exposés de doctrine empreints d'une sorte de majesté solennelle.

Aujourd'hui que le temps a passé sur ces discussions, on trouvera qu'il y a plus de subtilité et d'humeur que de justesse dans ces vues émises par le grand orateur. Royer-Collard, dans sa préoccupation de garantir contre les atteintes de la Chambre les grandes conquêtes de la Révolution française, méconnaissait les conditions de tout gouvernement constitutionnel et libre.

Quoi qu'on puisse dire ou faire, un tel gouvernement a pour loi les majorités. Gouverner systématiquement contre la majorité, alors surtout que cette majorité a été confirmée de nouveau par le vote électoral, c'est gouverner contre le pays. Dire que le ministère peut se passer de la majorité, autant vaudrait supprimer le concours des Chambres : ce serait plus franc et plus simple.

Quand Royer-Collard niait le gouvernement représentatif, il se livrait de même à une querelle de mots peu digne de sa solidité d'esprit. Assurément la *représentation* telle que certaine école démocratique l'entend, la représentation qui change les députés de la nation en de purs commis sans initiative et sans indépendance, indéfiniment révocables au moindre caprice populaire, est une anarchique chimère. Mais ne se réfutait-il pas lui-même quand il parlait de la nécessité d'un gouvernement en rapport avec les besoins, l'opinion, les intérêts du pays, et le reflétant à ces divers titres? Si ce n'est pas là le gouvernement représentatif, qu'est-ce donc? et est-ce bien la peine de s'acharner avec une logique pointilleuse contre un terme qui exprime mieux que tout autre ce qu'il veut dire, et que lui-même devait plus tard employer comme tout le monde?

Curieuse ironie de la destinée, qui, dans nos temps de trouble, se joue souvent des opinions des esprits les plus fermes! C'était cet ancien défenseur de la prépotence royale qui venait, en 1830, lire d'une voix émue au roi Charles X l'Adresse des 221.

IV

Il y aurait tout un chapitre à écrire sur la fortune qu'a eue le mot *doctrinaire* dans la langue politique contemporaine, sur les obscurités qui l'enveloppent, sur les sens divers qu'on y attache; rien ne montrerait mieux la difficulté de former un jugement complet et certain sur bien des nuances historiques dans le passé, puisque

les événements si rapprochés de nous, et des hommes
dont quelques-uns vivent encore, sont appréciés avec une
contradiction dans les jugements qui ne tient pas seulement aux haines de parti, mais à l'ignorance des faits.
Si vous demandez à un homme mûr ce que c'est qu'un
doctrinaire, il y a beaucoup à parier qu'il répondra sans
précision. Si vous faites la même question à un jeune
homme, il y a toute chance qu'il ne saura absolument
que répondre. Les livres sont bien loin d'être toujours
les sources d'informations très-exactes. J'ouvre le *Dictionnaire politique* publié chez l'éditeur Pagnerre. —
Je cite ce livre, faute de mieux. Pourquoi le parti constitutionnel a-t-il eu le tort de laisser le parti républicain
donner seul à la politique contemporaine son dictionnaire?
— Qu'y lit-on? que les doctrinaires ressemblent aux jésuites, qui justifiaient les moyens par la fin, qu'ils sont
les politiques remplis d'immoralité, etc. La calomnie fût
tombée d'elle-même si l'on eût ajouté qu'il s'agissait
d'hommes tels que M. Royer-Collard, M. de Broglie,
M. Guizot, M. de Barante, et d'autres encore. J'ouvre
l'ouvrage d'un des nombreux historiens de la Restauration, écrivain toujours prêt à rendre hommage au
pouvoir et à glorifier le principe d'autorité, et qui se
donne les poses d'un homme d'État profond, d'un politique de l'école de Machiavel. Voici ce que je rencontre : « Les idéologues du Corps législatif, *aidés* de
M. Royer-Collard et de quelques partisans de l'école
anglaise, *se posent comme une nouvelle école avec le
titre de doctrinaires.* Cette école savante, très-avancée,
n'a pas d'antécédent, comme les impérialistes et les jacobins ; *au fond,* elle les déteste et leur est antipathique,

comme tous les *rêveurs* en face d'hommes d'action.
(Quel français ! mais les infidélités à la grammaire sont
ici les moindres)! Pour gouverner eux-mêmes, ils se
placent sous la puissance de l'*école politique* et lui servent d'auxiliaires. L'école politique est *en effet* le nerf
et la puissance dans l'État, *elle parcourt une longue
échelle*, depuis M. de Talleyrand jusqu'à M. Pasquier.
Ces *têtes* gouvernementales ne s'arrêtent pas devant la
rigidité d'un principe...., ils ne comprennent pas le
martyre *pour ce qui n'est pas dans le ciel*, etc. A la
seconde Restauration, l'école doctrinaire se fond dans
l'école politique[1]. » Qui aidera le lecteur inexpérimenté
à démêler toutes les inexactitudes qui fourmillent dans
ces lignes? Il faudra donc que quelque homme érudit,
ayant vécu sous l'ancien temps, je veux dire il y a quinze
ou vingt ans, sous le roi Louis-Philippe, et ayant reçu
les confidences de quelque Nestor de la politique ayant
vécu lui-même à une époque beaucoup plus reculée, je
veux dire sous le roi Louis XVIII, vienne lui apprendre
que les idéologues du Corps législatif ne se firent jamais *aider* par M. Royer-Collard, que la plupart d'entre
eux restèrent d'une école philosophique et d'un camp
politique fort différents, que les amis de Royer-Collard
ne se posèrent pas en nouvelle école dès 1815, que cela
se fit peu à peu et avec beaucoup moins de fracas et de
solennité, qu'ils ne prirent pas le *titre* de doctrinaires,
mais qu'on le leur donna, et que ce titre même, Royer-
Collard ne cessa jamais de le récuser. Quant à l'origine
même du nom de doctrinaire, c'est presque un mystère,

[1] *Histoire de la Restauration*, par M. Capefigue.

et je crains qu'il ne faille discuter là-dessus comme s'il s'agissait des dynasties égyptiennes ou de l'existence l'Homère. L'idée qui se présente d'abord, c'est que ce terme a été choisi pour désigner une école politique ayant un corps de *doctrines* bien arrêtées et les professant avec un certain dogmatisme. C'est ainsi en effet qu'on l'entend généralement. Mais il ne paraît pas moins vrai que si la Congrégation enseignante des *doctrinaires* n'avait pas existé avant 1789, et que si M. Royer-Collard n'avait pas été élevé par elle, cette désignation politique n'aurait pas été inventée. A en croire le spirituel auteur des biographies des Contemporains illustres, M. de Loménie, un plaisant de la majorité, entendant parler M. Royer-Collard et le mot de doctrine revenir plus d'une fois dans son discours, s'écria : « Voilà bien nos *doctrinaires!* » Mot vite saisi et qui fit fortune.

Si on a discuté sur le mot *doctrinaire*, on n'a guère moins disserté sur la *souveraineté de la raison*, dogme commun à toute l'école.

La souveraineté de la raison doit offrir un sens particulier et précis pour servir de principe philosophique à une école politique; sinon, elle ne serait qu'une creuse banalité, un lieu commun par trop élastique. Qui donc nie que la raison soit souveraine? Les fous eux-mêmes n'ont jamais élevé prétention semblable; la plupart sont bien convaincus que ce sont les autres qui déraisonnent. Nulle école, nul parti qui ne prétende gagner à être soumis au tribunal de la raison impartiale et éclairée, et qui ne la prenne pour juge contre les préventions de la foule. Les droits de la raison à gouverner les sociétés

humaines, que Platon attestait si hautement en voulant
faire régner les philosophes, n'ont jamais été affirmés
avec plus de force que par les plus entêtés utopistes,
voués au culte fanatique de l'*Idée*. La raison et la justice sont les seuls souverains de droit de la société ; voilà
l'axiome de Royer-Collard et de l'école doctrinaire. Il
peut se traduire de la façon suivante en langage philosophique : La raison est une faculté supérieure à
l'homme par les objets qu'elle atteint, quoiqu'elle soit
dans l'homme. Ce n'est pas la volonté de l'homme ni
son organisation qui fait le vrai et le faux, le juste et
l'injuste. Ces idées sont inexplicables par la sensation
seule, qui ne saurait en rien arriver à l'absolu, au nécessaire. Elles s'imposent de haut à l'intelligence humaine. Un plébiscite, un décret royal ne font pas que ce
qui est bien soit bien, que ce qui est mal soit mal, et
quoi qu'en ait dit Hobbes, quoi qu'en dise encore l'école
révolutionnaire, il est faux que la loi crée la justice, par
cela seul qu'elle est la loi. Dieu seul a fait la justice.
Seul il en est le type immuable. — L'idée de droits
antérieurs et supérieurs à toute convention sociale pro-
clamée par la Constituante s'éclaire en outre chez Royer-
Collard du principe de la liberté et de la responsabilité
de l'âme humaine. Tous les hommes sont des personnes morales, égales entre elles par la responsabilité
et ayant pour devoir commun de se respecter les unes les
autres dans le libre développement de leur activité, dans
le libre accomplissement de leurs devoirs et de leurs
droits. Ce principe, emprunté par le métaphysicien et
par le moraliste à l'étude de la nature humaine, est confirmé par le christianisme, qui fait de Dieu le modèle

et le père de tous les hommes, par le christianisme qui
enseigne que les enfants d'Adam sont tous précieux au
regard de Dieu, solidaires d'une même faute et racheté-
par le même sacrifice. — Le principe de la souveraineté
de la raison, ainsi comprise, est commun à toute l'école
spiritualiste, de saint Augustin à Descartes, de Leibnitz
à Bossuet ou à Fénelon, s'écriant dans une exclamation
qui divinise la raison : « O raison! n'es-tu pas le Dieu
que je cherche? »

Il suffit de passer du principe à l'application pour
qu'une telle doctrine devienne une double protestation
contre le droit divin et contre la souveraineté du nombre; une méthode à battre en brèche à la fois la droite et
la gauche. Déjà un vieux publiciste, Jean Bodin, avait
dit avec une généreuse hardiesse que « *le pouvoir de
tout faire n'en donne pas le droit.* » Le droit de la créature libre et raisonnable à faire un usage innocent de sa
liberté sans rencontrer d'entraves de la part des lois,
non plus que de la force déchaînée des individus, ce
droit, qui contient en puissance tous les autres, est le
premier de ces axiomes souverains, la première de ces
règles obligatoires que la raison proclame et que la
politique accepte des mains de la philosophie.

J'ai souvent entendu dire que l'école doctrinaire et
son illustre chef, M. Royer-Collard, manquaient de
principes. Je n'ai pas mission de défendre cette école,
mais je cherche la vérité en historien impartial des idées
et des théories. Est-ce en philosophie politique que
cette école manqua de principes? Proclamer qu'il y a
de l'inviolable dans les sociétés humaines, le proclamer
en France après tant de révolutions, chercher à restau-

7

rer dans les âmes le sentiment du respect, faire de la
liberté de la personne humaine l'objet de ce respect qui
nous lie tous également, je ne sache pas pour moi de
plus noble, de plus utile et de plus indispensable principe. La politique n'a pas d'autre fondement moral.
M. Royer-Collard s'écriait en 1827, au sujet d'une loi
préventive contre la presse : « Ce n'est pas contre la
licence qu'elle est dirigée, mais contre la liberté; ce
n'est pas contre la liberté de la presse seulement, mais
contre toute liberté naturelle, politique et civile, comme
essentiellement nuisible et funeste. Dans la pensée intime de la loi, il y a eu de l'imprévoyance, au grand
jour de la création, à laisser l'homme s'échapper libre
et intelligent au milieu de l'univers; de là sont sortis le
mal et l'erreur. Une plus haute sagesse vient réparer la
faute de la Providence, restreindre sa libéralité impru-
dente, et rendre à l'humanité, sagement mutilée, le
service de l'élever enfin à l'heureuse innocence des
brutes. » Quand il prononçait ces belles paroles, d'un
tour si spirituel et d'une expression si achevée, ne fon-
dait-il pas la politique libérale sur l'idée que la liberté,
qui implique la faculté d'abuser, est conforme à la loi
divine, tandis que la servitude, qui, pour plus de précaution, supprime jusqu'à l'usage du libre arbitre, est
une sorte de démenti, le plus honteux de tous les démentis, donné à la sagesse infinie? Je prends un à un
les discours de Royer-Collard, et je cherche en vain un
des principes de 1789 qui n'y ait été défendu, la liberté
partout, l'égalité aussi, lorsqu'un parti puissant menace
de la violer soit dans l'armée, soit ailleurs, et d'instituer une religion d'État. Dans cinq ou six discours,

aussi serrés de raisonnement qu'élevés et fermes d'accent, il défend la liberté de la presse. Il va jusqu'à demander le jugement de tous les délits de la presse par le jury, ce qui a paru excessif à plusieurs libéraux. Il s'élèvera, après 1830, presque au scandale de ses amis politiques, contre les lois de septembre, qui n'étaient certes point des lois de tyrannie, mais qui lui paraissaient contrevenir à la condition générale des lois de presse d'être purement répressives, et qu'il accusait de laisser trop de place à l'arbitraire. Il se montre très-ferme, lors de l'expulsion de Manuel, contre cet acte violent de la majorité, et défend la liberté des délibérations. Il maintient énergiquement le droit de pétition. On n'a jamais signalé avec plus de force les abus de la centralisation, le poids dont elle pèse sur la liberté individuelle et sur la dignité des caractères. Ce trait des discours de Royer-Collard et de sa philosophie politique ne saurait être trop remarqué. Il ne fait pas moins d'honneur à sa sagacité qu'à son sens moral. Il n'était pas de mode alors dans le parti libéral de médire de la centralisation. On n'en voyait guère que les beaux côtés. Il y a une véritable originalité de sa part à défendre la liberté de la presse comme un contre-poids de cette même centralisation qui nivelle tout, et qui n'a plus d'autre correctif que la publicité et le contrôle perpétuel de l'opinion.

S'agit-il de la liberté de conscience? Dans son discours sur le sacrilége, au début du règne de Charles X, règne fatal qui s'annonçait par les plus tristes symptômes, il établit avec une magnificence d'expression et une vigueur sans égale la distinction de l'Église et de l'État, la limite du pouvoir spirituel, l'indépendance du pou-

voir civil, comme il avait invoqué autrefois la liberté
de l'Église vis-à-vis de l'État.

Est-ce enfin la démocratie que Royer-Collard condamne ou abandonne? Une distinction ici semble fort
nécessaire. On peut être partisan de la démocratie civile,
c'est-à-dire de l'égale accessibilité de tous aux fonctions
publiques, de la suppression des priviléges, de la propriété du sol et des capitaux circulant librement aux
mains de tous, et se défier des excès de la démocratie
politique. Quant à la démocratie civile, on sait ce qu'en
pensait Royer-Collard. A ce mot célèbre, *la démocratie
coule à pleins bords*, il répond ces paroles connues,
« qu'il n'est pas de ceux qui s'en affligent et s'en cour-
roucent, et qu'il rend grâce à la Providence de ce qu'elle
a appelé aux bienfaits de la civilisation un plus grand
nombre de ses créatures. » Il ajoute d'une façon plus
précise encore : « Un peu d'aristocratie de convention,
fiction indulgente de la loi, point d'aristocratie véritable;
la démocratie partout, dans l'industrie, dans la propriété, dans les lois, dans les souvenirs, dans les choses,
dans les hommes : voilà, on en convient, le fait qui domine aujourd'hui la société, et qui doit présider à notre
politique. »

Mais voici le grand grief. M. Royer-Collard voulait,
dit-on, recueillir dans une Chambre spéciale ce qui subsiste d'aristocratie ancienne et ce qu'il y a d'aristocratie
naturelle et durable, tout au moins de supériorités de
position, de nom et de fortune, de mérite personnel
joint à l'expérience; il soutenait, dans son discours sur
l'hérédité de la pairie après 1830, qu'il y a deux faits
permanents dans la société, tous deux nécessaires à sa

conservation et à ses progrès, l'inégalité et l'égalité, exigeant l'une et l'autre une représentation. Ah! cela choque la démocratie contemporaine, cela paraît une infraction aux *principes!* Je pourrais rappeler que plus d'un publiciste libéral a vu dans une telle institution, si peu acceptable qu'elle paraisse aujourd'hui, la garantie même de la liberté. Mais il y a une réponse plus décisive à faire à ceux qui traitent comme de méprisables compromis tout ce qui n'est pas la démocratie pure. Abolissez, leur dirai-je, abolissez le gouvernement représentatif lui-même; car il est le premier de tous les compromis. La seule application logique de la démocratie pure, savez-vous ce que c'est? vous en rendez-vous compte? c'est le gouvernement direct du peuple par lui-même. Toute autre combinaison est plus ou moins fictive; elle arrête le principe démocratique sur sa pente et retient ses légitimes conséquences. L'espèce de convention même, car c'en est une, qui soumet les minorités aux majorités, est un compromis, un moyen d'ordre, une façon d'en finir en cas de dissentiment, cas dont l'incertitude de la vérité et la lutte des passions humaines font la condition habituelle de l'humanité. Soyons sincères; il n'y a que l'absurde en politique qui ne soit pas un compromis! Que veut-on dire enfin? Que le parti doctrinaire a trop facilement dans la pratique fléchi sur les principes reconnus vrais en théorie, qu'arrivé au pouvoir il ne s'est pas montré suffisamment libéral, qu'il n'a pas suffisamment secondé et permis l'accession des masses aux droits politiques? L'histoire le jugera comme parti de gouvernement. C'est comme école que je le juge ici. Comment pourtant ne pas faire remarquer qu'il ne

faudrait qu'une preuve parmi bien d'autres, la loi de
M. Guizot sur l'instruction primaire, pour montrer qu'il
n'entra jamais dans l'esprit de ce parti d'empêcher systématiquement les masses d'arriver au partage des droits
politiques par plus de lumières et de bien-être?

Maintenant reconnaissons-le, c'est s'abuser infiniment,
et, comme dit quelque part Montesquieu, « de toute la
distance qui sépare le ciel de la terre, » que de s'imaginer
qu'un principe philosophique résoudra toutes les difficultés politiques. Souveraineté de la raison et de la justice, soit. Il restera toujours à déterminer dans la pratique ce qui est raisonnable et ce qui est juste. De là,
quoi qu'on fasse, mille difficultés renaissantes.

Faire sortir de la souveraineté de la raison la souveraineté de fait des plus capables fut le grand effort de
M. Royer-Collard et de ses amis dans la loi des élections.
La loi électorale du 17 février 1817 est en partie son
œuvre. Son influence avait grandi. Les élections s'étaient
faites dans le sens constitutionnel. Il était vice-président
de la chambre que présidait M. Pasquier. Dans le discours
qu'il prononça à cette occasion, on le voit s'attacher à
faire découler le droit électoral de la *capacité*, qu'il plaçait éminemment dans la classe moyenne dont « l'influence, disait-il, n'est pas une préférence arbitraire,
quoique judicieuse, de la loi ; sans doute elle est avouée
par la raison et par la justice, mais elle a d'autres fondements encore que la politique a coutume de respecter
davantage parce qu'ils sont plus difficiles à ébranler.
L'influence de la classe moyenne est un fait puissant et
redoutable ; c'est une théorie vivante, organisée, capable

de repousser le coup de ses adversaires. Les siècles l'ont préparée, la révolution l'a déclarée. C'est à cette classe que les intérêts nouveaux appartiennent. » C'est fort bien : mais à quel signe reconnaître la capacité politique et comment circonscrire la classe moyenne ? Le *cens* paraît à M. Royer-Collard et à ses amis être ce signe commode et rassurant. « Un certain degré de richesse personnelle étant nécessaire, aux yeux de la loi, pour fonder la présomption d'un *jugement libre et éclairé*, c'est-à-dire la présomption du *jugement politique*, partout où cette présomption se rencontre, elle déclare l'aptitude personnelle, et l'*aptitude est le fondement unique du droit; elle est le droit lui-même.* » Royer-Collard tirait de ces prémisses l'élection directe à un seul degré. Non-seulement le double degré était par lui démontré contraire à la Charte qui lui paraissait interdire différentes catégories d'électeurs, en vertu d'une argumentation bien subtile, ce me semble, et assez obscure pour avoir été écoutée, je suppose, avec plus de respect que d'intelligence par beaucoup de ses adeptes les plus fervents; mais il concluait, au nom de la logique, que, dès que les conditions du droit sont remplies, il est éminemment personnel, égal dès lors chez tous ceux qui présentent les conditions déterminées par le législateur.

La théorie de la capacité politique, reconnaissable à un cens de 300 ou de 200 fr., a régné pendant trente-trois ans dans notre pays. Elle a fixé jusqu'en 1848 le gouvernement dans la partie supérieure de la classe moyenne. Il a été permis à celle-ci de développer à loisir ses qualités et aussi, hélas ! ses défauts politiques.

Nul doute qu'une telle loi ne fût une véritable conquête de l'esprit libéral à l'époque où elle fut établie. Le parti qui allait saisir le pouvoir et le garder pendant environ dix ans laissait partout éclater la mise en suspicion de la classe moyenne accusée des méfaits de l'esprit révolutionnaire. Prise en elle-même, cette loi, ou plutôt cette théorie électorale, est-elle de même à l'abri des objections? Dieu sait si on les lui a épargnées! Comment se flatter d'y convertir et d'y rallier les masses indéfiniment ajournées, en vertu de ce raisonnement que les non-électeurs sont couverts et représentés par les électeurs qui payent l'impôt? Comment être sûr que ceux qu'on répute les plus capables gouverneront en vue de l'intérêt de tous, et ne tendront pas plus à resserrer le cercle qu'à l'étendre successivement? Comment épargner à une loi qui résume tous les signes de la capacité dans le *cens* une certaine apparence de matérialisme? Dans un pays qui adopte le principe de la souveraineté nationale, lequel n'a rien d'incompatible sans doute avec la souveraineté de la raison et de la justice, comment croire qu'on fera longtemps du droit électoral l'exception et non la règle? La grande majorité supportera-t-elle d'être déclarée incapable et indigne par la minorité qui dispose d'elle et fait la loi? M. Royer-Collard et ses amis ne pouvaient, sur de telles bases, que faire une loi de transition. N'est-il pas à craindre que la transition n'ait été un peu trop prolongée, ce qui expliquerait en partie le saut brusque fait du suffrage trop restreint au suffrage universel?

L'histoire, qui jugera ces griefs, dira aussi, dans son équité souveraine, que sous cette loi, nommée de privi-

lége, la liberté, la paix, la sécurité fleurirent en France ;
elle dira que tout droit trouva sa voix, toute plainte,
même injuste, son expression, toute accusation, même
odieuse, son organe, hélas ! écouté ; elle dira que jamais
les masses populaires ne jouirent d'une prospérité plus
grande, que jamais elles ne réalisèrent plus de progrès
que sous ce régime tant attaqué. Elle dira si une révolution était nécessaire pour opérer ce changement, qui
ne créa ni plus de dignité dans les mœurs politiques, ni
plus de bonheur matériel, et si le vote universel procure tous les biens qu'on n'a pas ou console de tous
ceux qu'on a perdus.

V

Je le reconnais volontiers, car toute franchise est facile
dans un tel sujet : bien que l'homme politique soit infiniment digne de respect et présente d'admirables côtés chez
Royer-Collard, sa vie publique, — et ce jugement est
aussi celui qu'en portait naguère un écrivain du talent
le plus élevé et le plus ferme, M. Albert de Broglie [1], —
sa vie publique, si pure, si digne, si belle en un mot
qu'elle soit, ne paraîtra pas à ceux que n'aveugle point
l'admiration un modèle à imposer uniformément à tous
les hommes politiques. Influer sans gouverner semble
avoir été sa devise. Homme de gouvernement par ses
instincts, par ses idées, par ses facultés, il servit la
France par une opposition légitime, glorieuse, mais

[1] *Introduction à la vie publique de Royer-Collard*. M. L. Vingtain.

dont il ne consentit que peu à se départir. De là le seul reproche peut-être qu'on soit fondé à adresser à ce viril courage, à cet esprit bien exempt des faiblesses de l'ambition et des petitesses de la vanité. Se refusant à la manœuvre pour son propre compte, il se montra parfois impitoyable dans ses coups d'une rudesse peu ménagée et d'une ironie amère pour ceux qui accomplissaient cette dure tâche du gouvernement sans accepter assez complétement son influence. — A-t-on bien le droit de triompher ainsi des embarras d'autrui quand on n'est pas le sage de Lucrèce, renfermé exclusivement dans les sphères de la pure spéculation, et regardant du rivage les épreuves des malheureux en lutte contre la tempête? A-t-on ce droit quand on est un philosophe descendu soi-même dans la plaine et mêlé à la vie publique?

Voilà ce que je me demande en face de cette répugnance obstinée pour la responsabilité, mais en sachant d'ailleurs tout ce que ce rôle d'oracle a d'autorité morale qui se perdrait dans l'action. Un oracle compte bien plus qu'un ministre. Il faut peu de fautes à un ministre pour se décréditer; les attaques même injustes dont il est l'objet et la durée seule y suffisent souvent. Un oracle politique, au contraire, une fois sa réputation faite, ne la perd pas aisément. Il semble infaillible, parce qu'il parle à son heure et avec toute l'autorité que donne la théorie; on va même jusqu'à lui accorder d'être impeccable, parce qu'il n'agit pas, et que l'on croit que tout irait mieux s'il voulait s'en mêler. Tel a été longtemps Sieyès parmi nous, et tel nous avons vu aussi M. Royer-Collard. Ils étaient environnés d'une sorte de nuage et gardaient, dans nos temps de publicité, quelque chose du mystérieux prestige des anciens législateurs.

L'opposition de Royer-Collard commença dès la fin
de 1817 contre le ministère modéré, constitutionnel, un
peu faible, qu'il soutenait habituellement de ses votes
et dont faisaient partie MM. de Richelieu, Lainé, De-
cazes, Pasquier, Molé. Cette opposition a été plus d'une
fois blâmée. La forme en paraît tout au moins bien
acerbe à l'égard d'alliés qu'on avertit et qu'on ne veut
pas renverser. M. Royer-Collard pouvait exprimer un
avis autre que le ministère demandant que les délits de
la presse fussent, suivant le degré présumé de culpabilité, déférés tantôt aux tribunaux de première instance,
tantôt, s'il y avait provocation au crime, à la Cour
d'assises et au jury ; il pouvait, à propos du projet de
M. Gouvion Saint-Cyr sur l'organisation de l'armée,
réclamer le vote annuel du contingent, sans traiter une
administration que lui-même jugeait nécessaire, de
manière à l'amoindrir et à l'affaiblir ; il pouvait repousser nettement le malheureux projet de Concordat
négocié à Rome par M. de Blacas sans prononcer de ces
paroles méprisantes qui tombaient d'aplomb sur des
hommes aussi respectés que M. Lainé, celles-ci, par
exemple : « La signature du Concordat est un crime
politique, le soutenir est une bêtise. » Je suis loin de le
blâmer, quant à moi, de n'avoir pas accédé à toutes les
mesures réactionnaires provoquées par l'assassinat du duc
de Berry ; je suis loin de le blâmer, parce que quelques
noms d'une opposition prononcée, celui de Benjamin
Constant, celui même de l'abbé Grégoire, étaient sortis
de l'urne du scrutin, de s'être refusé à bouleverser de
fond en comble la loi électorale. C'est la faiblesse de

notre pays de courir aux lois pour les changer au premier désordre, et de les faire dépendre du poignard
d'un scélérat ou d'un fou. Royer-Collard agit avec
fermeté et sagesse en ne se prêtant pas aux tentatives
d'alliance du ministère avec l'extrême droite et en refusant de suivre son ami, M. de Serre, dans son mouvement de conversion royaliste en vérité par trop exagéré. Son tort véritable fut finalement de décider par
son vote, dans la discussion de l'Adresse, la chute du
dernier ministère modéré, je veux dire du second ministère Richelieu, de manière à livrer la France à M. de
Villèle et à ses amis. Il eût mieux valu faire quelques
concessions que de donner à M. de Richelieu pour successeur inévitable l'esprit contre-révolutionnaire, cet
esprit que M. Royer-Collard ne se lassait point de signaler comme le principal péril de la situation. De
telles résolutions sont en général suivies d'un succès
fort douteux. Il n'y a pas en politique de conduite sujette à plus de déceptions, nous l'avons vu trop souvent,
que celle qui préfère le mal au bien imparfait et qui
pousse au pire en vue du mieux.

Quand ce vote de l'Adresse eut lieu, la rupture de
Royer-Collard et des doctrinaires avec M. de Serre était
d'ailleurs consommée. Elle avait eu lieu à la suite de
l'opposition, vivement appuyée du dehors, qu'ils avaient
faite à une modification radicale de la loi électorale.
M. de Barante raconte, avec tout l'intérêt qui s'attache
à la parole d'un témoin tel que lui et avec les plus
piquants détails, cette disgrâce des doctrinaires. M. Camille Jordan, M. Royer-Collard, M. Guizot, M. de

Barante lui-même furent destitués des fonctions du Conseil d'État. M. Royer-Collard, à qui le ministre avait offert une pension de 10,000 francs sur la cassette du roi, refusa noblement. Ce refus, adressé au ministre, se terminait par ces mots : « Vous me dites que Sa Majesté compte sur moi. Elle rend justice à mes sentiments. Une disgrâce honorable encourue pour son service est un attrait de plus pour ma fidélité. »

Cette rupture complète, irréparable avec son ancien ami, M. de Serre, fut pour M. Royer-Collard « une profonde peine de cœur qu'il ressentit pendant sa vie entière. » Dès lors, il appartint tout entier à l'Opposition. Nulle opposition, disons-le au surplus, ne fut mieux motivée. Les élections royalistes de 1820, en confirmant le triomphe de la droite, provoquèrent une politique de plus en plus antilibérale. Ce fut le signal d'une surexcitation croissante de l'esprit public déchaîné contre le ministère de M. de Villèle. Presque tous les projets de loi réactionnaires trouvent alors M. Royer-Collard sur la brèche. Il combat en 1823 la guerre d'Espagne, qui lui paraît injustement dirigée contre l'indépendance d'un pays, et qui, au dedans comme au dehors, devait tourner contre les espérances trop flatteuses qu'en avait conçues son principal instigateur, M. de Chateaubriand. En combattant la violente expulsion de M. Manuel, il fit ses réserves dans le sens de l'ordre et se sépara du parti révolutionnaire. Quand le ministère, se voyant maître d'une majorité accrue et compacte, voulut se perpétuer en faisant voter le maintien de la Chambre pendant sept ans (septennalité) et son renouvellement intégral, Royer-Collard s'éleva

contre cette dernière mesure en principe; il y vit une
théorie bonne seulement dans les républiques, tandis
que le renouvellement partiel, qui cause moins de changement brusque dans la politique et qui donne moins
de prépondérance à la Chambre élective, se concilie
mieux avec la nature et les nécessités du gouvernement
monarchique. Les faits ne sont pas conformes à la théorie de Royer-Collard. Le renouvellement intégral est
la loi de tous les gouvernements représentatifs existants.
Son discours sur la septennalité, éloquente peinture de
la situation du pays, n'est pas moins un des plus beaux
qu'il ait prononcés, un de ceux qui abondent le plus en
vérités politiques d'un ordre supérieur, exprimées avec
grandeur et précision.

Une série de triomphes devait marquer la fin de sa
carrière politique sous la Restauration. Son élection à
l'Académie française, accomplie dans les circonstances
les plus honorables pour lui, son nom sorti de l'urne
de sept collèges électoraux à la fois, sa nomination à la
présidence de la Chambre des députés par des majorités considérables et accueillie sans déplaisir par le roi
Charles X, qui estimait sa personne, achevèrent de
faire d'un homme déjà placé si haut dans l'opinion un
personnage à part environné de toute la considération,
revêtu de toute l'influence que peut avoir un grand
citoyen dans un grand État. Ce fut pour lui un jour
non de triomphe et d'orgueil, mais plein de tristesse
et d'une émotion solennelle, que celui où il signifia
au roi Charles X, en lui portant l'Adresse des 221,
que le concours de la Chambre et du gouvernement

n'existait pas. Il vit dans une telle démarche un devoir
impérieux envers le roi comme envers le pays, et il y
obéit en gémissant. Le trône de la légitimité entraîna
en s'écroulant toutes ses espérances les plus chères.
L'alliance qu'il avait voulue entre la royauté et la nation, entre le passé et le présent, lui parut de plus en
plus problématique, et l'avenir même du gouvernement constitutionnel ne lui inspira plus guère que de
chagrines prophéties. Les paroles qu'il prononça sur la
tombe de Casimir Périer, les lettres qu'il adressa à ses
électeurs, sa correspondance si curieuse avec M. de Tocqueville, comme celle qu'il entretint avec M. de Barante, respirent un singulier mélange de courage et de
tristesse. La virilité du caractère, résistant au mal jusqu'au bout, s'y allie à chaque instant avec de sombres
perspectives. Il redoute le sort final que la force, qu'il
avait vue triompher si souvent, réserve au droit et à la
justice sous le règne croissant de la démocratie.

Cette mélancolie prophétique, ce doigt levé vers le
point noir à l'horizon, cette voix de nautonier alarmé
qui signale à la démocratie ses vrais écueils et ses vrais
périls, achèvent de prêter aux discours de Royer-Collard une originalité pleine de saveur. Rien ne la rappelle dans la tribune française, rien ne lui ressemble
dans les tribunes étrangères. Ses discours ont tout ce
qui fait vivre les œuvres humaines, ce fonds de vérités
durables auquel on aime toujours à revenir, ce style
élégant dans sa force, précis dans son éclat, qui, sauf
quelques subtilités et quelques obscurités, semble la
perfection même. On a dit que sa manière d'écrire rappelait celle des maîtres du dix-septième siècle. Ce juge-

ment n'est pas tout à fait exact. Sans doute on y sent l'empreinte de Bossuet et de Pascal. Mais sa phrase pleine de relief, piquante, concise, sentencieuse, axiomatique, parée avec un soin sévère et avec un art toujours présent, serait plutôt de l'école de Montesquieu et même de Rousseau dans les meilleures pages du *Contrat social*, avec une hauteur d'accent et une finesse de tour qui sont bien à lui. Il a aussi du Tacite. C'est le Tacite de la tribune. Ses discours, lus et débités avec une sorte de solennité, d'une voix un peu pesante, n'avaient point les défauts habituels aux discours lus; l'accent profond dont il les disait produisait l'illusion oratoire, tant ils paraissaient comme le cri d'une conscience émue! C'était une raison élevée, mais inspirée et passionnée, qui parlait et qui se soulageait en parlant. Ce qu'il y avait de prémédité dans l'expression ne semblait qu'une preuve de plus de la plénitude d'une conviction lentement formée. Aussi l'effet que produisaient ces discours était-il puissant et prolongé. C'était sur la France entière qu'ils semblaient tomber de la tribune comme une lave; c'était l'âme même de la France qu'ils remuaient profondément et qui y répondait avec un immense élan.

Quant à l'homme, il est de son temps plus qu'il n'en a l'air au premier abord. Ce qui le distingue peut-être le plus, au milieu de tant de belles qualités morales et des dons les plus précieux de l'esprit, c'est la faculté de juger, s'exerçant sur tout et sur tous avec une liberté qui n'avait d'autre borne que le respect des grands sentiments religieux et moraux de l'humanité. Le dix-neu-

rvième siècle est de tous les siècles le plus enclin à juger
pqui ait jamais paru sous le ciel. Il appelle les autres à
son tribunal, il s'écoute lui-même penser et vivre, se
louant ou s'accusant selon son humeur, et jamais à
demi. La postérité flotterait à son sujet, si elle le prenait au mot, entre l'admiration extatique et le plus absolu mépris. Royer-Collard a été dans ce siècle l'homme
le plus porté à juger par instinct et par habitude, et le
plus habile peut-être à faire de ses jugements comme
autant de médailles pleines de finesse et de force qui
circulaient de main en main. Entraîné par son imagination, qui colorait tout, dominé par son humeur, qui
était comme son génie familier et qui lui dictait dans la
conversation mille boutades sarcastiques ou profondes,
il atteignait au relief plus sûrement qu'à la rigoureuse
équité; il appliquait aux objets de son appréciation une
sorte de procédé grossissant qui le servait admirablement
comme orateur, mais qui dépasse parfois sa propre pensée comme politique et comme moraliste.

Le grand homme de bien vivra dans le travail de
M. de Barante à côté du grand orateur. Un tel livre ne
peut qu'ajouter à l'admiration respectueuse qu'inspire
ce caractère élevé et fort, incapable de lâcheté devant le
mal. On y sent une âme éprise de l'idéal moral, tra-
vaillée des plus nobles scrupules, qui dans sa conduite
ne livre rien au laisser aller, qui dans ses écrits ne laisse
rien à la négligence et à l'à-peu-près. L'à-peu-près, cet
écueil ordinaire des consciences faibles et des esprits
mous, personne n'a su mieux l'éviter que Royer-Collard dans sa vie de sage chrétien, dans ses productions
de philosophe et d'orateur. La prédication du respect

pour tout ce qui est conforme à la dignité de la race humaine, pour tout ce qui favorise le maintien et le progrès des sociétés, est la leçon la plus habituelle et la plus éclatante qui se dégage de ses discours. Le sentiment profond et passionné du juste y vit, y palpite, pour ainsi dire, à chaque page. Il est l'âme de ces argumentations serrées dont la logique toute seule n'eût point tissé la trame, et qu'elle n'eût point animées d'un tel souffle de morale et d'éloquence.

Quand les démocraties marchent à cette divine lumière de la justice, elles donnent au monde le plus beau des spectacles, le spectacle de la liberté soumise au devoir, de l'égalité sans l'envie, de la prospérité publique naissant du développement harmonieux de tous les droits. Quand cette étoile disparaît, offusquée par la fumée et par la poussière des passions humaines, elles s'agitent dans les ténèbres, et le pied leur glisse dans la boue et dans le sang. Royer-Collard n'a pas voulu nous faire entendre à nous-mêmes une autre vérité dans ses plus sombres pronostics. L'Amérique semblait encore donner un démenti éclatant à ce témoin lassé des révolutions de la vieille Europe. Lui-même avait pu voir, aux jours brillants d'espérance qui furent ceux de sa jeunesse, des hommes tels que Franklin et Washington représenter aux regards du monde étonné, avec la victoire dans une juste cause, la démocratie américaine modérée encore, habile avec probité, joignant aux qualités solides et entreprenantes qui assurent le succès, le rayon de gloire honnête dont une grande société ne se passe pas sans mettre en souffrance ses plus hauts instincts. Il n'avait

pas quitté la terre que ce spectacle beau encore et digne
d'intérêt s'était déjà bien mêlé d'ombres. Il avait vu
poindre l'humeur rapace et conquérante qui pousse aux
expéditions les plus injustes, la force, en un mot, repa-
raître avec son absence de scrupules accoutumée. Il avait
vu enfin la grande iniquité de l'esclavage s'implanter et
s'étendre, et déposer au cœur de l'État, avec la corruption qui lui est inhérente, le germe de la scission. Quelques années de plus, cette scission se consommait et une
grande république de plus menaçait de sombrer dans
l'abîme. Sans doute ce ferme esprit n'eût pas imputé à
sa seule démocratie ce qui est la suite et le châtiment de
l'esclavage dans toutes les formes de société et de gouvernement. Sans doute aussi il eût distingué la France
de ces orageuses et violentes démocraties qui règnent
sur d'autres points du nouveau monde. Laborieuse et
sensée, attachée à l'ordre par les liens de la propriété
du sol et de la famille, par les habitudes de l'activité
régulière et de l'économie, la démocratie française ne
ressemble point à l'oisive et turbulente démagogie de
l'antiquité. Les efforts héroïques de cette société pour se
sauver elle-même aux jours de péril, le progrès, un instant arrêté, ce semble, des idées libérales et constitutionnelles, reprenant son cours avec plus de force dans
l'Europe entière, n'eussent-ils pas enfin rendu quelque
espoir à cet ami attristé de la liberté et de la justice?
Voilà ce qu'on peut, ce qu'on doit même se dire pour
ne pas se laisser aller au découragement, mais sans
tomber dans la quiétude. Les sociétés comme les individus pèchent plus souvent par présomption que par
excès de défiance d'elles-mêmes; elles ont plus de pen-

chant à atténuer leur responsabilité et les conséquences
de leurs fautes qu'à les exagérer. La France n'a pas
l'esclavage comme l'Amérique, mais elle a sa centralisation oppressive, l'excès de vie au centre, le manque
de vie aux extrémités, son défaut de suite et d'esprit politique, et enfin sa part de ce mal moderne du paupérisme. Hélas! on avait déclaré close l'ère des révolutions. L'âge de la liberté sous la loi allait commencer.
A peine Royer-Collard mort, la force avait de nouveau
ses journées. Les suites en durent encore. La liberté
viendra sans doute. Elle n'est pas venue. Pour rendre
vaines ses sombres prophéties, Royer-Collard nous
lègue ses conseils vrais pour la plupart sur la nature et
les conditions du gouvernement représentatif, il nous
lègue ses craintes mêmes. La crainte d'un mal prévu
est le commencement de la sagesse politique comme de
toute autre sagesse. Sentir son mal et le reconnaître
pour le traiter en conséquence est la condition même de
la guérison.

JOSEPH DE MAISTRE

I

A toutes les époques les hommes ont cherché dans les idées religieuses un point de départ ou un appui pour sa politique. Mais c'est surtout à partir du seizième siècle que cette alliance devient sensible dans les écrits des théologiens et des publicistes. Luther, et Calvin bien plus encore que Luther, mêlent à leurs critiques du dogme et à leurs attaques contre l'Église des théories politiques en rapport plus ou moins étroit avec leurs doctrines religieuses. Hotman, Hubert Linguet, pour le protestantisme, et du côté des catholiques les prédicateurs de la Ligue font entrer, les uns dans leurs livres, les autres dans leurs sermons, plus de politique que de religion. Jurieu, au dix-septième siècle, donne un fondement théologique à la souveraineté du peuple. Bossuet qui le combat élève, dans sa *Politique tirée de l'Écriture sainte,* un monument au droit divin des rois et des puissances de la terre. A ce droit il assigne pour toute limite le respect des commandements de Dieu. La politique de Fénelon s'inspire de l'Évangile. S'il l'oublie trop dans la conception de son imaginaire Salente, réminiscence par trop visible de l'antiquité, il s'en souvient lorsqu'il a en vue son propre temps, dans quelques grandes pensées d'humanité, de charité, de paix, de justice, par lesquelles un christianisme libéral et généreux semble se rejoindre à la philosophie réformatrice du siècle qui va suivre.

C'est une remarque affligeante que les applications de la religion à la politique, telles que les ont faites plusieurs grands esprits chrétiens, depuis le dix-septième siècle, ont presque toujours eu quelque chose de peu favorable et de peu sympathique à la raison humaine et aux sentiments modernes de liberté et d'égalité. Nous ne séparons plus guère la religion de l'esprit de douceur et de tolérance, sinon quant aux opinions, du moins quant aux personnes. Bien plus, c'est à la religion que nous faisons honneur de ces sentiments. Cet esprit nous paraît avoir son origine dans l'Évangile mieux encore que dans Voltaire et dans Montesquieu. Au dix-septième siècle, au contraire, il ne venait pour ainsi dire à l'esprit de personne que la révocation de l'édit de Nantes, l'inquisition, les dragonnades fussent des mesures antichrétiennes, condamnées par Jésus lui-même. On n'avait garde de tirer aucune application générale et constante de ces paroles du Christ à ses disciples qui demandaient de faire tomber le feu du ciel sur une ville coupable : « Vous ne savez pas de quel esprit vous êtes. » Poursuivre l'erreur par le fer et le feu paraissait le droit même de la vérité. Sauver les âmes coûte que coûte, était le but suprême; c'était faire œuvre de charité à l'égard des protestants eux-mêmes que de les persécuter, c'était accomplir un devoir à l'égard des malheureux qu'on sauvait de la contagion. C'est aujour-

d'hui l'effort des catholiques les plus éclairés et leur prétention fondée, selon moi, de prouver que le catholicisme
est compatible avec toutes les libertés publiques et civiles,
y compris celle des cultes. Le gouvernement constitutionnel, qui eût paru presque une hérésie à Bossuet,
sera présenté par tel orateur catholique de notre temps
comme le gouvernement le plus favorable au développement de la dignité humaine et des vertus chrétiennes, tandis que l'absolutisme sera traité comme
un obstacle impie à la liberté des âmes. Il n'y a plus
que quelques amis fanatiques du paradoxe qui soutiennent que la Saint-Barthélemy et les bûchers où l'on
brûlait les hérétiques sont des conséquences légitimes
de la religion de l'Évangile.

Joseph de Maistre, dans lequel on a voulu voir une sorte
de phénomène tout à fait exceptionnel comme écrivain
politique religieux, ne paraît véritablement sous un pareil jour que si on l'envisage au milieu de ses contemporains. Certes la part des paradoxes reste grande chez
lui. Mais plusieurs de ses théories, que nous traitons
de paradoxes, n'eussent pas été envisagées de la même
manière par Bossuet, que j'aime à citer ici parce qu'il
est de mode aujourd'hui de voir en lui un type de bon
sens équilibré et d'esprit conciliant. Si le grand évêque
eût été choqué parfois de l'excès de dureté dans la forme,
il l'eût été bien plus rarement pour le fond des idées ;
j'excepte, bien entendu, le livre du *Pape* et les attaques contre le gallicanisme, dont il a sa part. Il eût
applaudi à ce que J. de Maistre a écrit sur les sacrifices sanglants. Je doute même que le portrait du bourreau, sauf quelques détails matériels trop repoussants,

l'eût beaucoup scandalisé. Les choses dures et blessantes pour notre délicatesse moderne et philosophique ne manquent pas chez l'auteur, plus touché encore du souffle de Moïse que de Jésus, des *Méditations sur l'Évangile* et de la *Politique tirée de l'Écriture sainte.* Je suis convaincu, quant à moi, que s'il sortait de son tombeau, il trouverait, cet altier génie, tout autant que J. de Maistre, qu'à force d'adoucir le christianisme, qu'à force de développer ses côtés compatissants à l'humanité, nous l'avons énervé et même dénaturé en rejetant dans l'ombre ses côtés terribles qui subsistent en dépit de nous. Je ne doute pas qu'il ne reprochât, avec hauteur, au siècle présent, d'avoir beaucoup trop mis en oubli le dogme de l'*expiation*, ce dogme auquel se rattachent la guerre, les révolutions, les peines contre les coupables, pour ne plus voir dans la loi chrétienne qu'une inspiration trop attendrie de bienveillance mutuelle, de charité indulgente et de facile pardon qui tend à rendre le séjour de la terre trop commode et l'accès du ciel trop aisé.

Cette inspiration, toute favorable aux réformes sociales, avait passé aux philosophes, si peu chrétiens pour leur compte, du dix-huitième siècle. Ce devait être une raison pour leurs adversaires de réagir violemment contre les idées de tolérance, de liberté, d'égalité. La philosophie du dernier siècle avait abusé de ces principes. De la liberté elle a trop souvent fait l'anarchie, de la tolérance l'indifférence absolue. De même elle s'est mise à rêver l'Eldorado sur une terre toujours condamnée, quoi qu'on en dise, à la souffrance et à la mort. Il ne lui a pas suffi d'adoucir l'horreur des supplices, elle a paru nier jusqu'au crime, en révoquant en doute la responsabilité humaine. L'écrivain religieux dont je vais essayer de retracer le rôle et les idées, et que je voudrais expliquer au lieu de l'injurier, comme cela a lieu le plus souvent, exprime avec une éloquence fougueuse, véhémente, et avec toute l'amertume de l'esprit de secte et de parti une réaction devenue inévitable, la réaction de l'esprit chrétien, mais aussi la réaction de l'esprit humain contre ces erreurs et ces excès d'une philosophie optimiste jusqu'à l'aveuglement et utopiste jusqu'à l'absurde.

Et qui donc peut nier aujourd'hui que les événements non moins que les idées, et même avec une force plus irrésistible encore, poussaient à cette réaction? L'espérance, une espérance qui supprimait jusqu'à l'ombre du mal, avait été suivie des plus cruelles déceptions. Le sang avait taché ces rêves séduisants d'innocence et de vertu. On était tombé, de chute en chute, du christianisme à la religion de l'Être suprême avec Robespierre pour pontife, pour tomber de là au culte infâme de la déesse Raison, figurée par une prostituée, jusqu'à ce qu'on aboutît, comme à un dernier effort de sagesse de l'esprit humain redevenu plus calme, aux niaiseries prétentieuses de la théophilanthropie. Avouons-le donc, oui, sachons l'avouer, nous que blessent les paradoxes de Joseph de Maistre et qui détestons l'esprit rétrograde, la colère et le sarcasme pouvaient à bon droit se retourner contre ceux qui s'étaient tant servis de ces armes redoutables. La philosophie du dix-huitième siècle venait de perdre le principal avantage qu'elle avait eu dans ses discussions contre l'Église envisagée comme institution, celui de n'avoir jamais été mise à l'essai, tandis que l'Église

avait passé, elle, par toutes les épreuves de l'histoire.
Le scandale de quelques années égalait les scandales de
dix siècles. On l'avait vu à l'œuvre l'homme de la sensation, le *sauvage*, l'homme de la nature, tant célébré
par le dix-huitième siècle. Danton, Hébert, Barras,
c'est-à-dire la force sans le frein de la conscience,
l'impiété hébétée descendue dans le peuple, la corruption succédant à l'atrocité, avaient été les diverses
expressions de ce matérialisme grossier sur lequel de
prétendus sages s'imaginaient fonder la perfectibilité
sociale. Il me semble que ne pas comprendre qu'il devait y avoir une revanche nécessaire des idées d'ordre
et de morale, et que cette revanche, par un excès en
sens inverse, devait être pour un temps la calomnie de
la liberté et la satire du progrès, c'est méconnaître la
loi triste, mais inévitable, suivant laquelle marche l'esprit humain.

La philosophie de l'histoire, trop livrée par Voltaire à
l'empire des petites causes et des petites explications, devait ressentir le même contre-coup. Les commotions
civiles, comme toutes les crises solennelles de l'existence, ont toujours eu le privilége de rappeler l'humanité à l'idée de Dieu. Est-ce la fragilité des choses humaines qui, en s'attestant d'une manière si éclatante,
y reporte les âmes comme au seul objet réel et solide?
Est-ce la mystérieuse grandeur d'événements remplis
d'imprévu, et pourtant laissant apercevoir un certain
ordre caché, qui force l'esprit humain à remonter vers
une Providence qui s'y mêle et qui les dirige? Quoi
qu'il en soit, il est sans exemple qu'une grande révolution n'ait pas réveillé avec une sorte de violence, dans

ies âmes et dans les esprits, l'idée et le sentiment du divin. Le christianisme en fournit la preuve à l'époque de la décadence du monde romain. Lorsque Joseph de Maistre examine avec une hauteur de vues mêlée d'une sincère émotion la question du gouvernement du monde par une Providence, il cesse d'être le pur écho de passions réactionnaires, il accomplit une œuvre que n'eût pas désavouée Platon. Il refait à notre usage la *Cité de Dieu* de saint Augustin.

C'est dans le même esprit qu'il faut juger ses principes politiques si souvent repoussants. Ils ont un côté vrai. Je ne puis lui en vouloir, quant à moi, de faire entendre à sa révolution des vérités sans lesquelles il n'y a pas plus de liberté à espérer que d'ordre possible. Telle est sa pensée que les constitutions ne s'improvisent pas, qu'elles sont filles du temps, que rien d'artificiel et de contre nature ne saurait subsister. Nous avons vu, en conformité avec cette vérité sur laquelle de Maistre a trop insisté et qu'il a exprimée avec trop de relief pour qu'on n'y voie qu'un pur lieu commun, le frêle édifice de constitutions successives périr après quelques années, quelquefois même après quelques mois; preuve assez claire du peu d'appui qu'elles trouvaient au dehors dans les sentiments et les habitudes du pays. Nous avons pu vérifier que la politique, sauf à n'enfanter que de vaines et passagères combinaisons, doit s'appuyer sur autre chose que sur des abstractions, c'est à savoir sur la conviction des esprits, sur les mœurs, sur les traditions, sur tout l'ensemble des forces morales d'une nation qui ne peut pas, après tout, comme Descartes ou Condillac, ainsi qu'on l'y conviait, faire table rase de son passé, imprimé, pour ainsi dire, au plus profond de son être.

Ces préambules m'ont paru nécessaires pour bien comprendre le publiciste dans Joseph de Maistre. Il faut le juger comme on juge Rousseau. Personne ne doute que l'*Émile* ne soit un mauvais système d'éducation : ce n'en est pas moins un livre qui contient les pages, non pas seulement les plus éloquentes, mais les plus sensées. Ce n'est pas le seul côté que je voudrais d'ailleurs mettre en lumière dans ce brillant chef de l'école théocratique. Il y en a un autre qui mérite d'être au moins indiqué. Sa philosophie générale ne me paraît point identique à celle de ses deux puissants auxiliaires, Bonald et Lamennais. Bonald comme métaphysicien se ressent fort de son siècle. Il se rapproche de Condillac en métaphysique. Lamennais est sceptique en philosophie et conteste, dans son *Essai sur l'indifférence*, toute certitude à la raison humaine. Joseph de Maistre est fort éloigné de ces opinions et de ce langage. Il exalte la raison au sens spiritualiste. Un livre de lui, que j'admire peu comme intelligence philosophique, son *Examen de la philosophie de Bacon,* nous fournira du moins sur ce point quelques preuves curieuses de cette manière de philosopher que l'école purement lamennaisienne repousse complétement et dont le courant général, au sein du catholicisme, s'est de plus en plus éloigné.

La biographie du comte Joseph de Maistre, sur laquelle il nous a été facile de recueillir d'abondants détails, expliquera mieux d'ailleurs le rôle qu'il a joué et l'influence en partie subsistante de ses écrits que toutes lles dissertations auxquelles nous pourrions nous livrer sur son génie. Sa famille, son éducation, sa patrie, la trempe particulière de son esprit, les circonstances religieuses et politiques dans lesquelles se trouvait l'Europe, donnent le secret du tour que prirent ses idées et de ce que d'autres que nous appellent son apostolat.

II

Le comte Joseph-Marie de Maistre naquit à Chambéry en 1754 [1]. Son père, le comte François-Xavier, était président du sénat de Savoie et conservateur des apanages des princes. M. Rodolphe de Maistre, fils de l'illustre publiciste, dans la Notice qu'il a écrite sur son père, nous apprend que la famille de Maistre est originaire de Languedoc, et qu'on trouve son nom répété plusieurs fois dans la liste des anciens capitouls de Toulouse. Au commencement du dix-septième siècle elle se divisa en deux branches, dont l'une vint s'établir en

[1] M. Raymond, physicien et ingénieur de Savoie, dans un *Éloge du comte Joseph de Maistre*, inséré au tome xxvii des *Mémoires de l'Académie des sciences de Turin*, et prononcé en janvier 1822, donne, à ce que nous croyons, une date différente à la naissance du comte Joseph de Maistre. M. Sainte-Beuve, dans le beau portrait, plein de pénétration et d'ampleur, de Joseph de Maistre qu'il a écrit en 1843 (*Portraits littéraires*, t. ii), dit avoir emprunté beaucoup à cet *Éloge* pour les détails positifs, et il fait naître le comte Joseph de Maistre le 1er avril 1753. On comprendra que nous ayons préféré à toute autre autorité celle du propre fils de M. de Maistre, dans une Notice publiée en 1851.

Piémont, c'est celle dont le comte Joseph descend; l'autre demeura en France. Le comte Joseph de Maistre attachait beaucoup de prix à ses relations de parenté avec la branche française; il eut soin de les cultiver constamment, et aujourd'hui même les descendants actuels des deux branches sont unis par les liens d'affection autant que par leur communauté de principes et d'origine. J. de Maistre était l'aîné de dix enfants, cinq filles et cinq garçons, dont trois suivirent la carrière des armes, un entra dans les ordres, tandis que lui-même devait suivre l'état de son père en entrant dans la magistrature. Il s'adonna à l'étude dès sa plus tendre enfance, avec un goût marqué, sous la direction des jésuites. Nous avons occasion de noter dès lors des détails qui montrent ce qu'eut de bon, d'affectueux cette nature fortement trempée. Plusieurs publications récentes, particulièrement celle de ses *Lettres*, ont modifié sur l'homme l'opinion qu'on s'était formée de lui, sur la foi de ses violences littéraires et de ses emportements d'homme de secte et de parti. A quelque distance que l'on soit des opinions de Joseph de Maistre, de ce philosophe de la théocratie, de ce champion de l'ancien régime, il faut reconnaître que l'impression définitive est toute favorable à la personne de l'éloquent écrivain. L'honnête homme dans toute la force du terme, respectable et aimable par bien des côtés, a paru dans son vrai jour, et la réputation de son esprit même a gagné à cette dernière épreuve; on l'a trouvé ouvert à plus de questions et de points de vue modernes qu'on ne se le figurait généralement, malgré quelques aperçus hardis des *Soirées de Saint-Pétersbourg*. Mais n'anticipons pas.

Le trait principal de l'enfance de de Maistre, nous dit
le comte Rodolphe, son fils, fut une soumission amou-
reuse pour ses parents. Il fut un fils non-seulement
très-soumis, mais très-tendre. Tout respire dans cette
enfance, telle que nous la décrit la récente Notice, le
sentiment affectueux et profond de l'autorité. On se
sent dans une atmosphère de respect en rapport avec le
caractère et le rôle de celui qui devait se montrer le défenseur de la tradition sous toutes les formes. « Présents
ou absents, le moindre désir de ses parents était pour
lui une loi imprescriptible. Lorsque l'heure de l'étude
marquait la fin de la récréation, son père paraissait
sur le pas de la porte du jardin sans dire un mot, et il
se plaisait à voir tomber les jouets des mains de son fils,
sans qu'il se permît même de lancer une dernière fois la
boule ou le volant. » Pendant tout le temps que le jeune
Joseph passa à Turin pour suivre le cours de droit à l'u-
niversité, il ne se permit jamais la lecture d'un livre
sans avoir écrit à son père ou à sa mère, à Chambéry,
pour en obtenir l'autorisation. Sa mère, Christine de
Motz, personne d'un solide mérite et d'une vraie distinction d'âme, avait su gagner de bonne heure le
cœur et l'esprit de son fils, et exercer sur lui la sainte
influence maternelle. Rien n'égalait la vénération et
l'amour du comte de Maistre pour sa mère. Il avait
coutume de dire : « Ma mère était un ange à qui Dieu
avait prêté un corps; mon bonheur était de deviner
ce qu'elle désirait de moi, et j'étais dans ses mains autant que la plus jeune de mes sœurs. » Dès l'âge de
cinq ans l'enfant avait eu un instituteur particulier qui,
deux fois par jour, après son travail, le conduisait dans

le cabinet de son grand-père de Motz. Tout enfant, i
eut une impression très-vive et qui ne s'effaça jamais. I
avait neuf ans lorsque parut l'édit du parlement de Pari
(1763) supprimant les jésuites. Il jouait un peu bruyam
ment dans la chambre de sa mère, qui lui dit : « Joseph
ne soyez pas si gai, il est arrivé un grand malheur. »
Le ton solennel dont ces paroles furent prononcée
frappa le jeune enfant, qui s'en souvenait encore à la fi
de sa vie.

Quoique élevé sous une tutelle particulière et domes
tique, il paraît avoir suivi en même temps les cour
du collége de Chambéry. — Un jour, en effet, racont
M. Sainte-Beuve[1], auquel ce détail a été transmis pa
M. le comte Eugène de Costa, compatriote de J. d
Maistre, « un écolier l'ayant défié sur sa mémoire, qu'i
avait extraordinaire, il releva le gant et tint le pari : i
s'agissait de réciter tout un livre de l'*Énéide*, le lende
main, en présence du collége assemblé. De Maistre n
fit pas une faute et l'emporta. » En 1818, un vieil ec
clésiastique rappelait au comte Joseph cet exploit d
collége : « Eh bien ! curé, lui répondit-il, croiriez-vou
que je serais homme à vous réciter sur l'heure ce mêm
livre de l'*Énéide* aussi couramment qu'alors ? » Tell
était la force d'empreinte de sa mémoire ; rien de ce qu'i
y avait déposé et classé ne s'effaçait plus. Il avait cou
tume de comparer son cerveau à un vaste casier à tiroir
numérotés, qu'il tirait selon le cours de la conversatio
pour y puiser les souvenirs d'histoire, de poésie, d
philologie et de sciences qui s'y trouvaient en réserve.

[1] *Portrait* déjà cité.

En 1774, après qu'il eut pris tous ses grades à l'université de Turin, J. de Maistre entra comme substitut-avocat fiscal général surnuméraire au sénat de Savoie. Il épousa, en 1786, mademoiselle de Morand, dont il eut un fils, le comte Rodolphe, qui suivit la carrière des armes, et deux filles, Adèle, mariée à M. Terray, et Constance, qui épousa le duc de Laval-Montmorency. En avril 1788, il fut promu au siége de sénateur. Cette vie parlementaire paraît avoir été peu de son goût. A l'opposé de ces tribuns révolutionnaires, Robespierre, par exemple, qui, après s'être élevés comme publicistes contre la peine de mort, devaient en faire un usage si terrible, J. de Maistre, le futur théoricien de l'expiation sanglante, l'auteur des pages sur le bourreau, était vivement ému toutes les fois qu'il s'agissait d'une condamnation capitale. Ce fut même, dit-on, une raison pour lui de ne pas rentrer dans cette carrière de judicature lors de la restauration de la maison de Savoie. En tout, chez Joseph de Maistre, il y eut loin de ses théories sévères et même farouches à l'application. Ouvert, gai, plein de mouvement et d'expansion, ne retrouvant que dans les discussions où il s'animait ce ton impétueux et supérieur qui est la marque de ses écrits, aucun homme n'eut moins de penchant à l'inhumanité, à la dureté. Nous tenons à marquer ces contrastes, parce qu'il est bien temps que les idées de convention sur le grand écrivain aux allures quasi féodales disparaissent des opinions courantes. Tous ceux qui se sont occupés de près de l'éminent publiciste sont d'accord aujourd'hui sur ce jugement à porter de l'homme bienveillant et cordial. Pour ma part, je m'en applaudis.

Lorsque la révolution éclata, le comte de Maistre s'éta
fait connaître dans le monde de Turin comme un parti
san modéré des idées libérales, ce qui l'avait rendu sus
pect à la cour arriérée et à la noblesse de Turin. S
franchise et ses hardiesses d'appréciation, qui tran
chaient avec l'esprit étroit et routinier de son parti, d
vaient lui conserver cette réputation d'esprit indépendai
et singulier, qui ne paraît pas exempt d'allures révolu
tionnaires dans la manière même dont il combat
révolution. J. de Maistre était membre de la *Loge re
formée* de Chambéry, simple loge blanche parfaite
ment insignifiante ; cependant, quand la révolutio
éclata, cette loge, qui paraissait inquiéter le gouverne
ment, députa le comte de Maistre vers le roi pour l
donner l'assurance qu'elle ne se réunirait plus. L'inva
sion de la Savoie par l'armée française, sous les ordre
de Montesquiou, arriva (22 septembre 1792) : les frère
de J. de Maistre rejoignirent leurs drapeaux, et lu
même partit pour la cité d'Aoste, avec sa femme et se
enfants, dans l'hiver de 1793.

C'est alors que la loi dite *des Allobroges* vint en
joindre à tous les *émigrés* de rentrer avant le 25 jai
vier, sans distinction d'âge ni de sexe, et sous peine c
la confiscation de tous les biens. Madame de Maistre s
trouvait dans le neuvième mois d'une grossesse ; coi
naissant les sentiments de son mari, elle savait qu'
s'exposerait à tout plutôt que de l'exposer elle-mêm
dans cette saison et dans ce pays ; mais, poussée pa
l'espoir de sauver quelques débris de fortune en récla
mant ses droits, elle profita d'un voyage que le com
de Maistre fit à Turin et partit sans l'avertir. Voilà don

madame de Maistre traversant le grand Saint-Bernard, le 5 janvier, à dos de mulet, accompagnée de ses deux petits enfants, qu'on portait enveloppés dans des couvertures. Joseph de Maistre, de retour à la cité d'Aoste deux ou trois jours après, courut sans retard sur les pas de son héroïque femme, tremblant de la trouver morte ou mourante dans quelque chétive cabane des Alpes. Elle arriva cependant à Chambéry, où il la suivit de près. Obligé de se rendre à la municipalité, il refusa toute espèce de serment, toute promesse même, ne voulut point écrire son nom sur le livre où s'inscrivaient tous les citoyens actifs et qui lui fut présenté par le procureur syndic, et, lorsqu'on lui demanda la contribution volontaire qui se payait alors pour la guerre, il répondit franchement : « Je ne donne point d'argent pour faire tuer mes frères qui servent le roi de Sardaigne. » Bientôt a lieu chez lui une visite domiciliaire ; quinze soldats y pénètrent les armes hautes. Madame de Maistre accourt au bruit, elle s'effraye, est saisie des douleurs de l'enfantement, et le lendemain, M. de Maistre voit naître son troisième enfant, qu'il ne devait connaître qu'en 1814. Après avoir pourvu le mieux qu'il peut à la sûreté de sa famille, il s'en sépare, abandonne ses biens, et se retire à Lausanne. Madame de Maistre, son fils et sa fille aînée vinrent successivement l'y rejoindre ; mais sa fille cadette, trop enfant pour être exposée aux dangers d'une fuite clandestine, demeura chez sa grand'mère. M. de Maistre passa trois années à Lausanne, qu'il ne devait quitter qu'au commencement de 1797 pour rentrer en Piémont. Le roi Victor-Amédée lui donna pour mission à Lausanne de correspondre avec le bureau des affaires

étrangères, et de transmettre ses observations sur]
marche des événements en France et alentour. Les dé
pêches du comte de Maistre étaient soigneusement re
cueillies par les ministres étrangers résidant à Turi1
Le général Bonaparte trouva par suite cette correspon
dance tout entière dans les archives de Venise.

J. de Maistre ne s'est pas encore fait connaître à nou
comme écrivain. Sa renommée ne devait naître qu'ave
les *Considérations sur la révolution française*, pu
bliées en 1796. Pourtant il avait déjà publié quelque
morceaux qui avaient attiré sur lui l'attention. Son pre
mier opuscule avait paru dès 1775 à Chambéry, ayar
pour sujet l'*Éloge de Victor-Amédée III*, duc de Savoie
roi de Sardaigne, de Chypre et de Jérusalem, princ
de Piémont. Il est visible que, dans ce premier écrit
J. de Maistre n'a trouvé encore ni sa forme ni se
idées. On y rencontre les opinions libérales et des vœu
de tolérance, et tout à côté l'apologie des mesures qu
interdisent la publication des discours et des écrits qu
déplaisent au gouvernement. En 1777, il avait prononc
un discours de rentrée devant le sénat de Savoie sur le
devoirs du magistrat, contenant déjà quelques passage
vigoureux, mais qui est loin de faire préjuger le futu
écrivain. Les expressions et les réminiscences de Jean-
Jacques Rousseau et du dix-huitième siècle y occupent encore beaucoup de place; les souvenirs des républiques anciennes y côtoient l'éloge de la *vertu*, d
l'*Être suprême* et la critique des *préjugés*. Viennent en
suite des écrits dont quelques-uns sont fort supérieurs
ces premiers essais. Les *Lettres d'un royaliste savoi*
sien à ses compatriotes, publiées à Lausanne, d'avril ;

uillet 1793, accusent avec beaucoup plus de netteté les
opinions de l'auteur, qui se sont dégagées sous l'influence
des événements révolutionnaires. Elles renferment un
complet éloge de l'ancienne constitution de Savoie, dont
l'auteur fait ressortir tout ce qu'elle avait de conforme
à la raison et à une sage liberté. Il appelle la restauration de Victor-Amédée et raille l'idée d'établir la république des *Allobroges*. Il se moque des *prétendus* législateurs français implantant brusquement chez eux les
institutions anglaises. Le *Discours à madame la mar-
quise de Costa*, sur la vie et la mort de son fils Alexis-
Louis-Eugène de Costa, lieutenant au corps des grena-
liers royaux de Sa Majesté le roi de Sardaigne, mort,
âgé de 16 ans, à Turin, le 21 mai 1794, d'une blessure
reçue à l'attaque du Col-Ardent, est une amplification
de rhétorique qui porte çà et là la trace du penseur
énergique et de l'écrivain distingué. Tel passage annonce
l'auteur des *Soirées de Saint-Pétersbourg* pour le fond
et pour le ton. Ces morceaux ne sont que des éclairs. En
août 1795, paraît le pamphlet intitulé *Jean-Claude
Têtu, maire de Montagnole, district de Chambéry, à
ses chers concitoyens les habitants du Mont-Blanc*. Cette
philippique campagnarde contre la domination française
est pleine de sel, d'un accent original et mordant, d'un
ton jovial et agressif, qui révèlent un talent remarquable
de pamphlétaire. Cet opuscule mérite encore d'être lu [1].
Nous n'avons plus qu'à dire un mot de son *Mémoire sur
les prétendus émigrés savoisiens* (1796), pour arriver

---

[1] Il vient d'être réimprimé dans les deux volumes de *Lettres et
opuscules inédits*, Paris, 1851, 2 vol. in-8º.

ce qu'on peut appeler les chefs-d'œuvre du comte de
Maistre. Une loi de l'assemblée nationale des Allobroges invitait tous les citoyens *qui avaient émigré dès
le 1er août* 1792 à reprendre leur domicile dans le terme
de deux mois, sous peine de confiscation de tous leurs
biens. On antidatait l'émigration, et on la faisait même
antérieure à l'entrée des Français dans le pays : c'était
pour atteindre certains grands propriétaires. Les émigrés
obéirent et rentrèrent, mais pour rencontrer une cruelle
persécution. De Maistre, témoin oculaire, et lui-même
rentré avec sa famille au commencement de 1793, signale les hideuses particularités de ces persécutions. On
emprisonne les hommes d'un côté, les femmes de l'autre;
on sépare les mères et les enfants, on sépare les époux.
« C'était, disait le représentant Albite, pour satisfaire à
la décence. »

« La cruauté dans le cours de cette révolution a souvent eu, s'écrie M. de Maistre, la fantaisie de plaisanter :
On croit voir rire l'enfer; il est moins effrayant quand il
hurle. »

Le 1er septembre 1793, à minuit, on tire les détenus
de prison et on les transporte sur des charrettes de Chambéry à Grenoble, où ils manquent en arrivant d'être
massacrés par la populace. Puis, sans plus de raison, ils
sont ramenés de Grenoble à Chambéry. Le 9 thermidor
les sauve : « Sans le 9 thermidor, dit l'auteur du *Mémoire*, c'est une opinion universelle dans le département du Mont-Blanc, tous les prisonniers devaient être
égorgés. » Un mouvement d'émigration avait accompa-
gné ces horreurs. Ceux qui y avaient cédé étaient-ils de
vrais émigrés? Non, selon M. de Maistre, qui invoque le

bénéfice des nouvelles lois rendues par la Convention sur
le rappel des girondins proscrits et de ceux qui avaient
fui depuis lors pour échapper à la terreur de Robespierre.
Un bel appel à la clémence, adressé aux conseils et au
Directoire exécutif, terminait cet éloquent *Mémoire*.

Enfin, la même année, paraissent les *Considérations
sur la France* [1], qui l'élèvent au rang de publiciste européen et fondent sa renommée, qui désormais ira croissant.

III

Certes, les *Considérations* de Joseph de Maistre, ce
livre qui se relit encore avec tant d'intérêt, ne sont point
un ouvrage impartial. La révolution y est traitée de
satanique, et, avec toute l'injustice des hommes de son
parti, J. de Maistre ne sait voir que les crimes de cette
époque et non en discerner les principes salutaires et
durables qui protestent contre ces crimes mêmes. Mais
ce qui dénote le grand publiciste et tranche avec le parti
auquel il appartient, c'est qu'il aperçoit et qu'il marque
avec une rare vigueur d'expression la grandeur de l'événement si sottement, mais si universellement rapetissé
par ses propres amis politiques aux proportions d'une révolte et d'un accident fortuit. J. de Maistre voit dans la
révolution une expiation, une épreuve d'où l'humanité
pourra sortir retrempée et meilleure. « Il n'y a point,

---

[1] Londres (Neufchâtel), 1796, in-8°; souvent réimprimées, notamment Londres (Bâle), 1797, in-8°; Paris, 1814, in-8°; nouvelle édition, revue et corrigée par l'auteur, Paris, 1821, in-8°;
Lyon, 1829, in-8°; Paris, 1843, 1845, 1847, in-8°.

dit-il, de châtiment qui ne purifie, il n'y a point de
désordre que l'amour éternel ne tourne contre le principe du mal. » Il soutient que, le mouvement révolutionnaire une fois établi, la France et la *monarchie,*
c'est-à-dire l'intégrité des États du *roi futur*, ne pouvaient être sauvées que par le jacobinisme. Par là, J. de
Maistre abonde dans le sens de ses adversaires, qui
considèrent la Terreur comme nécessaire, et il porte
dans ce point de vue une audace étrange et inusitée de
la part d'un royaliste. Ce point de vue a été longtemps
dominant chez les historiens de la révolution; il est
fort ébranlé aujourd'hui. On croit moins à cette nécessité du salut par le sang versé. On se demande si la Terreur n'a pas joué elle-même le rôle de la provocation et
n'a pas plus servi à créer le danger qu'à le conjurer.
N'est-ce pas elle qui, par la mort de Louis XVI, jeta le
défi à l'Europe, jusqu'alors assez disposée à tolérer la
révolution? Remarquons que la moderne philosophie
de l'histoire date en grande partie de J. de Maistre, cet
ennemi véhément des idées modernes. Il a mis à la
mode et il indique avec un certain effort de précision le
rôle providentiel de la France, que lui assignent son
génie sympathique, universel, son esprit de prosély-
tisme et sa langue qui se prête si admirablement, par
sa clarté, à l'expression et à la propagande de ce génie.

Ses *Lettres,* récemment publiées, nous le montrent
également favorable à notre pays. On ne peut contredire avec plus de franchise et de vivacité les vœux anti-
français de quelques émigrés avec lesquels il était en
relation, par exemple du baron de Vignet qui ne cachait pas que le succès de la coalition lui semblait le

triomphe de la bonne cause, le rétablissement de la
justice, de la religion et de l'ordre. Pour Joseph de
Maistre, si la coalition triomphait complétement, il
verrait dans la destruction de la France « le germe
de deux siècles de massacre, la sanction des maximes
du plus odieux machiavélisme, l'abrutissement irrévo-
cable de l'espèce humaine, et même, ce qui vous éton-
nerait beaucoup, une plaie mortelle à la religion :
mais tout cela exigerait un livre. » La monarchie,
comme il l'entendait, n'était certes pas la monarchie
constitutionnelle : pourtant il écrit encore à M. de Vignet : « Quant à l'autre point sur lequel, à mon véritable regret, il me semble que nous ne sommes pas
parfaitement d'accord, c'est la révolution (quelconque)
qui me paraît infaillible dans tous les gouvernements.
Vous me dites à ce sujet que les peuples auront besoin
de gouvernements *forts*, sur quoi je demande ce que
vous entendez par là? Si la monarchie vous paraît plus
forte à mesure qu'elle est plus *absolue*, dans ce cas,
Naples, Madrid, Lisbonne, etc., doivent vous paraître
des gouvernements vigoureux. Vous savez cependant,
et tout le monde sait que ces monstres de faiblesse n'existent plus que par leur aplomb. Soyez persuadé que
pour *fortifier* la monarchie, il faut l'asseoir sur les lois,
éviter l'arbitraire, les commissions fréquentes, les mutations continuelles d'emplois et les tripots ministé-
riels. »

Il devait ajouter plus tard : « Je voudrais me mettre
entre les rois et les peuples pour dire aux peuples : *Les
abus valent mieux que les révolutions*, et aux rois :
Les abus amènent les révolutions. »

Nos utopistes ont souvent cité l'autorité de celui que Ballanche appelait le *prophète du passé*. L'école saint-simonienne notamment a mis en avant la phrase célèbre dans laquelle l'auteur des *Considérations* annonce avec ce style ardent, net et coloré qui lui est propre, ou qu'il va se former une nouvelle religion, ou que le christianisme sera rajeuni de quelque manière extraordinaire. « Je suis si persuadé, écrit-il, des vérités que je défends, que lorsque je considère l'affaiblissement général des principes moraux, la divergence des opinions, l'ébranlement des souverainetés qui manquent de base, l'immensité de nos besoins et l'inanité de nos moyens, il me semble que tout vrai philosophe doit opter entre ces deux hypothèses : ou qu'il va se former une nouvelle religion, ou que le christianisme sera rajeuni de quelque manière extraordinaire. C'est entre ces deux suppositions qu'il faut choisir, suivant le parti qu'on a pris sur la vérité du christianisme. » Joignons à cet endroit le passage des *Soirées* qui vient à l'appui de ce qui précède, passage tant commenté, tant exploité par les saint-simoniens :

« Il faut nous tenir prêts pour un événement immense dans l'ordre divin, vers lequel nous marchons avec une vitesse accélérée qui doit frapper tous les observateurs. Il n'y a plus de religion sur la terre, le genre humain ne peut rester en cet état... Mais attendez que l'affinité naturelle de la religion et de la science les réunisse dans la tête d'un homme de génie. L'apparition de cet homme ne saurait être éloignée, et peut-être même existe-t-il déjà. Celui-là sera fameux et mettra fin au dix-huitième siècle, qui dure toujours, car les siècles intellectuels ne se règlent pas sur le calendrier, comme les siècles proprement dits. Tout annonce je ne sais quelle grande unité vers laquelle nous marchons à grands pas. »

Sans tirer de ces grandes vues, parfois aventureuses, des conclusions exagérées, en voilà certes plus qu'il n'en faut pour se convaincre à quelle hauteur Joseph de Maistre s'élève au-dessus des idées de l'émigration et de toutes les conceptions monarchiques et catholiques, telles qu'elles se produisaient alors. Cette pensée de *rajeunissement* eût fort surpris au dix-septième siècle.

Quant au rôle de prophète qu'il commence avec les *Considérations*, il faut laisser ses amis l'admirer et s'extasier sur ses prédictions. Il n'est pas heureux en annonçant *comment se fera la contre-révolution*. Il ne l'est pas plus lorsqu'il annonce, en se trompant trois fois, que la ville de Washington ne s'élèvera pas, ou qu'elle ne s'appellera pas Washington, ou que le congrès n'y résidera pas, précisément parce que toutes ces résolutions avaient été prises par le congrès américain. Nous indiquons par là même un nouveau paradoxe de M. de Maistre, mais qui tient à une vue juste, celle que les choses ne se passent pas suivant ce que veulent les établir les résolutions des législateurs, qu'elles ont leurs raisons d'être profondes et inévitables, tellement que les constitutions écrites ne sont rien. Cette vue n'est vraie qu'autant qu'on la renferme dans de justes limites. Elle ne doit pas aller jusqu'à ce hautain mépris des droits de l'homme, qui lui a fait écrire

qu'il n'avait vu que des hommes, et l'homme jamais.
Sans doute, il y a des différences dans l'humanité dont
il faut que les lois écrites tiennent compte, mais il y a
aussi des points de ressemblance. La nature morale de
l'homme est partout la même, et ce qui est juste en
soi ne varie pas avec la latitude et avec la race. Quoi
qu'il en soit, M. de Maistre a prêté ici encore des vues
fécondes, aventureuses et justes à la fois, selon le degré
où on les adopte, au siècle qu'il contredit et qu'il a si
souvent scandalisé. Ce mouvement novateur d'une
intelligence puissante qui remue beaucoup d'idées est
le côté le plus frappant et le plus attachant de cet
esprit dont les conclusions, prises à la lettre, seraient
le renversement de tout ce qu'il y a désormais d'acquis
dans les idées de liberté, de tolérance, d'émancipation
civile et politique. C'est justement parce que ces idées
se sentent aujourd'hui très-fortes et invincibles, que
nous croyons pouvoir parler du comte de Maistre sans
passion hostile, et même avec cette mesure de sympathie que méritent la grandeur de l'intelligence, la générosité d'une nature morale très-haute, la sincérité des
convictions, enfin de nobles·pensées, d'une sagacité
souvent fort pénétrante, qui peuvent être recueillies
dans son œuvre.

IV

Cette même année 1797, le comte de Maistre fut rappelé en Piémont, et quitta non sans regret cette ville
de Lausanne, où des travaux sérieux et la société de
Gibbon, de Necker et de madame de Staël, pour laquelle

il montre son goût à travers le dissentiment le plus complet sur tant de points, avaient adouci pour lui les peines de l'exil. Son séjour à Turin devait peu se prolonger. Après la défaite du roi Charles-Emmanuel IV et l'occupation de Turin par les Français, M. de Maistre dut s'expatrier, et il s'embarqua le 28 décembre 1798. Il arrive à Venise après un périlleux voyage : ce séjour de Venise fut le temps le plus dur de son émigration. Réduit pour tous moyens d'existence à quelques débris d'argenterie, il voyait chaque jour diminuer ses dernières ressources. Ses lettres portent l'empreinte touchante de sa sérénité dans cette crise extrême. Logé avec sa femme et ses deux enfants dans une seule pièce du rez-de-chaussée à l'hôtel du résident d'Autriche, qui n'avait pu lui faire accepter davantage, il s'y livrait encore à l'étude, à la méditation, et le soir son hôte, le comte de Kevenhüller, le cardinal Maury et d'autres personnages distingués venaient s'y asseoir auprès de lui.

Avant de partir pour Venise, M. de Maistre avait écrit à M. le comte de Chalembert, ministre d'État, pour le prier de faire savoir à Sa Majesté qu'il ne la suivait pas en Sardaigne, de crainte d'être à charge dans ces tristes circonstances; mais qu'il se mettait, comme toujours, au service du roi, prêt à se rendre, au premier appel, partout où il pourrait lui consacrer sa vie. L'espoir du prochain retour du roi à Turin l'engagea à quitter Venise. Mais le roi ne put aller que jusqu'à Florence, où l'Autriche le força de s'arrêter. C'est de là que M. de Maistre reçut sa nomination au poste de régent de la chancellerie royale en Sardaigne, pre-

mier poste de la magistrature dans l'île. Cette fonction,
en faisant cesser son état de gêne, lui préparait des en-
nuis d'un autre genre. Pendant la guerre, l'administration de la justice s'était affaiblie dans l'île de
Sardaigne; les vengeances s'étaient multipliées, les impôts rentraient difficilement, et la haute classe manifes-
tait une répugnance extrème à payer ses dettes. M. de
Maistre eut à lutter contre de grandes difficultés, qu'il
ne fut pas toujours à même de vaincre. Il était arrivé
le 12 janvier 1800 à Cagliari. Directeur de la grande
chancellerie, président de l'audience royale, juge suprême de l'amirauté, il remplit avec conscience et zèle
des fonctions si diverses. Pour faire face à tant de travaux, il fut obligé, pour la première fois de sa vie, de
renoncer à ses occupations littéraires. Et cependant les
deux années qu'il passa à Cagliari ne furent pas entièrement perdues pour la science : tous les jours, après ses
repas, il consacrait quelques instants à de savants entretiens sur le grec, l'hébreu, le copte, etc., avec un
religieux dominicain, le père Hintz, professeur de langues orientales. En septembre 1802, il reçut du roi
l'ordre de se rendre à Saint-Pétersbourg en qualité
d'envoyé extraordinaire et plénipotentiaire. Ce fut pour
lui un nouveau sacrifice. Il fallait se séparer de sa
femme et de ses enfants, entreprendre une nouvelle
carrière dans les conditions les plus ingrates. Il partit
néanmoins pour Saint-Pétersbourg. C'était au commencement du règne d'Alexandre. Son esprit de conversation, ses connaissances profondes et variées, sa renommée déjà établie devaient lui attirer une grande
considération dans les hautes classes de la société.

Alexandre donna une marque personnelle de ses sentiments pour J. de Maistre en nommant son frère,
le comte Xavier, alors réfugié à Moscou, directeur du
musée de la marine à Saint-Pétersbourg. En 1806, il
reçut une nouvelle preuve de la faveur impériale. Il
avait appelé auprès de lui son fils âgé de seize ans, et
qu'il ne pouvait plus laisser à Turin, exposé par la
conscription à servir contre son roi, sa patrie et ses parents. Au mois de décembre 1806, l'empereur Alexandre recevait le jeune Rodolphe de Maistre à son service
comme officier dans le régiment des chevaliers-gardes.
Pendant son séjour en Russie M. de Maistre avait conservé des relations amicales avec quelques-uns des affi-
dés de Louis XVIII, particulièrement avec le duc de
Blacas. Il fit, à la même époque, une tentative pour
obtenir, à Paris, une audience particulière du premier
Consul pour l'entretenir des intérêts de son souverain,
et cela sur le conseil même de M. Alquier, ambassadeur de la république française. Il ne reçut point de
réponse, mais les égards singuliers dont il fut l'objet
à Saint-Pétersbourg de la part de l'ambassade française
firent voir que sa démarche n'avait pas déplu.

Un grand nombre de ses *Lettres*, datées de Saint-
Pétersbourg, intéressent à la fois la biographie et l'histoire. La première (juillet 1802) est sur Bonaparte, qui
aspirait alors visiblement à changer le consulat en empire. Une dame, amie de J. de Maistre, s'effrayait de
cette installation d'un pouvoir souverain qu'elle estimait
illégitime. « Avec tout le respect que je vous dois, écrit
de Maistre, je ne puis être de votre avis sur le grand événement qui fixe les yeux de l'Europe, et qui me paraît

unique dans l'histoire. Vous y voyez l'établissement définitif, la consolidation du mal ; moi je persiste à le regarder comme un événement heureux dans toutes les
suppositions possibles. » Et il énumère ces diverses suppositions : « Si la maison de Bourbon est décidément
proscrite, il est bon que le gouvernement se consolide en
France... il est bon qu'une nouvelle race commence une
succession légitime, celle-ci ou celle-là, n'importe à l'univers... J'aime bien mieux Bonaparte roi que simple conquérant. » Si c'est le contraire qui arrive, et si les Bourbons ne sont pas à jamais rejetés, il faut bien qu'on leur
prépare les voies de retour, car eux-mêmes ne sont pas
gens à rien inventer pour cela. « Les Bourbons français,
dit de Maistre, ne sont certainement inférieurs à aucune
race régnante ; ils ont beaucoup d'esprit et de bonté. Ils
ont de plus cette espèce de *considération* qui naît de la
grandeur antique, et enfin l'utile instruction que donne
nécessairement le malheur; mais, quoique je les croie très-
capables de *jouir* de la royauté, je ne les crois nullement
capables de la *rétablir*. Il n'y a certainement qu'un usur-
pateur de génie qui ait la main assez ferme et même
assez dure pour exécuter cet ouvrage. » Auquel cas,
continue-t-il, « la commission de Bonaparte est de rétablir la monarchie et d'ouvrir tous les yeux, en irritant
également les royalistes ou les jacobins; après quoi il
disparaîtra, lui ou sa race. » Partout il reconnaît la
grandeur de la mission, le génie de l'homme puissant
qui domine l'Europe, et il en parle avec une vraie magnificence d'expression. De même, au lieu de voir dans
le mouvement auquel il assiste un vulgaire intermède,
abandonné aux jeux de la force et du hasard, il y voit

une des grandes *époques* du genre humain, une *ère* qui commence.

Il lisait beaucoup, et il lisait avec ordre, la plume à la main, écrivant, dans un volume relié posé à côté de lui, les passages qui lui paraissaient remarquables et les principales réflexions que ces passages faisaient naître en lui. Lorsque ce volume était à sa fin, il le terminait par une table des matières par ordre alphabétique, et il en commençait un autre. Le premier de ces recueils est de 1774, le dernier de 1818. C'était un arsenal où il puisait les souvenirs les plus variés, les citations les plus heureuses, et qui lui fournissait un moyen de retrouver l'auteur, le chapitre et la page, sans perdre de temps en recherches inutiles. Il travaillait régulièrement quinze heures par jour, et ne se délassait d'un travail que par l'autre. Il faisait sa lecture assidue de Platon et des anciens. C'est une particularité à noter. On sait combien à cette époque l'étude des anciens était délaissée. Ce commerce intellectuel entretenu avec les philosophes et les poëtes grecs, qu'il lisait dans le texte, ainsi qu'avec les écrivains de l'antiquité latine et avec tous les grands génies du dix-septième siècle, dont il se nourrissait sans cesse, a dû contribuer à donner à sa manière cette largeur, cette richesse de savoir et ce mouvement qui le classent à part parmi les écrivains de son temps. A Saint-Pétersbourg, il avait une table ou un fauteuil tournant : on lui servait à dîner sans que souvent il lâchât le livre ; puis, le dîner dépêché, il faisait demi-tour et continuait le travail à peine interrompu. Il répondait un jour, en riant, à quelques personnes qui l'engageaient à venir avec elles jouir d'un soleil de printemps : « Le soleil ! je puis m'en faire un dans ma chambre avec un châssis huilé et une chandelle derrière ! » Ce mot ne rappelle-t-il pas le mot célèbre de madame de Staël préférant à toutes les beautés des lacs son *ruisseau de la rue du Bac ?* — « Il plaisantait sans doute en parlant ainsi, écrit à ce propos M. Sainte-Beuve, à qui nous empruntons ces détails, il trahissait pourtant sa vraie pensée. Intelligence platonique, vivant au pur soleil des idées, il ne voyait volontiers dans ce flambeau de notre univers qu'une lanterne de plus un moment allumée pour la caverne des ombres. » Avec cela, rien du savant de profession ; point de mauvaise humeur lorsque quelqu'un entrait ; toujours, disent ceux qui l'ont connu, bon, affectueux et souriant.

Ses fonctions diplomatiques ne lui prenaient que peu de temps. Il représentait son souverain, alors si appauvri, presque gratuitement. Un jour, à titre d'indemnité pour les vaisseaux sardes capturés, on vint lui compter cent mille livres de la part de l'empereur ; il les envoya à son roi. « Qu'en avez-vous fait ? lui demanda quelque temps après le général chargé de les lui remettre. — Je les ai envoyées à mon souverain. — Bah ! ce n'était pas pour les envoyer qu'on vous les avait données. » Quant à lui, il lui suffisait d'avoir un peu de représentation pour l'honneur de son maître ; souvent il dînait seul avec du pain sec.

Comme diplomate, un de ses collègues qui avait traité avec lui s'exprimait ainsi sur son compte : « Le comte de Maistre est le seul homme qui dise tout haut ce qu'il pense, et sans qu'il y ait jamais imprudence. » La restauration, qu'il avait tant annoncée, n'arracha pas M. de Maistre à son ambassade. Les années 1814, 1815, 1816 le laissent à Saint-Pétersbourg. Accusé de faire de la propagande religieuse contre l'Église grecque, jusqu'au point de produire des *conversions* en attaquant la foi des individus avec lesquels il était en relation, reproche contre lequel il se défendit près de l'empereur, fatigué de se voir suspect malgré les liens qui l'attachaient à la Russie, il demanda son rappel en 1817. Il faut ajouter que quand l'ordre des jésuites, pour lequel il avait un grand faible, eut été supprimé par l'empereur Alexandre, il est difficile de croire qu'il n'ait pas parlé plus que cela ne plaisait.

Il revint dans sa patrie après vingt-cinq ans d'absence, en passant par Paris. Il y arrivait le 24 juin. Durant son séjour, il fut dignement accueilli par l'élite de la société parisienne. Il eut une audience de Louis XVIII, qui lui témoigna toute sa reconnaissance des services qu'il avait rendus à la cause monarchique. Il se rendit à une séance de l'Institut, et comme il restait modestement confondu dans la foule, sur l'invitation de leurs collègues, quatre académiciens vinrent le prier d'entrer dans l'enceinte et lui firent apporter un fauteuil. A son arrivée à Turin, le roi de Sardaigne récompensa ses services en le nommant premier président de ses cours suprêmes. M. de Maistre se trouvait alors le chef d'une des familles les plus nombreuses et les plus considérées de l'ancien duché de Savoie. Il put passer au milieu d'elle le peu de temps qui lui restait à vivre. Le 17 janvier 1819, l'Académie des sciences de Turin saisit l'occasion de la première place vacante de la classe des sciences morales, historiques et philologiques, à laquelle il appartenait, pour l'admettre au nombre des membres résidants. Les grandes publications du comte de Maistre, dès longtemps composées, datent de ces années finales. C'est en vue de la France que J. de Maistre a composé tous ses grands écrits. M. de Maistre aimait la France; c'est toujours la France qu'il admire, c'est toujours en elle qu'il espère, ses lettres en témoignent, dans les moments mêmes où la cause qu'il sert a le plus à souffrir de nos victoires. L'idée d'abaisser la France lui paraissait la plus impolitique des idées. Il pensait qu'après avoir ébranlé le monde, la France était destinée à le raffermir, et que l'avenir réservait encore les grands rôles au peuple de saint Louis et de Louis XIV.

V

La vogue du principal de ses ouvrages, les *Soirées de Saint-Pétersbourg*, n'a pas cessé, après bien des révolutions accomplies dans les idées comme dans les faits. C'est un livre qui vivra par la vive éloquence de l'écrivain, par l'intérêt durable du sujet, par ces grandes vues qui font penser, même, n'arrivât-on pas, ce qui est le cas le plus ordinaire, à penser comme lui. La singulière apologie du bourreau, qu'accompagnent des détails affreux de roue et de torture, l'exagération énorme avec laquelle il insiste sur l'idée de l'expiation et sur les sacrifices sanglants, le panégyrique insolent de la guerre, les explications atténuantes de l'inquisition, étaient autant de défis jetés à l'esprit de liberté et de tolérance. Ces défis ont été relevés avec une vivacité pour le moins égale à la sienne.

On connaît le sujet des dialogues qui composent les *Soirées de Saint-Pétersbourg*. Trois interlocuteurs, qui ne se distinguent que par des nuances : le sénateur russe, de religion grecque; le chevalier français, aimable et sérieux ; le comte, qui n'est autre que Joseph de Maistre, y discutent avec une animation, un piquant et une élévation d'idées et de langage rares en tous les temps, la question du gouvernement temporel de la Providence et l'idée de la justice divine telle qu'elle se manifeste dès ce monde. Comme il n'a jamais devant les yeux que notre méchanceté et nos vices, M. de Maistre ne voit dans les événements qui nous affligent que des punitions du ciel. La prière et la *réversibilité*, sur laquelle il insiste presque exclusivement, lui paraissent les deux grandes voies de salut. Il applaudit, somme toute, au gouvernement de la Providence plutôt comme à un pouvoir sévère et rigoureux que comme à une intervention de miséricorde et de bonté. Exagérant, pour ainsi dire, les conséquences corruptrices du péché originel, il montre dans les hommes un troupeau de méchants et de pervers qui se régénèrent dans l'expiation, et que doivent surveiller de très-près leurs gouvernements.

Les *Soirées de Saint-Pétersbourg*, avec tout ce qu'elles présentent de choquant, d'outrageux au bon sens, à la tolérance, à l'humanité, ont pour double caractère de rectifier, par l'excès contraire, le point de vue moral alors dominant, et d'élargir singulièrement l'horizon philosophique de la fin du dix-huitième siècle. Quelle réponse

aux petits préceptes tranquilles de la morale de l'intér[è]
et aux conseils énervants de la morale du plaisir, que [
tableau de l'humanité présenté comme le développeme[
d'un poëme tragique, malgré ce que la miséricorde d[
vine peut mêler de consolation au suprême dénoûmen[
Ce côté mystérieux, terrible des choses, ce côté qui exis[
et qui résiste, est opposé par le puissant écrivain à [
optimisme flatteur et décevant. L'expiation se pose comn[
dogme et comme réalité douloureuse et même sanglan[
en face de l'utopie du bonheur absolu.

Que les idées d'expiation, de *réversibilité* surtout, q[
reviennent sans cesse sous sa plume, soient des *mystèr*[
et, à ce titre, n'aient pas droit de cité en philosophi[
rien de plus vrai. Mais entre l'expiation et la réhabilit[
tion d'une part, conçues comme explication de la vi[
et l'épreuve d'une autre part, comme moyen de perfe[
tionnement, solution offerte au problème de la destin[
par la philosophie spiritualiste, l'accord n'est-il pas pl[
près d'avoir lieu qu'entre l'une ou l'autre de ces idé[
et la morale matérialiste de la plupart des sectes s[
ciales, qui se rattachent dans le dix-huitième siècle [
Mably et à Morelli? Je laisse au lecteur non prévenu [
soin de faire la réponse.

L'origine du mal, les destinées futures de l'humanit[
pourquoi le juste souffre, la guerre, le sacrifice, la prièr[
le gouvernement divin, les révolutions, voilà les hau[
sujets si étrangers à Saint-Lambert et à ses amis, voi[
les grandes thèses de philosophie morale et historiqu[
posées ou renouvelées avec un merveilleux talent et av[
un incontestable à-propos par les *Soirées de Saint-Pé*[
tersbourg; voilà les questions que M. de Maistre agite[

velut ex tripode, dans un style plein d'imprévu, de mouvement, de mordant, de grandeur, malgré des traces de manière, de bel esprit et quelque roideur parfois déplaisante, dans un style qui, par le tour ingénieux, brillant, concis, tournant au trait, tient de Sénèque et de Montesquieu, parfois de Voltaire.

On a rapproché Joseph de Maistre, dans les *Soirées*, de M. de Bonald, l'auteur de la *Législation primitive*, et de M. de Lamennais, l'auteur de l'*Indifférence*. Je trouve à M. de Maistre, en dépit de son ton provoquant et injurieux, quelque chose de plus large et de plus fécond. Sans doute M. de Bonald n'aurait pas écrit la tirade odieuse sur le bourreau, produit du cerveau échauffé d'un homme personnellement bon et humain, qui veut faire peur. Mais que de perspectives étrangères à M. de Bonald lui-même! quelle haute métaphysique par moments! quelle façon neuve, directe, élevée de considérer les questions! Comme il les aborde de front, allant droit aux plus grandes et aux plus fécondes! Il met vraiment l'esprit dans un haut état. Chez M. de Bonald, presque tout dans le fond est artificiel. Il a beaucoup des procédés de l'idéologie. Avec sa théorie du langage, c'est presque une sorte de Destutt de Tracy orthodoxe; il fait, lui aussi, de l'esprit humain une table rase sur laquelle les signes viennent graver et même créer les idées. Seulement il déclare l'esprit humain dans l'impuissance d'avoir trouvé ces signes. Les subtilités d'idées et même celles de mots jouent chez lui un grand rôle. Sa conclusion est -de déshériter l'esprit humain de tout principe métaphysique et de toute morale naturels. De même, et à plus forte raison pour M. de Lamennais dans le second vo-

lume de son *Essai*, où il est établi que la raison mè
nécessairement au doute absolu et que nulle facul
même les sens, ne peut nous mettre en possession d'a
cune vérité sans la révélation. M. de Lamennais s'
plaint là-dessus de n'être pas compris par M. de Maist
Je le crois aisément : une telle vue est juste l'opposé
la philosophie du célèbre écrivain piémontais. Rien
commun entre eux si ce n'est l'ultramontanisme, c'e
à-dire, il est vrai, le point le plus saillant et la thèse
plus bruyante, mais non pas le fond philosophique
leurs doctrines. M. de Lamennais relève et dévelop
les indications sceptiques des *Pensées* de Pascal; to
les penchants de M. de Maistre sont pour Malebranc
et pour Leibnitz.

Paru après les *Soirées*, le *Pape* a eu un retentiss
ment presque égal. Ce curieux ouvrage est d'une le
ture moins variée, moins attachante pour l'universali
des lecteurs, même à ne le prendre que comme un o
vrage purement littéraire. Ce n'est pas qu'on n'y trou
en foule des pensées ingénieuses, un style nerveux, i
cisif, de beaux tableaux historiques; mais, outre que l
défauts de l'auteur comme écrivain y sont plus saillan
et qu'il y prodigue plus qu'ailleurs les traits d'un go
équivoque, les *concetti*, la thèse qu'il défend est, s'il
peut, encore plus insoutenable que toutes celles do
il s'était fait le défenseur, et blesse d'autant pl
qu'elle touche de plus près à la pratique. On ne pe
s'empêcher de se demander ici surtout si M. de Maist
ne nuit pas plus à la cause religieuse qu'il ne la sert
lui attribuant un caractère presque tout politique. Un t
ouvrage justifie complétement l'appellation de *prophé*

lu passé qui lui a été donnée par Ballanche; et encore ce passé, l'arrange-t-il à sa guise et le colore-t-il au gré de son imagination. Toute la thèse du livre du *Pape* repose sur l'idée que l'auteur se fait de la souveraineté. Il faut, selon lui, que la souveraineté soit quelque part et qu'elle soit infaillible pour juger tous les conflits. Ce souverain infaillible, devant lequel les rois et les peuples videront leurs démêlés, c'est le pape. Là est le secret de la pacification générale, de l'abolition de l'état révolutionnaire. Pure utopie dont le passé lui-même est bien loin d'être une confirmation, et qui exige au préalable l'adhésion de tous les esprits et la soumission de toutes les volontés à ce pouvoir réputé infaillible dans tous les domaines ! L'auteur a beau répéter que c'est dans l'intérêt des idées de liberté, de réforme sage, de félicité des peuples qu'il demande cette soumission universelle à la papauté; le bon sens place son utopie parmi les plus rétrogrades. C'est dans ce livre encore que le comte de Maistre porte les plus rudes coups aux libertés gallicanes, qu'il prend en outre à partie dans un ouvrage à part. Ainsi Bossuet est qualifié par de Maistre du titre d'hérétique. « Bossuet, s'il ne s'est pas repenti, dit-il, est mort hérétique. » L'idée a fait fortune, et M. de Maistre, mettant à plus forte raison les jansénistes et Port-Royal avec Pascal parmi les hérétiques, a trouvé de nombreux disciples.

L'*Examen de la Philosophie de Bacon* n'est qu'une longue diatribe en deux volumes, assez légère pour le fond, contre le chef de l'école expérimentale. M. de Rémusat, qui a écrit lui-même sur Bacon un ouvrage beaucoup plus substantiel et plus équitable, a jugé avec

une légitime sévérité ce livre de M. de Maistre.
abuse par trop ici de sa verve et de sa facilité pour
persiflage et l'invective qui venaient à lui dès qu'il ten[
la plume et surtout quand il croyait s'adresser à de pu[
esprits. Les duretés et les impertinences affectées [
critique ne nuiront pas à l'indestructible renommée
Bacon. Ce que je noterai pour ma part dans l'ouvra[
de M. de Maistre, c'est la lutte qui prélude contre
philosophie de la sensation. « Si Kant, écrit M.
Maistre, avait marché en simplicité de cœur à la su[
de Platon, de Descartes, de Malebranche, etc., il [
serait déjà plus question de Locke dans le monde,
la France peut-être serait *désinfatuée* de son ridic[
et funeste Condillac. Au lieu de cela, il a plu à Kant
se livrer à cet orgueil aigre et exclusif qui refuse
devoir rien à personne. Il nous a parlé comme u[
pythonisse énigmatique. Il n'a rien voulu dire com[
les autres hommes; il a inventé une langue; et n[
content de nous proposer d'apprendre l'allemand (certe[
c'était bien assez !), il a voulu nous forcer d'apprend[
le *Kant*. »

Dans son ouvrage sur Bacon, M. de Maistre, tout [
jugeant la philosophie allemande avec cet *humour* do[
ses pages sont remplies, fait donc une œuvre analog[
à celle qu'avait entreprise madame de Staël dans s[
beau livre sur l'*Allemagne*. Il s'agit, pour l'un com[
pour l'autre écrivain, de la réhabilitation du spiritu[
lisme. C'est là le point commun, le seul, entre c[
deux nobles esprits si opposés, qui se connurent, com[
nous l'apprennent les *Lettres* récemment publiées,
disputèrent et restèrent amis. J'aime à croire que

lien entre eux fut cette communauté de tendances sur
le fond des questions qui sont l'éternel tourment de
l'humanité.

Joseph de Maistre n'a pas la raison conciliante,
large, foncièrement judicieuse de l'auteur de l'*Allemagne* et des *Considérations sur la révolution française*, ce livre sensé qui fait si curieusement pendant
aux *Considérations* du publiciste monarchique et ultra-
montain. Il s'en faut que l'on sente dans le livre sur
Bacon, non plus que dans les autres écrits de Joseph de
Maistre, la même âme sympathique. L'intelligence pure,
la polémique acérée règnent ici souverainement. C'est
l'épée de la logique aux mains d'une raison plus haute
que sûre. Mais, à ce point de vue abstrait, l'auteur
du Bacon est supérieur à madame de Staël. Il est plus
métaphysicien. Son érudition est empruntée aux sources directes, tandis que, pour le savoir, comme pour
les idées, son illustre rivale (qu'elles qu'aient été son
initiative et son influence) n'est, au fond, que l'éloquente écolière de Schlegel, de Benjamin Constant,
de Charles de Villers, sans compter M. Necker et Jean-
Jacques Rousseau. Joseph de Maistre est alors presque
le seul philosophe qui connaisse Platon et en partie
Aristote, enfin Kant, en faveur duquel, malgré ses
plaisanteries, il avait réellement appris à déchiffrer
l'allemand. Esprit trempé dans le moule antique, s'en-
flammant à la lecture de Pindare lu dans l'original, il ne
met rien au-dessus de Platon et de Pythagore. Partout
il conçoit comme idéal et célèbre en des termes magnifiques, qu'on n'a point assez remarqués peut-être, l'alliance des sciences, de la philosophie et de la religion.

Il appartenait au défenseur du passé de réhabilite
aussi la scolastique : M. de Maistre le fait dans un
mesure ici parfaitement équitable. Il sait reconnaîtr
tout ce qu'il y a eu d'effort de génie et même de sol.
dité dans ces espèces de cathédrales de syllogismes
bafouées, comme ces autres cathédrales de pierres, pa
un scepticisme dénigrant et réhabilitées aussi par not
âge. La métaphysique du dix-septième siècle a tou
son admiration. Il est bien loin de traiter Descart
comme l'a fait l'abbé de Lamennais. Si, pour le dire (
passant, dans son livre sur l'*Église gallicane,* il mal
mène Pascal et le jansénisme, c'est parce que, selon lu
ils exagèrent la corruption et la faiblesse de l'homm
Les erreurs mêmes de la métaphysique cartésienne l
paraissent être de génie et honorer la pensée. « J'avou
dit-il, que je ne me permettrais point de tourner (
ridicule une pensée de Descartes et de Malebranche.

L'école philosophique, dite *rationaliste,* peut reve
diquer comme siennes les pensées suivantes qui tran
chent avec le fond d'idées hostiles à la valeur de l
raison qui ont pris depuis quelques années tant d'au
torité dans l'Église :

« Ne soyons pas la dupe de l'hypocrisie qui ne ces
d'en appeler à la Bible et de nous inviter à *donner*
la foi ce qui est de la foi. Ce respect de comédie r
tend point à élever l'Écriture sainte, mais à dégrad
la raison en la rendant ainsi étrangère à Dieu.

« Dire avec Bacon que les hommes ne peuvent pa
la raison se former aucune idée de Dieu, c'est une épou
vantable proposition que tous les athées signeraient av
transport.

« Soutenir qu'on n'a *aucune* idée de Dieu parce qu'on n'en a pas une idée *parfaite*, et que c'est absolument la même chose d'ignorer *ce qu'il est* ou *s'il est*, ce n'est pas seulement un blasphème contre Dieu même, c'est encore un blasphème contre le bon sens. Il en résulterait que nous n'avons l'idée de rien, puisqu'il n'existe rien dont l'essence nous soit parfaitement connue; et certainement nous connaissons bien moins la matière que l'esprit.

« Comment l'homme recevra-t-il une vérité nouvelle s'il ne porte pas en lui une vérité intérieure, *une règle innée sur laquelle il juge l'autre?* Entre Moïse et Hésiode, qui nous force de choisir? L'un vaut l'autre, s'ils ne sont jugés d'après une règle intérieure.

« En général, rien ne peut *donner* une idée à un homme, elle peut seulement être *réveillée;* car si l'homme (ou une intelligence quelconque) pouvait recevoir une idée qui ne lui est pas naturelle, il sortirait de sa classe et ne serait plus ce qu'il est; on pourrait donner à l'animal l'idée du nombre ou celle de la moralité.

« Il n'est pas rare d'entendre des hommes, tantôt simples et tantôt coupables, dire que Dieu est trop grand pour que nous puissions nous en former une idée. Ils ont donc l'idée de l'existence, l'idée de la grandeur, l'idée de la supériorité, l'idée de l'intelligence, l'idée de la puissance, l'idée de la sagesse, même s'ils y regardent de près, l'idée de l'infini ou de l'indéfini exclusive de toute limite, et ils appellent cela n'avoir point d'idée. Déplorable délire !

« Rien n'empêche de comparer l'intelligence à l'in-

telligence pour en tirer la seule définition de Dieu qu
soit à la portée de l'homme : c'est l'intelligence et l
puissance telles qu'elles nous sont connues, avec l'in
fini en plus. »

M. de Maistre, on le voit, s'inspire de la traditio
platonicienne et cartésienne, et la commente en de
termes qui retombent de toute leur hauteur sur se
prétendus disciples, si déterminés à refuser à la raiso
humaine toute certitude en dehors de la révélation.

Si l'Écriture contient quelques paroles *trop hu
maines,* faudra-t-il donner la préférence au texte pri
à la lettre ou à la raison humaine? J. de Maistre n
craint pas de poser cette question. Il la résout en con
tinuant son raisonnement sur l'antériorité de la raiso
à la révélation :

« Il est bien essentiel d'observer que l'Écriture saint
ne révèle nulle part l'existence de Dieu; elle la sup
pose comme une vérité connue antérieurement; et, loi
d'ajouter aux différentes preuves que nous trouvon
dans tous les traités de théologie naturelle, on dirait
au contraire, que les écrivains sacrés se rapprochent d
notre faiblesse en nous présentant un Dieu plus sem
blable à nous; et la raison est approuvée par la foi
lorsqu'elle se permet de rectifier quelques expression
trop humaines, si l'on peut s'exprimer ainsi, et des
tinées évidemment à se mettre à la portée du gran
nombre. »

Et enfin, pour ne pas multiplier des citations qu
pourraient être infinies :

« Le but de la révélation n'est que d'amener l'espri
humain à lire dans lui-même ce que la main divine

raça... La raison, examinant sur la règle éternelle cachée dans le fond de son essence, dit à la révélation : Vous avez raison, c'est-à-dire vous êtes la raison.

« C'est toujours le même sophisme qui égare : Dès que vous séparez la raison de la foi, la révélation, ne pouvant plus être prouvée, ne prouve plus rien. »

Est-ce décisif?

Voilà donc M. de Maistre convaincu d'être un phi-osophe, un *rationaliste*, croyant à la divinité de la raison.

Ses chapitres sur l'âme, sur la matière, sur les causes finales, sur l'union de la religion et de la science, sont inspirés par le même esprit : ou plutôt c'est celui de tout son livre. Partout l'éloge de la métaphysique, les sciences morales considérées comme possibles, comme devant opposer un contre-poids nécessaire aux progrès exclusifs des sciences qui ont la matière pour objet; partout l'esprit platonicien, cartésien.

On a publié de Joseph de Maistre, en 1858, des *Mémoires politiques et correspondance diplomatique*, avec explications et commentaires historiques, par M. Albert Blanc, docteur en droit de l'université de Turin, et portant pour épigraphe : « Il faut prêcher sans cesse aux peuples les bienfaits de l'autorité, et aux rois les bienfaits de la liberté. » Ce volume a eu un grand succès en Piémont et en France. Une politique anti-autrichienne, une politique nationale, y est recommandée en effet à la maison régnante en Sardaigne, et M. de

Maistre s'y montre tout à fait favorable à l'agrandissement du rôle du Piémont et à son alliance avec la
France. Faiblesse de nos prévisions et dérision de nos
vœux! Combien cet agrandissement de sa chère patrie
lui eût été amer par la manière dont il s'est opéré! Quelle
distance entre le triste déclin de la papauté temporelle
et les magnifiques destinées qu'il rêvait pour elle!

Cette grande destinée touchait à sa fin. M. de Maistre
mourait d'apoplexie le 26 février 1821, après une lente
paralysie qui l'avait envahi depuis quelque temps. Cependant, la veille de sa mort, il avait signé encore
plusieurs actes de chancellerie. Après avoir dévoué toute
sa vie à ses idées et à sa cause, il était rentré en Piémont
dans la plus complète pauvreté. Tous ses biens ayant
été vendus, il avait eu part à l'indemnité des émigrés,
mais une bonne partie des terres qu'il avait possédées,
se trouvant située en France, n'avait point été portée en
compte. Avec la modeste compensation qui lui fut al-
louée et un millier de louis que lui prêta le comte de
Blacas, il avait acheté une terre de cent mille francs environ. Ce fut le seul héritage matériel qu'il légua à ses
enfants.

Le jugement des honnêtes gens sur Joseph de Maistre
est parfaitement résumé dans ces lignes qui terminent
un article de M. Silvestre de Sacy sur les *Lettres et
opuscules inédits* [1] : « Par le paradoxe, Joseph de Maistre
est le Jean-Jacques Rousseau de la réaction religieuse
et politique, il en est le Voltaire par sa manière d'é-
crire : l'esprit pétille sous sa plume. Il faut reconnaître

---

[1] *Variétés littéraires, morales et politiques*, par M. Silvestre de
Sacy, t. II.

aussi, dans tout ce qu'il a publié, une qualité qui
rachète bien des défauts : l'élévation morale. Trop d'é-
crivains n'ont le beau et le grand que dans l'imagination ; de Maistre avait l'un et l'autre dans le cœur...
Il n'y a pas une ligne dans ses ouvrages qui ne sente
l'honnête homme et le gentilhomme ; il impose le
respect à ceux mêmes que ses paradoxes froissent et
révoltent le plus. Ses *Lettres* font quelque chose de plus
et de mieux encore : elles le font aimer. »

Oui, c'est bien là l'homme ; mais il faut reconnaître
que son influence sur la direction qu'a prise le catholicisme a été funeste. Il a contribué à l'isoler du siècle.
Il lui a prêté des allures provocantes qui ne conviennent
ni à l'humilité du chrétien, ni à la majesté de la religion.
Il a créé une école non de saints, non d'apologistes et de
docteurs, mais de pamphlétaires. Il a fait de la religion
un parti. Depuis lui, le principe d'autorité n'a cessé
de s'exagérer, de s'exalter pour ainsi dire au sein de
l'Église. Un langage de plus en plus irritant a été tenu
contre les libertés modernes. L'alliance du catholicisme
et de l'absolutisme, si amèrement regrettée par de sincères et éloquents catholiques a plus d'une fois paru se
resserrer. Voilà la part de l'homme de secte et de parti.
C'est celui-là que notre temps semble seul connaître.
Il a trop souvent caché le moraliste supérieur, le grand
publiciste. Les côtés faux et éphémères de ses idées,
en lui créant une sorte de gloire de scandale, ont presque effacé les côtés durables, excellents, éclatants aussi
de cet esprit supérieur. Ce sont ces derniers que j'ai
cherché surtout à mettre en lumière. La bassesse seule

10.

est haïssable. Partout où se rencontre une grande élévation morale, une parole convaincue et fière, incli-
nons-nous, et écoutons, sauf à faire suivre notre respect par nos réserves et à ne pas sacrifier à l'admiration
notre indépendance. Admirons tout ce qui est digne
d'être admiré, mais tenons-nous-en fermement, en fait
d'opinions et de croyances, à ce qui est juste et sensé.

MAINE DE BIRAN[1]

Avant que M. Ernest Naville vînt nous faire connaître
Maine de Biran comme homme dans l'intimité de ses
pensées, nous le connaissions comme métaphysicien par
la publication de la plupart de ses œuvres philosophiques, due à M. Cousin, ou tout au moins par l'introduction dont les a fait précéder l'illustre éditeur. Peu
de philosophes avaient plus besoin que Maine de Biran
d'une pareille élucidation. La clarté n'est pas chez lui,
il s'en faut, toujours égale à la profondeur. Il n'est écrivain que par échappée. C'est ce qui explique pourquoi
sa renommée, après avoir été le secret, avant sa mort,
d'une rare élite intellectuelle, n'a pas beaucoup franchi
depuis lors l'enceinte de l'école.

Le public lettré sait pourtant en gros ce qu'il a été.
L'idée générale qu'il éveille est celle d'un philosophe qui
se distingue éminemment par le caractère tout intérieur
de ses recherches. Plus que nul autre, en effet, M. de
Biran mérite le titre de métaphysicien du *moi*. Personne

[1] *Maine de Biran, sa vie et ses pensées*, publiées par Ernest
Naville.

avant lui ne s'était à ce point, selon son expression, *regardé passer*, écouté vivre. La plupart des philosophes de la même école, tout en prêchant l'étude directe du *moi* sous le nom d'observation psychologique, en sortent à chaque instant. Ils cherchent dans les livres, dans les grands événements de la pensée philosophique, la connaissance de l'homme. M. de Biran met à noter ses sensations les plus fugitives, ses pensées et ses actes internes les plus compliqués, la même attention inquiète que mettent certains malades à interroger les états successifs par lesquels ils passent.

A ce titre, il est un phénomène rare et peut-être unique en philosophie. L'organisation du philosophe explique en grande partie, d'autres diraient qu'elle explique complétement la nature de sa philosophie. « Toute sa vie, dit M. Ernest Naville, il subit au plus haut degré les influences du dehors; le vent qui change modifie ses dispositions; l'état de son âme varie avec le degré du thermomètre. » Une constitution si mobile, si délicate, devait contribuer pour beaucoup à diriger son attention sur les faits dont l'âme est le théâtre. « Quand on a peu de vie, ou un faible sentiment de vie, écrit M. de Biran lui-même en 1819, on est plus porté à observer les phénomènes intérieurs; c'est la cause qui m'a rendu psychologue de si bonne heure. »

Ce retentissement perpétuel, et douloureux presque toujours chez lui, du *physique* sur le *moral* détermina la direction de ses recherches. Cette instabilité, continuel sujet de ses plaintes, et dont il se sent comme humilié, est précisément ce qui devait le pousser à chercher en lui-même un *point fixe*, quelque chose d'un et l'identique, qui ne fût pas, ainsi que la sensation, le jouet du monde extérieur.

Il est impossible, en parlant d'un ouvrage quelconque d'un homme qui fut exclusivement métaphysicien, de ne pas parler soi-même un peu métaphysique. Je le ferai avec sobriété, et seulement dans la mesure où cela me paraît absolument nécessaire pour avoir la clef du *Journal intime*.

Comment ne pas rappeler que l'originalité propre de M. de Biran en philosophie, c'est la revendication de l'activité libre de l'âme humaine méconnue par le matérialisme du dix-huitième siècle? L'homme, selon Cabanis comme selon toute l'école alors dominante, école aussi vieille que l'esprit humain, et qui durera probablement autant que lui, n'est qu'un pur écho, un effet, une résultante : c'est un instrument qui rend exactement les sons que lui fait rendre la nature extérieure. Maine de Biran, au contraire, envisage l'homme comme étant essentiellement une *force*, subissant, il est vrai, les influences du dehors, mais capable de réagir en vertu d'une initiative qui vient d'elle. C'est cette force qui constitue le *moi*, qui est le *moi* lui-même. M. de Biran semble répéter le mot classique de Médée en face du fatalisme triomphant; mais il ne le répète qu'après tous les doutes qui précèdent la découverte, qu'après avoir épuisé tous les tâtonnements de la méthode analytique, qu'après qu'il a eu pris fortement et lentement possession de ce point central de l'existence spirituelle. L'idée de la *force*, non pas seulement ni surtout envisagée dans le sens vaste et large où l'avait entendue Leibnitz peuplant l'univers de *monades*, mais l'idée plus spéciale de cette force qui, s'attestant à nous directement dans le *fait de conscience*, meut l'organisme à son commandement, et se meut elle-même dans un cercle infranchissable à toute tyrannie venant des hommes ou des choses, voilà le retranchement dans lequel M. de Biran s'enferme avec une persévérance inouïe. Là encore une fois est son originalité. Tandis que d'autres déploient contre la métaphysique sensualiste de plus grands fronts de bataille, il se tient comme cantonné dans cet unique point fortifié qu'il regarde comme inexpugnable, moins soucieux, ce semble, d'attaquer que de ne pas se rendre. Ce n'est pas le plus brillant, mais c'est le plus solide de tous les *courages* philosophiques qui aient jamais lutté pour la cause du spiritualisme.

Nous pouvons maintenant parler des *Pensées* qui viennent de voir le jour pour la première fois avec plus de chance de bien les entendre. Elles servent de commentaire à cette philosophie; elles nous font voir à l'œuvre cette contemplation incessante d'une âme qui s'observe. Elles nous introduisent dans l'intérieur du philosophe. Faut-il dire que c'est là un livre? Non, c'est bien naïvement cette fois, et sans aucune préoccupation d'une publicité sur laquelle il ne comptait pas, la confession d'un esprit pur, jaloux de se dévoiler à lui seul, et se racontant en quelque sorte jour par jour sa propre histoire.

On ne saurait trouver une meilleure contre-épreuve pour le système. La valeur et l'insuffisance de la philosophie de M. de Biran m'ont paru se manifester de plus en plus complétement à mesure que j'avançais dans cette lecture; sa valeur, par une vie intérieure qui semble acquérir une intensité croissante; son insuffisance, par le sentiment de dégoût et de désespoir où paraît tomber finalement cette volonté si sûre de sa supériorité sur le monde. Ah! qu'on cesse de nous entretenir de l'orgueil des philosophes! Rien n'est circonspect comme M. de Biran; rien n'égale la défiance où il est de lui-même et de sa propre force. C'est de son humilité qu'il convient de parler seulement. Je dis *humilité* et non simple modestie d'homme et timidité de penseur; le mot chrétien d'humilité exprime seul l'état de cette âme en peine qui trouve bien en elle la philosophie, mais non pas l'étoffe du stoïcisme.

Il faut se hâter de le dire pour rassurer les esprits que toute recherche philosophique a bientôt effrayés. M. de Biran n'a rien écrit d'aussi accessible que ses *Pensées* par le fond et par la forme. Son style s'y montre habituellement clair, correct, expressif; on sent un homme qui cherche moins ici le dernier degré de la précision scientifique qu'un soulagement tout personnel. On y goûte une sorte d'onction qui contraste avec la sécheresse du métaphysicien hérissé de formules.

Nous devons des remercîments à M. Ernest Naville. Il a rendu au public, à tous ceux du moins qui s'intéressent encore aux choses de l'esprit, un vrai service par la publication des *Pensées,* dont il s'est fait l'éditeur. C'en est un aussi que cette *Vie de Maine de Biran,* placée en tête de l'ouvrage, et qui est elle-même un ouvrage distingué. M. Naville a voulu nous faire connaître celui auquel il a voué une sorte de culte, pour ainsi dire héréditaire dans sa famille. On ne pouvait y mieux réussir. Nous connaîtrons désormais chez l'auteur du Mémoire sur l'*Habitude* et des *Considé-rations sur le physique et sur le moral* à la fois l'homme intérieur et l'homme extérieur : l'homme ex-térieur, c'est-à-dire le personnage public qui fut con-seiller d'État, député, plus ou moins mêlé à la politique du temps, un de ceux qui vinrent faire entendre en 1813 à l'empereur Napoléon des avertissements courageux, bien qu'un peu tardifs, enfin le partisan dévoué de la dynastie des Bourbons, attaché d'ailleurs à la même ligne de modération que son ami intime, l'honnête, l'é-loquent M. Lainé.

« 20 *mars* 1815. — Levé avec le jour, je sors à pied pour aller chez le ministre de l'intérieur et chez M. Guizot, que je trouve partis. Les rues de Paris sont encore désertes ; tout annonce la révolution ; je passe toute la matinée dans la plus vive agitation. A onze heures et demie, séance peu nombreuse, où le président lit la proclamation qui ordonne la séparation et la clôture des chambres ; une heure après, je monte en voiture avec M. Lainé, et nous prenons notre direction sur Versailles, crainte d'une ar-restation qui paraît se manifester à Chartres. »

« *Chartres, le* 21... — Toute la nuit se passe dans les angoisses, ayant sous les yeux un régiment de dragons, commandé par un colonel vendu à Bonaparte, qui, de son autorité privée, avait défendu de donner des chevaux aux voyageurs en poste. Nous partons enfin au lever du soleil. »

« *Le* 28... — Il n'y a plus de nation française, elle n'était pas digne d'un bon roi ; elle ne méritait pas le bonheur qui com-mençait à luire sur elle. Le peuple français ne mérite que d'être conquis ; le voilà sous le joug des soldats et des jacobins plus féroces encore. La génération actuelle, née des orages de la ré-volution, dépravée et profondément immorale, n'est pas suscep-tible d'un bon gouvernement. »

Je l'avoue, au surplus, ce Maine de Biran politique

n'intéresse médiocrement. Je sens en lui l'honnête homme, mais il n'a rien d'original. Que M. de Biran ait, lui aussi, rédigé un certain nombre de rapports, qu'il ait prononcé même quelques discours à la tribune, comment faire pour s'y intéresser beaucoup? Cela intéressait si peu M. de Biran lui-même!

Dans un passage de son journal, il se compare à un *somnambule* errant dans le monde des affaires. Faut-il que je taise une critique avec laquelle j'ai hâte d'en finir? M. de Biran sent que sa place n'est pas dans ce milieu où se traitent tant bien que mal les affaires de ce bas monde. Tout ce qui l'éloigne de la philosophie lui cause de vifs regrets, même des remords. Cette plainte revient vingt fois sous sa plume dans ses *Pensées.* Presque autant de fois, je dois l'avouer, je suis tenté de lui demander sa démission d'homme politique ou de philosophe. Si vous portez dans les conseils de l'État les distractions, la timidité, les dédains, le profond ennui d'un métaphysicien, retournez à votre cabinet où vous vous sentez vivre seulement d'une vie entière, où vous êtes véritablement vousmême. Si la psychologie trop continûment pratiquée sur le vif vous fatigue et vous épuise tout autrement que les travaux desquels l'âme est absente, prenez votre parti résolûment, embrassez la vie active et ne philosophez plus qu'aux heures perdues. Ce gémissement perpétuel, à propos des obstacles extérieurs qui lui paraissent contrarier son développement et son travail de métaphysicien, obstacles que rien ne le forçait de se créer à lui-même, fatigue un peu chez Maine de Biran. On ressent à la longue une impression pénible de cette indécision qui semble constamment tourner sur elle-même.

11

Cela dit, revenons à ce qui fait l'intérêt réel des *Pensée*
et aux sentiments constamment sympathiques qu'inspir
l'âme excellente qui les a écrites.

M. Naville s'est appliqué à caractériser cette philosophie en quelque sorte personnelle telle que la montr
à l'œuvre le *Journal intime*, et il l'a fait avec une exac
titude, avec une délicatesse de touche dignes d'éloge
Il n'est guère possible de porter la lumière d'une mai
plus discrète et plus sûre dans les replis d'une pensé
à laquelle ne manquent certes ni la subtilité ni le raffi
nement. Je laisse de côté ce que le spectacle de cett
âme méditative a de touchant, pour ne voir que c
qu'il présente de curieux. Ce long monologue d'un pu
esprit, ces transformations d'une intelligence dues uni
quement à son travail sur elle-même, ce philosoph
comme celui que Platon décrit, habitant solitaire, a
milieu de la foule, du monde intérieur, ce n'est pas u
objet d'observation si commun, et qui soit si dépourv
d'un sérieux attrait.

Un jeune homme est poussé par une vocation irr
sistible vers la méditation philosophique. Aussi ser
sible à l'atmosphère morale que tout le monde respii
alors qu'à l'action des influences intérieures, il reço
d'abord passivement la métaphysique de son temp
Tout, jusqu'aux solitaires promenades dont son journe
nous retrace le souvenir, en porte visiblement l'en
preinte. Douce ou riante, triste ou sombre, la *sensatio*
semble alors le dominer lui-même. Il se regarde vivi
déjà, mais il se laisse vivre encore... Poussé par l

vent de la révolution dans sa terre patrimoniale de Grateloup, frappé dans sa position, inquiet pour sa liberté, il s'occupe de jouir de ce beau ciel qui fait un contraste si étrange avec la noire folie humaine, et de philosopher sur ce qu'il éprouve. Psychologue par instinct et par quelques lectures, il va le devenir par une étude suivie. La question mise au concours : *De l'habitude dans ses rapports avec la faculté de penser*, sert d'éveil à son aptitude.

On retrouve avec un vif intérêt dans le *Journal intime* les pensées qui correspondent à cette période de la vie de M. de Biran, dans laquelle l'idée de *volonté*, de *force libre* occupe exclusivement son esprit. Ses traités philosophiques nous livrent l'idée; ses pensées nous découvrent à nu le sentiment. En voyant M. de Biran opposant la plus belle défense à ceux qui veulent nous réduire à n'être qu'une *sensation transformée*, il est difficile de n'être pas frappé du mobile qui le pousse. L'homme en lui se demande avec inquiétude s'il n'est qu'un flot de la vie universelle destiné à s'abîmer demain sans aucun souvenir de l'existence présente dans l'océan de l'Être infini. Qu'est-ce que cette conscience que nous avons de nous-mêmes? N'est-elle qu'un éclair fugitif dans l'éternité, né de la rencontre fortuite ou fatale de certains éléments? A peine allumé, doit-il à jamais, cet éclair, s'éteindre dans la nuit? Oui ou non, sommes-nous des créatures persistantes, des personnes *identiques* aujourd'hui, dès lors pouvant l'être toujours?... M. de Biran oppose le sentiment d'une existence distincte et permanente au *néant* de Cabanis qui semble nous annihiler dès cette vie dans la nature extérieure. C'est au

nom du même principe de force libre, responsable, qu
nous voyons d'autres philosophes chercher aujourd'hu
encore à résister au *néant* du panthéisme qui ne laiss
vivre la substance que pour anéantir la personne
Certes bien des différences séparent l'école de Spinos
et l'école de Condillac, objet spécial des critiques d
M. de Biran. Tout diffère entre elles, méthode et espri
général. Autant l'une est étroite, autant l'autre a d
grandeur métaphysique. Qu'importe pourtant, à c
point de vue du *moi* qui s'interroge sur son présent e
sur son avenir? Qu'importe au point de vue plus géné
ral de l'explication, il est impossible de ne pas dire d
la *justification* du plan divin, du moment que l'o
admet qu'il y a un *plan* et un *dessein?*

Les *Pensées* de M. de Biran sont, en ce sens, comm
ses livres mêmes, une arme aux mains du spiritualisme
Elles sont le contre-pied de cette philosophie qui ne voi
entre nous et la plante qu'une différence d'organisation

« On a beau dire que la doctrine de Condillac est opposée a
matérialisme et qu'elle donne beaucoup à l'activité de l'âme, il e
de fait que la sensation, qui est le principe et le pivot unique su
lequel roule cette doctrine, ayant sa cause hors de l'âme, qui e
subordonnée à tous égards aux causes extérieures qui produiser
ou occasionnent des sensations, l'âme est asservie et nécessité
par ces causes. Donc tout ce qu'elle sent, tout ce qu'elle est pou
elle-même ne peut être qu'un effet. Comment donc concilier ce
maximes tant répétées par nos modernes : « Tout pour l'âme s
« réduit à sentir; il n'y a pour elle que des sensations et de
« combinaisons ou des résultats de sensations. » Avec ce princip
sur lequel toute la morale est fondée : « L'homme est libre, il
« en lui une puissance d'agir, de se déterminer, de commence

« une série de mouvements opposés à ceux des sensations et des
« passions, » le fatalisme des sensations est incompatible avec la
croyance au libre arbitre. Si les circonstances extérieures nous
créent ce que nous sommes, nous ne pouvons pas nous opposer à
leur ascendant ; si les objets extérieurs sont cause de tout ce qui
se passe dans notre âme, quelle pensée indépendante pourrait
nous affranchir de leur influence ? « De quelque manière qu'on
« s'exprime, il faudra toujours convenir qu'il y a deux principes
« de vie différents dans la créature sujette à la mort et destinée
« à l'immortalité ; » dans la créature sujette à toutes les passions
et misères humaines, et capable de s'élever, par une pensée active, au-dessus de toutes les passions, de résister à tous les entraînements, de s'affranchir de toutes les misères et de se créer
ce bonheur indépendant. Il faut rappeler sans cesse l'homme au
sentiment de cette existence indépendante ; il faut qu'il sache que
sa volonté, et non pas les objets étrangers, le constitue ce qu'il
est, personne morale, intelligente et libre par essence. »

A la phase du stoïcisme pur, très-accusée chez M. de
Biran, stoïcisme, disons-le, beaucoup plus spéculatif
qu'agissant, qui n'exclut pas chez lui quelque chose
d'un peu mou et de flottant, succède un état nouveau.

Livré comme une proie à la réflexion, M. de Biran ne
s'était occupé que de l'homme en rapport avec la nature.
Ce monde mystérieux, supérieur, que nous nommons
divin, qui est comme le ciel de l'esprit, et qui occupa
tant les Platon, les Malebranche et les grands spiritualistes de tous les temps, était demeuré à peu près fermé
à ce métaphysicien exclusif du *sentir* et du *vouloir*.
C'était une grande lacune. Une philosophie qui re-
tranche de ses cadres la recherche de l'Idéal, une philosophie sans ouverture du côté de ce merveilleux
inconnu, une telle philosophie est insuffisante. Le métaphysicien, chez M. de Biran, ne chercha pas à se com-

pléter; mais l'homme devait ressentir jusqu'à la souffrance l'immense lacune que présentait sa philosophie. Se contempler comme être libre, se croire une force, cela ne pouvait suffire éternellement à son esprit. D'autres s'en tirent en divinisant l'homme et en s'éprenant d'un culte enthousiaste pour leur nouvelle idole. M. de Biran répugnait par sa philosophie à cette apothéose de l'humanité ; il n'y répugnait pas moins par ses instincts. Il se sentait trop souvent triste, il se savait trop partagé et trop inquiet pour se prendre jamais pour un dieu. Jamais homme n'eut moins d'inclination à s'adorer. Scrupuleux, mécontent de son état intérieur, il ne lui manqua peut-être que de s'aimer assez lui-même... Comment donc remplir cet abîme que sa philosophie n'avait rien pour combler?

Quand la raison ne dit plus rien à l'homme, il recourt au surnaturel.

De là chez M. de Biran une sorte de mysticisme.

Sans s'être décidément rattaché à la foi positive dans une révélation divine, il se met de plus en plus exclusivement sous l'invocation des maîtres de la doctrine chrétienne depuis saint Paul jusqu'à Fénelon.

« *Limoges*, 19 *mars* 1824. — *L'homme extérieur se détruit l'homme intérieur se renouvelle* (2ᵉ épître de saint Paul aux Corinthiens, chap. IV, verset 16). Je sens qu'il en est ainsi pour moi L'homme extérieur avait autrefois une verve et des saillies qu'i n'a plus ; mais aussi, ne me fiant plus à cette verve spontanée, j m'efforce de travailler l'homme intérieur, de manière à le rendr indépendant, quant à l'esprit, de ces saillies de sensibilité qu doivent être considérées comme appartenant à l'homme extérieur

« *Agir, méditer et prier* sans cesse, voilà les seuls moyens d renouvellement de l'homme intérieur. Le royaume de Dieu, c'es

la vie de l'esprit qui n'arrive que pour l'homme intérieur; tout
le reste est du dehors, ou de la chair qui meurt à chaque instant.
Autrefois, et même encore à présent, j'ai été fort attentif à ces
variations brusques et continuelles des dispositions sensitives,
regardant sans cesse de quel côté soufflait le vent de l'instabilité
ou celui des passions, non pour me mettre en garde, mais pour
m'y laisser aller, et quelquefois avec délices, lorsqu'il arrivait
que le vent soufflait à mon gré, comme lorsque j'étais en verve de
bonne humeur, de travail d'esprit, de contentement intérieur,
d'amour-propre ou d'orgueil de la vie. Aujourd'hui, je sens combien tout cela est casuel et inférieur à ce qui vient d'une autre
source de bon vouloir, soit que cette source tienne à vous-même
et qu'elle ne demande qu'à ne pas être arrêtée par les passions
animales pour produire ses fruits, soit qu'elle nous soit donnée
de plus haut : *étant incapables de former de nous-mêmes aucune
bonne pensée comme de nous-mêmes.* (Épître de saint Paul aux
Corinthiens, chap. III, verset 5.) Dans les deux cas, l'expérience
prouve qu'agir, méditer, prier, sont toujours les conditions nécessaires de la manifestation et du développement de la vie de
l'esprit. Il n'importe pas que l'homme animal soit triste, abattu,
découragé, paresseux, ou gai, confiant, plein d'un sentiment de
force et d'énergie vitale. »

Chose curieuse et instructive, le plus ferme défenseur qu'ait eu la liberté en philosophie finit en invoquant la *grâce*. Il fait appel à une faculté mystérieuse
par laquelle nous sommes mis en communication avec
le monde divin. Cette révolution intellectuelle se témoigne par plus d'une page caractéristique de cette
disposition qui gagne chaque jour l'âme de Maine de
Biran pendant huit années, non sans retour en arrière
vers l'état de doute. On voit l'analyse aride du philosophe se changer en aspirations vers un monde supérieur, en mouvements qui se colorent d'une teinte de
poésie tendre et mélancolique.

Comment s'expliquer une telle révolution? Est-ce seulement par le caractère incomplet de la philosophie de M. de Biran? N'est-ce pas plutôt que la pratique assidue de la vie intérieure met invinciblement l'esprit humain sur la pente du mysticisme? L'homme ne saurait rester toujours en face de lui-même; c'est une gageure que la nature ne peut soutenir. Il faut qu'à tout prix il sorte de cette prison où il étouffe, et il n'y a que deux manières d'en sortir : ou le monde avec les passions qu'il fait naître, avec les affections qui s'y développent, avec le travail qui nous arrache fortement à nous-mêmes, ou Dieu, devenu pour l'homme un objet de contemplation et d'amour et comme un confident de sa vie; cette alternative est inévitable. Une recherche exclusive de soi-même, eût-elle la science pour noble prétexte, n'est qu'un suicide moral. C'est à force de remuer ce fonds de misère et de malaise, qui est en nous et qu'il sentait vivre en lui, que Maine de Biran est amené à invoquer une force qui serve de support à son énergie défaillante. L'air et la lumière lui manquent; il les demande à la source de toute vie, au principe de toute lumière. Éprouvant en lui beaucoup d'ennui, un immense vide, il est porté irrésistiblement à chercher un divin consolateur.

Tous ces états sont bien connus par les âmes religieuses. Ils ont été merveilleusement décrits par le mysticisme chrétien. Aussi M. de Biran finit-il par déclarer le christianisme fort supérieur au stoïcisme dans lequel il avait vu si longtemps l'équivalent de toute vérité philosophique et morale.

Voilà le chemin qu'a fait des premières pensées aux

dernières cet esprit parti de lui-même; voilà où en est arrivé par un libre et incessant travail l'auteur du Mémoire sur l'*Habitude*, le commensal de la société d'Auteuil, le disciple et ami de Tracy et de Cabanis, l'héritier des méthodes du dix-huitième siècle.

Tel a été Maine de Biran. Toute sa vie il a eu soif de vérité. Nul philosophe n'a eu plus de candeur et de désintéressement. C'est là à nos yeux la principale moralité comme le principal intérêt de cette publication, dont nous laisserons à d'autres la tâche de tirer des conclusions dogmatiques. Le *Journal intime* contient un rare exemple du culte de la pensée pour elle-même ; en complétant le psychologue pénétrant par le moraliste délicat, il achève de faire connaître le doux et mélancolique penseur et met sur sa mémoire le rayon de lumière qui lui manquait. Il semble rendre à la vie la figure originale d'un métaphysicien que le nuage enveloppait trop. On retrouve un homme, avec toutes les nobles perplexités, avec tous les doutes, hélas! que ce nom d'homme comporte, dans un philosophe chez lequel l'âme et l'émotion étaient précisément ce qui jusqu'ici avait paru faire défaut.

ADAM SMITH MORALISTE[1]

Les théories de sentiments moraux, les *analyses* de l'entendement forment aujourd'hui une branche de la littérature philosophique à peu près délaissée. L'étude de l'homme concret, tel que nous le montre l'histoire, avec ses variétés de races et de langues, a remplacé celle de l'homme abstrait et tend à la supplanter presque entièrement. Il se trouve un certain nombre de jeunes gens qui, tout au sortir du collége, composent une philosophie de l'histoire ou une théorie du progrès social. Il ne s'en voit plus qui brûlent de se signaler par un nouveau traité de l'homme.

Au dernier siècle, ce genre d'écrits était passé à l'état de mode. Combien nos quais n'en portent-ils pas de témoignages! combien de poudreux volumes dont les titres indiquent que c'est l'homme qui en est l'objet! Vieux contemporains d'Helvétius et de Saint-Lambert, catéchismes de morale dont la moralité n'est pas fort élevée, livres de peu d'idées qui roulent sur les idées, quel

---

[1] *Théorie des sentiments moraux*, nouvelle édition en un volume grand in-18, chez Guillaumin, 14, rue Richelieu. — Bibliothèque des Sciences morales et politiques.

tort vous avez fait à la philosophie ! Tantôt c'est le bon
sens vulgaire dans toute sa platitude ; tantôt c'est le paradoxe humiliant d'un matérialisme sans profondeur et
sans style. On comprend après cela qu'il se soit rencontré des fantaisistes pour soutenir que l'homme n'existe
pas et qu'il n'y a que des individus, de même qu'on s'explique, après le prodigieux abus que les mêmes écrits
font à tout propos de la nature, l'exclamation fameuse
de M. de Maistre : « *La nature, quelle est cette femme ?* »
L'abstraction glacée a eu son règne. Elle a desséché la
philosophie et décoloré jusqu'à la langue à la fin du dernier siècle. Le concret a maintenant son tour. Il en use
et en abuse. Il prend dans l'histoire la forme des plus
minutieux détails ; il multiplie dans le style la méta-
phore et l'image. La curiosité moderne est très-éveillée
sur les individualités saillantes et sur les particularités
caractéristiques ; l'*homme* est en défaveur et la morale
en baisse.

Qu'on ne s'étonne donc pas que les sages s'alarment
de ce mépris croissant des études morales et de ce goût
emporté pour les détails purement pittoresques qui se
passent de philosophie. Le mépris des études morales
aboutit tantôt à cette érudition affamée qui ressemble à
un commérage gravement frivole, tantôt à ces ambi-
tieuses synthèses historiques ou sociales qui prétendent
embrasser la destinée collective de l'humanité, sans
s'être donné la peine de connaître la nature humaine
dans ce qui la constitue essentiellement. Hélas ! il n'y a
jamais plus de systèmes que lorsque les principes manquent. Comment les rêves ne s'échapperaient-ils pas en
foule dès qu'il est admis que l'homme ne porte en lui-

même aucune règle et qu'il n'est pas de songe qui ne puisse devenir une réalité?

Concluons que l'étude des livres de morale, et même des principaux systèmes auxquels la morale a donné lieu, doit garder une juste part dans le mouvement intellectuel contemporain. Tout peintre doit connaître les principes du dessin, tout médecin doit savoir les éléments de l'anatomie. Quiconque veut se faire le peintre ou le médecin de l'humanité doit, sous peine de manquer son tableau ou de tuer son malade, s'être formé une idée de ce qui forme le type humain en ce qu'il a de permanent.

Le dix-septième et le dix-huitième siècle, ainsi que les anciens, l'avaient compris d'instinct. La morale constitue un genre à part à l'époque de Louis XIV, sous la forme d'observations détachées ou de traités qui ont à la fois l'édification et l'instruction pour objet. Au dix-huitième siècle, elle prend un tour plus systématique, elle vise à expliquer plus qu'à corriger et à peindre. Sous ces deux formes elle est étudiée par les hommes les plus éminents, et la littérature, au théâtre comme dans la chaire, semble y chercher une source de lumière. L'écrivain se met avec une sorte de candeur à l'école du moraliste. Les œuvres morales de Platon et Xénophon, Sénèque, Montaigne, Nicole, sont dans toutes les mains. L'Angleterre fait comme la France. Avant et après Locke, les moralistes y abondent. Pope s'en inspire, comme Horace s'était inspiré des moralistes de la Grèce. Peut-être ce goût de la moralité dans la littérature a-t-il fait naître quelques genres un peu froids; mais la belle littérature classique s'en est nourrie et y a grandi. Les œuvres de la plus vigoureuse ou de la plus suave beauté de Corneille à Racine, de Bossuet à Fénelon, prennent naissance dans cette alliance de la littérature et de la morale. Voltaire y gagne ce qu'il a d'idées sérieuses, comme l'éloquence de Rousseau ce qu'elle a de substance et de fond. Tous paraissent regarder comme une discipline et comme une nourriture indispensable de l'esprit la morale étudiée non-seulement dans la vie par fragments épars et sous l'angle étroit de l'expérience individuelle, mais comme une science et comme un art présentés dans les livres, résumés de la sagesse qui sont vivants aussi, quand ils ont pour auteurs de grands écrivains et de puissants observateurs.

Ces considérations justifient sans doute la nouvelle édition de la *Théorie des sentiments moraux*, d'Adam Smith, livre autrefois goûté et admiré, qui faisait les délices de toute la fin du dix-huitième siècle, presque oublié maintenant.

Au dire des juges les plus compétents, de M. Cousin dans son *Histoire de la philosophie écossaise;* de Jouffroy dans son *Cours de droit naturel,* cet ouvrage de Smith est un des plus attrayants et des plus considérables que présente la philosophie morale, et les mots de *charme*, de *merveilleux talent* ne leur paraissent pas exagérés pour qualifier la *Théorie des sentiments moraux*. C'est sous les auspices de pareilles louanges et de telles autorités, qui sont pour l'écrivain du dix-huitième siècle comme une confirmation de sa gloire par les écrivains philosophiques les plus accrédités de notre temps, que se présente au public, sous une forme un peu rajeunie, le célèbre ouvrage d'Adam Smith, trésor d'observations fines, délicates, judicieuses et toujours exprimées avec un rare bonheur. Peut-être un certain nombre de jeunes gens studieux, n'ayant point fait leur philosophie, et surtout ne s'imaginant pas l'avoir faite, voudront connaître un livre que lisaient les jeunes gens studieux d'autrefois. Peut-être, parmi les esprits sérieux, il y en aura encore quelques-uns que ce sévère sujet attirera au lieu de les effrayer, et qui s'appliqueront le conseil que donne Socrate au jeune Alcibiade d'étudier l'homme philosophiquement, avant de vouloir agir sur les hommes par la politique ou de toute autre manière. L'important est d'empêcher que la race des lecteurs d'ouvrage de morale n'achève de se perdre, et que là, non plus qu'ailleurs, l'étincelle sacrée ne vienne tout à fait à s'éteindre; c'est sitôt fait.

Et qui mieux qu'Adam Smith, mieux que le philosophe du sentiment, mieux que l'ingénieux commentateur de la *sympathie*, serait en mesure de nous réconcilier avec ce genre d'études? Le philosophe écossais garde un peu de ce sourire des anciens sages qui ôte à la philosophie son aspect rebutant; ses jugements sur la nature humaine offrent un piquant mélange de sévérité et d'indulgence; ses peintures ne sont jamais dures et misanthropiques. Ses vues sur la société, sur l'histoire des systèmes, sur le progrès, achèvent de faire de son livre un ouvrage de morale que notre époque peut se résoudre à lire sans un trop grand effort. Les idées et les tendances en sont tout à fait modernes. Bien des choses y eussent choqué Nicole. Ne peut-il, par ces mêmes choses, espérer de trouver grâce devant nous?

Smith, comme Turgot en France, mais d'une manière bien plus méthodique et plus suivie, proteste contre le système de l'égoïsme. Le sentiment offrait une sorte de transaction honnête et séduisante entre la sensation qui se résout dans le pur épicuréisme et ces doctrines de devoir que d'autres penseurs, dont plusieurs ont gardé un rang à part, tels que Clarke, Reid et Kant, avaient assis ou allaient asseoir sur des principes plus rigoureux. On sait le parti populaire que l'éloquence de Rousseau a tiré en France de la morale du sentiment. En Allemagne, Jacobi y ralliait plus tard un certain nombre d'âmes philosophiques et poétiques qui manquaient d'air et de lumière dans ce qu'on a justement appelé les « souterrains de Kant. » Un contemporain de Rousseau, Hutcheson, professeur de philosophie morale, exprimait, sous les formes de l'enseignement, cette réaction du sentiment moral. Hutcheson prend son point de départ dans la *bienveillance*, Smith prend le sien dans la *sympathie*. Ces vertus du dix-huitième siècle, la bienveillance qui devient pour des âmes plus exaltées la passion de l'humanité, la sympathie pour tout ce qui est beau, bon et sociable, forment, entre les mains de Hutcheson, et surtout de Smith, la base quasi scientifique de toute une théorie morale, féconde en développements et en applications de toute nature.

« Quelque degré d'amour de soi qu'on puisse supposer à l'homme, il y a évidemment dans sa nature un principe d'intérêt pour ce qui arrive aux autres qui lui rend leur bonheur nécessaire, lors même qu'il n'en retire que le plaisir d'en être témoin. » Belle déclaration à laquelle l'honnête philosophe donne toute la portée d'une protestation contre ceux qui, « regardant l'amour-propre et ses raffinements comme la cause uni-

verselle de tous nos sentiments, cherchent à expliquer
la sympathie par l'amour-propre ! Il faut lire l'original
pour comprendre l'art avec lequel Smith décrit ce fait
de notre nature morale. Ce talent avec lequel il ramène
à la sympathie les autres faits moraux, qui semblent
au premier abord y être les plus étrangers, est plus
grand encore. Quelle science délicate ! quelle analyse
souple, déliée, qui semble jouer avec les difficultés les
plus insolubles ! Comment ne pas reconnaître dans ce
modeste philosophe un des esprits les plus doués de
perspicacité et les plus originaux d'un siècle qui en
produit de plus éclatants, peu de meilleurs?

Je n'insisterai pas sur l'erreur de ce système. Elle a
été signalée maintes fois. Smith est persuadé que dans
la formation de nos idées morales nous allons de nos
semblables à nous-mêmes, et non pas de nous-mêmes à
nos semblables, et que si, d'abord, nous n'avions pas
jugé les actions d'autrui, nous ne pourrions jamais
juger les nôtres. N'est-ce pas donner un fondement en
quelque sorte extérieur à la morale? n'est-ce pas finalement prendre pour juge l'*opinion*, tribunal trop
souvent capricieux et faillible? Smith a senti l'écueil.
L'auteur de la *Théorie des sentiments moraux* a reconnu ce devoir de braver l'opinion et d'affronter, s'il
le faut, l'antipathie publique. C'est même en partie
pour échapper à cette conséquence de son système, qui
n'arracherait la morale à l'empire de la force que pour
la placer sous l'influence non moins tyrannique de la
mode, qu'il a imaginé l'hypothèse d'un *spectateur impartial*. Ce spectateur est la personnification parfaite
et supérieure de ces divers témoins sympathiques ou

ntipathiques qui nous voient et qui nous jugent, et
ni tous sont sujets individuellement à l'erreur. Ici se
nanifeste le caractère arbitraire du système de la sym-
athie. Ce spectateur idéal que nous portons en nous,
t dont nous devons préférer l'approbation à celle de la
nultitude prévenue, Smith eût mieux fait de lui donner
out de suite son vrai nom, celui de la *raison,* au lieu
e chercher à l'expliquer comme un produit artificiel
e la seule sympathie. Le défaut du système moral de
mith consiste dans ce vain effort pour communiquer
a précision, la généralité, la valeur d'une vraie règle
norale à la sympathie, qui par elle-même est dénuée
e toutes ces conditions.

Personne, au reste, n'a mieux décrit la suprématie
u motif moral sur tous les appétits, sur tous les ins-
ncts, sur toutes les facultés de notre nature. « Les
ages où il l'établit, écrit M. Jouffroy, sont non-seule-
nent belles, mais parfaitement vraies. » — Quelque idée
ue nous nous fassions, dit Smith, de la faculté morale,
oujours est-il que c'est à elle qu'appartient la direc-
ion de notre conduite, et par conséquent la surinten-
ance de toutes nos autres facultés, passions et appé-
ts. Il est faux que la faculté morale soit une faculté
omme les autres, et n'ait pas plus de droit de leur
mposer des lois qu'elles à lui en donner. Aucune
utre faculté ne juge de la faculté voisine : l'amour ne
uge pas du ressentiment, ni le ressentiment de l'a-
nour; ces deux facultés peuvent être en opposition,
nais l'une n'approuve ni ne désapprouve pas l'autre;
u contraire, c'est la fonction spéciale de la faculté mo-
ale de juger, d'approuver, de censurer toutes les au-

tres; c'est une espèce de sens dont tous les autres principes de notre nature sont l'objet propre. Chaque sens
est souverain juge quant à son objet; il n'y a pas appel,
en matière de couleur, de l'œil à l'oreille, ni de l'oreille
à l'œil en matière de sens; tout ce qui plaît à l'œil es
beau; au goût, doux; à l'oreille, harmonieux; ce qu'i
appartient à la faculté morale d'apprécier, c'est jusqu'à
quel point l'oreille doit être charmée, l'œil amusé, le
goût flatté; jusqu'à quel point, en un mot, il convient
il est méritoire, il est bon que chacune de nos facultés
soit développée ou contenue. Les mots *bien, mal, juste*
injuste, méritoire et *déméritoire, convenable* et *incon-*
venant, expriment ce qui plaît et déplaît à cette faculté
elle est donc le pouvoir gouvernant en nous. Ses lois
sont de véritables lois dans la véritable acception du
terme, car elles règlent ce qui doit faire un agent libre
et elles ont leur sanction qui punit ou récompense; au
lieu que ce mot *lois* ne s'applique pas avec la même
justesse aux lois de la vision, de l'audition, de la loco-
motion et de toutes nos autres facultés, puisqu'il ne
signifie, dans ce sens, que la manière fatale dont opèren
ces diverses facultés.

L'école spiritualiste moderne qui prend le nom de
rationaliste a tout à la fois rendu justice à ce que ces
idées ont de parfaitement vrai, et critiqué ce qu'elles ont
d'incomplet. Jouffroy notamment reproche à Adam
Smith d'abord de n'avoir pas vu que cette subordination
de toutes nos facultés n'était pas opérée seulement par le
motif moral, mais pouvait l'être également par tout autre
motif ou mobile de notre nature. Si nous nous propo-
sons, remarque-t-il, la sympathie des autres pour but

uprême de notre conduite, nous allons contrôler au nom
e ce but et lui subordonner l'action de tout ce qu'il y a
n nous d'appétits, d'instincts, de facultés. Autant en fe-
ons-nous si nous posons pour but à notre conduite
'intérêt bien entendu, la gloire ou toute autre fin quel-
onque. « Ce caractère de servir de règle suprême à
outes les facultés de notre nature n'est donc pas spécial
u motif moral; il peut appartenir à tout motif d'action,
t il lui appartient le jour où ce motif devient le motif
lominant de la conduite. Ce qu'a de spécial le motif
noral, et c'est la seconde chose que Smith n'a pas vue,
'est d'être entre tous les motifs d'action possibles le
seul qui soit *obligation*, et cela parce que les autres
peuvent bien poser des buts à la conduite, mais que lui
seul pose celui qu'elle doit avoir, celui qui est la véritable fin de la vie humaine, et qui seul nous apparaît
comme légitime et sacré en soi. »

Tout livre de morale philosophique est tenu d'indiquer à quel caractère général on distingue une action
bonne d'une action qui ne l'est pas. Aux yeux de notre
aimable philosophe, cette marque essentielle d'une action bonne, c'est de tendre à *l'harmonie universelle*.
Et pourquoi cette idée de l'harmonie universelle est-elle
ainsi placée par Smith au-dessus de toute autre? C'est
que, sans elle, la conduite dépendrait des sympathies et
des antipathies, souvent peu justifiées, du pays, du
temps, des hommes avec lesquels on est en rapport.
Avec l'idée de l'harmonie universelle, au contraire, nos
actions trouvent un but élevé et fixe, et toutes les incertitudes s'évanouissent. La sympathie, l'harmonie universelle, qui forme l'objet le plus haut de cette sym-

pathie, et à laquelle Smith donne pour couronnement
le culte d'un Dieu dont l'amour semble être l'attribut
le plus saillant, uni à la justice et à la parfaite intelligence; la sympathie et l'harmonie universelle, voilà
l'âme de la doctrine morale du sentiment.

L'idée de l'harmonie, sous une autre forme, se retrouvera dans l'économie politique de Smith. Il établira expérimentalement que les intérêts bien compris
de toutes les classes de producteurs et de toutes les
nations sont en harmonie et non en opposition essentielle les uns avec les autres, comme on l'avait cru
longtemps. Il recommandera la liberté du commerce au
nom et en vue de la solidarité universelle. Peut-être
ces indications feront-elles toucher du doigt les défauts
et les mérites de la méthode de la *Théorie des sentiments moraux*. Cette méthode est en grande partie expérimentale, et c'est par là que l'ouvrage mérite de
vivre. Elle est en partie hypothétique. Smith, comme
presque tous les philosophes de son temps, veut à toute
force faire sortir l'homme moral d'un seul principe que
toute son habileté, et il la pousse à un degré incroyable,
consiste à suivre dans toutes ses métamorphoses réelles
ou supposées.

Les pages aimables, piquantes, les aperçus neufs et
profonds abondent dans la *Théorie des sentiments moraux*. On y respire un parfum exquis d'honnêteté et de
vertu qui, chez Smith, s'associe très-bien à une connaissance exacte revêtue parfois d'une expression malicieuse
des faiblesses et des misères de l'humanité. Smith n'a pas
moins de clairvoyance que son sceptique ami David
Hume; mais il a de plus une chaleur d'âme qui vivi-

ie tout son livre. On sent que son cœur aussi affectueux
que noble le prédestinait à être le philosophe de la
sympathie.

La *sympathie*, sur laquelle le philosophe écossais
s'efforce de fonder la morale, se mêle tellement à
toute notre nature que l'étude de ce seul phénomène
moral entraîne celle de l'homme sous une foule de
faces différentes. Il était bon que la sympathie elle-
même fût l'objet d'une étude particulière. Pour que
l'histoire morale de l'homme soit écrite aussi complétement qu'elle peut l'être, il y a lieu souvent de procéder, là aussi, comme en histoire et en histoire naturelle, par des *monographies*. La sympathie a trouvé
dans Adam Smith un historien systématique, il est vrai,
et qui ramène tout à son point de vue, mais d'autant
plus pénétrant par là et aussi ingénieux, aussi attachant
qu'on peut l'être dans un livre de pure morale.

BECCARIA [1]

I

On ne lit plus guère Beccaria; que lit-on, d'ailleurs
Pas même Montesquieu, peut-être Montesquieu moin
que personne. On cite comme une rareté un homm
ayant lu d'un bout à l'autre l'*Esprit des Lois*. Il n'y
donc guère lieu de s'indigner qu'on ne lise plus du to
le *Traité des Délits et des Peines ;* d'ailleurs ai-je bie
le droit de m'en étonner? hier encore je ne connaissa
que par quelques extraits celui dont je me hasarde
venir parler aujourd'hui.

Certes il y a de plus grands noms, il y a de plus beau
livres que ceux que nous a légués le publiciste milanai
Mais peu de renommées sont plus pures, peu d'ouvrag
ont laissé une trace plus durable que ce traité qui a fa
explosion, il y a un siècle, au milieu de l'Europe viv
ment émue. La race humaine, dans cette partie occi
dentale du monde habité, commençait à être prise o
pitié et d'horreur à la vue de tant de pénalités inique

[1] *Traité des délits et des peines,* nouvelle édition précédée d'un
introduction et accompagnée d'un commentaire, par M. Fausti
Hélie, membre de l'Institut.

le tant de supplices atroces. Beccaria a été la voix de ce remords ; il l'a fait éclater en anathèmes, en expressions le repentir et de honte. C'est là sa gloire.

Maintenant que ce remords a vieilli, grâce au ciel, il ne faut pas s'étonner si l'ouvrage a fait un peu de même. Les yeux ont dû se détourner d'un programme de réformes pour la plupart accomplies. En ce sens on peut dire que le succès des idées a nui au livre, et qu'il y a quelque chose d'honorable pour la mémoire de l'écrivain dans la négligence même dont son œuvre est devenue l'objet.

Ce n'est pas par une vaste érudition que se recommande cette œuvre d'un publiciste de vingt-sept ans, enivré de Rousseau et de Montesquieu, et plus près du *Contrat social* que de la savante impartialité de l'*Esprit des Lois*. La science juridique est faible chez Beccaria. Son traité, plus dogmatique que démonstratif, est une œuvre d'âme et de bon sens. Il n'appartient qu'aux criminalistes moralistes d'en apprécier tout le mérite ; eux seuls peuvent concevoir la puissance qu'a dû exercer cette candeur philosophique, mille fois plus accablante que les arguties de l'école.

Discuter froidement avec les renards et les loups de la jurisprudence traditionnelle et barbare, s'enfermer dans leur antre, démontrer, à l'aide de textes laborieux à la cruauté qu'elle est cruelle, à la sottise qu'elle est sotte, à la lâcheté qu'elle est lâche ; démontrer à un Farinacius qu'il avait tort de croire qu'il suffit de briser les os d'un homme ou de brûler sa chair pour lui extorquer la vérité, ç'eût été trop d'ingénuité ; c'était la lumière de la publicité qu'il fallait répandre à flots sur ces hor-

reurs; c'était l'argument tiré de la conscience qui éta
l'argument valable; c'étaient les philosophes qu'il falla
enrôler; c'était la foule qu'il fallait entraîner ! La cha
leur et la logique, la lumière et l'éloquence, voilà le
puissances devant lesquelles toutes les subtilités son
impuissantes, quand le moment est venu d'en finir ave
des abus trop criants. Devant elles, les Farinacius n'on
plus qu'à se cacher, les faux docteurs sont réduits à ba
butier ou à se taire.

Examinons les principaux points de ce livre autrefoi
célèbre.

Beccaria s'interroge sur les sources mêmes de ce ter
rible droit de punir que la société s'arroge sans scrupule
L'école spiritualiste explique ce droit mystérieux par l
principe de mérite et de démérite, par la relation naturelle qui existe entre le mal moral et la souffrance, pa
la théorie de l'expiation. Cette explication suffit-elle
Ai-je le droit, moi individu, de me faire l'organe et l
ministre de cette grande loi providentielle envers un autr
homme? Ai-je le droit de forcer un voleur ou un assas-
sin à *expier* son crime? Ai-je le droit de l'enfermer, d
le faire souffrir à ce titre-là seul qu'il est coupable'
Quand l'État, prenant sur lui un droit que l'individu
n'a pas, invoque, pour fonder la légitimité de la peine
la théorie de l'expiation, il se déclare Dieu sur la terre
Le *talion*, qui paraît au plus illustre défenseur de l
théorie de l'expiation, à Emmanuel Kant, le symbole
le plus exact de la justice pénale, serait peut-être l
conséquence la plus douce d'un pareil système pris tro

exclusivement ; c'est en s'inspirant uniquement de l'idée de l'expiation, ne l'oublions pas, que les anciens crimialistes avaient été conduits à faire du supplice des criminels un enfer anticipé. Sans doute Hobbes et ceux qui ont exagéré Beccaria lui-même, Filangieri, Benham, Feuerbach, ont eu tort de ne voir dans la peine que l'utilité de l'exemple et son caractère préventif ; mais Beccaria ne peut être blâmé de faire de cette pensée l'inspiration dominante de la loi positive. C'est avant tout dans la nécessité de sa défense, dans le principe de la conservation de l'ordre établi, dans le droit qu'elle a d'être et de se développer, que la société puise le droit de réprimer les attentats des volontés perverties ; seulement elle doit elle-même respecter la loi morale dans la nature et dans l'application des peines, elle doit tenir compte, autant que le lui permettent ses moyens imparfaits, dans le degré du châtiment, du plus ou moins de culpabilité de l'intention de l'agent moral. La société puise aussi, quoique à un degré plus secondaire, son titre moral dans ce fait que les législateurs et les juges sont eux-mêmes soumis à la loi qu'ils font ou qu'ils appliquent ; la loi est la même pour tous, personne donc ne peut se plaindre d'en subir les conséquences.

Le livre de Beccaria sur les *Délits et les Peines,* paru en 1764, n'est pas seulement un plaidoyer contre les supplices atroces, il est un plaidoyer contre la peine de mort.

De là aussi l'immense effet que produisit le livre de ce jeune patricien venant contester la légitimité d'une peine qui passait aux yeux de tous pour le plus ferme fondement de la société. Il est beau de ressentir, au nom de la

conscience humaine, des scrupules jusqu'alors inconnu
du genre humain.

Il y a deux manières de condamner la peine de mor
On peut absolument en nier la légitimité. On peut (
contester l'efficacité et la nécessité.

Beccaria s'est placé à l'un et à l'autre point de vue.

Au point de vue du droit pur, disons-le, il para
faible et très-réfutable.

Ceux mêmes qui regardent la peine de mort comm
illégitime en soi trouveront qu'il a mal choisi sq
terrain pour en prouver l'iniquité. « La souveraine
et les lois, écrit-il, ne sont que la somme des petit
portions de liberté que chacun a cédées à la société. Ell
représentent la volonté générale, résultat de l'union d
volontés particulières. Mais qui a jamais voulu donn
à d'autres le *droit* de lui ôter la vie? Et doit-on suppos
que dans le sacrifice que chacun a fait d'une petite part
de sa liberté, il ait pu risquer son existence, le plus pr
cieux de tous les biens? » Combien n'est-il pas facile (
répondre à Beccaria que ce qu'il juge impossible nou
l'avons fait et nous le faisons tous les jours! La répon
est devenue aisée aujourd'hui surtout que le contrôle (
l'opinion s'exerce sans cesse sur le mode comme sur
degré de la pénalité. Le jour où personne ne voudra
courir ce risque de la mort à subir, à titre de châtimen
d'un crime accompli, ce jour-là même la peine de mo
tomberait, nous ne disons plus devant la conscience un
verselle, mais devant la prudence unanime.

Heureusement Beccaria ne s'en tient pas à cett
fausse argumentation. Il reprend sa supériorité,
se montre avocat habile, logicien pressant, embarras

sant, tout à fait neuf, quand il examine et condamne
le je ne sais combien de façons la peine de mort au nom
du principe de l'utilité. Si la mort n'est pas ou n'est
plus nécessaire, elle n'est donc pas ou elle n'est plus légitime! La question se trouve ainsi ramenée à une question de fait ; c'est à la résoudre dans le sens de l'ineffi-
cacité de cette peine que Beccaria déploie des ressources
remarquables de dialectique, à ce point qu'il n'est pas
un seul peut-être des arguments mis en avant depuis lui
par les adversaires de la peine de mort qu'il n'ait su présenter avec beaucoup de force et revêtir de vives couleurs. « L'expérience de tous les siècles prouve que
la peine de mort, dira-t-il, n'a jamais arrêté les scélé-
rats déterminés à nuire. » — « La rigueur du châtiment
fait moins d'effet sur l'esprit humain que la durée de la
peine, parce que notre sensibilité est plus aisément et
plus constamment affectée par une impression légère,
mais fréquente, que par une secousse violente et passa-
gère. Le spectacle affreux mais momentané de la mort
d'un scélérat est pour le crime un frein moins puissant
que le long et continuel exemple d'un homme privé de
sa liberté. » — Et encore : « Pour la plupart de ceux qui
assistent à l'exécution du criminel, son supplice n'est
qu'un spectacle ; pour le petit nombre, c'est un objet de
pitié mêlée d'indignation. Ces deux sentiments occupent
l'âme du spectateur bien plus que la terreur salutaire
qui est le but de la peine de mort. » — Il ajoute : « La
peine de mort est encore funeste à la société par les
exemples de cruauté qu'elle donne aux hommes. Si les
passions ou la nécessité de la guerre ont appris à répandre le sang humain, les lois devraient-elles multi-

plier cette barbarie, d'autant plus qu'elle donne la mort avec plus d'appareil et de formalités?... Le sentiment général sur la peine de mort est tracé en caractères ineffaçables dans ces mouvements d'indignation et de mépris que nous inspire la seule vue du bourreau, qui n'est pourtant que l'exécuteur innocent de la volonté publique, qu'un citoyen honnête qui contribue au bien général, » etc. Il insistera enfin sur cet « obscur lointain » dans lequel apparaît la mort à l'homme qui se sent résolu ou entraîné par la passion à commettre un crime.

Telle est la vraie signification du plaidoyer de Beccaria pour l'abolition de la plus terrible des pénalités. On y trouve du vrai et du faux. Mais il avait deviné, après avoir effleuré moins heureusement la question du droit abstrait, le terrain où la thèse qu'il a mise en avant peut et doit vraisemblablement triompher un jour. Ce n'est pas par des doutes exprimés sur le droit abstrait que la société se laissera jamais convertir sur ce point. Ces doutes, les hommes qui ont eu au plus haut degré le sentiment de l'humanité, Voltaire, Diderot, Rousseau, Montesquieu, ne les ont pas connus. Sans tirer de là aucune conclusion absolue, on peut en induire avec vraisemblance que tant qu'elle est réputée nécessaire, la peine de mort est légitime. Avec sa nécessité, sa légitimité cesse. Légitime aujourd'hui, elle peut ne plus l'être demain; légitime dans un état donné de civilisation, elle ne l'est plus dans tel autre. Cherchons donc, comme le dit très-bien M. Faustin Hélie, la solution de cette grave question dans l'étude approfondie des faits moraux, dans l'analyse des intérêts, des passions ou des idées qui produisent les crimes capitaux, dans ces solennelles enquêtes chaque jour ouvertes devant les Cours d'assises, dans ce sentiment intime du public, expression de la conscience de tous, qui juge les actions criminelles et leur assigne les peines analogues, enfin dans les effets des châtiments eux-mêmes sur les condamnés, et répétons avec M. Rossi dans son *Traité de droit pénal :* « La peine de mort est un moyen de justice extrême, dangereux, dont on ne peut faire usage qu'avec la plus grande réserve, qu'en cas de véritable nécessité, qu'on doit désirer de voir supprimer complétement, et pour l'abolition duquel le devoir nous commande d'employer tous nos efforts, en préparant un état de choses qui rende l'abolition de cette peine compatible avec la sûreté publique et particulière. »

On a, dans ces derniers temps surtout, accusé Beccaria d'avoir contribué à énerver la législation pénale et d'avoir frayé la voie à cette philanthropie trop partiale qui s'épuise en faveur des coupables, au point qu'il ne reste plus rien de sa pitié pour la masse des gens inoffensifs livrés sans défense aux attaques du crime puissant, impuni et plaint. Rien n'est moins fondé qu'une pareille accusation. Beccaria ne désarme point la loi de ses rigueurs nécessaires. Loin de là, le sentiment très-vif chez lui des nécessités sociales l'a conduit au contraire, sur quelques points, à exagérer les garanties de l'ordre. C'est ainsi qu'en attaquant avec beaucoup de raison les abus du *droit d'asile* et en voulant faire de l'*extradition* le code international de la sécurité publique, il tombe dans l'excès en retranchant des priviléges de la souveraineté la belle

12.

et touchante prérogative du *droit de grâce*, si univer
sellement consacrée par la coutume. L'emploi du *ban
nissement*, qu'il voudrait de même trop généralisei
est une réminiscence fâcheuse des législations grecqu
et romaine. Enfin que dire de la peine étrange qu'i
substitue à la peine de mort, l'esclavage perpétuel? A'
moins aurait-il dû définir ce qu'il entend par cett
peine qui n'est pas admissible ni même très-intelligiblc
à moins qu'il ne s'agisse de ce que notre code appell
les travaux forcés à perpétuité. C'est d'ailleurs au poin
de vue social qu'il plaide l'abolition de la peine d
mort plutôt qu'au point de vue individuel de la régé
nération du coupable. Il est à noter que cet aspect *péni
tentiaire* du châtiment échappe à cet esprit si humai
et si libéral, mais auquel manqua trop le sentiment pla
tonicien et chrétien pour qu'il pût s'élever jusqu'à c
grand côté moral de la peine.

Lui-même s'est confessé de cet excès de sévérité. Dan
la dernière édition de son *Traité*, il s'accuse d'avoir sou
tenu dans les précédentes qu'un banqueroutier non frau
duleux pouvait être détenu pour gage des créances à exei
cer sur lui, et forcé au travail pour le compte de se
créanciers. « Je suis honteux d'avoir adopté cette opi
nion cruelle, » disait-il dans une note; puis il ajoutait
« J'ai été accusé d'irréligion, et je ne le méritais pas
j'ai été accusé de sédition, et je ne le méritais pas; j'a
offensé les droits de l'humanité, et personne ne m'en
fait aucun reproche ! »

Beccaria n'a été ni un grand philosophe, ni un gran
jurisconsulte, qu'a-t-il été? un grand semeur d'idée

nouvelles. Ces idées justes autant que généreuses n'ont pas cessé de fructifier. La proportionnalité des peines aux délits, la modération dans les châtiments, voilà son livre. Il a développé le premier cet axiome entrevu par Platon et par Montesquieu, *que c'est bien moins la gravité que la certitude de la peine qui en fait l'efficacité :* idée qui aurait suffi à elle seule pour le conduire à demander plus de douceur dans les lois. On peut contester en partie ses vues un peu exclusives sur l'*interprétation* juridique, comme l'a fait M. Faustin Hélie; mais s'il met de l'excès à se montrer partisan de l'interprétation *grammaticale* ou *littérale* contre l'interprétation *logique*, contre l'idée, dont on abusait énormément au profit de la complaisance ou de la dureté, qu'il faut *prendre l'esprit de la loi,* c'est qu'il juge que l'interprétation littérale est destinée à produire plus de clarté dans la loi et moins d'arbitraire dans le juge; c'est qu'il estime avec raison que ce ne serait pas sans abus qu'on appliquerait à l'interprétation de la loi pénale, dans laquelle tout doit être prévu, pesé, arrêté, précis, les principes de l'interprétation de la loi civile, qui peut, dans certains cas, rester muette ou obscure, sans dispenser le juge du devoir de prononcer d'après les principes généraux du droit, l'analogie des matières, la similitude des cas prévus avec les cas non prévus, enfin d'après l'esprit d'équité qui domine tout. Il combat avec beaucoup de force l'ancienne théorie des *preuves légales,* alors en vigueur, et que l'ordonnance de 1532 avait consacrée en soumettant la procédure au système inquisitorial. Quel était le principe de cette théorie bizarre? c'était

de matérialiser la preuve de manière à ce qu'elle fû
attachée au fait lui-même et non à l'appréciation qu
le juge en pouvait faire; le juge n'était qu'un instru
ment impassible chargé de vérifier chaque élément
chaque circonstance du fait, et d'évaluer, suivant de
prescriptions doctrinales, sa valeur probante. Peu im
portait que cette évaluation fût ou non conforme à s
conviction intime; il se bornait à spécifier, en les carac
térisant, les aveux, les témoignages, les présomption
et les indices : chacune de ces circonstances avait u
effet légal en vertu d'une sorte de tarif; la sentenc
n'était qu'une déduction des preuves établies par l'ins
truction. C'est cette théorie en quelque sorte mécaniqu
des preuves légales, péniblement élaborée par la scienc
subtile et étroite des criminalistes du seizième et du dix
septième siècle, que Beccaria contribua plus qu'aucu
autre à renverser. Il pose en principe que la certitud
essentiellement requise en matière pénale ne peut êtr
renfermée dans les règles d'une preuve scientifique, c
que cette certitude ne peut résider que dans la conscienc
du juge; nulle certitude *légale*, en un mot, sans certi
tude *morale*. Il est peu de vérités exprimées dans le livr
de Beccaria qui ne soient devenues aujourd'hui, sino
toujours et au même degré des axiomes, du moins de
faits dominant dans la pratique. Il reprend contre l'u
sage des confiscations la thèse déjà soutenue par Mon
tesquieu et par Bodin. Mais la réprobation des peine
infamantes est une idée qui lui appartient en propre.

Comment aussi ne pas tenir compte à cet esprit ingé
nieusement inventif des efforts qu'il fait pour atteindr
la dernière précision en dressant une échelle de la pro

ression des peines correspondant à la progression des
élits? Bentham a repris cette idée avec plus de force
t d'habileté, sans arriver à la solution absolue d'une
uestion compliquée de trop d'éléments, qui se com-
inent eux-mêmes dans des proportions trop variables
our se prêter à la certitude et à l'exactitude de la
néthode mathématique.

Le lecteur contemporain s'étonnera peut-être de l'es-
èce de rigueur logique et compendieuse avec laquelle
Beccaria fait le procès à une horreur telle que la tor-
ure. Il cessera de s'étonner s'il songe que des juris-
onsultes distingués, que des magistrats qui, dans la
ie privée, étaient de mœurs douces et d'un caractère
ienveillant, ont persisté après le *Traité des délits et
les peines* à soutenir l'utilité de la torture. Un homme,
lit Beccaria, ne peut être regardé comme criminel
vant la sentence du juge. Ce principe aurait dû suf-
ire pour démontrer aux yeux de tous l'absurdité et
'injustice de la torture. Comme criterium, quoi de
lus incertain? Est-ce qu'on n'a pas vu cent fois les
orps robustes et les volontés énergiques y résister,
nême chez le coupable; l'innocence y succomber au
ontraire et se délivrer de la douleur, devenue trop poi-
nante, par un aveu qui la calomniait? Quelle horreur
t quelle ineptie que l'injonction faite à l'accusé de con-
irmer son aveu par le serment après la cessation du
upplice! La non-confirmation devenait ainsi le signal
le nouveaux tourments. Quelques jurisconsultes ne per-
nettent cette infâme pétition de principe que jusqu'à
rois fois. D'autres docteurs abandonnent la chose à la

discrétion du juge. La torture appliquée pour éclairci
les contradictions de l'accusé est encore un autre nor
sens. Le trouble de l'accusé n'explique que trop co
contradictions. Est-il moins absurde, est-il moins in
juste de tourmenter un homme, parce qu'on suppos
qu'il a commis un autre crime que celui qui lui e
imputé? N'est-ce pas encore une peine infligée par l'ai
bitraire le plus monstrueux et la plus gratuite supposi
tion? Quant à faire avouer le crime des autres, quel pro
texte pour tourmenter celui qui ne l'a pas commis! L
torture, dites-vous, *purge l'infamie*. « La question es
elle donc un creuset, et l'infamie une matière impure (
hétérogène qu'on veuille séparer d'un corps où elle c
mêlée. » Eh bien! ces raisons si évidentes ne convair
quaient pas tout le monde. Des magistrats les réfutaion
en forme. Un jurisconsulte encore estimé, Muyard c
Vouglans, innocentait la torture en soutenant que l'a
cusé était déjà à demi convaincu du crime; il allait mèn
jusqu'à prouver qu'elle était instituée pour son plu
grand bien. Il détachait, dans sa docte argumentation
d'une ordonnance de Charles-Quint, l'article suivant
« Chacun étant, selon les lois, obligé d'éviter non-seu
lement le crime, mais même les apparences du crim
qui lui donnent un mauvais renom ou qui forment de
indices contre lui, celui qui ne sera pas sur ses gardes r
pourra s'en prendre qu'à lui-même de la sévérité qu'
se sera attirée! » O honte et misère de l'esprit humain

Ainsi pensait-on, chose inouïe, il y a moins d'u
siècle, avant que Beccaria, Voltaire, Montesquieu eus
sent annoncé la fin du moyen âge en matière de péna
lité et substitué la douceur moderne à l'antique féro

cité. Honneur à Beccaria ! Il a formulé dans un théo-
rème, dont son livre est le développement ingénieux
autant qu'énergique, les conditions de la justice telle
que les nations allaient désormais vouloir l'appliquer. Il
a écrit pour ainsi dire au frontispice des temps modernes :
« Pour qu'une peine ne soit pas une violence d'un seul
ou de plusieurs contre un citoyen, elle doit être *publique, prompte, nécessaire, la moindre qui soit possible* dans les circonstances données, *proportionnée au
délit et réglée par la loi.* » Quelle découverte dans le
monde physique vaut ces découvertes ou plutôt ces revendications de vérités éclipsées dans l'ordre moral ?

II

L'homme, dans Beccaria, mérite d'être connu. Il semblerait que l'auteur d'un livre qui rompait ouvertement
avec les préjugés reçus devait avoir un courage exalté
et une certaine fougue de tempérament. Rien de tel
pourtant. Ce généreux adversaire des pénalités atroces
était doux, mélancolique et timide. Il lui manquait
cette animation indispensable même aux entreprises
purement intellectuelles. Heureusement il rencontra
un inspirateur, un soutien, dans Pierre Verri, son ami
de jeunesse et son compagnon d'études. L'âme ferme et
le caractère ardent de Verri le sauvèrent de sa propre
faiblesse. Il osa écrire, il osa prendre confiance en lui-
même, il osa s'exposer aux persécutions. Cela dut lui
coûter plus qu'à tout autre. Plus tard, en butte à la malveillance et inquiété, il a dit ce mot qui le peint : « qu'il

voulait bien être apôtre, mais non martyr. » Le marqui:
César Beccaria appartenait à l'aristocratie milanaise
Élevé par les jésuites au collége de Parme, ce fut, dit-on
un écolier inégal, d'une constitution un peu molle
n'ayant de goût réel, parmi les études qu'on faisait alors
que pour les mathématiques et la philosophie. On sai
qu'être élevé chez les jésuites était un préservatif fort pet
efficace contre l'invasion des idées du siècle. Beccaria ne
tarda pas à adopter la philosophie française dans se:
opinions les plus hardies. Ses parents en furent frois-
sés. Un mariage d'inclination, qui leur parut une mésal-
liance, acheva de les éloigner de lui. Il lui fallut vivre
loin de la maison paternelle. Il connut l'amertume de
la gêne et les dures nécessités du ménage. On peu
conclure de ces honorables révoltes que, si timide qu'i.
fût, il n'était pas incapable de résolution. Il a écrit.
d'ailleurs, dans une de ses lettres qu'il avait été de bonne
heure animé par trois sentiments très-vifs : « l'amour
de la réputation littéraire, celui de la liberté, et la com-
passion pour le malheur des hommes, esclaves de tan.
d'erreurs. » Le premier ouvrage qu'il composa et pu.
blia sur les instances de Pierre Verri, fortement frappé
de ce qu'il y avait chez ce jeune homme de vive et originale pénétration, roula sur la circulation monétaire
dans le Milanais. Ce travail annonçait chez Beccaria le
futur économiste qui devait être égal et, j'incline à
le croire, supérieur même au légiste. Il est bien moins
connu pourtant comme économiste que comme criminaliste. On se l'explique en sachant que ses *Élé-*
ments d'économie politique n'ont vu le jour qu'en
1804, dans la collection italienne de Custodi, quand le

grand ouvrage d'Adam Smith était devenu classique.
Combien, d'ailleurs, une protestation éclatante contre la
peine de mort et la torture n'était-elle pas de nature à
faire plus de bruit que de fines et sagaces analyses sur le
développement de la richesse! Il était dans la destinée
de Beccaria de se heurter toujours à quelque préjugé.
La publication de ce premier ouvrage d'économie publique mit son auteur aux prises avec les vieux préjugés
économiques qui voyaient dans la monnaie un signe purement conventionnel des richesses. Le marquis Carpani
s'en rendit l'organe irrité en accordant seulement que la
mauvaise monnaie qui circulait devait être sans doute
refrappée, mais avec un titre affaibli. Les deux Verri
prirent part à la guerre économique qui s'engagea, et
ridiculisèrent dans des brochures le marquis Carpani et
son parti.

C'est alors qu'enhardi par son succès, Beccaria fonda
avec les deux frères si distingués l'un et l'autre un recueil philosophique et littéraire paraissant sous ce titre :
le Café, sur le modèle du *Spectateur* anglais, et qui,
dans sa courte durée (1763-1766), obtint un grand
succès. La fondation de ce recueil se rattachait pour
Beccaria au patriotique désir de relever intellectuelle-
ment le Milanais. A la même époque, Genovesi créait
en quelque sorte à Naples l'étude des sciences morales et
politiques. Beccaria gémissait que dans sa ville natale,
sur une population de 120,000 âmes, il y eût à peine
vingt personnes qui aimassent à s'instruire.

Les vœux de son ardent patriotisme furent accueillis
et encouragés par le comte Firmiani, gouverneur au-
trichien de la Lombardie, le plus libéral patron qu'eus-

13

sent dans cette contrée les lettres et les sciences. C'est
sous ses auspices que Beccaria forma une société d'a-
mis, s'occupant de lettres et de philosophie. Différents traités de littérature et de morale, de physique
et de métaphysique, composèrent le recueil qui fut
l'expression de ces. études poursuivies en commun.
Parmi les discussions qu'y fit insérer Beccaria, on remarqua surtout des *Recherches sur la nature du style*.
C'était, sous une forme ingénieuse et subtile, un paradoxe renouvelé d'Helvétius qui en faisait le fond.
Beccaria y soutenait que tous les hommes naissent pourvus d'une égale dose de génie pour la poésie, l'éloquence, etc., et que, formés par la même instruction,
tous raisonneraient, parleraient, écriraient également
bien, soit en prose, soit en vers. Absurde paradoxe qui
exagère singulièrement l'idée de l'égalité native et qui
fait peu d'honneur à l'esprit d'observation d'une philosophie qui s'intitulait expérimentale! Il n'y a rien de
bien glorieux pour le jeune Milanais de lui avoir serv:
complaisamment d'écho. Il est curieux de voir, par
un exemple qui n'est d'ailleurs qu'un des cas nombreux d'une loi presque universelle, à quel point e
ce bas monde on est toujours d'une église, à quel poin
on répète toujours un catéchisme, surtout dans la jeunesse, alors même qu'on arbore pour drapeau la libre
pensée avec une fierté presque insolente.

Au reste, nous l'avons déjà reconnu, Beccaria n'étai
point un métaphysicien. Légiste philanthrope, et bien
tôt économiste profond, tels furent ses vrais titres. Le
Traité des délits et des peines à peine paru fut traduit en
vingt-deux langues. Lui-même ne comptait pas sur un

tel succès. Il avait écrit dans son introduction : « Si en soutenant les droits des hommes et l'invincible vérité, je pouvais arracher à la tyrannie ou à l'ignorance quelques-unes de leurs victimes, les larmes et les bénédictions d'un seul innocent, dans les transports de sa joie, me consoleraient des mépris du genre humain. » Traduit par l'abbé Morellet, sur les instances de M. de Malesherbes, commenté par Voltaire, le plus insigne honneur que pût obtenir un publiciste, honoré en outre de marques de considérations par tous les gouvernements réformateurs si nombreux alors, par la Prusse, la Russie, la Toscane, par la ville de Berne qui lui faisait frapper une médaille, publiquement loué par l'illustre lord Mansfield, il jouit de toute la gloire qu'il pouvait désirer et de plus de popularité que jamais en obtinrent des écrivains bien supérieurs. Elle ne le défendit pas, cette popularité si chère au cœur du jeune Milanais, contre les cabales à Milan même et dans quelques États voisins. Les vieux juges attachés à la loi quand même, les amis des antiques errements juridiques ne lui pardonnaient pas d'avoir dénoncé la torture, et le jeune philosophe se vit menacé de poursuites pour ses attaques à la législation établie, et à la veille de la persécution. Il fallut que le comte Firmiani prît sous sa protection ferme et décidée le livre et l'auteur.

Dans l'intervalle, Beccaria avait fait un voyage en France (1766) dans des circonstances qui achèvent de peindre son caractère. Les philosophes le pressaient de venir à Paris. Au moment de réaliser ce dessein et d'aller visiter ceux dont les encouragements lui représentaient en quelque sorte la gloire, il est repris de sa timidité naturelle : l'idée du monde de Paris l'effraye. Arrivé à Lyon, il ne veut pas continuer son voyage et parle de revenir sur ses pas. Il fallut que Pierre Verri, qui faisait avec lui le voyage, le contraignît pour ainsi dire à l'achever. Il arrive à Paris, il y reçoit l'accueil le plus chaleureux ; un de ces accueils que la philosophie réservait à ses adeptes de tous les pays, et qu'elle devait plus tard faire à Franklin. Le mal du pays le prit au milieu de ces brillantes réceptions. Il retourna en Italie, passant près du séjour de Voltaire, sans même, ce qui indigna fort Verri, oser aller visiter le philosophe son maître et son admirateur enthousiaste.

Pour le mettre à l'abri de l'orage que sa circonspection personnelle n'empêchait pas de se former, le comte Firmiani (1768) créa pour lui une chaire d'économie politique à Milan. Il l'occupa presque toute sa vie, qui s'écoula désormais dans de paisibles études. Il fut nommé de plusieurs commissions. En 1791, il faisait partie d'une commission de réforme du droit criminel et d'un conseil qui s'occupait d'un ensemble d'améliorations civiles et économiques. Il mourait d'apoplexie le 28 novembre 1793, ayant été le témoin tour à tour enthousiaste et attristé de la Révolution française dans sa brillante aurore et dans ses spectacles d'horreur, qui lui montrèrent plus que jamais prodiguée cette peine de mort qu'il avait condamnée dans ses rêves de publiciste philanthrope. Peut-être se demanda-t-il avec amertume si l'adoucissement dans le supplice, dû en grande partie à son influence, n'avait pas contribué lui-même à le rendre plus commun en le rendant moins révoltant, et si la méchanceté humaine ne ressemblait pas à un créan-

cier avide qui, sous une forme ou sous une autre, veut
toujours retrouver son compte.

C'est pour garder sa chère tranquillité que Beccaria
ne publia point ses leçons d'économie politique. Il manqua, par cet excès de timidité, une seconde gloire que
l'Europe éclairée lui aurait indubitablement décernée.
Un savant économiste anglais, M. Macleod, vient de
donner, dans son *Dictionnaire d'économie politique*,
une longue analyse des *Éléments d'économie politique*
de Beccaria. Il en résulte qu'il avait conçu de cette science
l'idée la plus large et très-souvent la plus exacte. Plusieurs de ses analyses sont des chefs-d'œuvre de pénétration. Il allait certainement plus loin, comme intelligence des conditions de cette science nouvelle, que les
économistes français de la même époque dont il évitait
du moins en général les opinions trop systématiques.

M. Joseph Pecchio, dans son *Histoire de l'Économie
politique en Italie*, lui rend d'ailleurs justice en le plaçant parmi les précurseurs les plus profonds de la science
économique.

N'est-ce pas un titre véritable que d'avoir su grouper
un grand nombre de points particuliers autour de ce
grand principe : « que ce n'est point la plus grande
quantité de travail en général, mais seulement la plus
grande quantité de travail *utile*, c'est-à-dire donnant
la plus grande quantité de produits possible, qui est
la plus avantageuse ? » De cette maxime, qui devrait
être écrite, a-t-on dit, sur chaque machine facilitant le
travail, comme la plus belle apologie de la mécanique,
Beccaria tira quelques vérités neuves relativement au
temps où il écrivait.

1° *Division du travail.* « Chacun éprouve par l'expérience qu'en appliquant la main et l'attention toujours sur le même genre d'ouvrages ou de produits, les résultats sont plus faciles, plus abondants et meilleurs que si chacun faisait isolément les choses qui lui sont nécessaires : là les uns font paître les troupeaux, d'autres en cardent les laines, d'autres en font des tissus; celui-ci cultive les blés, celui-là en fait du pain; un autre fait des habits; un second fabrique les outils pour les agriculteurs et les ouvriers : c'est ainsi que les arts se multiplient, s'enchaînent tous, et que les hommes se divisent pour l'utilité générale et particulière en plusieurs classes et conditions. » Le principe de la division du travail fut presque en même temps découvert par Adam Smith, et plus amplement détaillé dans tous ses phénomènes par ce célèbre écrivain qui en fit sa grande conquête. Néanmoins, J.-B. Say convient que Beccaria est le premier qui indiqua avec précision cette importante théorie.

2° *Estimation du travail, circonstances selon lesquelles le prix de la main-d'œuvre doit être réglé.* « J'ai dit, continue Beccaria, qu'en estimant le travail, il est nécessaire d'avoir égard au temps qu'emploie le travail même, parce que les aliments sont un besoin constant et périodique; il faut encore avoir également égard au temps du travail des arts inférieurs jusqu'au dernier. Il y a encore quelques autres considérations qui entrent dans l'estimation du travail, comme par exemple, la quantité plus ou moins grande de l'ouvrage, et la plus ou moins grande capacité qu'il exige; ensuite les périls et les risques que l'on court en faisant cet ouvrage, soit par la fragilité de la matière première, soit par quelque circonstance intrinsèque ou extrinsèque qui la rend mauvaise ou nuisible. »

Ce principe est le même encore que celui qui a été établi par Smith, quoique l'auteur anglais soit beaucoup plus fécond en exemples et en conséquences.

3° *Capitaux productifs.* « Pour multiplier les fruits de la terre, les hommes eurent pendant longtemps de grandes difficultés à surmonter. Ils durent déboiser le terrain, en ôter les pierres, le labourer, faire des canaux d'irrigation, le féconder avant qu'il fût en état seulement de recevoir les premières semences en cette quantité que nous voyons aujourd'hui nourrir des populations considérables. Or, toutes ces opérations exigeaient de la fatigue, du temps, des instruments propres à labourer la terre, des matières aptes à la féconder, et des semences déjà produites par elle, pour les y ensevelir de nouveau afin qu'elles pussent se reproduire et se multiplier; mais durant ce temps et ces fatigues, les hommes durent se nourrir, s'habiller, se loger près du lieu de leur travail, et avoir en propriété ces choses qui devaient servir à perpétuer la reproduction sur la terre. Nous nommerons donc *capital fondateur de l'agriculture* la somme de toutes les choses préalablement nécessaires à rendre productive une terre inculte, et nous ferons observer que, sans ce capital fondateur, la terre serait restée inculte et déserte. De plus, la terre ayant été préparée pour être cultivée et produire, il fallait la conserver telle, parce que les produits d'une année étant consommés, il était nécessaire de la mettre en état de les reproduire dans l'année suivante; mais cette reproduction exige une nouvelle semence pour jeter sur le terrain ; et où la prendre si ce n'est dans les produits précédents de l'an dernier ? Elle exige des bras qui cultivent, des animaux qui fécondent et qui aident le travail ; il faut se nourrir, se loger, conserver les instruments aratoires, et nourrir ces animaux qui contribuent au travail même. Tout cela exige une dépense continuelle et des richesses qui ne peuvent être employées à aucun autre usage qu'à celui de la reproduction.......... Nous appellerons donc ces richesses nécessaires à la reproduction *capital annuel*, et nous ferons observer que si elles viennent à diminuer, ou si elles n'existent plus, la reproduction diminue ou cesse tout à fait, et la terre redevient ce qu'elle était, inculte et déserte. »

J.-B. Say, on le voit, n'a été que juste en affirmant que *Beccaria analysa pour la première fois les vraies fonctions des capitaux productifs.*

Comme preuve de l'imagination inventive de Beccaria, je citerai encore la proposition qu'il avait faite d'adopter, et cela avant la Révolution française, la mesure décimale prise dans le système de la terre, afin d'avoir un étalon toujours égal et immuable pour les poids et les mesures. Cette méthode, qui, de nos jours, fit tant de bruit en Europe, et fut mise en pratique en France pour la première fois, Beccaria l'avait suggérée en 1780, lorsque le gouvernement voulait introduire l'uniformité de poids et de mesures en Lombardie.

Ajoutons pourtant à notre regret que Beccaria n'était point d'accord avec Verri sur la liberté absolue du commerce des grains. Dans cette question, Beccaria se rapprochait plutôt de Carli et de Galiani ; il soutenait que l'absence de système était le meilleur de tous les sys-

tèmes que puisse imaginer le politique le plus raffiné
en matière d'approvisionnement, et il admettait que,
dans certains cas, il pouvait y avoir lieu à quelques règlements et à quelques restrictions.

Comme Verri, Beccaria s'est élevé contre les fidéi-
commis, le droit d'aînesse, et les *immortelles* main-
mortes (c'est ainsi qu'il les désignait); cependant son
opinion sur la petite culture différait de celle de son
ami. « Il ne pense pas, écrit à ce sujet le comte Pecchio, que l'on ne doive avoir en vue que la quantité des
produits de la terre; il insiste, au contraire, sur les avantages de la grande culture, comme celle qui laisse un plus.
grand produit net, lequel sert à alimenter les manufactures, sort de l'État, paye les impôts, et enfin, donne le
mouvement à toute la machine de l'économie d'une nation. Mais comment peut-il y avoir de grande culture sans
grandes propriétés, liées perpétuellement par les fidéi-
commis? Beccaria concilie cette contradiction apparente,
en faisant observer que, dès que le libre commerce des
produits du sol est établi, le prix des denrées se tient
constamment élevé, et qu'alors la grande culture s'introduit partout. Ainsi, les terres trop divisées, par
exemple, par l'effet de la succession des familles, ou
seraient données à bail à un seul fermier, ou seraient
vendues à celui qui les réunirait en une seule ferme. De
cette manière, la propriété serait divisée sans que la culture le fût. S'il arrivait ce que Beccaria suppose, la question de l'utilité des grandes propriétés, qui divise presque
tous les écrivains, et principalement les auteurs anglais
d'avec les français et les italiens, dont la plupart sont en
faveur de la petite culture, cette question serait décidée. »

Il se rapprochait des économistes français, dont il se séparait sur d'autres points, quant à la définition de la production. C'est ainsi qu'il considérait les ouvriers comme une classe stérile, et les manufactures comme n'augmentant pas la production, sous le prétexte, souvent réfuté depuis lors, qu'elles ne représentent que la valeur de la matière première et des éléments consommés par les ouvriers en la travaillant. Verri avait encore ici une opinion différente et, disons-le, plus juste; il voyait dans les ouvriers une classe productive, dont la production comprend la valeur de la matière première, la consommation proportionnée aux bras qui y sont employés, et de plus, cette portion qui enrichit celui qui a élevé la fabrique, et qui s'y emploie avec talent et succès.

III

L'auteur du *Traité des délits et des peines* doit être jugé par la valeur des services rendus, des réformes accomplies. Ce sera son honneur durable d'avoir attaqué et flétri l'insuffisance des lois relativement aux détentions préventives, le serment de dire la vérité qui était imposé aux accusés, les interrogatoires suggestifs, espèce de torture morale que les juges faisaient subir aux prévenus, enfin la procédure secrète qui enveloppait dans ses ombres toutes les charges de l'instruction. On peut regretter sans doute, au point de vue de la renommée *scientifique* de Beccaria, que ces idées ne soient pas toujours soutenues dans un ordre assez lucide, avec une assez grande abondance de preuves et toute la précision désirable. Mais il n'est pas contestable, après qu'on a lu le livre *des délits et des peines*, que ces idées, alors nouvelles et qu'anime un généreux accent, n'assurent à Beccaria une place immortelle dans la famille d'élite des adorateurs de la justice, qui vaut peut-être celle des adorateurs de la science.

Cette place, M. Faustin Hélie la lui a faite dans une édition nouvelle qu'on peut regarder comme définitive. Il a placé en tête une introduction vraiment forte et lumineuse, inspirée par une philosophie élevée, remplie d'une profonde science juridique. Cette introduction, très-développée, et qui est une œuvre à elle seule, restera inséparable de l'œuvre capitale du criminaliste italien, aussi bien que le commentaire qui l'accompagne dans toutes ses parties. On ne saurait dire, en effet, à quel point le texte reçoit de clarté de ces réflexions qui terminent chaque chapitre. En réunissant ces commentaires, qui portent sur des points spéciaux, et les vues générales de l'introduction, qui marquent tous les progrès de la philosophie du droit criminel depuis Beccaria, on obtient comme un cours abrégé de droit pénal qui ne présente ni beaucoup d'épines ni beaucoup de fatigue, même en y joignant la lecture de l'auteur original. Beccaria a su donner à son ouvrage un mérite dont ne devraient pas se dispenser les génies qui ne sont pas de premier ordre; il a écrit un livre court. C'est la brièveté même de ce livre qui a fait sa fortune. Plus volumineux et plus lourd, l'oubli l'aurait englouti déjà. Réduit aux proportions modérées d'un assez mince volume, il surnage encore, et il vivra comme la revendication de l'humanité et de la raison éloquente contre l'inutile atrocité des lois spécieusement parée par des sophistes, dupes de leurs propres arguties, des couleurs de la nécessité et de la justice. Il a identifié son nom avec une grande cause, et il en a fait le synonyme d'un grand progrès et d'une grande espérance. Permettons au genre humain, qui ne marchande pas les couronnes à ce qui l'éblouit et l'opprime, de mettre la renommée du bien accompli à côté de la supériorité de la force et même de l'intelligence, et estimons, dans notre temps où les idées abondent, ceux qui n'en ont eu qu'une seule, fécondée par un sentiment puissant et efficace. Le sentiment! il a sa place dans cet ordre d'idées morales et de perfectionnements sociaux. Montesquieu ne serait point tout ce qu'il est s'il n'avait écrit son éloquent et ironique chapitre sur l'iniquité de l'esclavage, et si à la pénétration incomparable de son esprit ne se joignait jamais l'accent ému de la justice et de l'humanité. Il n'y a pas de grand homme sans âme dans les sciences morales et politiques; Machiavel lui-même n'obtient son pardon pour ses immoralités et n'a toute sa gloire que parce qu'il est un admirable patriote; un réformateur généreux est contenu et palpite dans tout publiciste de génie.

L'HEPTAPLOMERES DE J. BODIN [1]

Nous annonçons comme une bonne nouvelle pour l'é-
rudition la publication, pour la première fois complète
dans le texte latin, d'un livre curieux et étrange qui a
beaucoup occupé les savants jusqu'au dix‑huitième
siècle, l'*Heptaplomeres* de Jean Bodin. Il en existe
plusieurs copies (quatre, à ce que nous croyons), et une
traduction manuscrite en français, à la Bibliothèque
de la rue Richelieu. Presque toutes les grandes biblio-
thèques de l'Europe possèdent de même des copies de
l'*Heptaplomeres*. Mais le livre n'avait jamais été imprimé, si ce n'est en 1841, par un savant distingué,
M. Guhraüer, qui en a publié les trois premiers livres
en langue allemande, et les deux autres en latin. Aujourd'hui un autre docte Allemand, M. Louis Noack,
nous donne le texte tout entier collationné avec soin.
Nous voudrions apprécier aussi rapidement que possible
l'importance de cette publication.

Cet ouvrage de Bodin, du même écrivain qui a composé le livre demeuré célèbre sous le titre de la *République*, du vieux publiciste qui, sur tant de points et

---

[1] *Joannis Bodini colloquium Heptaplomeres de rerum sublimium
arcanis abditis,* publié pour la première fois par M. Louis Noack.

pour la méthode générale appliquée à la science de la politique, a devancé Montesquieu ; cet ouvrage, dont le nom même est à peu près oublié aujourd'hui, mérite-t-il l'honneur d'une impression qui s'est fait attendre pendant près de trois siècles ? Avant d'exprimer une appréciation personnelle sur cette question, nous citerons l'opinion d'un critique incomparable, de Leibnitz, dont le jugement sert déjà à donner une idée de ce livre, désigné seulement sur un ton d'horreur mystérieuse par quelques érudits et théologiens du seizième siècle comme une œuvre singulière d'audace et même d'impiété. Leibnitz s'est, à deux âges différents, occupé de l'*Heptaplomeres*. Il le lut pour la première fois vers l'âge de vingt-trois ou vingt-quatre ans, à Mayence, dans la maison du baron de Boineburg. C'est de là qu'il écrit, en parlant de l'*Heptaplomeres : Legi aliquando opus integrum, volumen sane ingens, sed plus habens doctrinæ quam pietatis*. Ainsi, à cette époque, le livre de Bodin est, pour le grand philosophe, un ouvrage considérable, mais qui lui paraît plus fait pour mériter l'admiration des savants que rassurant pour la piété des fidèles. Il ajoute même : *Vereor ne edatur aliquando liber hic magno publico damno*. Voilà l'opinion de Leibnitz dans sa jeunesse ; il craint comme un danger public pour la foi chrétienne la publication de l'*Heptaplomeres*. Leibnitz fit plus encore à cette époque : il entreprit de le réfuter. Le premier éditeur, M. Guhraüer, nous dit qu'il possède toute une réfutation écrite de la main même de Leibnitz, sous ce titre : *Bodini colloquium Heptaplomeres*, etc., *examinatum et refutatum a Leibnitio*. Leibnitz devait revenir encore, mais dans des sentiments bien différents, sur l'ouvrage de Bodin. Il paraît alors beaucoup moins inquiet du danger que le livre pourrait avoir ; il déclare même ce danger nul, et il émet à plusieurs reprises le vœu que l'*Heptaplomeres* trouve enfin un éditeur. Voici les termes dans lesquels il écrit à Sébastien Bortholt, le 24 janvier 1716, après avoir parlé de l'ouvrage qui *De tribus impostoribus audacter appellatur*, et d'autres écrits sur la religion, selon lui, trop indignes de voir le jour : « J'excepte un seul livre de Bodin qu'il a intitulé : *De arcanis sublimium colloquium Heptaplomeres*. Il est impossible, en effet, de ne pas reconnaître une vaste érudition dans ce livre, comme dans tous ceux de Bodin ; aussi je désirerais le voir publier par quelque savant qui l'accompagnât de remarques critiques dignes du texte... Celui qui voudrait argumenter contre un tel livre devrait être versé dans la philosophie, dans la philologie sacrée, c'est-à-dire dans la langue originale des livres saints, et même dans le rabbinisme, enfin dans la lecture des Pères grecs et latins. » Leibnitz devait répéter encore ce vœu en faveur de la publication de l'*Heptaplomeres*. Il écrivait au même correspondant le 19 mars : *Bodini opus, cum viri eruditi animadversionibus exquisitis, edi meretur*. Ce désir, exprimé avec une telle insistance, ne devait point être accompli de longtemps. M. Guhraüer nous parle pourtant d'une tentative qui fut faite peu de temps après la mort de Leibnitz, en 1720. La publication de l'*Heptaplomeres* fut annoncée par la *Gazette de Leipsik*, mais la cour de Brunswick y mit opposition. Le livre courut donc manuscrit jusqu'à notre temps.

On vient de voir que Leibnitz ajoutait au vœu qu'il

formait pour la publication de l'*Heptaplomeres* le sou-
hait que ce livre fût annoté et critiqué par le savant éditeur qui se chargerait de cette impression. Cette dernière
partie du vœu de Leibnitz n'a point été accomplie par
M. Louis Noack, qui s'est borné à nous livrer le texte
du livre, en divulguant pour ainsi dire, sans aucun commentaire ni précaution oratoire, cet ouvrage de Jean
Bodin, relégué jusqu'ici parmi les curiosités et raretés
littéraires, et qui offrait hier encore un certain attrait de
fruit défendu. Nous n'oserions en faire un reproche au
savant éditeur. Le christianisme (si tant est qu'aucune
conclusion positivement contraire au dogme puisse être
tirée de l'*Heptaplomeres*, ce qui reste un point encore
controversé) a passé par bien d'autres épreuves que la
critique dont il est l'objet dans l'ouvrage de ce penseur
du seizième siècle. Quant à la discussion des textes invoqués avec une grande richesse d'érudition par Bodin,
textes hébreux et grecs, mis au service des controverses
les plus hardies, l'Allemagne philosophique et philolo-
gique, si passionnément occupée de travaux d'exégèse,
en fera, s'il y a lieu, son profit. Dans sa *Demonstratio
evangelica*, Huet, le célèbre évêque d'Avranches, s'applique à défendre avec un zèle érudit l'authenticité de
plusieurs textes des livres saints contestée par un des
principaux interlocuteurs de l'*Heptaplomeres*, le juif
Solomon. De même une réfutation a été, en 1684, composée par Diecman sous forme de thèse pour obtenir le
grade de docteur en théologie; elle a pour titre : *Sche-
diasma inaugurale de naturalismo tum aliorum, tum
maxime J. Bodini*. Elle fit fortune dans son temps,
valut à son auteur non-seulement l'estime des théolo-

giens et des savants, mais des distinctions à la cour des
princes, et obtint les honneurs d'une seconde édition en
1701. Il est difficile de penser qu'un nouvel examen de
l'*Heptaplomeres*, c'est-à-dire encore une fois d'un livre
où une grande connaissance et un fréquent usage de
l'hébreu sont employés à la discussion de l'authenticité
des textes, paraisse absolument stérile et tout à fait dé-
nué d'intérêt aux érudits d'outre-Rhin.

Ce qui ne l'est pas même pour de bien moins savants,
pour ceux-là qui le sont tout juste assez pour lire le texte
latin, c'est l'esprit d'examen qui se déploie dans l'*Heptaplomeres* avec une abondance de vues, une hardiesse de
critique et un contraste de raison sévère et d'inquali-
fiables rêveries éminemment remarquables. Ce contraste
étonnera moins d'ailleurs ceux qui savent que Bodin
réunit en lui l'homme qui a écrit la *Démonomanie,* ce
livre insensé qui élève la superstition de la sorcellerie à
la hauteur d'une théorie philosophique, et l'écrivain
plein de sagesse qui a répandu de vives lumières sur les
sujets politiques les plus élevés, sur des matières alors
inexplorées d'économie publique, enfin l'énergique et
honnête député aux États de Blois, qui se montra jusqu'à
la fin fermement dévoué à la cause de la tolérance religieuse.

L'*Heptaplomeres*, que nous ne voulons pas analyser
ici complétement (nous l'avons fait ailleurs dans un ouvrage consacré tout entier aux travaux de J. Bodin [1]),
mais que nous voudrions caractériser dans ce qu'il pré-

---

[1] *Jean Bodin et son temps,* Tableau des théories politiques et
des idées économiques au seizième siècle, 1 vol. grand in-8°, chez
Guillaumin, Paris.

sente de plus essentiel, est un dialogue composé sur le modèle des dialogues de Platon, ou plutôt de Cicéron, roulant, le titre l'indique, sur les *arcanes des choses sublimes*, c'est-à-dire sur les problèmes les plus obscurs de la métaphysique, et particulièrement sur les points les plus controversés de la religion.

Quant à ce titre même d'*Heptaplomeres*, il désigne non un livre à sept parties, mais à sept personnages, desquels il suffit de donner une idée pour qu'on s'en fasse une du livre même. Toralba, un des principaux interlocuteurs, est un philosophe grave, raisonneur, dédaigneux de la foule, ennemi de l'autorité, tolérant, enfin purement théiste. Il expose les doctrines métaphysiques de l'*Heptaplomeres*, qui, en dépit de quelques beaux passages, sont loin d'en former la partie la meilleure. On trouve là, avec tout le mouvement d'esprit et d'érudition de la Renaissance, les bizarres conceptions sur la nature et sur les puissances supérieures, que Bodin a jetées dans un autre de ses écrits, l'*Amphitheatrum naturæ*. Représentant du rationalisme pur, Toralba d'ailleurs tient tête aux chrétiens et aux juifs, en même temps qu'il traite l'épicuréisme avec une vertueuse sévérité; il réunit dans son personnage le raisonneur et l'inspiré. —La figure la plus fortement accusée, avec celle-ci, est celle de Salomon. Ce personnage est un juif talmudiste, censeur acerbe et subtil du christianisme, enfermé dans la Bible et armé d'une érudition redoutable. — Chacun des autres interlocuteurs offre également un type déterminé. C'est, par exemple, un personnage et même assez amusant que Senamus. Ce Senamus paraît bien personnifier, avec son raisonnement fin, son antipathie contre le surnaturel, sa modération ironique, ce que le dix-huitième siècle devait appeler, dans un sens un peu restreint, les *lumières*. Le paganisme interprété, tel que, par exemple, l'entendait l'empereur Julien, lui semble beaucoup moins absurde qu'il ne le paraît à ses adversaires, et devient dans sa bouche l'objet d'une espèce de défense. Quant à lui, nous dira-t-il dans sa volage croyance, il fréquente tour à tour les temples, les églises, même les mosquées. « Au moins, ajoute-t-il ironiquement, on ne me prendra pas pour un athée. »

Bodin n'a pas voulu que le mahométisme manquât, dans un dialogue sur les religions, de représentant et d'avocat. C'est le rôle qu'il a réservé à Octave, chrétien renégat, qui, fait prisonnier par les Turcs, a adopté le mahométisme et a fini par prendre sa nouvelle foi assez au sérieux pour la défendre. Il en loue la simplicité, la tolérance, prétend que le Koran est calomnié, et en présente l'apologie. C'est, selon lui, dans le mahométisme seul que l'unité de Dieu est respectée. Trois autres personnages achèvent de compléter le cercle savant et discoureur : Curtius le zwinglien, le luthérien Frédéric, le catholique Coronœus. C'est ici surtout qu'il faut se donner le spectacle des querelles théologiques du seizième siècle, à l'époque de Henri III. Pas un de ces personnages qui ne soit le symbole vivant de quelqu'une des dispositions d'esprit et des partis alors aux prises. Curtius, c'est le libre examen agressif, la critique véhémente des abus ecclésiastiques, l'invective railleuse contre ce qu'il appelle l'idolâtrie catholique. Frédéric, plus dogmatique, plus sérieux, discute les sources sacrées, les mystères, la philosophie chrétienne. Quant au

catholique Coronœus, Bodin en fait le symbole de la
doctrine de l'autorité. Pieux et bon, mettant la paix entre
ses hôtes, se retranchant invariablement, dès que quelque
grande difficulté est mise en relief par les autres interlocuteurs, derrière la parole de l'Église, on peut voir
en lui l'image de l'obéissance passive en matière de
dogmes.

Il est difficile de ne pas reconnaître ce que la conception seule de ces caractères offre d'ingénieux et ce
qu'elle présente de hardiesse, surtout si on se reporte
à l'époque où cet étrange livre a été écrit. Il y a déjà
là, ce semble, du moins en partie et comme ébau-
chés, les éléments de ce que de nos jours on appellerait
une philosophie des religions. Les types qui les réalisent sont dessinés avec énergie, parfois avec une vraie
finesse; les divers points de vue engagés dans cette
immense controverse du seizième siècle, qui naît de la
Renaissance et de la Réforme, sont habilement saisis,
mis en présence. Pourquoi faut-il qu'il y ait abus de
développements insipides?

Tel qu'il est, l'*Heptaplomeres* reste un monument
remarquable de l'esprit critique au seizième siècle. Cet
esprit se manifeste ici avec une puissance qui produit
souvent un véritable étonnement. On est frappé par le sérieux de la discussion, par l'amour de la vérité qui
respire dans ces pages inquiètes. On est ébloui par la
diversité, par la quantité des points de vue qui se croi-
sent en tous sens. Je ne crois pas qu'il y ait un seul
doute né dans l'esprit humain au sujet du dogme, qui
ne soit exprimé ici avec une force singulière, sauf à être
ensuite combattu d'ordinaire par les meilleures raisons

qui puissent être alléguées. On croirait lire plus d'une fois tel passage d'un philosophe du dix-huitième siècle. Ici c'est la divinité même du Christ qui est combattue par le raisonnement et à l'aide de textes cités, contrôlés, interprétés. Ailleurs l'examen des prophéties, dans leur sens vrai et dans leur lettre originale, celui de la généalogie du Christ et des actes de sa vie, celui de la conformité ou de la non-concordance des Évangiles, tous les doutes que Voltaire a répétés à l'aide d'une érudition plus légère, apparaissent successivement. Les arguments les plus spécieux empruntés à la raison naturelle sont comme épuisés au sujet du péché originel, des miracles, du culte des saints, de l'Eucharistie. Est-ce à dire que Bodin voulût tirer de cette comparaison des religions ou des sectes entre elles, ou du rapprochement qu'il en fait avec un certain idéal de raison abstraite, une leçon d'incrédulité? Ou bien son but était-il seulement de conclure à une mutuelle tolérance? Les deux opinions ont été soutenues. La première fait valoir en sa faveur qu'il est difficile à une âme pieuse et bien pénétrée de la sainteté de ses croyances de les traiter, même dans une arrière-pensée d'édification, avec l'audace de pensée et parfois l'irrévérence de langage qu'emploie l'auteur de l'*Heptaplomeres;* il y a telle façon d'insister sur l'objection et de la présenter, dans laquelle il répugne de ne reconnaître qu'une hypothèse et qu'une manière de jeu. On a pu se convaincre que Leibnitz voyait dans l'*Heptaplomeres* autre chose qu'un plaidoyer de circonstance contre les guerres religieuses et qu'un manifeste philosophique en faveur de la tolérance. D'autres autorités peuvent être invoquées dans le même sens, lesquelles s'accordent à ne pas donner l'idée la plus édifiante de l'orthodoxie de Bodin. Jacques Gillot écrit à Scaliger, le 9 février 1607, au sujet de l'*Heptaplomeres :* « C'est un livre bien fait, mais fort dangereux, parce qu'il se moque de toutes les religions et conclut qu'il n'y en a point. Aussi l'auteur n'en avait-il point lui-même : il mourut comme un chien, *sine ullo sensu pietatis,* n'étant ni juif, ni chrétien, ni turc. » Le même ajoute : « Bodin était un étrange compagnon en fait de religion. Il mourut de la peste à Laon en 1596, assez vieil, et ne dit pas un mot de Jésus-Christ. » — Hugues Grotius déclare que Bodin « avait fait de grandes brèches à sa foi par sa fréquentation des juifs. » C'est aussi l'opinion de Casaubon et celle de Diecman dans le *De naturalismo.* Nous ne manquerions pas de textes pour montrer que Bodin a paru tour à tour à ses contemporains huguenot, indifférent, incrédule, juif et athée. Quant à l'opinion qui veut mettre d'accord ensemble l'*Heptaplomeres* et l'orthodoxie, elle s'appuie d'une part sur ce que rien dans la vie connue de Bodin ne paraît contraire à la foi orthodoxe et particulièrement sur ce qu'aucune conclusion manifestement opposée au dogme n'est émise dans l'*Heptaplomeres,* qui n'est qu'une sorte de miroir dans lequel se reflètent également les croyances et les doutes. Si l'on éprouve quelque embarras à prendre parti entre deux opinions aussi respectables par les vraisemblances qu'elles invoquent, du moins faut-il convenir que si Bodin est resté ferme dans la foi, ce n'est pas faute d'en avoir sondé les plus effrayants abîmes.

Il n'y a ni à se scandaliser comme l'eussent fait les âmes pieuses au dix-septième siècle, ni à se réjouir comme l'eussent fait les philosophes du dix-huitième, des hardiesses d'un vieil auteur qui a pris soin de se défendre lui-même en plaçant habituellement la solution de la difficulté théologique tout près du développement destiné à l'exposer. Le sentiment qu'inspirera la publication de M. Louis Noack à ceux qui n'ont pas lu l'ouvrage manuscrit ne sera ni le scandale, ni l'édification, mais tout simplement la curiosité. On s'étonnera peut-être que nos pères aient parfois connu à ce point toutes les raisons sur lesquels s'appuie le scepticisme moderne, et qu'ils en aient si bien senti la force. On verra qu'en tout temps il y a eu des intelligences tourmentées et ardentes qui ont osé tout penser.

De la diversité des cultes qui se partagent la terre, Toralba conclut qu'il faut adopter la simple religion naturelle, celle, dit-il, des patriarches et des sages. Peu s'en faut qu'il ne répète avec Érasme : *Sancte Socrates, ora pro nobis.*

Salomon, qui, de son côté, réduit presque le judaïsme à la religion naturelle, veut néanmoins des cérémonies, un culte public, des prières, un livre consacré.

Senamus s'en tient à son scepticisme épicurien.

Coronœus persiste à faire l'éloge de l'autorité en matière de croyance.

Le zwinglien et le luthérien restent également fidèles à leurs sentiments, ennemis de la messe et de la confession auriculaire et des indulgences, grands partisans du dogme de la grâce interprété avec la liberté protestante.

Mais si aucune conclusion théologique ne se dégage de l'*Heptaplomeres*, la conclusion sociale et politique qui en ressort s'y étale pour ainsi dire au grand jour; nous l'avons déjà dit, c'est la tolérance.

Comment, en un sujet qui admet tant de partages, remarque un des interlocuteurs, pourrait-on se croire le droit d'être intolérant? Pourquoi des guerres religieuses? Pourquoi interdire le libre exercice du culte de chacun? L'honnêteté, la vertu n'est-elle rien d'ailleurs sans la vraie religion qui, dans toute hypothèse, n'est donnée qu'à la minorité des hommes? Même aux yeux des chrétiens, la tolérance ne résulte-t-elle pas de plusieurs passages des livres saints et de la conduite même de Dieu, dont la protection s'est étendue et s'étend encore sur des peuples étrangers à l'orthodoxie?

La tolérance a donc en sa faveur la raison humaine qui la conseille au nom de la diversité contradictoire des cultes, et elle s'appuie sur l'autorité de la révélation elle-même. De là à l'éloge des édits que les gouvernements ont publiés en faveur de la liberté de conscience il n'y a qu'un pas, et c'est par cet éloge, en effet, que se termine l'*Heptaplomeres*.

F. BACON[1]

La vie politique de Bacon et l'influence qu'il a exercée
non-seulement sur l'esprit humain, mais sur la marche
de la société, occupent une place curieuse à étudier
dans l'ensemble de sa biographie et dans l'appréciation
de son rôle. Il y a peu de philosophes dont le nom ait
été plus invoqué que ce grand nom de Bacon; aussi
en est-il peu que nous croyions mieux connaître. A
force de le citer, chacun s'imagine l'avoir lu. La chose
paraît douteuse lorsqu'on parcourt la plupart des jugements énoncés sur l'illustre chancelier. Telle préface d'un livre de science nous dira que Bacon a inventé
la méthode inductive, quelques-uns semblent lui attribuer même l'invention de l'induction, honneur qui
n'appartient qu'à l'esprit humain ou plutôt à son divin
auteur. D'autres répètent que Bacon est le père du matérialisme du dix-huitième siècle. Qu'y a-t-il de vrai dans
ces éloges et dans ces accusations? En quoi consiste
précisément l'œuvre du célèbre philosophe? Voilà ce
que peu de personnes savent; j'ajoute que pour le savoir il ne suffit pas d'ouvrir le *Novum Organum:* il

---

[1] *Bacon, sa vie, son temps, sa philosophie et son influence jusqu'à nos jours*, par M. Ch. de Rémusat, de l'Académie française.

14

faut se rendre un compte exact de la portée de ses principes, il faut être en état de faire la part de ce qui revient en propre au réformateur de la méthode. Or tout cela n'est possible qu'à la condition d'une grande habitude des questions philosophiques ou d'un excellent guide qui jusqu'à un certain point en tienne lieu.

M. de Rémusat, dans l'ouvrage qu'il a publié, sous le titre de *Bacon, sa vie, son temps, sa philosophie, son influence jusqu'à nos jours*, se présente à nous comme ce guide. Il nous introduit dans la philosophie baconienne, et nous y mène pour ainsi dire pas à pas. Il remplace l'exposition un peu confuse de l'écrivain anglais du dix-septième siècle et ses aperçus souvent disséminés par un tableau où tout est à sa place et à son rang.

Le service rendu à la biographie par ce nouveau travail de M. de Rémusat n'est pas moindre. Comme dans ses œuvres précédentes, *Abélard* et *Saint Anselme*, la vie du philosophe ne forme pas la partie la moins intéressante du livre.

Que faut-il penser de Bacon lui-même? Quel a été son caractère? Les Anglais, qui se montrent fiers de l'auteur de l'*Instauratio magna* presque autant que de Newton et de Shakspeare, ont plus d'une fois cherché à jeter le manteau sur les bassesses et sur les iniquités de l'illustre chancelier. Est-ce patriotisme? est-ce une suite de la répugnance d'instinct qu'on éprouve à mépriser ce qu'on admire? Quoi qu'il en soit, ils ont tout tenté pour obtenir en sa faveur le bénéfice des circonstances atténuantes. Un écrivain français vivant de notre temps ne peut être retenu par les mêmes scrupules. Le besoin de logique qui poussait souvent les écrivains d'autrefois à prêter sans mesure à leurs héros cette unité désirable de l'intelligence et de la conduite, des principes et de la pratique, ne nous tourmente plus guère. L'idée que le même individu peut réunir les dons supérieurs de l'esprit et les faiblesses du caractère est acceptée sans trop de peine par nos contemporains, et l'historien n'a pas besoin, pour la faire passer, de s'entourer d'un excès de précautions oratoires.

L'homme privé chez Bacon se recommande par des mœurs honorables, beaucoup d'aménité, de la bonté même, un esprit gracieux, un commerce sûr, toutes les fois que la peur et la cupidité n'étaient pas en jeu; mais il y eut peu de natures plus faibles. C'est ce qui explique qu'un personnage qui, dans les rangs ordinaires, aurait laissé la réputation d'un philosophe honnête homme, paraisse devant l'histoire chargé de péchés, et de péchés, il faut le reconnaître, les moins véniels.

Nous n'avons pas l'intention de reproduire ici cette histoire trait pour trait. Mieux vaut à tous égards renvoyer à l'ouvrage même. Aucun lecteur de M. de Rémusat n'ignore combien il excelle dans ces biographies, à quel degré s'y unissent la supériorité philosophique des vues, l'exacte fidélité des faits, et le talent si fin, si varié et si ferme de l'écrivain, avec quel art ingénieux il sait dire tout ce qu'il veut et faire entendre ce qu'il se contente d'indiquer. D'ailleurs, à raconter dans cette vie de Bacon ce qui accuse l'homme en supprimant tous les accessoires et tous les commentaires, je craindrais d'en tracer plutôt une caricature qu'un portrait. Je me bornerai à remarquer qu'il y a chez Bacon, considéré

comme homme public, un côté quelque peu comique
et un côté décidément odieux. Au milieu des plus hautes
études de la philosophie et des honorables labeurs de
sa profession d'avocat, qu'on se figure un solliciteur
acharné, infatigable, poursuivant à travers les déboires
les plus amers, et pendant nombre d'années, la solution de ce problème tout pratique : devenir attorney
général. Il est vrai qu'il eut fort à faire pour y arriver.
Sans appui du côté de sa famille et de son oncle, le
puissant lord Burleigh, vieil homme d'État dont l'expérience désabusée goûtait peu la hardiesse d'idées d'un
jeune homme plein d'esprit, d'ardeur et, pour tout
dire, de vanité, en lutte ardente avec le grand jurisconsulte Coke dont l'influence l'éloigna, tant qu'elle fut
prépondérante, de l'objet de son ambition, Bacon em-
ploya néanmoins tous les moyens imaginables, et même,
s'il est possible, un peu au delà, pour parvenir à son
but. En voici un échantillon qui peint l'homme et le
temps. Lui qui devait trop connaître un jour la séduc-
tion des cadeaux, n'eut-il pas l'idée de l'essayer sur la
reine Élisabeth, afin d'obtenir la place de solliciteur
général devenue vacante? Il se permit d'envoyer avec
sa demande un joyau à sa souveraine. Un des amis de
Bacon, courtisan délié, confident discret, homme d'esprit et de bon conseil, Fulke Greville, présent au moment où la reine avait reçu la lettre et le cadeau, écrit
là-dessus à Bacon une lettre qui a son prix. Informant
Bacon que la reine a refusé le bijou, mais en l'admirant
beaucoup, il ajoute : « Ou je me trompe, *ou elle avait
au fond grande envie de le prendre.* Cent livres sterling
ou cinquante, et vous serez son solliciteur général. »

La prévoyance de Greville ne se montra pas aussi sûre que sa perspicacité à démêler le secret désir d'Élisabeth. Bacon passa par vingt alternatives d'espérance et de découragement. Il alla jusqu'à composer une allégorie assez froide que son protecteur, le fameux comte d'Essex, fit représenter devant la reine. Élisabeth s'en montra fort satisfaite. Mais le pauvre courtisan courait, il le dit lui-même, comme un enfant après un oiseau qui s'envole au moment où il se laisse le plus approcher. Un autre fut nommé au poste qu'il ambitionnait et qu'il ne devait obtenir que longtemps après.

La publication de ses *Essais* (1597) le servit mieux que toutes ses prières. Grâce aux *Essais*, il conquit une immense réputation qui, accrue bientôt du succès de ses autres ouvrages, allait faire pleuvoir sur lui, durant le règne suivant, tous les titres, toutes les pensions, tous les emplois par lesquels le philosophe eut le malheur de se croire grandi, et auxquels l'homme public dut une éclatante considération suivie des plus amers retours de la fortune et de l'estime publique.

On n'épuiserait pas le côté légèrement comique de ce rôle d'ambitieux, si on ne rappelait la velléité d'opposition politique tentée par Bacon au sein du Parlement. Nommé en 1593 par les électeurs du comté de Middlesex, il fit entendre quelques réclamations fondées et d'autant plus hardies par là même sur le désordre des finances. Peu s'en fallut que le malheureux orateur ne fût envoyé à la Tour. On se contenta de lui signifier qu'il n'eût plus à compter sur les bontés de la reine. Bacon eut bien vite connu toute l'étendue et toute l'énormité de son tort. Il multiplia les protestations, les

excuses. Il demanda grâce au lord trésorier. Il chercha
à désarmer le garde du grand sceau par des lettres
pleines de soumission. Cette opposition, quelque courte
qu'elle ait été, et quoique suivie du plus prompt et du
plus entier repentir, nuisit à son avancement; elle
irrita d'autant plus que depuis peu de temps il avait été
nommé conseiller extraordinaire de la reine, titre alors
nouveau, qui lui donnait le droit d'être employé dans
les procès de la Couronne et de porter une robe de soie,
honneur insigne qui comblait d'heur et de joie son
enfantine vanité.

Ce qui mérite d'être flétri dans la vie de Bacon n'est
que trop présent à la mémoire. Le comte d'Essex était
son bienfaiteur. C'est de sa libéralité que Bacon tenait
le domaine de Twickenham. Les sentiments d'Essex
pour Bacon n'avaient pas été ceux d'une protection
hautaine et dédaigneuse qui laisse tomber le bienfait de
haut, mais ceux d'une véritable amitié qui donne avec
le cœur et qui mérite que le cœur de l'obligé s'en sou-
vienne. Malheureusement la reconnaissance du bien
reçu ne survivait pas longtemps chez Bacon à l'espérance de nouveaux bienfaits à recevoir. Quand l'étourdi
mais généreux favori d'Élisabeth fut mis en jugement
pour la seconde fois, Bacon, qui déjà avait pris la parole
contre lui lors de son premier jugement, mais en faisant alors quelques efforts sincères pour lui être utile
le malheureux Bacon soutint avec la plus grande violence contre son protecteur l'accusation capitale. Par
lui, l'accusé fut pathétiquement comparé à Caïn, à
Pisistrate, au duc de Guise; on dit même que cette dernière comparaison, dont la terrible portée ne pouvait

échapper aux juges, entraîna la condamnation. Ce n'est pas tout. Essex était mort populaire. Il parut nécessaire de justifier sa condamnation. La reine, se voyant froidement reçue dans la Cité, tenait beaucoup à cette apologie; de qui fit-elle choix pour l'écrire? de Bacon, et Bacon l'écrivit, flétrissant en phrases aiguisées à loisir dans le silence du cabinet la mémoire de son ami, après avoir sollicité judiciairement sa mort. Ce n'est pas encore la fin de cette histoire ni le dernier terme de cette bassesse. A l'avénement de Jacques Ier, Bacon eut un peu de peine à faire oublier sa participation à la mort du noble accusé. Les amis du comte étaient en faveur à la cour. Il se rapprocha d'eux avec affectation, essayant de leur faire croire qu'il les avait servis secrètement, tandis que plusieurs d'entre eux étaient en prison. « Je puis enfin aujourd'hui, disait-il à Southampton, ami et complice d'Essex, être pour vous publiquement et sûrement ce qu'auparavant j'étais véritablement dans le fond de l'âme, votre ami! » Ce mot n'est-il pas sublime à sa manière? Ce qui y met le comble, c'est que Bacon eut tout le succès qu'il souhaitait. Il était difficile qu'on en voulût longtemps à un homme qui suivait avec une espèce de naïveté les suggestions sans scrupule de l'égoïsme; la méchanceté de l'acte sut se faire oublier par la bonhomie des manières. C'est ainsi que Bacon put vivre longtemps, objet des appréciations sévères d'un petit nombre d'esprits chagrins, mais environné de la considération générale.

Cette fortune devait toutefois subir de bien grands retours. Qui ne connaît les grandeurs et la chute ignomi-

nieuse de François Bacon, baron de Verulam, vicomte de
Saint-Alban? Qui ne sait à quelle opulence il parvint?
Triste réalisation du rêve qu'avait formé Platon de voir
la philosophie au pouvoir! Ce n'est pas la philosophie
que Bacon y porta, mais l'avidité la plus notoire, une
ambition à laquelle nul grand dessein ne sert d'excuse,
une faiblesse se laissant aller parfois à une cruauté sans
passion et sans haine. L'histoire ne saurait avoir trop
de rigueurs contre la condamnation de sir Walter Raleigh, qui, en vertu d'un arrêt vieux de près de seize
ans, eut la tête tranchée. Cet acte est un des plus odieux
du règne odieux de Jacques Ier. Guerrier, navigateur,
colonisateur, savant, historien, poëte, politique et courtisan, Raleigh est un des personnages les plus extraordinaires de ce temps. Ses fortunes diverses, ses découvertes, ses exploits, ses écrits, ses fautes, des traits
héroïques, d'indignes intrigues, une vie d'aventurier,
une mort admirable, répandent l'intérêt le plus varié
sur l'histoire de cet homme remarquable qui fut bas-
sement sacrifié par son roi à la jalousie de l'Espagne et
par Bacon à la lâcheté de son roi.

L'attitude de Bacon mis en accusation par la Chambre
des communes pour les concussions dont il s'était rendu
coupable, et qui lui valaient une partie de ses immenses
richesses, cette attitude peint l'homme on ne peut
mieux. De sa prison il écrit au roi pour essayer de le
toucher, niant d'abord toute culpabilité, aussi pur,
dit-il, du reproche de corruption qu'aucun des enfants
nés le jour des Saints-Innocents, et poussant « le gémissement de la colombe. » Au reste, en soutenant que
« son cœur n'a point été souillé par l'habitude coupable

le pervertir la justice moyennant salaire, » il avouait
que, comme tant d'autres, il avait pu recevoir des présents. Abandonné par le roi, Bacon n'eut pas le courage
de se défendre pour son propre compte, et de déplaire
à son souverain sans se sauver. Il était hors d'état de détruire les faits articulés contre lui, et il n'avait ni l'énergie, ni l'impudence qui guerroie longtemps contre la vérité. Dans une lettre habilement calculée pour émouvoir
ses juges, il confessa, pallia, excusa ses torts. « Milords,
cette lettre où je m'accuse, elle est de moi ; c'est mon
acte, ma main, mon cœur. Je supplie Vos Seigneuries
d'être remplies de pitié pour un pauvre roseau brisé. »
La Chambre des lords, à l'unanimité, déclara le chancelier d'Angleterre coupable de corruption. Il fut condamné à payer quarante mille livres sterling d'amende,
à demeurer prisonnier dans la Tour de Londres tant
que ce serait le bon plaisir du roi ; déclaré incapable
d'occuper aucun poste dans l'État, aucun siége dans le
Parlement ; il eut défense, sa vie durant, de séjourner
où résiderait la cour. Qui le croirait? cette chute profonde ne parut guère aux contemporains qu'un simple
revers de fortune. Bacon lui-même ne se crut que malheureux. Dans ses lettres, il se compare à Démosthènes,
à Marcus Livius, à Sénèque, tous exilés, dit-il, pour
des affaires d'argent et restaurés avec éclat dans leurs
dignités. Gracié trois ans plus tard, après bien des sup-
plications, il rentra dans la vie privée, dont il reprit les
travaux et les vertus ; il n'aurait jamais dû les quitter
pour son honneur et pour celui des lettres.

Le philosophe chez Bacon se présente sous deux
aspects. Il y a en lui le philosophe pur ; il y a le philo-

sophe au sens plus pratique, préoccupé au plus hau
point des intérêts et de l'avenir de la civilisation. En re
mettant les sciences, particulièrement l'étude de l'his
toire naturelle et de toutes les branches qui s'y rappor
tent, sur la voie de l'observation et de l'expérience,
rendit un immense service à une époque trop asservi
encore à l'hypothèse dans les recherches scientifique
Ce n'est pas sans raison que le nom de Bacon est un
date. Fort inférieur, comme génie créateur et puremer
philosophique, à Descartes, l'auteur du *Novum Or
ganum* marque par ses préceptes une ère nouvelle pou
les directions scientifiques et les applications toutes pra
tiques de l'esprit humain, de même qu'il justifie so
immense renommée par l'éclat de son talent d'écrivair
La grandeur, tel est le caractère de ce talent. Cetl
grandeur, qui appartient à la fois à son intelligence et
son imagination, surnage à travers bien des subtilités
bien des allégories bizarres dont il n'est pas plus exemp
que son prodigieux contemporain Shakspeare.

On sent le prophète dans Bacon; c'est le prophète de
prochaines grandeurs de la science, des triomphes futur
de l'industrie.

A certaines expressions pompeuses, inspirées, on l
prendrait pour le poëte de la raison pratique. Il y a d
Platon dans cet adversaire du pur idéalisme; mais c'e
un Platon du Nord. Il n'a qu'exceptionnellement le goû
et la mesure. C'est un Platon britannique plus gran
diose encore que sublime, parlant avec magnificenc
des choses toutes terrestres dans lesquelles l'Angleterr
allait marquer la supériorité de son génie et par les
quelles elle devait assurer sa fortune. Un amour en

housiaste de l'humanité, une véritable ivresse de la
civilisation, respirent dans les pages de l'auteur du *Novum Organum*. C'est par là surtout que Bacon me paraît mériter le titre de précurseur, bien que sur un point
spécial, duquel on a voulu tirer sa principale gloire,
la théorie de l'induction, M. de Rémusat le convainque
de manquer d'une suffisante profondeur. Son nouvel
interprète s'attache à démontrer qu'en creusant davantage, Bacon eût rencontré, sous l'induction même
qui nous fait prévoir le retour des événements de la nature, la croyance instinctive à la stabilité de ses lois, à
un certain ordre permanent dans le monde, croyance
que la seule observation des sens n'explique pas suffisamment et qui se rattache aux principes les plus élevés
de la raison.

Si Bacon ne donna pas une théorie complète du procédé inductif, on ne peut lui faire honneur non plus
d'avoir su en tirer lui-même des applications neuves et
fécondes. Mais il indique avec une sagacité de génie
quelques-unes des lacunes de l'invention humaine, au
point de mettre les inventeurs sur la voie par des pressentiments d'une sûreté souvent étonnante. Dans l'armée
des savants et des inventeurs qui montent à l'assaut de
la vérité, Bacon semble remplir, lui-même s'est ainsi
caractérisé, le rôle de trompette, sonnant vaillamment
la charge, de manière à se faire entendre au loin et à
exciter les courages, mais se tenant en dehors de la
bataille.

La part qu'il y prit parfois n'est pas fort heureuse.
Bien qu'il se mêlât aussi d'observer et d'expérimenter,
et ne se contentât pas toujours de célébrer l'utilité de

l'expérience en en retraçant les règles, il ne sut pas reconnaître les grandes vérités physiques récemment promulguées. Il crut à la magie et eut le malheur de méconnaître Galilée, ce vrai génie créateur auquel M. Biot veut qu'on rapporte plus qu'à Bacon l'honneur du grand mouvement scientifique qui allait se produire en Europe.

Fut-il matérialiste, comme on l'a tant répété? Le caractère positif de sa philosophie, ou, pour mieux dire, de sa méthode, sa préoccupation exclusive des sciences naturelles, l'ont fait croire faussement; il ne mérite, à ce point de vue, ni les éloges du dix-huitième siècle, qui voulait se donner en lui un ancêtre selon son cœur, ni les anathèmes du comte de Maistre.

Son christianisme paraît même avoir été fort sincère. On a cité bien des fois cette pensée de lui insérée dans ses *Essais :* « Un peu de philosophie naturelle fait pencher les hommes vers l'athéisme; une connaissance plus approfondie de cette science les ramène à la religion. » Loin de proscrire les causes finales, comme on l'a dit, il en recommande l'usage comme fournissant les plus belles preuves de la sagesse divine, et il n'en combat que l'abus, cause d'hypothèses et d'erreurs. Il a écrit des *Méditations sacrées* et une *Confession de foi*, trouvée dans ses papiers, d'une irréprochable orthodoxie, assure-t-on. Le savant abbé Émery, ancien supérieur de Saint-Sulpice, a composé un livre exprès pour opposer la foi chrétienne du maître à l'incrédulité des disciples, sous le titre de *Christianisme de Bacon*.

C'est le caractère éminent de la philosophie de Bacon

de ne pas séparer l'utilité de la vérité. Il attaque la métaphysique avec une sorte de passion. En ce sens il est juste l'opposé de Descartes, dont l'entreprise d'affranchissement et de renouvellement de l'esprit humain par la méthode offre d'ailleurs avec la sienne tant d'analogies. Descartes, c'est partout la science pure, au besoin c'est l'hypothèse. Le champ de sa pensée est l'infini. Quelques expériences anatomiques, quelques grandes vues sur les perfectionnements que l'espèce humaine pourra devoir à la médecine n'infirment pas ce caractère général de son génie. Il condamne même en termes exprès les novateurs dans l'ordre politique et social; il n'est, du moins il ne voudrait être que le révolutionnaire de l'esprit pur, ne prévoyant pas que la liberté de penser en philosophie devait entraîner la liberté d'examen et par suite l'esprit de changement en toutes choses. Tout autre se montre Bacon. La domination de la nature au profit du bien-être humain est sa suprême visée. Il entrevoit une science de l'humanité, science morale, science historique, science critique appliquée à l'histoire des lettres. Il a même sa philosophie de l'histoire qui donne la formule du développement successif des époques de l'humanité : « Dans la jeunesse des empires, dit-il, c'est la profession militaire qui fleurit, puis viennent les lettres, les sciences et les arts. A l'époque suivante, postérieure de très-peu à celle qui précède, les armes et les arts libéraux fleurissent ensemble pendant quelque temps. Enfin, sur le déclin des États, ce sont les arts mécaniques et le commerce qui sont en honneur. »

Le caractère pratique, social, *politique* de la philo-

sophie de Bacon se retrouve dans presque toutes ses
œuvres; il règne dans ses *Essais de morale et de politique* et dans le sixième livre de son *De augmentis*,
consacré à l'éthique. L'homme qui, portant partout un
génie réformateur, voulut refondre les lois de l'Angleterre, et qui, comme homme d'État, concourut de tout
son pouvoir à l'union de l'Écosse et de l'Angleterre,
l'écrivain qui, en composant son *Histoire de Henri VII,*
donna à son pays le premier ouvrage qui mérite le nom
d'histoire, ne perd jamais de vue le perfectionnement de
l'homme et de la société. Il s'occupe de la réforme de
l'éducation. Il voudrait que l'on commençât par examiner les différents caractères des hommes, puis leurs
passions et leurs affections, enfin les moyens propres à
modifier la volonté et l'appétit, tels que la coutume,
l'imitation, la société. On sait qu'à ces règles pratiques
de la culture morale il donnait le nom expressif de
« Géorgiques de l'âme. » Le modèle ou idée du bien
lui apparaissait plutôt dans la recherche du bien des
masses que dans celui des individus. C'est le germe de
la fameuse doctrine de l'utilité générale à laquelle Bentham attachera son nom. Son idéal est la vie active. Il
la met fort au-dessus de la vie contemplative, contrai-
rement à l'opinion exprimée par Aristote dans sa morale.
On sent en lui le génie de sa race. L'activité, l'utilité,
voilà ses principes. La philosophie de la vie civile, em-
brassant la conduite des hommes dans leurs rapports
mutuels, et cette prudence d'un ordre plus élevé qui
doit présider à l'administration des États, forment l'objet
de ses recherches. Sa morale est éminemment sociale.
Quels sont les moyens d'agrandir la limite d'un État;

quels sont les principes de la jurisprudence universelle
ou plutôt de la législation universelle ; comment donner
aux lois un caractère de certitude ; comment il est juste
que la loi avertisse avant de frapper : voilà les questions
qu'il agite. Il veut que dans les cas omis par le législateur on se montre très-circonspect à leur étendre les lois
déjà existantes. « C'est cruauté, dit-il avec cette façon pittoresque qui ne l'abandonne jamais, de donner la torture
aux lois pour la donner aux hommes. » Il soutient avec
force le principe de non-rétroactivité des lois. Il réduit
ses principes sur les lois en quatre-vingt-dix-sept apho-
rismes ou règles sommaires, qu'un juge compétent,
M. Hallam, déclare encore aujourd'hui dignes d'être
étudiées pour la grande expérience qu'elles révèlent,
pour la vocation toute spéciale dont elles témoignent
pour cette branche de philosophie pratique.

Qui peut s'étonner après cela que la doctrine du progrès compte Bacon comme un de ses pères les plus
illustres ? Il y avait dès lors des rêveurs qui abusaient
de l'idée de la perfectibilité. L'auteur du *Novum Organum* s'attache à les ruiner comme on déblaye un terrain sur lequel se sont écroulées de mauvaises constructions pour établir à leur place un édifice plus solide. « Il
n'a paru, dit-il, que trop de charlatans et de songe-creux,
en partie dupes de leur enthousiasme et en partie fri-
pons, qui ont fait au genre humain de si magnifiques promesses qu'ils l'en ont fatigué, telles que prolongation de
la vie humaine, retard de la vieillesse, prompte cessation des douleurs, moyens pour corriger les défauts naturels, etc. On ne doit donc pas être étonné que tous ces
imposteurs aient fait naître un violent préjugé contre

toutes les nouveautés de ce genre, et que le dégoût général qu'ont inspiré leur charlatanisme et leur excessive vanité intimide encore aujourd'hui tout mortel courageux qui serait tenté d'entreprendre quelque chose de semblable [1]. » Il faut citer le passage empreint de majesté auguste et d'une singulière précision que semble avoir imité Pascal, en le revêtant de sa couleur, sur le respect exagéré des anciens et sur la supériorité scientifique des modernes due à l'accumulation et à la transmission des expériences : « Une des causes qui ont le plus fait obstacle aux progrès que les hommes auraient pu faire dans les sciences, et qui les a, pour ainsi dire, cloués à la même place, comme s'ils étaient enchantés, c'est ce profond respect qu'ils ont d'abord pour l'antiquité, puis pour l'autorité de ces personnages qu'ils regardent comme de grands maîtres en philosophie. Quant à l'antiquité, l'opinion qu'ils s'en forment, faute d'y avoir suffisamment pensé, est tout à fait superficielle et n'est guère conforme au sens naturel du mot auquel ils l'appliquent. C'est à la vieillesse du monde et à son âge mûr qu'il faut attacher ce nom d'antiquité. Or, la vieillesse du monde, c'est le temps même où nous vivons, et non celui où vivaient les anciens, et qui était sa jeunesse. A la vérité, le temps où ils ont vécu est le plus ancien par rapport à nous; mais, par rapport au monde, ce temps était nouveau. Or, de même que lorsqu'on a besoin de trouver dans quelque individu une grande connaissance des choses humaines et une certaine maturité de jugement, on

---

[1] *Novum Organum*, liv. I, aph. 87.

cherchera plutôt l'une et l'autre dans un vieillard que dans un jeune homme, connaissant l'avantage que donnent au premier sa longue expérience, le grand nombre et la diversité des choses qu'il a vues, ouï dire ou pensées lui-même; c'est ainsi et par la même raison que si notre siècle, connaissant mieux ses forces, avait le courage de les éprouver et la volonté de les augmenter en les exerçant, on aurait lieu d'en attendre de plus grandes choses que de l'antiquité où l'on cherche ses modèles; car le monde étant plus âgé, la masse des expériences et des observations s'est accrue à l'infini. Et ce qu'il faut encore compter pour quelque chose, c'est que, par le moyen des navigations et des voyages de long cours qui se sont si fort multipliés de notre temps, on a découvert dans la nature et observé une infinité de choses qui peuvent répandre une nouvelle lumière sur la philosophie. De plus, ne serait-ce pas une honte pour le genre humain d'avoir découvert de nos jours dans le monde matériel tant de contrées, de terres et de mers et d'astres, et de souffrir en même temps que les limites du monde intellectuel fussent resserrées dans le cercle étroit des découvertes de l'antiquité? »

J'ai essayé d'indiquer ailleurs quels accroissements avait reçus cette idée du progrès [1], qu'avait déjà plaisamment esquissée Rabelais [2], sans avoir la prétention

---

[1] *Éloge de Turgot*, inséré au tome I de mes *Études de philosophie morale et d'économie politique*.

[2] Voici quelques passages de la lettre du bonhomme Gargantua à son fils Pantagruel, alors étudiant à Paris. Il indique d'abord ce privilége de l'humaine nature qui lui permet, en état mortel, d'acquérir une sorte d'immortalité, puisque ce qui périt dans les

de donner à l'idée qu'il jetait en riant la portée d'un dogme philosophique et historique.

« Bacon, écrit lord Macaulay (au tome III de ses *Critical and historical Essays*), a créé l'école philosophique du *fruit* et du *progrès, the school of fruit and progress.* » Il faut entendre par *fruit* le bien de l'humanité, et par *progrès* celui de l'empire de l'homme sur la nature. Bacon lui-même en avait bien conscience. Il se comparait à Christophe Colomb. Si de son vivant Isaac Walton l'appelait le grand secrétaire de la nature et de toute science, Vico, le fondateur principal de la philosophie de l'histoire, qui devait au *De sapientiâ veterum* l'idée de chercher la vérité dans la mythologie, louait le *grand philosophe politique* Bacon de Verulam. Voltaire voit en lui « le père de la philosophie expérimentale. » Diderot et d'Alembert inscri-

pères se transmet et se perpétue dans les fils. L'exhortant ensuite à profiter des ressources qu'on rencontre à présent pour l'étude, il les compare à celles de l'époque où il étudiait lui-même, car, dit-il, « comme tu peulx bien entendre, le temps n'estoyt tant idaine ne commode ès lettres comme est de présent, et n'avoys copie de telz précepteurs comme tu has eu. Le temps estoyt encore ténébreux, et sentant l'infelicité et calamité des Gothz, qui auoyent mis à destruction toute bonne littérature. Mais, par la bonté divine, la lumière et dignité ha esté de mon eage rendue ès lettres... Tout le monde est plein de gens scauants, de précepteurs très-doctes, de librairies très-amples, et m'est aduis que ny au temps de Platon, ny de Ciceron, ni de Papinian, n'estoyt telle commodité d'estude qu'on y veoit maintenant. Et ne se fauldra plus doresnauant trouuer en place ny en compagnie, qui ne sera bien expoly de l'officine de Minerve. Je voy les briguans, les bourreaulx, les aduenturiers, les palefreniers de maintenant, plus doctes que les docteurs et prescheurs de mon temps. »

virent son nom au frontispice de leur Encyclopédie. La
Convention nationale décréta la traduction, aux frais de
la république, des œuvres de Bacon, *pour hâter les progrès de la philosophie et de la raison.* M. Auguste
Comte, en vingt passages, assigne à Bacon une grande
part dans le mouvement vers cette philosophie positive dont lui-même a entrepris l'organisation. « Si
j'échoue, dit-il, l'interrègne philosophique se prolongera nécessairement. » Tous ces témoignages attestent
que Bacon ne fut pas seulement un réformateur de l'entendement humain, mais un promoteur social. Il con-
çut l'empire que la science devait prendre dans la société, et son plus récent interprète, qui le combat plus
d'une fois, et qui défend contre lui, avec une supériorité de talent qui sait se faire admirer et aimer, les droits
de la spéculation métaphysique niés par une philosophie ultra-positive, M. de Rémusat a pu dire de Bacon :
« Il semble avoir prévu cette marche régulière des nations qui, du régime sacerdotal et militaire, doivent
enfin arriver à celui où la puissance scientifique fait
prédominer la puissance industrielle. »

TH. MORUS

ET LE COMMUNISME MODERNE[1]

Thomas Morus est le père du communisme moderne
revêtant la forme philosophique. Il est le précurseur de
Mably, de Morelly, de M. Cabet et des autres communistes contemporains. Il a donné à l'*Utopie* son nom
même. La doctrine est fausse, antisociale, anarchique.
L'homme qui s'en est fait l'apôtre et le prophète est ver-
tueux, soumis à l'ordre, plein de piété, d'un désintéressement et d'un dévouement admirable. Il forme le plus
parfait contraste non-seulement par son caractère, mais
par l'élévation générale de ses pensées avec ce qu'il y a
d'avilissant dans le régime de la communauté. Inconséquence qui remonte à Platon dont il est l'élève, mais
inconséquence inexcusable chez un chrétien, qui aurait
dû comprendre que le christianisme était venu consacrer
et non supprimer les droits de la personne humaine, relever l'individu et non l'humilier, même pour son bonheur, si son bonheur était conciliable avec un tel abais-

---

[1] *Le Communisme jugé par l'histoire*, par M. Franck, de l'Institut. — *Histoire du communisme*, par M. Sudre. — *Histoire de
Thomas More*, par Stapleton, traduit par A. Martin, avec des notes
de M. Audin.

sement, devant le despotisme à bonne intention d'une autorité extérieure, maîtresse des propriétés et des personnes. Si l'inconséquence est dans l'homme, elle n'est point dans la doctrine du moins au même degré. Presque toutes les conséquences légitimes du communisme y sont contenues. Jugeons donc d'abord cette doctrine du communisme qui semble reprendre autorité et empire. Voyons à quels résultats la logique la condamne. Le plus honnête de ses maîtres théoriques nous l'enseignera. La doctrine examinée en elle-même, appréciée en vue de notre temps, nous jugerons l'homme, nous jugerons l'œuvre, qui ont le plus contribué peut-être à répandre dans le monde moderne cette idée de la communauté aussi vieille d'ailleurs que le monde lui-même, et qui risquera d'y subsister tant que la distinction entre ce qui doit rester ou devenir commun et ce qui doit rester ou devenir propre ne sera pas nettement établie, tant qu'il y aura des esprits faussés par une générosité sans intelligence ou par une basse envie, enfin tant qu'il y aura des abus naissant de l'intérêt personnel, de la propriété, du libre arbitre, ce qui durera autant que l'imperfection de l'individu humain qui est originelle, autant que l'imperfection des sociétés qui est indélébile, en dépit du progrès.

I

Le communisme est cette doctrine qui, au nom de l'intérêt général et de la justice absolue, voit dans la mise en commun des personnes et des choses le type de la perfection sociale. Nous disons des personnes et des choses. C'est une distinction vaine, en effet, que celle que certains communistes prétendent établir entre les unes et les autres. Il est impossible de s'emparer du produit et de respecter le producteur. Cette première usurpation entraîne toutes les autres, et aboutit à l'accaparement de la personne humaine à tous les points de vue.

Aussi le communisme, pour peu qu'il ait de logique (et nous verrons qu'il n'en a pas manqué), en vient-il fatalement à tenir à peu près le langage suivant à l'humanité : « Je m'emparerai d'abord des produits matériels pour les répartir conformément à l'intérêt général ; mais pour qu'il n'y ait pas sur certains points surabondance et sur d'autres disette, et par conséquent impossibilité d'une bonne répartition, je dirigerai la production, ce qui ne se peut faire que si je dispose comme je l'entends des producteurs eux-mêmes. J'assignerai donc à chacun sa tâche ; et, pour m'assurer comment il la remplit et qu'il n'en remplit pas une autre, je le forcerai à *travailler en commun*. De même, pour qu'il ne puisse être suspecté de dérober à ses frères, par une économie coupable et spoliatrice, quelque parcelle de la part sociale qui lui revient, il devra aussi *consommer en commun*. Voilà la *famille* transportée sur la place publique.

Mais cette famille, pourquoi la laisser elle-même subsister ? Ignorez-vous l'ardeur jalouse et la prévoyance ombrageuse du père et de la mère pour les enfants ? maintenir la famille, c'est créer une conspiration permanente contre la communauté au sein de la communauté même, c'est se condamner à voir bientôt, sous les noms trompeurs de liberté, d'émulation, d'éco-

nomie, d'attachement conjugal, paternel, maternel et
filial, se glisser la licence, la concurrence, l'épargne,
la jalousie, le favoritisme, la préférence de soi ou des
siens aux autres. Ce n'est pas tout. Il y a au sein de
l'individu de mauvais penchants qui résistent en ten-
dant à lui persuader que la communauté n'est pas le
meilleur régime. Il faut de très-bonne heure, dans son
intérêt bien entendu, lui en insinuer l'amour par l'*éducation*. Donc que l'éducation soit, elle aussi, commune.

Enfin l'on sait combien les religions qui ne prétendent s'occuper que des choses du ciel influent sur
celles de la terre. Quelles sources de diversités et de
luttes que les idées et les croyances ! Pas de sectes donc,
pas d'hérésies, pas de communions diverses, pas d'opinions individuelles. *La religion* sera commune pour
tous.

Or, comme ce grand travail ne se peut faire tout
seul et sans qu'un certain nombre d'individus se croient
en droit de murmurer, l'État sera chargé de le remplir
et de réprimer les mécontents jusqu'à leur entière conversion. L'État seul produira, répartira, consommera,
enseignera, prêchera, priera, réprimera ; il sera le grand
agriculteur, le grand manufacturier, le grand commerçant, le grand professeur, le grand prêtre ; il sera l'esprit et la matière, le dogme et la force, la religion et la
police.

Combien il est chimérique ce partage qu'il plaît à
quelques-uns des adeptes du communisme de faire des
choses et des personnes, de la propriété et de la famille,
de l'action de l'État et de l'initiative individuelle ! A
proprement parler, y a-t-il des personnes pour le com-

munisme? non, non, il n'y a que des choses. La déchéance dont il frappe la propriété atteint jusqu'au dernier principe de liberté; il attire dans sa sphère la vie intellectuelle et morale comme la vie physique; l'homme, dont il ne prétendait souvent saisir qu'une seule faculté et n'intercepter qu'un seul ordre de produits, y passe, en définitive, tout entier, y passe corps et âme.

Détruire la liberté, qu'est-ce sinon détruire l'individu dans son essence même? Un écrivain a défini l'homme philosophiquement : une intelligence servie par des organes. Il serait peut-être plus vrai de dire : « L'homme est une liberté servie par des organes, » en comprenant parmi ceux-ci l'intelligence même, la force physique, la terre, le capital. Mettre les organes en liberté, c'est y mettre l'homme; les réduire en servitude, n'est-ce pas y réduire l'homme même?

Disons un mot de l'erreur fondamentale du communisme. Cette erreur peut se résumer, suivant nous, dans la préférence qu'il accorde à l'égalité sur la liberté.

Or, par cela seul qu'il préfère l'égalité, il la manque. Prouvons-le.

L'égalité suppose quelque chose qui lui est antérieur, un fait sur lequel elle porte et qui d'abord la puisse admettre. Or, au vrai, sur quoi porte l'égalité? Est-ce sur l'intelligence? Prenez deux hommes au hasard : vous les verrez différer et dans le degré et dans la nature même de leurs aptitudes. Ainsi de tout au sein même de l'homme et au dehors, dans l'ordre moral et dans l'ordre matériel. Voulez-vous trouver le type, le fond, la règle de l'égalité? Adressez-vous à la liberté, à elle seule. La liberté de chacun reconnue et garantie, telle est l'égalité véritable. Nous sommes égaux dans et par la liberté. Cette vérité est la règle absolue, la seule origine en fait et en droit de l'égalité entre les membres de la grande cité. En dehors de l'égalité dans la liberté, tout est chimère et déception.

Dire qu'on met l'égalité au-dessus de la liberté, c'est proférer un contre-sens tel que ni la liberté ni l'égalité ne peuvent en sortir, car qui nie l'une nie l'autre. Prétendre assurer l'une par l'oppression de l'autre, c'est une contradiction monstrueuse. Cette contradiction est le début du communisme.

Ne sachant pas voir l'égalité où elle est, il est conduit à la mettre où elle n'est pas. Car l'idée de l'égalité est une idée inhérente à l'esprit de l'homme, un besoin impérieux de son cœur, une loi nécessaire de son développement. L'ayant méconnue dans la liberté qui seule en est capable, il voudra l'imposer aux passions, aux idées, aux besoins, aux choses, en un mot à tout ce qui ne la comporte pas. Il ne tiendra nul compte de cette inégalité providentielle, on peut le dire, des facultés, qui permet à la diversité des vocations de se faire jour et qui crée une nécessaire hiérarchie dans la grande armée du travail intellectuel et matériel. A ce mélange d'unité et de variété qui est l'ordre et la vie même, il substituera une uniformité écrasante. Effacer toute frontière au sens intellectuel et moral, combler les vallées, aplanir les montagnes, aboutir ainsi à l'universelle platitude, voilà son essence. Avec l'égalité civile, personne ne naît général ni grand manufacturier, tout le monde peut le devenir. Avec l'égalité absolue des conditions, tout le monde naît et reste soldat et ouvrier. Turenne tisse le coton, Corneille garde les troupeaux, Leibnitz travaille aux mines. Après avoir méconnu la vraie nature de la liberté, comment le communisme n'arriverait-il pas à la tyranniser quand il la rencontre comme obstacle? Demandez, par exemple, à M. Cabet ce qu'il fait de la liberté de la presse et de la discussion avec son journal unique émané du gouvernement d'Icarie, et sa censure s'exerçant sans pitié sur tout ce qui tendrait à contredire la marche de ce gouvernement paternel.

Fausse idée de l'égalité et de la liberté, voilà le point de départ du communisme : tout le reste en découle.

Méconnaissant et mutilant la liberté et l'égalité, il sacrifiera par là même les vrais droits pour inventer des droits chimériques.

Être libre, j'ai le droit de disposer de mes facultés, de mon activité, le droit de travailler, avec toutes les dépendances que ce mot rappelle. Un tel droit n'est pas autre chose que la reconnaissance de la liberté générale, et en conséquence il est évident qu'il n'opprime personne. Suivant le communisme, j'ai le droit *au* travail, avec toutes les nécessités que ce mot entraîne : c'est-à-dire que je puis *exiger* du travail, *forcer les autres* à m'en donner. Voilà donc une portion de l'humanité, je ne dis pas obligée moralement et au nom de la sympathie, mais physiquement contrainte, mais obligée par autorité à fournir à l'autre du travail. Quand j'assiste le pauvre, je ne fais aussi, d'après le système, que lui payer une dette; ne lui rien donner, quand on le peut, ce n'est plus être seulement un cœur dur, un méchant; c'est être un voleur. On mérite donc d'être traité comme tel, c'est-à-dire d'être emprisonné ou pendu, suivant les temps. Nous ne calomnions pas le communisme. Nous ne faisons que rendre hommage à sa logique.

Le communisme arme l'individu de droits mensongers; pour y satisfaire, il surchargera l'État de devoirs impossibles. Double germe d'anarchie et de despotisme, qui ne laisse à la société d'autre alternative que la guerre acharnée de tous contre chacun et de chacun contre tous, ou que la plus dure servitude.

Les conséquences économiques et morales intimement liées entre elles du système communiste ne découlent pas avec moins de rigueur de ses prémisses erronées. Où la liberté individuelle est sacrifiée, où l'effort plus ou moins heureux est compté pour rien, comment y aurait-il *mérite?* A la formule consacrée : *A chacun suivant son mérite,* le communisme substitue celle qu'il emprunte à la prétendue sainteté des instincts : *A chacun selon ses besoins.*

Ainsi, travaillez peu ou beaucoup, produisez avec plus ou moins de zèle, de soin, d'abondance, il n'importe. Vous êtes un mauvais ouvrier, mais vous avez beaucoup de besoins, dès lors vous consommerez beaucoup.

Qui ne voit où conduit la mise en pratique de ces maximes? Elles invoquent la justice et elles violent l'équité la plus vulgaire. Elles prétendent parfois se placer sous le patronage du spiritualisme, et elles ne sont que l'expression la plus éhontée du matérialisme. Une société aussi paresseuse à produire qu'empressée à consommer, tel est leur résultat le plus net. Abandonné à lui-même, le communisme produit ce beau chef-d'œuvre de surexciter tous les instincts en diminuant tous les moyens de les satisfaire. C'est pourquoi, quand il se tempère et se contredit en partie pour pouvoir subsister, on le voit, après les plus belles promesses, aboutir à un jeûne général, et changer un troupeau d'épicuriens en un couvent d'ascètes. C'est un état dont les citoyens, quand ils ne sont pas ivres, sont condamnés à ne boire que de l'eau. Point de milieu pour ces gens-là entre l'excès et l'abstinence.

Le communisme détruit-il du moins les abus qu'il prétendait abolir radicalement? Il est facile de prouver qu'il ne fait que les aggraver et les généraliser. Il attaque la *concurrence* (c'est-à-dire au fond encore la liberté), on sait avec quelle fureur. Mais à la place de la concurrence légitime, laborieuse, éclairée, profitable à tous, des intérêts, il met la concurrence aveugle, stérile et anarchique des appétits. Il se plaint de trouver le vol dans la société, et, pour le supprimer, il décrète la spoliation générale. Il gémit sur la prostitution, et il proclame la promiscuité des femmes. Il s'irrite de voir un certain nombre d'individus qui n'ont eu, pour jouir, qu'à prendre, comme il dit, la peine de naître, et il déclare qu'il suffit à tous les hommes d'avoir pris cette peine pour participer, sans travail suffisant, sans effort méritoire, aux avantages sociaux. Il accuse enfin l'exploitation du prolétariat, et il rend tout le monde esclave de l'État. Ajoutons que cet esclavage n'est pas seulement la servitude politique et économique, mais une servitude morale qui doit perpétuer indéfiniment l'une et l'autre. Quand on a, en effet, aboli dans le cœur de l'homme, avec le libre arbitre, la dignité personnelle, le souci de l'avenir, les calculs et les affections qui donnent un but à l'existence, l'essor de l'imagination et les fantaisies permises qui y jettent un peu de diversité, que reste-t-il pour remplacer tous ces ressorts brisés, pour compenser tous ces biens perdus? Encore une fois, des instincts égoïstes, des appétits, et si l'autorité est parvenue à les mâter et à les réduire au *minimum* de satisfaction, une lâche et sourde corruption, unique dédommagement d'une vie condamnée au monotone supplice de l'ennui.

On voit que si le communisme est une erreur bien liée dans toutes ses parties, il n'en est pas moins vrai qu'il aboutit, quant aux résultats, comme c'est le propre de toute erreur et de tout excès, à des contradictions souvent monstrueuses. En énervant ou en faussant tous les mobiles qui constituent l'essence, la santé, l'énergie de l'être moral, il a du même coup tari toutes les sources de la richesse qu'il se proposait de développer au profit de tous. En frappant de stérilité le principe de liberté, il a partout créé la mort.

Le communisme a cherché à suppléer à ce principe si fécond en faisant appel à l'*amour*. Réduit à l'instinct, il cherche dans l'instinct même de quoi corriger ses mauvais effets.

Cette prétention est chimérique.

L'instinct ne peut être tempéré dans ce qu'il a d'excessif et de désordonné, avivé dans ce qu'il a d'inerte, que par ces forces qui lui sont supérieures comme la lumière aux ténèbres, comme la règle au hasard, par le devoir

qui est fixe et précis et par l'intérêt qui agit toujours.
Quant à faire de l'*amour*, de la *fraternité*, le seul ressort de la production, c'est rêver la plus irréalisable des
utopies. Il est insensé d'exiger que l'homme laboure,
fabrique, vende, avec ce perpétuel enthousiasme que
les occupations les plus hautes de la pensée et la religion même ne comportent pas toujours. On ne saurait
vouloir qu'il vaque aux travaux quotidiens les plus subalternes dans ce sublime esprit de sacrifice dont les
actions héroïques, précieusement recueillies dans la mémoire des hommes, ne sont que les rares éclairs. Jamais
le mot de Pascal : « Qui veut faire l'ange fait la bête »
n'a été mieux justifié que par le communisme qui commence par supposer à l'homme d'angéliques vertus
pour aboutir à le montrer constamment en pratique
grossier et brutal. Quelle illusion n'est-ce pas aussi de
compter que l'individu aimera tout le monde, se dé-
vouera à tout le monde, quand on lui a défendu d'aimer
sa famille et de se dévouer à elle ! La sympathie,
comme toutes nos autres facultés, a besoin d'exercice et
d'aliment; elle s'étend peu à peu, elle va du moins au
plus. On ne commence pas par aimer le genre humain,
on finit par là, et ce n'est le fait que de quelques natures très-développées. Combien de lumières, quelle
élévation ne suppose pas un sentiment si compliqué !
Le communisme, en prenant le contre-pied de cette loi
si élémentaire, noie pour ainsi dire la sympathie et le
dévouement au sein de cet océan sans limites qui s'appelle le genre humain, comme il engloutit l'individu
dans cette immense et vague abstraction qu'il nomme
société.

Voilà le communisme, considéré comme système ! Tel il est chez Morus, malgré quelques rayons purs de christianisme, malgré quelques contradictions honorables que je signalerai. Tel il nous apparaît chez ses successeurs, se précipitant dans toutes les erreurs et dans toutes les contradictions au nom d'un faux principe, exagérant tous les maux dont il se plaint, en déchaînant de nouveaux sur l'humanité, ne trouvant pour créer l'immense capital dont il aurait besoin pour réaliser ses plans que le principe peu productif en industrie de la fraternité, rendant enfin cette fraternité elle-même impossible en conviant chaque membre de la communauté à se jeter sur une quantité nécessairement de plus en plus réduite de produits ou à se courber sous la loi dure d'un État qui ne peut que distribuer savamment la misère, répartie avec une égalité désolante par une main inflexible. On peut s'étonner qu'une pareille doctrine trouve des adeptes. Cependant le communisme invoque en sa faveur une longue tradition perpétuée dans tous les siècles à travers les révolutions de tous genres. Il a sa source, comme toutes les utopies sociales, dans toutes les imperfections, les unes susceptibles d'amendement, les autres inévitables, de l'état social, il s'explique à la fois par un sentiment de pitié pour les misères humaines et par de détestables passions.

Le communisme a été vu à l'œuvre : on peut le juger par ses fruits.

Comment parler du communisme sans nommer Sparte, rappelée par Morus comme par Mably à titre de modèle idéal, et comment nommer Sparte sans rappeler ce que l'esclavage dans l'antiquité a eu de plus odieux ? Le régime de la communauté et le travail sont deux termes tellement incompatibles, que partout où celui-là a été implanté, il a eu besoin pour subsister de condamner aux travaux forcés des classes entières. C'est ainsi que le communisme des citoyens de Lacédémone ne put se maintenir que par l'ilotisme appliqué à l'agriculture et aux arts utiles. Sparte réalisa mieux qu'aucune autre cité, si ce n'est peut-être la Crète, l'idéal du communisme. Elle ne commit pas la faute de mettre en commun les objets mobiliers et les produits matériels, sans comprendre qu'elle devait y mettre également l'éducation et les femmes. Mais, par une de ces concessions de la réalité à la logique que nous rencontrerons partout dans l'histoire du communisme, par une de ces inconséquences qui rendent à la fois son existence possible et sa destruction inévitable, elle garda quelque chose de la propriété individuelle en la maintenant pour les terres également partagées. Quelle n'est pas d'ailleurs la supériorité pratique du communisme spartiate sur le communisme des modernes ! Il ne promettait pas aux membres de l'association la richesse et la jouissance, mais la pauvreté et l'abstinence en commun ; il stimulait les enfants qu'il élevait, non pas par le travail attrayant, mais par le fouet en perspective. C'est par ces moyens qu'il put quelque temps subsister. Leurs principes de morale interdisaient de plus aux Spartiates les plaisirs selon eux énervants des arts, dont leur économie politique au besoin eût suffi à leur enjoindre la privation : point d'arts sans excédant de richesses ; et quel excédant possible avec le communisme ? Le chef-d'œuvre de la législation spartiate fut d'inspirer pour cet état un véri-

able fanatisme d'abnégation et de dévouement. Les
mœurs n'en valurent pas mieux. Le Spartiate, grossiè-
ement nourri, dressé à la guerre, sans luxe et sans
commerce, sans lettres corruptrices, ne fut pas moins
débauché que féroce. Cette force farouche céda presque
au premier contact de la Grèce civilisée, et ne sut point
tenir devant les richesses conquises après la guerre du
Péloponèse. Ce peuple, qui avait repoussé la propriété,
fut réputé pour sa rapacité, son avarice, et la vénalité de
ses magistrats. Ce peuple, qui avait tout sacrifié à la
vertu guerrière, en vint à un point tel d'affaiblissement,
qu'il fut obligé de recruter ses armées parmi les ilotes
auxquels il emprunte ses derniers grands hommes.
Préoccupé, comme tous les anciens législateurs, de l'u-
nique idée de faire disparaître les révolutions en ôtant
les inégalités, Lycurgue oublia qu'il y a un pire danger
pour les États que les révolutions, c'est de tomber en
une dissolution honteuse; c'est ainsi que Sparte a fini.

Le génie romain dut ignorer le communisme. A
Rome tout fut précis, arrêté, les dieux, les vertus, les
lois, les doctrines; Rome vit fleurir le stoïcisme qui
exalte la liberté et la dignité de la personne, et la
propriété qui les assure. La propriété put s'y montrer abusive sans y être niée. L'usure y parut sans
entrailles. Quant à la loi agraire, si fréquemment con-
fondue avec le communisme, elle n'a été que la revendication, au profit des pauvres plébéiens qui avaient
pris part à la conquête, des terres exclusivement déte-
nues par les nobles et les chevaliers. Les Gracques ne
firent, ne dirent absolument rien que la théorie propriétaire ne puisse avouer, et le chef des communistes

révolutionnaires, Babeuf, en se parant de leur nom, donnait une preuve de plus que ses contemporains e' lui-même ne savaient pas cette histoire romaine qu'ils parodiaient.

Quant aux révoltes d'esclaves, quel rapport offrent-elles avec le communisme? Ces malheureux ne se soulevaient pas pour mettre tout en commun; ils combattaient pour avoir la propriété d'eux-mêmes.

En Judée, l'esprit de famille et la propriété avaien reçu de la loi mosaïque la plus forte organisation. Le loi du jubilé, qui faisait rentrer dans la même famille le fonds de terre engagé, était une sorte de consécratiou de la propriété; elle était pourtant aussi une atteinte à ce droit, en ce qu'elle gênait la liberté individuelle e arrêtait le cours naturel des transactions; chacun vivai « à l'ombre de sa vigne et de son figuier, » mais chacun vivait comme attaché à la glèbe de son patrimoine. L'in dustrie, le commerce, les sciences et les arts qui on besoin d'un certain superflu et de l'activité qui résulte de rapports fréquents entre les hommes, restèrent étran gers à ce peuple intelligent et énergique. A une pro priété nulle correspond la nullité de civilisation. Une civilisation incomplète est de même l'effet de tout amoin drissement de la propriété qui ne produit pleinement se, effets qu'à la condition de rester individuelle, c'est-à-dire transmissible à volonté.

L'esséniânisme fut le communisme de la Judée. Dan: ce pays de la religion, le communisme s'associa au prin cipe religieux, comme dans la Grèce, le pays de la philosophie, il s'était associé à l'idée philosophique avec le pythagorisme qui en fut la réalisation partielle l'institut pythagorique fut une communauté de sages vivant conformément aux prescriptions les plus sévères du spiritualisme dans l'abnégation, l'amitié, la culture des sciences, notamment des mathématiques et de l'astronomie. Leur austérité et leurs travaux donnent l'idée d'une sorte de Port-Royal païen, en même temps que leur ardeur de dominer et leur activité politique, qui les firent chasser de la plupart des villes où ils avaient fondé des établissements, rappelleraient au contraire la congrégation des jésuites.

A la différence des pythagoriciens, qui furent comme les couvents de philosophes, et qui eurent pour idéal politique une aristocratie de lumières gouvernant les masses soumises, les esséniens nous montrent toute une peuplade formant, comme nous dirions en langage moderne, une sorte de démocratie fraternelle ; non que la hiérarchie n'y fût respectée, et qu'il n'y eût dans ce petit peuple des rangs même fort tranchés, à ce qu'il paraît, en ce qui tient à la considération ; mais tous, sous la seule condition d'une vie pure ou du repentir, y étaient admis, et tout entre les chefs et les subordonnés était en commun. Il faut remarquer, à l'honneur des esséniens, qu'ils regardaient l'esclavage comme une impiété. Cette exception d'ailleurs ne signifie rien en faveur du communisme. Les esséniens, en effet, étaient une association très-limitée et tout à fait volontaire ; c'était un peuple de moines ; Pline a dit de cette communauté : « Elle se perpétue sans femmes, vit sans argent... Le repentir et le dégoût du monde sont la source féconde qui l'alimente. » La communauté ainsi entendue n'est qu'une forme de l'association libre : elle n'engage

que ceux qui consentent à en faire partie. Les travau
y étaient d'ailleurs exécutés par des hommes formés au
habitudes et aux leçons de la grande société, et, comm
toutes les communautés religieuses, elle était fondé
non sur le principe de la satisfaction illimitée, mai
sur celui d'une abstinence assez rigoureuse. Autant e
dirons-nous des thérapeutes, secte juive de l'Égypte
dont les adeptes vivaient isolés et·n'avaient guère e
commun que les exercices du culte.

Le christianisme vint mettre fin au monde ancien
Chez son premier fondateur et chez les premiers apôtre
se montra-t-il favorable au communisme? Cette ques
tion a été discutée avec beaucoup de force par M. Franc
dans son écrit sur *le Communisme jugé par l'histoire*
D'abord, si le Christ était venu pour préconiser le com
munisme, il n'eût pas gardé sur cette doctrine le plu
profond silence. Ensuite les textes de l'Évangile qu
l'on invoque en faveur du communisme ont une porté
toute contraire à celle qu'on leur attribue. Jésus-Chris
recommande l'aumône, le dépouillement, c'est-à-dir
le don volontaire, qui est un usage et non une négatio
de la propriété. Il fait, en un mot, de la charité u
devoir religieux, une vertu et non un effet de la con
trainte, qui abolit toute vertu et toute charité. Il répèt
le précepte de la loi divine : « Tu ne déroberas point, »
consécration éclatante de la propriété. Il prêche l'invio
labilité de la famille jusqu'à donner dans la condam
nation du divorce une des rares prescriptions civile
qu'il ait énoncées. Le langage et la conduite des apôtre
ne déposent guère davantage pour le communisme. L
mise en commun toute spontanée des biens des pre-

miers fidèles fut, autant qu'une image de la fraternité chrétienne, un moyen de résistance et un instrument de propagande. L'exemple de la petite famille chrétienne de Jérusalem après la mort du Christ, exemple peu suivi par les autres Églises, est nul comme argument.

Il faut aller jusqu'au deuxième siècle et s'adresser à une hérésie sévèrement flétrie par le christianisme, pour voir le communisme pratique s'autoriser de la religion. Les carpocratiens qui se confondirent avec les gnostiques renouvelèrent, un peu moins de deux siècles après Jésus-Christ, les infamies de ces bacchanales que Rome avait vues un peu moins de deux siècles aussi avant la venue du Révélateur. Les communautés chrétiennes qui s'établirent dans un but ascétique n'ont rien au fond à démêler avec l'histoire du communisme. Il est certain même qu'elles n'auraient pu se maintenir dans une société communiste, puisque ce n'était pas d'elles-mêmes, mais du dehors, qu'elles tiraient leurs ressources. Tout diffère d'ailleurs entre ces communautés et le communisme. On y venait s'adjoindre, on n'y naissait pas. L'objet en était presque toujours purement religieux. Les sexes, loin d'y être confondus, y vivaient séparés ; dans celles où le mariage était permis, il était observé avec austérité et sévèrement réglementé. L'association des frères moraves notamment se distingue par son caractère moitié civil et moitié religieux. Elle s'est maintenue par l'esprit évangélique d'humilité, d'abnégation, d'espérance dans une vie immortelle qui rend moins exigeant pour celle-ci, par cet esprit, en un mot, qui est l'opposé de celui du communisme. Il faut, en reconnaissant leurs vertus et leur bonheur négatif,

16

reconnaître aussi que leur esprit de secte étroit, leur état stationnaire, leur absence d'arts, leur proscription de toute science relevée et de toute spéculation philosophique ne s'accordent guère avec le caractère général et les plus nécessaires conditions de la civilisation moderne.

Quand on suit l'histoire des hérésies, on trouve que le communisme est resté étranger à la plupart d'entre elles. Les auteurs ecclésiastiques, pour les flétrir plus sûrement, leur ont un peu prodigué ce reproche dont les écrivains communistes se sont emparés avidement pour se faire une tradition plus imposante. Bossuet, dans son *Histoire des Variations,* n'a pas épargné cette accusation aux hérétiques des onzième et douzième siècles, et notamment aux Vaudois et aux Albigeois, dont l'innocence, à cet égard, nous paraît avoir été établie, à l'aide d'autorités imposantes, par M. Sudre, dans son *Histoire du communisme.* Il en est de même des lollards et de quelques autres sectes dont les réclamations n'allèrent pas au delà des abus du haut clergé et des abbayes. Il a fallu toute la partialité de l'histoire contemporaine écrite au point de vue communiste pour faire de Wiclef et de Jean Huss des apôtres de la fraternité sociale. Les germes du communisme se développèrent pourtant au sein de certaines sectes, comme les frères du Libre-Esprit au treizième siècle et peut-être au sein de quelques autres. Mais c'est avec les anabaptistes qu'il éclate de la façon la plus incontestable, la plus hardie et la plus terrible. M. Sudre a fort bien raconté ce tragique épisode de l'histoire du communisme, dans lequel il se montra tout entier avec le cortége des fausses théories qu'il met en avant et des mauvaises passions qu'il soulève. « Nous sommes tous frères, disait Muncer, le chef des anabaptistes, à la foule qui l'écoutait, et nous n'avons qu'un commun père dans Adam; d'où vient donc cette différence de rangs et de biens que la tyrannie a introduite entre nous et les grands du monde? Pourquoi gémirons-nous dans la pauvreté et serons-nous accablés de maux tandis qu'ils nagent dans les délices? N'avons-nous pas droit à l'égalité des biens, qui, de leur nature, sont faits pour être partagés sans distinction entre tous les hommes? Rendez-nous, riches du siècle, avares usurpateurs, rendez-nous les biens que vous retenez dans l'injustice; ce n'est pas seulement comme hommes que nous avons droit à une égale distribution des avantages de la fortune, c'est aussi comme chrétiens. » La spoliation, la polygamie, la destruction des statues, des tableaux, des livres, à l'exception de la Bible, suivirent ces prédications à Mulhausen et surtout à Munster.

Après avoir montré comment, par lui-même, il rend les hommes sensuels, féroces, il restait au communisme à faire voir, par l'exemple du Paraguay, comment il peut les rendre moraux, doux et heureux en s'unissant au principe religieux. Cette dernière expérience dont il se vante ne paraît pas elle-même fort brillante et fort enviable. Le chef-d'œuvre des jésuites dans leurs colonies fut de changer une population d'hommes en un véritable troupeau d'enfants obéissants, craintifs, sans aucune initiative, sans vices et sans vertus. Les révérends pères avaient établi une réglementation universelle; ils dirigeaient la production et la répartition de la richesse avec cet absolutisme sans lequel la communauté n'est pas possible. Le bonheur qu'ils procurèrent à leurs ouailles ne fut pas cependant à l'abri de nuages; il est avéré que leur départ fut accueilli avec des cris de joie. L'état d'innocence primitive et même de bonheur sous une autorité supérieure ne saurait être l'idéal de la civilisation. Mille fois plutôt la lutte avec ses chutes inévitables et avec les progrès qui la suivent que cette inerte et stupide impeccabilité!

On s'étonne que Morus ait pu reprendre un rêve souillé de sang presque sous ses yeux. Il est vrai qu'avec lui le communisme rentra dans la sphère innocente des théories. Il faut aller jusqu'à notre temps et à la New-Harmony de M. Owen pour rencontrer un nouvel exemple du communisme pratique. Les erreurs et les déceptions des modernes réformateurs ont trouvé un exact et ingénieux historien dans M. Louis Reybaud[1]. Les mésaventures récentes éprouvées par M. Cabet, mort à la peine, complètent cette épreuve sans ajouter rien de nouveau à cette monotone histoire. On peut dire qu'en somme le communisme n'a rien exécuté de considérable à dater du Paraguay, où il n'a pu vivre quelque temps que grâce à l'altération et aux modifications que lui a fait subir l'esprit religieux. Depuis lors, il n'apparaît plus qu'à l'état d'aspiration et de conspiration. Babeuf et ses complices subirent le même sort que Muncer et Jean de Leyde, sans avoir eu le même succès; et les annales de la doctrine n'ont guère été depuis, et on l'a vu en juin 1848, que celles de ses défaites et de ses mécomptes.

---

[1] *Études sur les réformateurs contemporains*, par M. L. Reybaud.

C'est avec raison que M. Franck présente dans la *République* de Platon le type de toutes les utopies communistes. Il distingue toutefois le communisme du philosophe grec des doctrines avec lesquelles on le confond. On s'est trop figuré Platon à l'image de nos modernes utopistes qui visent à réformer le monde. La *République* de Platon est une application purement idéale de sa philosophie à la société. Comme philosophe, Platon semble avoir méconnu dans l'analyse de l'homme le fait moral de la liberté; il transporte cette lacune avec ses déplorables conséquences dans sa société imaginaire. Comme philosophe encore, il a admirablement compris l'idée de justice, autant qu'on peut le faire en la séparant de la liberté; et il arrive, avec une rigueur géométrique dissimulée sous la forme la plus libre et la plus brillante, à l'égalité absolue, rompue seulement, non plus par les différences individuelles d'effort et de mérite, mais par les différences natives et réputées habituellement héréditaires d'intelligence et d'énergie morale. C'est, ainsi qu'on le voit, aboutir à une aristocratie de philosophes et de guerriers. N'oublions pas non plus que Platon, bien loin de regarder vers l'avenir, a les yeux tournés constamment du côté de l'Orient, ce pays de la propriété plus ou moins collective et de la théocratie. Sauf quelques vues purement morales, aussi sublimes que neuves, qui contenaient l'avenir du genre humain, on peut dire que Platon, dans sa *République,* a écrit l'utopie du passé. On a observé d'ailleurs [1] que

---

[1] Cette remarque a été faite par M. Adolphe Garnier, dans son excellent ouvrage sur la *Morale sociale*, ouvrage dans lequel les

dans cet ouvrage même la propriété et la famille ne paraissent être interdites qu'à une seule classe, celle des guerriers. Nos armées ne rappellent-elles pas quelques traits fort affaiblis d'ailleurs de cette organisation? Nourris par les autres classes de citoyens, les soldats ont-ils, tant qu'ils restent sous les drapeaux, une famille, un champ qu'ils cultivent, une table à part? La *République* n'en atteste pas moins avec la plus grande force la pente irrésistible du communisme qui, soit qu'il ait son point de départ dans un brutal appel aux instincts, soit qu'il prenne, comme ici, sa source dans le principe métaphysique d'une justice abstraite, dépouillée de l'idée et du sentiment du libre arbitre, arrive aux mêmes conséquences et tire la négation de la famille de celle de la propriété. Au reste, le sourire de Socrate, en exposant cet impraticable système, est peut-être la réfutation qui s'applique le mieux à ce jeu brillant de la dialectique et de l'imagination combinées, déduction logique et poétique d'une idée, et non pas dessein sérieux, plan arrêté de réforme sociale.

Avec Morus comme avec Campanella, l'auteur de la *Cité du Soleil*, le communisme se présente sous forme d'hypothèse, de symbole ou d'allégorie. Au dix-huitième siècle il fait avant tout usage de l'analyse et du raisonnement. Certes la constitution de la propriété était vicieuse; l'œuvre de la philosophie et de l'économie politique était de travailler à la réformer; mais si les inégalités excessives et injustes de la société

utopies socialistes sont incidemment, mais parfaitement réfutées par la psychologie et par la morale.

du dix-huitième siècle font comprendre le communisme, comment justifieraient-elles un système qui marchait en sens inverse de l'aspiration générale vers la liberté et la civilisation? Rousseau n'est pas partisan de cette doctrine, bien qu'il lui ait prêté des armes. Dans le *Discours sur l'inégalité* comme dans le *Contrat social*, il reconnaît l'intime solidarité de la propriété et de la société, et tout en déplorant l'existence de celle-ci, il la déclare indestructible. En fondant la propriété sur la loi, il commet une erreur généralement partagée à son époque, et dont Montesquieu lui-même n'est pas exempt. Mably, auquel M. Franck consacre une notice pleine d'intérêt, Mably engage l'humanité à rentrer dans son état naturel. Dans sa *Législation* ou *Principes des lois*, dans ses *Doutes sur l'ordre naturel et essentiel des sociétés* opposés aux physiocrates, dans ses *Entretiens de Phocion*, il n'est guère que le commentateur servile de Rousseau et de Lycurgue, sauf l'addition importante du travail attrayant. Travail en commun, répartition par l'État, abolition des arts, intolérance en matière de religion, ces vieilles conséquences de la doctrine sont tirées par Mably avec une rigueur qui laisse peu à désirer. Morelly l'exagère pourtant encore, s'il est possible, dans son ennuyeuse *Basiliade* et dans son odieux *Code de la nature*, faussement attribué à Diderot, devenu le code du communisme révolutionnaire. Les témérités de Brissot de Warville, qui, devançant un mot célèbre de M. Proudhon, assimile la *propriété* au *vol*, les excentricités peu conséquentes avec l'ensemble de leurs opinions sociales de Necker et de Linguet, ne font que répéter ou atténuer ces anathèmes et ces théories.

Elles se perpétuent à travers la révolution française. Robespierre n'est pas communiste, bien que ses principes jettent la société sur la pente qui mène au communisme ; Babeuf, au contraire, c'est Morelly devenu homme d'action, et quel homme d'action, grand Dieu !

Le communisme philosophique ou du moins théorique et rêveur n'a reparu guère qu'avec M. Cabet, l'auteur du *Voyage en Icarie*, et avec les rédacteurs plus *avancés* du journal l'*Humanitaire*. Dans son communisme fondé sur la fraternité et qui reproduit tous les moyens habituels du communisme, assez peu varié de sa nature, M. Cabet voulait pourtant maintenir la famille au moins *provisoirement*. L'*Humanitaire* s'y opposait. Nous avons montré de quel côté est la logique. Ajoutons aussi, pour être juste, que M. Cabet se berçait de la douce chimère que chacun conserverait sa maisonnette et son jardin. Il permettait à ses Icariens, après avoir bien servi l'État qui les surveille sévèrement toute la semaine, d'être absolument libres les dimanches, tout comme au collége. Comment le trop naïf écrivain ne s'apercevait-il pas qu'un seul jour de liberté serait mortel pour le monotone et affadissant régime de l'Icarie ? Sauf ces réserves, on reconnaît sous le miel de la forme l'inévitable esprit du communisme, c'est-à-dire le plus pur despotisme, réglementant l'industrie, la science, la religion, l'art même. Heureux pays pour les auteurs dramatiques plus en faveur auprès du gouvernement qu'auprès du public, dans lequel toutes les pièces, quelles qu'elles soient, sublimes ou médiocres, causant au spectateur du plaisir ou de l'ennui, une fois admises à être jouées sur le théâtre de la république, sont assurées d'avoir soixante représentations !

II

Le nom de Thomas Morus, chancelier d'Angleterre, eut, dès son vivant, une célébrité européenne parmi les savants, et ne cessa de grandir depuis sa mort. Le progrès constant de ce que l'on a nommé *utopie,* du nom même de son livre, n'a pas peu contribué depuis à l'entourer d'une sorte d'auréole prophétique aux yeux de ceux qui le regardent comme un de leurs ancêtres les plus glorieux et les plus directs. Il est instructif de connaître ce premier des utopistes modernes, et de voir quels traits le rapprochent ou l'éloignent de sa nombreuse postérité.

Rien de commun entre Thomas More et les autres auteurs de systèmes sociaux. Ce qui distingue, en général, ces réformateurs, c'est un esprit d'indépendance facilement porté jusqu'à la révolte, d'ardente critique se laissant emporter jusqu'à la diatribe la plus amère, de dévouement et d'humanité, je le crois, mais aussi d'orgueil intempérant. Morus est l'humilité même. — Ils sont libres penseurs, agressifs contre les religions, et commencent la révolution en essayant, en bons logiciens, de changer d'abord l'idée que les hommes se font de Dieu. Morus est un catholique fervent qui combat pour sa foi et qui meurt pour elle. — Enfin ils se tiennent à l'écart de ce monde corrompu, pour lequel ils ne ressentent que haine et mépris, et ils expirent en se consolant à

l'idée des félicités terrestres qui attendent le genre humain
après eux. Thomas More est grand chancelier d'Angleterre ; il termine une carrière d'honneurs par le martyre,
et il semble à cette heure suprême avoir complétement
oublié les délices d'Utopie, tant il est absorbé par la
pensée du ciel de l'Évangile ! — Le contraste n'est-il pas
complet ? Nous engageons ceux qui en douteraient à lire
l'*Histoire de Thomas More*, par Stapleton, avec les abondants éclaircissements qu'y a joints l'auteur estimable de
nombreux travaux sur le protestantisme, M. Audin.

Stapleton, fort peu connu parmi nous, est presque le
contemporain de Thomas Morus. Il est né le mois même
où celui-ci mourut. Comme son modèle, il a éprouvé
la persécution religieuse. Élisabeth l'a forcé à quitter le
canonicat de Chichester, qu'il avait reçu de la reine Marie,
et l'a obligé de fuir l'Angleterre. Il visite tour à tour
Louvain, Paris, Rome, Douai, où il obtient une chaire ;
mais l'influence anglaise, bientôt dominante dans cette
ville, le contraint de la quitter, jusqu'à de meilleurs
jours. Il y revient achever sa vie, et il y meurt en 1698,
au moment d'être nommé cardinal. Stapleton, grâce à
son époque et à ses voyages, a donc pu causer avec les
amis de Morus, et il a reçu la communication de maints
détails intéressants de la bouche même de Dorothée Coly,
la sœur d'adoption de Marguerite Roper, cette illustre
et savante fille du chancelier.

Quant au livre lui-même, il est clair qu'il est écrit
exclusivement pour la propre édification de l'écrivain et
pour celle des lecteurs. C'est l'homme plus que l'auteur qu'il nous fait connaître. Aussi les particularités
abondent, et il n'est recoin dans le cœur et dans la vie de

Thomas More qui ne soit pénétré. Ajoutez à cela les
enseignements qu'il a été permis à M. Audin de se
procurer, grâce à la communication des Archives si soigneusement fermées à la science par la main jalouse
d'Élisabeth au temps où vivait Stapleton, et vous verrez
que rien ne manque pour reconstruire au complet la
physionomie morale du célèbre auteur de l'*Utopie*.

Ce qui ressort clairement de l'ouvrage de Stapleton et de l'opinion des principaux savants du dix-
huitième siècle sur Thomas More, c'est que le livre de
l'*Utopie* est loin d'avoir eu dès lors, dans la pensée publique, la signification révolutionnaire, ou au moins décidément réformatrice, que l'école communiste lui a
attribuée depuis. Tout au plus servira-t-il de prétexte à
quelques insinuations de la part des puritains de la
réforme, pour mettre en doute l'orthodoxie de son
auteur.

L'*Utopie*, imprimée à Louvain en 1516, n'est qu'une
étude d'après Platon, écrite en latin avec une pureté et
une élégance qui contribuèrent à la faire accueillir
avec enthousiasme par les érudits d'une époque savante éprise innocemment de toutes les réminiscences
antiques.

La critique des abus forme la partie la plus sérieuse
de l'ouvrage : quant au côté dogmatique, aux idées positives, Morus y croit un peu moins peut-être que Fénelon
lui-même ne croit à l'État de Salente. C'est le rêve d'un
honnête homme; c'est l'ingénieux labeur d'un savant du
seizième siècle, enivré de l'antiquité, qui se délasse de
ses austères controverses par une conception romanesque. Si l'*Utopie* a fait des fanatiques, ce n'est pas

à coup sûr Thomas Morus. Il n'a pas été son propre disciple.

Ce n'est pas que nous contestions la sincérité de Morus dans cette célèbre élucubration, ni la portée d'une œuvre qui procède et résume toutes les conceptions du communisme moderne. Il est sincère, à coup sûr, quand il s'élève contre les abus énormes de la société du seizième siècle ; il est sincère quand il reproche, avec une vigueur qui s'inspire du christianisme et de la justice naturelle, aux riches leurs exactions, aux princes leurs tyrannies, aux lois leurs iniquités, à la pénalité l'atrocité des supplices et l'abus de la peine de mort qui, prodiguée contre les voleurs, avait pour effet inévitable, remarquait-il, de les empêcher de reculer devant l'assassinat. Il est sincère quand, faisant allusion à l'abandon des enfants du peuple, privés de tout enseignement intellectuel et moral, il s'écrie, avec une énergie de parole qui ne lui est pas ordinaire : « Vous abandonnez des millions d'enfants aux ravages d'une éducation vicieuse et immorale. La corruption flétrit sous vos yeux ces jeunes plantes qui pourraient fleurir pour la vertu, et vous les frappez de mort quand, devenus des hommes, ils commettent les crimes qui germaient dès le berceau dans leurs cœurs. Que faites-vous donc ? Des voleurs pour avoir le plaisir de les prendre ! »

Sur tout cela, répétons-le, Morus est sincère ; ajoutons qu'en ayant égard à la constitution sociale et politique de son pays et de son temps, il trace un tableau trop exact. Mais il a le tort d'attribuer la misère des salariés exclusivement au mauvais vouloir des riches et nullement à l'insuffisance du capital, alors à la disposition de la société. L'économie politique place comme point de départ nécessaire au progrès, comme condition absolue de la diminution de la misère et de l'accroissement du bien-être populaire le fruit du travail accumulé, le capital. On n'aurait fait que généraliser la misère en partageant le capital de la société par portions égales. Morus ne paraît point s'en douter, et il attaque la richesse et les riches avec une violence qui contraste avec la douceur de sa poétique imagination.

A peine, en lisant Stapleton se douterait-on que Thomas More est l'auteur de ce livre de l'*Utopie*, appelé à de si bruyantes destinées. Pas un mot sur cette vie de délices qu'on mène dans cette île si bien nommée (en grec, *ou-topos*, lieu qui n'existe pas); pas un mot sur cette vaste communauté vivant sous les lois d'une indissoluble fraternité, dans le mépris de l'or et de l'argent, comme cela se pratique invariablement dans tout système communiste, sur ces familles gouvernées par le plus âgé de ces chefs, sur ces philarques élus par trente familles, présidés au nombre de dix par un protophilarque et dont la réunion choisit, entre quatre candidats proposés par le peuple, le prince nommé à vie et pourtant révocable. Nulle analyse, nulle critique de ce communisme, qui tombe exactement sous les mêmes reproches que tous les systèmes qui l'ont suivi et imité : au dedans, asservissement complet : l'individu dans la main du magistrat, travaillant et prenant ses repas en commun dans de vastes réfectoires sous sa surveillance, au milieu de la musique et des parfums, changeant de demeure sur son ordre, ne pouvant voyager sans sa permission,

17

l'État, en un mot, maître omnipotent, répartissant les produits au prorata des besoins. Le gouvernement empêche la population de s'accroître démesurément en fondant des colonies dans les terres voisines. Nulle famille ne se compose de moins de dix membres adultes ni de plus de seize. Partage absolu des biens et des maux entre les citoyens, amour universel de la paix, dédain de la richesse, absence de commerce intérieur, égale distribution des produits dans toutes les localités, équilibre dès lors de la production et de la consommation, tels sont les fondements sur lesquels tout repose. Deux inconséquences honorables distinguent ce code de la communauté ; on prétend y avoir des arts, et la religion y est laissée à la liberté du choix. Une sorte de théïsme et la croyance à l'immortalité de l'âme forment cependant la religion de l'État. Je laisse de côté une foule de détails sur le bonheur du royaume d'*Utopie*. La meilleure réfutation du livre n'est-elle pas dans son titre même ?

Comment ne pas remarquer pourtant qu'il y a des esclaves dans ce pays de la souveraine justice, comme dans la *République* de Platon ? Morus a-t-il pensé, ainsi que Rousseau dans le *Contrat social*, que la liberté ne pouvait se soutenir que par l'esclavage destiné à lui créer des loisirs ? Il se contente d'en faire une peine de la paresse comme de tous les crimes, châtiment qui, comme moyen répressif de la négligence au travail, dépasse à la fois la mesure permise et les souffrances que la liberté du travail dans nos sociétés impose aux oisifs et aux dissipateurs sans tant d'appareil et sans en rejeter l'odieux sur l'autorité. Les six heures de travail par jour ordonnées aux Utopiens et dont l'Assemblée investie du pouvoir lé-

gislatif opère la répartition entre les associés, ne seraient-
elles donc pas suffisamment productives, puisqu'il faut
en outre appeler au service de la communauté le travail
des prisonniers étrangers réduits aussi en esclavage?
Est-ce, en vérité, la peine de signaler avec tant de force
les maux et les abus de la société pour la relever en
idée sur la base même du plus monstrueux des abus?

L'esclavage n'est pas, au reste, la seule tache de
l'*Utopie*. Morus n'étend pas la fraternité au delà des
frontières d'Utopie, et la politique extérieure dont il écrit
le code n'est autre, chose singulière chez un philanthrope, que la politique anglaise à ses plus mauvais
points de vue : rusée, envahissante, conquérante par
intérêt, corruptrice; c'est la politique coloniale avec les
excès qu'elle entraîne. Singulier humanitaire que cet
écrivain qui donne au peuple rêvé par son imagination
des conseils dignes de Machiavel! On se demande ce
qu'il faisait alors de ses sentiments de chrétien!

Un des passages les plus curieux de l'*Utopie*, est, au
reste, celui dans lequel Morus lui-même, prenant la
parole en son nom, oppose les objections que suggère
l'éternel bon sens au tableau de la félicité communiste
retracé par son interlocuteur, Raphaël Hythlodée, qui
arrive en droite ligne du royaume d'Utopus. « Bien loin
de partager vos convictions, dit-il, je pense, au contraire,
que le pays où l'on aurait établi la communauté des
biens serait le plus misérable de tous les pays. En effet,
par quel canal y coulerait l'abondance? Tout le monde
y fuira le travail; personne n'étant aiguillonné par l'espérance du gain, chacun se reposant sur l'industrie et la
diligence d'autrui, tous s'engourdiront dans la paresse.

Quand même la crainte de la misère stimulerait les paresseux, comme la loi ne garantit pas inviolablement à chacun le produit de son industrie, l'émeute gronderait sans cesse affamée et menaçante, et le massacre ensanglanterait votre république. Quelle barrière opposeriez-vous à l'anarchie? Vos magistratures consistent dans un nom vide et creux, un titre sans autorité. Je ne puis même concevoir de gouvernement possible chez ce peuple de niveleurs repoussant toute espèce de supériorité. » (*Utopie*, p. 114-115, traduction de Stouvenel.) — A cela que répond Hythlodée? Il ne répond rien. Il se borne à dire : « Que n'avez-vous été en Utopie? » — « Nos modernes réformateurs, remarque fort bien M. Sudre, en sont encore à la réponse d'Hythlodée. »

Malgré ses lacunes, le livre de Stapleton est un livre bon à consulter, plein d'onction, attachant, faisant connaître à fond Thomas Morus et ses alentours. L'abondance et la précision des détails qu'il donne sur l'homme sont d'ailleurs une lumière jetée sur le penseur. Quand on voit le mépris profond de Morus pour les richesses, on conçoit moins difficilement que l'idée de la communauté des biens ait pu entrer dans sa tête ; quand on le voit au milieu de sa famille nombreuse, dans sa retraite de Chelsea, entouré de respect et de tendresse, véritable modèle de vie patriarcale, on s'explique qu'il ait reculé devant le sacrifice de la famille. Cette fois, l'homme a été plus fort que le théoricien, le cœur a arrêté l'imagination sur la pente périlleuse de la logique.

Doux, bienveillant, spirituel, d'humeur enjouée, de la charité la plus active, de l'humilité surtout la plus profonde, évitant l'âcre dispute, aimant mieux adoucir l'expression d'une opinion que de sacrifier un ami (et il compta parmi ses amis une foule de savants assez disputeurs de tous les pays, et en particulier Érasme), simple de cœur, sans aucun faste dans ses dignités et dans ses vertus, sans orgueil dans ses idées, tel est Thomas More. Sa vie intérieure, avec ses exercices religieux, fut celle d'un pasteur; elle est pleine d'ailleurs de controverses théologiques. Une preuve des instincts peu révolutionnaires de Thomas More, c'est la vivacité de la lutte de ce réformateur politique contre les réformateurs religieux. Il ne sort qu'une fois de la convenance de ton dont il ne se départ pas, et c'est pour combattre qui? Luther.

Je ne me demanderai pas si le pieux Stapleton et si M. Audin, écrivain très-catholique, n'ont pas un peu chargé, avec la plus parfaite bonne foi, le tableau de la sainteté de Morus. Sa vive piété, ses vertus chrétiennes sont attestées par Érasme, témoin peu suspect; par Holbein, plus récemment par Mackintosh.

L'interrogatoire, la prison, le supplice, la douceur inflexible de Thomas More forment une page grande et touchante de l'histoire d'Angleterre. Et d'abord pourquoi meurt-il? Pour ses convictions sociales? Pour expier et pour soutenir l'audace de ses critiques et de ses systèmes? Non. Il meurt, ce penseur téméraire, pour ne pas manquer à sa conscience de chrétien orthodoxe, qui ne lui permet pas de renier la suprématie spirituelle de la papauté; il meurt parce qu'il refuse, contre toutes les séductions et toutes les menaces, de jurer l'acte de succession qui, déclarant Catherine d'Aragon incestueuse, déshérite Marie, sa fille, au profit d'Élisabeth, fille d'Anne de Boleyn; il meurt pour ne pas vouloir adhérer à l'acte de suprématie par lequel Henri VIII se fait déclarer chef spirituel de la religion : héroïsme admirable, car Morus, si l'on excepte un humble curé et le courageux évêque Fisher, qui le précède sur l'échafaud, est à peu près le seul alors qui résiste, et il a contre lui l'exemple et les injonctions pressantes de la magistrature et du clergé d'Angleterre. « Henri VIII, dit énergiquement Mackintosh, servit à rehausser le courage, la magnanimité, la douceur de sir Thomas More. Douez Henri de mansuétude et de justice, et vous n'auriez jamais su à quelle hauteur la vertu humaine peut s'élever. »

III

C'est une des meilleures remarques sur lesquelles insiste M. Franck dans son étude sur le *Communisme jugé par l'histoire* et une des plus solides réfutations que l'on puisse adresser à Thomas Morus et à ses modernes disciples, que la propriété et la liberté sont si étroitement unies entre elles, qu'elles ont toujours été reconnues et sacrifiées ensemble et dans les mêmes proportions. Ainsi, dans la plupart des États de l'Orient, où l'esclavage politique existe dans toute sa force, il n'y a pas d'autre propriétaire que le prince ou la caste dominante. Dans la Grèce antique, c'est l'État qui a un pouvoir souverain sur la propriété, comme sur la famille et sur l'individu. On voit les philosophes grecs parfaitement d'accord sur ce point avec les législateurs. Platon, qui demande la communauté, Aristote, qui préfère la propriété individuelle, reconnaissent tous deux à l'État le droit d'établir l'un ou l'autre de ces systèmes. A Rome, la souveraineté absolue sur les biens et les personnes passe dans la famille aux mains du père. Dans une foule de cas, la main de l'État dispose souverainement de la propriété. Le seigneur, sous la féodalité; le roi, sous la monarchie absolue, sont réputés propriétaires originaires de tout le domaine compris dans leur ressort. Louis XIV émet nettement cette prétention : « Les rois, peut-on lire dans son instruction au Dauphin, sont seigneurs absolus et ont naturellement la disposition pleine et libre de tous les biens qui sont possédés. » Dans le livre ayant pour titre : *Testament politique de M. de Louvois*, on lit ce qui suit : « Tous vos sujets, quels qu'ils soient, vous doivent leur personne, leurs biens, leur sang, sans avoir droit de rien prétendre. En vous sacrifiant ce qu'ils ont, ils font leur devoir et ne vous donnent rien, puisque tout est à vous. »

En France, la liberté civile sous toutes ses formes, l'affranchissement de la propriété et la liberté du travail ont suivi un parallélisme parfait. C'est le même jour, et ce jour a été la plus grande date des temps modernes, que les redevances abusives pesant sur le sol, que les prohibitions à l'intérieur mises sur la circulation de ses produits, que les restrictions à la libre industrie représentées par les jurandes et les maîtrises, et qu'enfin la plupart des gênes qui pesaient sur la pensée ont été abolies.

Est-il donc besoin de le rappeler? Sans la propriété, point de pensée d'avenir, point d'amélioration sérieuse dès lors, point de population nombreuse et suffisamment entretenue, point de civilisation ayant des racines profondes, soit morales, soit matérielles. Tous ces avantages ne peuvent venir que de la propriété durable, et sont incompatibles avec la simple possession temporaire. C'est par la même raison que la propriété doit être individuelle et non collective; on en a la preuve dans les communautés religieuses du moyen âge, et de nos jours, dans l'état fort imparfait des propriétés des communes. La propriété collective a pour inconvénient de ne pas stimuler suffisamment l'activité du propriétaire et de n'être pas transmissible à des possesseurs plus actifs, plus habiles, mieux fournis de capital, et surtout plus désireux de s'enrichir. Il en est de même pour l'héritage tant attaqué par les communistes. L'héritage donne à l'activité du père de famille, à son sentiment de la responsabilité, à son esprit d'épargne un immense ressort, et devient par là le principe de nouvelles richesses sociales, qui n'auraient pas été créées autrement et qui profitent à tous, même aux plus dénués. Il resserre le lien de la famille, il l'empêche de se dissoudre et tend à la perpétuer. Il est seul en état de créer cette force sans laquelle il n'y a ni société stable ni grand peuple, la tradition, puissance conservatrice qu'il importe à un degré tout particulier de fortifier chez les nations modernes, si on ne veut courir le risque de les voir s'abîmer sous le flot mobile de la démocratie.

Retranchez la propriété du fonds, retranchez la propriété individuelle, retranchez l'héritage, obligés de songer aux étroites nécessités du moment, tous resteront abaissés au même niveau, toutes les générations tourneront dans le même cercle d'ignorance et de misère. Les arts, les sciences, les lettres, ce noble luxe qui décore si magnifiquement la civilisation et qui contribue si puissamment à enrichir la société, n'auront pas le temps de naître ou seront abandonnés.

L'industrie elle-même, celle qui répond aux premières nécessités de l'existence, s'accommodera-t-elle du moins d'un pareil état? C'est demander si elle peut se passer du développement des sciences qui, cultivées d'abord avec désintéressement par de prétendus oisifs, se résolvent en applications de tout genre; c'est demander si elle n'a pas besoin de l'aide d'une certaine concentration de capitaux, sans laquelle il n'y a ni une suffisante division du travail, ni un suffisant appât à l'esprit de perfectionnement. Il faut de riches capitalistes pour appliquer et par conséquent aussi pour susciter les découvertes. Sans la propriété permanente, avec toutes les conséquences que ce mot implique, n'en doutons pas, l'industrie végétera misérablement dans la reproduction des mêmes formes imparfaites, ou se consumera en essais infructueux.

La plupart des communistes répètent à l'envi ce que Morus a dit sur l'usurpation de la terre au profit de quelques-uns. L'économie politique répond à cette objection malheureusement populaire et que de nos jours des hommes tels que MM. Proudhon et Considérant ont repris à leur compte, l'un pour signifier à la propriété sa déchéance, l'autre pour exiger en échange de son maintien le droit au travail. On n'usurpe que ce qui appartient à quelqu'un ; on n'usurpe que ce qui a une valeur. Or, la terre nue, ceci est de la vérité la plus stricte, quoique ordinairement la plus méconnue, la terre nue n'en a pas. Utile, sans doute, comme tout autre instrument de travail, elle ne *vaudra* que par le travail et le capital qui s'y seront incorporés. Ce fut si peu un privilège d'être le premier occupant de la terre nue (privilège en tout cas périmé depuis longtemps, même dans la personne des héritiers), que les prétendus usurpateurs de cet instrument de travail ont été moins les privilégiés que les martyrs de la propriété. La terre nue, en effet, c'est la ronce et le reptile, c'est le marécage pestilentiel, c'est la lutte, c'est la souffrance sous les formes les plus pénibles; c'est la mort, arrivant à la suite de privations horribles et de maladies qui consument lentement l'héroïque pionnier de la culture et de la civilisation, sur lequel plus tard des sophistes, pour toute récompense, appelleront la malédiction du genre humain. On croit que c'est la terre qui a fait le propriétaire primitif. La vérité est que le propriétaire ne l'est devenu qu'après avoir fait la terre ; fait la terre, non, sans doute, en tant que matière ; à ce compte, l'homme ne crée rien, mais en tant que valeur, seule manière dont il ait été donné à l'homme de créer. Les Espagnols du temps, et au rapport de Locke, en jugeaient ainsi. Bien loin de maudire, à la manière de Morus, de Rousseau et de Mably, dans un fougueux anathème celui qui osait enclore, assainir, ensemencer un terrain inoccupé, et dire : *Ceci est à moi,* ils le récompensaient au contraire, ils lui accordaient une prime. C'était beaucoup plus raisonnable. Les communistes insistent et veulent que l'usurpation consiste en ceci du moins que toutes les places sont prises[1]. Mais

---

[1] Je ne fais ici que reproduire une partie des considérations déjà

où voit-on que la terre nue fasse défaut? Elle forme
de beaucoup la plus grande partie de notre globe; car
l'homme, qu'on prétend si vieux, paraît, au contraire,
à peine commencer l'œuvre de sa jeunesse, et n'avoir
pris jusqu'ici qu'une possession aussi incomplète qu'imparfaite de sa demeure. La terre nue s'offre en masse
à l'audace de nouveaux usurpateurs. Tout le monde
sait qu'il y en a, par exemple, des quantités aux Etats-
Unis. Or, combien y vaut-elle? un dollar l'acre, ou
plutôt ce qui *vaut*, ce n'est pas elle, c'est la protection sociale, ce sont les circonstances plus favorables,
nées elles-mêmes du travail humain, au sein des-
quelles son exploitation est placée; car, dans le désert,
elle n'aurait aucun prix, fût-elle d'une incomparable
fertilité. D'où vient donc que tant de pauvres gens
qu'on dit spoliés refusent d'aller se faire spoliateurs
à leur tour? Est-ce par ménagement pour l'avenir qu'ils
enrichiraient? Assurément, non. C'est qu'ils ont entendu parler des misères de l'émigration, misères fort
inférieures pourtant à celles qu'eurent à supporter les
premiers occupants, alors que la civilisation ne pouvait
leur venir en aide. Les communistes mettent la plus
invincible persistance à soutenir que ce qui est vrai au
commencement cesse de l'être, et que, si d'abord l'usurpation se justifie par les difficultés attachées à l'exploitation, il n'en est plus ainsi dans l'état de civilisation.
Ils oublient que le sol est à chaque instant acheté par
la propriété mobilière, qui n'est elle-même que du tra-

présentées par moi-même ailleurs (*Manuel d'Économie politique*;
Discours sur le Principe de Propriété, dans mes *Études de Philosophie morale*, p. 11).

vail capitalisé, et que ce combat à soutenir contre la
terre dure encore. Ce n'est pas seulement à une époque perdue dans la nuit des temps, c'est maintenant,
c'est toujours que la terre est à *créer*, *à faire*, suivant
la forte expression de M. Michelet [1], comme instrument
de travail; c'est une œuvre sans cesse à recommen-
cer, une œuvre qui tient l'homme perpétuellement
en haleine. Bien loin d'être en ce sens un instrument de travail privilégié, il n'en est pas de plus in-
docile, de plus constamment prêt à la rébellion, ni
dont l'entretien coûte autant. Voyons les autres conquêtes de l'homme, le cheval, le bœuf, l'âne, le cha-
meau, les différents oiseaux de basse-cour. Ces conquêtes étaient beaucoup plus aisées à faire, beaucoup
plus faciles à garder. Entre les animaux domestiques
et l'homme, il y a, en effet, une mystérieuse affinité.
Entre la terre et l'homme, au contraire, il semble
qu'il n'y ait naturellement qu'hostilité, une hostilité
pleine de résistance qui semble répéter au dernier occupant comme au premier la sentence divine : « Tu
gagneras ton pain à la sueur de ton front. » Les communistes n'en diront pas moins, en établissant entre la
propriété foncière et la propriété mobilière un parallèle
désavantageux à celle-là, que l'homme ne *crée* pas le
fonds en tant que fonds. L'homme crée-t-il davantage
l'animal dont il fait sa proie par la chasse, le poisson
qu'il prend dans ses filets, le bois dont il a su façonner
des flèches? Ainsi la légitimité de la propriété est contemporaine de la propriété même. Le droit ne fléchit pas

---

[1] M. Michelet, *le Peuple*.

plus à l'égard de l'appropriation du fonds que relativement à celle de la surface ; il ne s'éclipse pas plus à
l'égard de la propriété foncière que relativement à la
propriété mobilière ; il n'est pas plus en défaut à l'égard
de la propriété permanente que relativement à la simple
possession ; il est le même, toujours le même, sacré au
même titre, au même degré.

En croyant que la loi fonde la propriété au lieu de
simplement la garantir, et qu'elle peut, en conséquence,
la modifier indéfiniment, au gré de l'utilité variable,
réelle ou prétendue, interprétée par le législateur, le
communisme s'est exposé à prendre tous les excès légalement commis contre la propriété pour les abus de
la propriété même, et l'a ainsi calomniée auprès des
masses. Ainsi, tous les priviléges qui ne sont que des
attentats à la liberté du travail et à la propriété ont été
pris et sont donnés eux-mêmes pour des propriétés sacrées, à commencer par l'esclavage, propriété impie,
contradictoire, et pourtant légale aujourd'hui même
dans un pays qui s'appelle républicain. Les droits féodaux, qui limitaient la propriété de l'homme sur les
fruits de son travail et sur son travail même, propriété
originaire que Turgot proclamait la première et la plus
imprescriptible de toutes, les droits féodaux ont été pris
et se sont donnés pour les propriétés légitimes et inaliénables. On a vu dans les majorats, dans les substitutions, dans les biens de mainmorte, des abus de la
propriété, tandis que l'idée du droit y eût fait voir des
attentats légaux contre la propriété. La propriété a donc
été considérée par le communisme, qui s'explique en
partie par cette erreur, comme coupable des abus

mêmes dont elle était la victime ; il lui a imputé les maux qui eussent été épargnés à l'humanité en la respectant.

Les adversaires du communisme ne lui prêtent pas moins des armes en voulant que la propriété ait son origine et son titre dans les combinaisons savantes de l'utile et dans l'autorité de la loi ; au contraire, c'est la propriété qui préexiste à la loi, c'est elle qui a rendu la loi nécessaire, et qui ne cesse de lui communiquer son caractère sacré ; l'utile est venu après le droit comme la conséquence sort du principe. Traduction d'abord imparfaite et trop souvent altérée du droit, la loi n'exprime elle-même dans son progrès vers une justice plus satisfaisante et plus égale que le progrès de l'idée de propriété qui se dégage des ombres et des entraves dont l'avaient surchargé la conquête, l'esclavage, et toutes les violations que le droit naturel a subies dans le cours des temps. Tel est le sens de la civilisation prise au point de vue économique. M. Thiers l'a on ne peut mieux démontré[1]. La propriété est devenue de plus en plus personnelle, et par là même, — tant cette idée de personnalité est loin ici d'être synonyme d'égoïste privilége, — de plus en plus ouverte à tous, moyennant le travail qui est une propriété en puissance, et qui puise une rémunération toujours croissante dans la masse des richesses qu'il accroît indéfiniment. Il y a de nos jours et dans notre pays plus de personnes qui possèdent, plus de choses qui sont possédées, et ces choses le sont plus complétement ; la propriété, la plus individuelle des

---

[1] *De la Propriété*, par M. Thiers.

idées, et la plus liée à l'intérêt personnel, est aussi pour
ainsi dire la plus sociale. Elle ressemble à un fleuve qui
est allé sans cesse grossissant et se divisant de plus en
plus. Elle devient, en un mot, de plus en plus *commune*. Cela eût suffi, pour empêcher un esprit supérieur et au fond judicieux comme Morus, s'il eût vécu
de nos jours, d'être communiste à la façon du royaume
d'*Utopie*. Cela ne fait qu'exciter nos communistes contemporains, esprits exagérés et médiocres, ignorants et
violents, qui rêvent de l'avenir et du progrès, en prenant des réminiscences pour des pressentiments et des
chimères pour l'idéal. Comment les combattre? Par
une meilleure théorie de la propriété que celle qu'on
leur oppose trop souvent, par le soulagement apporté
autant que possible à la misère, par l'instruction devenue plus répandue, par le développement pacifique de
la richesse, par l'action incessante enfin de la civilisation qui combat la communauté en la réalisant autant
que possible par l'usage sans cesse accru d'une foule de
biens communs à tous et qui, par un procédé merveilleusement efficace, tend à diminuer le nombre des communistes; comment cela? en augmentant le nombre des
propriétaires [1].

---

[1] Le morcellement de la propriété territoriale a réalisé dans la
mesure du possible et du désirable, si même elle ne l'a parfois dé-
passée, la *loi agraire* au profit de nos familles de paysans. Veut-on
voir comment la civilisation représentée, dans cette circonstance
spéciale, par les entrepreneurs capitalistes, peut encore s'y
prendre pour changer les ouvriers en propriétaires et les mo-
raliser par la propriété, qu'on lise les éloquentes pages du livre
de M. Jules Simon : *l'Ouvrière*, sur la *Société mulhousienne des
cités ouvrières*, pages 363 et 391, 4ᵉ édition.

M. LOUIS BLANC

I

La guerre à la *bourgeoisie* forme le trait principal de M. Louis Blanc comme publiciste. Il l'attaque au nom de l'économie sociale dans son livre de l'*Organisation du Travail*. Il la décrie dans son *Histoire de Dix Ans*. Il la bat en brèche dans ses discours du Luxembourg. Il se vante d'avoir prêté contre son règne, dès l'enfance, le serment d'Annibal. Il la combat rétrospectivement dans son *Histoire de la Révolution*, et particulièrement dans le premier volume de cet ouvrage. Ses attaques prennent même dans ce volume, consacré à la revue de l'histoire moderne jusqu'à la Révolution française, un caractère tout systématique. La bourgeoisie y représente dans le cours déjà long de son histoire une idée, un principe funeste, que l'auteur appelle l'*individualisme*. C'est ce premier volume de l'*Histoire de la Révolution* que j'aurai surtout en vue dans cette étude. Toute la doctrine de M. Louis Blanc s'y trouve exposée et comme ramassée. Le talent et les défauts de l'auteur y paraissent de même dans tout leur jour. Ce talent est

---

[1] *Histoire de la Révolution française*, tome I.

réel. Il y entre, a-t-on dit, beaucoup de rhétorique.
Soit. Nous ajouterons, pour être juste, que cette rhétorique n'exclut point des qualités d'écrivain plus solides.
L'auteur a beaucoup lu, non pas sans doute comme lit
un historien impartial, mais comme lit un avocat dont
le thème est fait d'avance. La force et l'éclat, une
chaleur qui se répand dans toutes les parties du récit
l'abandonnent rarement. Que lui manque-t-il pour être
un écrivain tout à fait hors ligne? un peu de cette simplicité et de ce laisser aller, de ces touches plus légères,
de cette absence d'emphase et de raideur qui reposent
le lecteur de l'énergie même et de la recherche trop
constante des effets pittoresques et oratoires.

M. Louis Blanc excelle, d'ailleurs, à peindre les mouvements populaires, les passions des chefs de parti, la
vie puissante qui anime les foules au moment des révolutions. Plusieurs de ces récits rappellent la manière
dont Tacite, qu'il semble vouloir imiter et avec lequel
je ne le compare pas, dépeint la révolte des légions de
Pannonie et de Germanie. Sa concision piquante se plaît
aux portraits et y réussit. Je parle de l'effet et non de la
justesse. Le parti pris, poussé jusqu'à ce degré, finit par
nuire même à l'art. A-t-il à parler d'un ouvrier? il
manque rarement de le proclamer beau, d'une beauté
olympienne. Les laideurs mêmes des prolétaires lui
apparaissent avec un caractère grandiose qu'elles n'ont
pas toujours. Il divise les hommes en deux classes : les
démocrates, qui ont généralement toutes les vertus généreuses et touchent au sublime, et ceux qui ne sont pas
démocrates; ceux-ci sont remplis de vices et d'égoïsme;
tout au moins, si l'auteur est forcé de rendre justice

à leur honnêteté, il les représentera d'un esprit faible et étroit. L'*Histoire de Dix Ans* est un des ouvrages qui ont le plus réussi, grâce à ce procédé, à dépopulariser le règne et la personne du roi Louis-Philippe. C'est pourquoi le parti légitimiste a applaudi et contribué au succès d'un livre dans lequel il était ménagé, quelquefois même flatté, et dont il sentait toute la puissance de dénigrement à l'égard du gouvernement établi. On a rarement employé plus d'art perfide à rapetisser les hommes et les événements d'une époque, à la rendre méprisable aux yeux du peuple. Les *on dit,* les insinuations odieuses jetées en passant, les récits affectant sans preuves l'air et le ton d'une confidence recueillie à de bonnes sources, achèvent de faire de cet ouvrage un pamphlet dont l'histoire est le prétexte habilement exploité.

L'enthousiasme! le dénigrement! quelles terribles armes, même quand elles sont séparées! Que sera-ce quand elles se trouvent réunies? Cet enthousiasme est-il sincère chez M. Louis Blanc! Pourquoi ne verrais-je en lui qu'un tribun, flatteur de la multitude, au profit de ses vanités ou de ses ambitions? L'illuminisme du sectaire est empreint dans ses conceptions sociales comme dans ses jugements. Sa vie laborieuse, digne, les qualités privées que louent en lui ses amis, la foi contagieuse qui enflamme ses paroles m'assurent, quant à moi, de la sincérité et de la vivacité de ses convictions. M. Louis Blanc a tous les défauts qui appartiennent à son école, à son parti. Il a l'idolâtrie du peuple, entendu comme on l'entend chez ses amis. Le peuple se compose de la partie remuante, agitée de la société. Il est hautain et dédaigneux pour les hommes d'État. Leur tort est de gouverner avec le bon sens ordinaire. Leur crime est de se défier des mauvais côtés de la nature humaine. Il a enfin le fétichisme de lui-même. C'est le signe de tous les réformateurs. Charles Fourier, après avoir découvert le phalanstère, ne se croyait-il pas empereur du monde renouvelé ? Saint-Simon ne jouait-il pas au prophète ? Et M. Proudhon, auquel on disait un jour que Dieu pourrait bien se passer de l'approbation qu'il lui refuse, ne répondait-il pas avec l'aplomb d'un magnifique orgueil : « Peut-être ! »

Juge superbe des théories de Fourier, de Saint-Simon et de P.-J. Proudhon, M. Louis Blanc a créé, lui aussi, un nouvel univers. Il rêve une société où tous les besoins seront satisfaits, où la répartition se fera selon ces mêmes besoins et non selon les capacités et les œuvres, où dès lors tous les salaires seront égaux, depuis celui du garde champêtre et du manœuvre jusqu'à celui des premiers magistrats de la république. Dans cette société, le ressort de l'intérêt personnel ne sera compté pour rien. Chacun travaillera en vue des autres. La concurrence, remplacée par le point d'honneur du travailleur, sera abolie. La fraternité régnera sur ses ruines. Tous les hommes enfin seront rois. Lui-même ne l'a-t-il pas promis aux ouvriers, qui recueillaient avidement ses enseignements, et qui en attendaient alors la prochaine réalisation ? Si vous objectez qu'un pareil monde ne suppose pas moins qu'une nouvelle nature humaine, n'ayant rien de commun avec celle que nous connaissons, et qui est la nôtre, l'auteur vous déclare inintelligent et aveugle, sinon pervers. Et c'est dans ces dispositions d'esprit, c'est avec cette nature et ce parti pris de sectaire que vous abordez l'histoire! Ne comprenez-vous pas qu'il ne vous est possible d'en faire qu'une apologie ou un réquisitoire?

Quelle exactitude, quelle vérité attendre d'ailleurs de l'histoire écrite par catégories d'idées, ainsi que pourrait l'écrire un disciple de Hégel? Autant vaudrait chercher dans toutes les phases de l'histoire de France l'infini, le fini et leurs rapports, que de s'appliquer à y retrouver à chaque moment de la durée, avec M. Louis Blanc, l'Autorité, l'Individualisme et la Fraternité? Telles sont, en effet, les trois données fondamentales de l'histoire du monde. Écoutons l'auteur lui-même nous donner ses définitions :

« Le principe d'autorité est celui qui fait reposer la vie des nations sur des croyances aveuglément acceptées, sur le respect superstitieux de la tradition, sur l'inégalité, et qui, pour moyen de gouvernement, emploie la contrainte.

« Le principe d'individualisme est celui qui, prenant l'homme en dehors de la société, le rend seul juge de ce qui l'entoure et de lui-même, lui donne un sentiment exalté de ses droits sans lui indiquer ses devoirs, l'abandonne à ses propres forces, et, pour tout gouvernement, proclame le laisser faire.

« Le principe de fraternité est celui qui, regardant comme solidaires les membres de la grande famille, tend à organiser un jour les sociétés, œuvre de l'homme, sur le modèle du corps humain, œuvre de Dieu, et fonde la puissance de gouverner sur la persuasion, sur le volontaire assentiment des cœurs. »

Que valent ces définitions? Sont-elles légitimes ou arbitraires? Ne confondent-elles pas l'usage et l'abus?

Toute autorité est-elle tyrannie? Tout individualisme
est-il égoïsme? Mais à quoi bon ces questions? pourquoi ces scrupules? Ne fallait-il pas que M. Louis Blanc
rattachât à quelques principes chargés de tous les péchés
du monde ce qu'il a déjà dit de l'exploitation tyrannique de l'homme par le capital, du mal produit par la
concurrence? Ne fallait-il pas que l'humanité lui fournît
des types correspondants aux idées qui constituent à ses
yeux le drame vivant de l'histoire? La fraternité aura
donc ses héros, l'individualisme aura ses représentants.
Nous allons voir à quels jugements de détail cette manière générale d'apprécier les hommes et les événements
a conduit l'historien radical. Nous allons voir d'abord
comment il juge le rôle de la bourgeoisie, auquel la
plus grande partie du volume est consacrée. Y a-t-il
historiquement un moment où cette qualification odieuse
d'étroit et égoïste individualisme se justifie? Y en a-t-il
un où la classe moyenne cesse de travailler, même
en songeant à son propre avancement, pour toute la
société? Dans toutes les grandes occasions où elle exprime ses vœux et ses désirs, ses revendications en faveur du droit et du progrès ne s'étendent-elles pas à
toutes les classes sans distinction, sans exclusion? Instructive enquête dont quelques traits suffiront, je crois,
pour dégager les conclusions.

Et d'abord, un fait frappe tous les yeux non prévenus. Aujourd'hui, pour embrasser d'un coup d'œil
d'ensemble le dernier résultat de ce long travail
des siècles, n'est-ce pas le caractère le plus essentiel de la bourgeoisie qu'on ne puisse donner d'elle
une définition rigoureuse depuis qu'il n'y a plus ni

ordre de la noblesse, ni ordre du clergé, ni ordre du tiers état, mais une même nation, une seule société? Si l'on décompose, même superficiellement, les éléments qui se placent sous le titre commun de bourgeoisie, comme haute, moyenne et petite bourgeoisie, bourgeois fonctionnaires publics, bourgeois exerçant des professions libres, bourgeois capitalistes, fabricants, commerçants, à tous les degrés que ces mots comportent, bourgeois par héritage et bourgeois fils de leurs œuvres, etc., ne se trouve-t-on pas en présence d'une classe tellement diverse par ses origines, tellement complexe par ses éléments, tellement ouverte, tellement mobile, que, bien loin de lui infliger le nom de *caste*, celui même de classe semble déjà une appellation bien uniforme pour désigner des catégories si variées?

M. Louis Blanc, suivant ici l'exemple de M. Augustin Thierry et de ses autres savants devanciers, commence par l'étude des origines l'histoire du tiers état. Il ne peut pas se refuser à saluer un progrès dans la formation d'une classe moyenne nombreuse, ce grand desideratum de l'antiquité. Il ne peut pas ne pas reconnaître, au point de départ comme au terme du développement de la bourgeoisie, la présence de la liberté et du travail. Il nous montre dans la vie municipale le berceau et la première école de la classe moyenne à l'époque de la chute de l'empire romain. Qui ne voit avec une sorte d'intérêt sympathique et anxieux dans ces temps de spoliation et de violence, une somme réelle de libertés communales subsister au cinquième siècle au sein des villes? Que de causes agissantes d'altération et de des-

truction l'assiégent et la menacent! Comment s'étonner
que ces libertés commencent alors et continuent jusqu'au
dixième siècle un mouvement de décadence provoquée
par l'établissement des vainqueurs barbares dans les
campagnes? Le tiers état s'abaisse à mesure que la féodalité s'élève : comme classe, il compte à peine; pourtant, loin de dépérir, il se recrute et multiplie. Une
société ne se passe jamais complétement d'industrie :
quand la féodalité eut commencé à prendre son assiette,
elle ne demeura pas sans en sentir le besoin. Des agré-
gations d'hommes se fixèrent peu à peu autour du château féodal : de là une nouvelle augmentation du tiers
état ajoutée aux villes gallo-romaines; l'origine de ha-
meaux, de bourgs et de villes nouvelles. Voilà le modeste
point de départ de la bourgeoisie. Elle doit son existence, elle devra son affranchissement, ses accroissements, son influence, sa prépondérance enfin, à son
énergie, à son activité utile. C'est par là que cette classe
seule a vraiment une histoire économique qui se développe, au lieu d'une organisation qui s'immobilise et
s'altère. N'est-ce point là, je le demande, un trait à remarquer à son honneur?

Le privilége est la condition universelle au moyen
âge. Fondement politique et économique des autres
classes, il ne fut pour la bourgeoisie qu'une armure
contre les attaques de la féodalité constituée et envahissante, et non point une usurpation de la force ou de la
ruse. Voilà ce que l'historien démocrate aurait dû peut-
être reconnaître plus complétement qu'il ne l'a fait. Au
lieu de cet aveu qui n'eût été qu'équitable, il s'attache

à relever comme une distinction odieuse la démarcation
des *bourgeois* et des *manants*. C'est entrer un peu tôt,
ce me semble, dans la voie des récriminations et des reproches. Ces bourgeois, après tout, étaient des manants
de la veille. Chaque jour un plus grand nombre de
manants ne s'élevait-il pas au rang et à la dignité de
bourgeois? L'ordonnance de 1327, rendue par Philippe
le Bel et que cite M. Louis Blanc avec murmure, ne le
prouve-t-elle pas elle-même? « Quand aucun veut entrer
en aucune bourgeoisie, il doit aller au lieu dont il requiert
être bourgeois, et doit venir au prévôt du lieu ou à son
lieutenant, ou au maire quand il reçoit les bourgeois, et
dire à cet officier : « Sire, je vous requiers la bourgeoisie
de cette ville, et suis appareillé de faire ce que je dois. »
Alors le prévôt, ou son lieutenant, ou le maire, en la
présence de deux ou trois bourgeois de la ville, du nom
desquels les lettres doivent faire mention, recevra sûreté
de l'entrée dans la bourgeoisie, et que le récipiendaire
fera et achetera, dans l'an et jour, une maison de la
valeur de soixante sols parisis au moins. » Selon M. Louis
Blanc, cette ordonnance ne faisait que constater un droit
établi, dont on trouve la trace à l'époque de la grande
insurrection des communes. Les conditions de ce droit
variaient selon les localités. Il y avait telle localité où,
d'après ses propres citations, on peut conclure que
ces conditions étaient assez faciles. Mais comment voir
avec l'historien radical, dans ces garanties deman-
dées, un abus exorbitant? Où donc la bourgeoisie aurait-
elle puisé sa force de résistance et d'organisation, si elle
ne s'était constituée jusqu'à un certain point à part,
comme toute classe le faisait alors, comme toute pro-

fession tendait à le faire? Était-ce sa faute si la féodalité était alors comme un commun modèle? Ne fallait-il pas enfin que la bourgeoisie devînt comme l'état-major des classes inférieures, qui venaient successivement trouver place dans ses cadres déjà bien flexibles et de plus en plus agrandis?

M. Louis Blanc a consacré tout un chapitre à l'influence de la commune sur la formation et le développement de la bourgeoisie. Il insiste beaucoup pour démontrer qu'elle eut surtout le caractère guerrier et ne reconnaît guère le caractère civil qu'au municipe. Il signale dans la commune des inégalités qui ne se retrouvent point dans le municipe. Nous avons entendu M. Augustin Thierry, pris à partie dans ce chapitre par M. Louis Blanc, vivement contester cette distinction dans les termes absolus que lui a prêtés l'historien de la Révolution. Quoi qu'il en soit, les villes devinrent, grâce à la commune, comme autant de camps du travail. Bourgs et villes se séparèrent du domaine privé, s'émancipèrent de la protection abusive et ruineuse du manoir féodal. Mais qui ne le sait? rien ne s'opère dans la société sans que les transactions interviennent, sans qu'elles soient du moins essayées. Quand il ne réclama plus d'énormes tributs, la lance au poing, sur ses vassaux devenus plus nombreux et plus forts, le baron ne céda pas néanmoins ce qu'il appelait ses droits de propriété sans conditions : ces conditions étaient des redevances en argent ou des services en nature. Les bourgeois durent lutter pour la franchise des ponts, des portes, des marchés; pour la taxe sur les fours, les moulins, les eaux; pour le droit de bâtir ou

de réparer leurs maisons, surtout pour l'administration
de la justice. Que d'efforts, grand Dieu! que de lentes
conquêtes disputées pied à pied! que de taxes! Les bourgeois des villes anciennes étaient soumis à la taille pour
les personnes, au cens sur les immeubles, à des droits
sur l'entrée des denrées et des marchandises, sur les
ventes et les mutations, à des impôts pour la plupart
des actes de la vie civile. Adopter une profession, marier
leurs filles, faire entrer leurs fils dans le clergé, rien de
tout cela ne se faisait pour eux sans grands déboursés. Les
mainmortables des villes neuves, ne possédant la terre
que par une sorte de bail perpétuel, ne pouvaient ni
l'aliéner ni l'hypothéquer; ils étaient privés du droit de
tester quand ils n'avaient pas d'enfants légitimes; ils ne
se mariaient qu'avec le consentement du seigneur.

Les *chartes* furent autant de conquêtes du droit naturel, de la liberté civile sur les différents degrés de cette
tyrannie. Tantôt elles furent des concessions arrachées
de vive force par de véritables insurrections; tantôt elles
provinrent de l'octroi intéressé de la royauté, cherchant
pour ses besoins intérieurs ou extérieurs des subsides
réguliers contre l'étranger et un auxiliaire armé contre
la féodalité menaçante; tantôt, quoique plus rarement,
elles furent conquises par le tiers état seul, malgré cette
même royauté s'unissant aux seigneurs contre les vassaux révoltés. Il fallut des efforts inouïs et souvent re-
nouvelés pour que la commune pût posséder une juridiction indépendante, une véritable souveraineté dans
l'intérieur de ses murailles. La maison de nos aïeux fut
souvent à la fois une fabrique et un château fort. Dans
la mesure de la liberté et de la sécurité croissantes, l'in-

dustrie se développa, le commerce s'étendit, la richesse devint plus abondante.

M. Louis Blanc lui-même a tracé ce tableau avec le mouvement et le coloris qui sont habituels à son talent. Il a montré combien contribua à développer la classe moyenne l'établissement de la *commune*, sous quelque forme qu'on l'envisage, — soit qu'il s'agisse de la *ville municipale* du Midi, imitée des républiques de l'Italie, administrée par ses *consuls*, ses *capitouls*, ses *jurats*, ses *prud'hommes*, et se développant avec une complète indépendance sur le fonds permanent de l'antique municipalité romaine; — soit qu'il s'agisse de la *ville de bourgeoisie* du centre, qui dut ses privi-léges aux concessions seigneuriales, et s'administra par des magistrats élus, mais sous la surveillance des officiers du seigneur; — soit qu'il s'agisse enfin de la *commune* proprement dite du Nord, constituée par asso-ciation sous la foi du serment, administrée par des ma-gistrats procédant uniquement de l'élection, *maires*, *échevins*, *jurés*, et dont le développement tout spon-tané, tout indigène, bien plus contesté, fut très-peu politique, mais se montra, à un très-haut degré, civil et industriel.

Considérée dans ces temps de formation laborieuse, l'histoire du tiers état peut s'exprimer économiquement par la lutte de la richesse mobilière, née de l'industrie, contre la propriété territoriale, fille de la conquête. D'un côté, tout ce qui représente le droit; de l'autre, l'établisse-ment longtemps solide, mais démoli pièce à pièce, de la force et de la conquête. De là aussi, comme second trait ca-ractéristique et comme corollaire, la prédominance crois-

sante des villes sur les campagnes, c'est-à-dire la préémi-
nence progressive du travail libre sur le travail serf : le
premier, élément actif de civilisation, trouvant dans les
effets mêmes de sa fécondité des ressources nouvelles ;
le second, inerte vestige de la barbarie. C'est une triste
et monotone histoire que celle de cette partie sacrifiée du
tiers état qui vit dans les campagnes, opprimée et à demi
sauvage. Sur elle pèsent les charges les plus lourdes,
les impôts les plus inexorables, les corvées, la taille, la
gabelle. Sans doute on la voit çà et là faire effort, à
l'exemple des villes, pour améliorer sa condition, forcer
les seigneurs à transiger; mais ces efforts partiels ne
présentent ni la même suite, ni le même succès que le
mouvement continu et irrésistible des villes où règnent,
avec une liberté plus grande, l'association, l'industrie.
Les hommes de la haute bourgeoisie restèrent-ils insen-
sibles à ces souffrances de leurs frères des classes inférieures? Nullement. Les réclamations des légistes du
douzième au quinzième siècle jouèrent dans la société le
même rôle que les philosophes devaient jouer plus tard ;
ils firent parler la justice comme le christianisme faisait
parler la charité. Inspirées par eux, les ordonnances de
quelques rois, singulièrement de Philippe le Bel et de
Louis le Hutin, rappellent aux seigneurs, en des termes
dont la hardiesse est bien faite encore pour nous frapper, que « *toute créature est franche par droit naturel,* » et que « *tout chrétien a été racheté par le sang
de Notre-Seigneur.* » Ces revendications et ces mesures
instituèrent le respect de la vie et jusqu'à un certain
point de la personne des serfs. Il n'était donné qu'à
l'accroissement progressif du capital, qui répandit l'ai-

sance, et au grand travail politique non interrompu de la France, qui créa l'égalité, de pouvoir y mettre un terme. Les violences populaires, racontées avec tant de sympathie par M. Louis Blanc, échouèrent, comme cela devait être. Comment la barbarie eut-elle fait ce que la loi elle-même ne pouvait faire alors? La Jacquerie, avec ses représailles horribles qui en amenèrent de plus effroyables, ne put qu'aggraver les maux contre lesquels elle s'insurgea.

M. Louis Blanc a rendu justice à la fécondité du mouvement imprimé au monde par les croisades. Il a rappelé comment, ruinés par les fêtes, les brillants équipages et la rage du jeu, la plupart des preux chevaliers, partis pour la terre sainte, se trouvèrent, au retour, littéralement criblés de dettes. Il en résulta pour eux l'impossibilité de retirer des mains du bourgeois les biens qu'ils lui avaient engagés, ou même la nécessité de nouveaux engagements. Le clergé, placé dans la même situation vis-à-vis des biens féodaux remis entre ses mains, se trouvait engagé à soutenir sa cause par une communauté d'intérêts. Si le seigneur jugeait commode, sans payer ses dettes, de reprendre ses biens, la royauté, heureuse d'avoir une raison si juste de le battre en brèche, prêtait là main à l'exécution du contrat. Ainsi fut entamée la propriété féodale. Quand elle serait demeurée intacte, elle n'en eût pas moins rencontré une compétition puissante dans les accroissements de sa rivale, qui recevait de l'Orient mille secours inattendus. Des sources nouvelles de production agricole et manufacturière, de nouveaux débouchés dans des ports de mer, les premiers du monde par l'importance, une nouvelle cause de sécurité

dans la répression de la piraterie en commun, de nouveaux moyens de circulation dans les banques destinées
à répondre et à contribuer au nombre croissant des transactions : voilà quelles furent les principales conquêtes
que l'industrie et la bourgeoisie durent aux croisades.
Quel inépuisable aliment d'activité y trouva la bourgeoisie française, soit par la production directe, soit par
l'échange! La noblesse avait eu ses croisades religieuses;
elle eut ses croisades commerçantes. Il ne lui manquait
plus que des blasons pour qu'elle marchât, du moins
dans sa représentation la plus élevée, presque l'égale de
la noblesse. Philippe le Bel les lui vendit. Avec le loisir
que procure la richesse, elle eut les lumières, et elle
prit des mains du clergé le dépôt de la science. Avec les
lumières, et grâce à la vénalité des charges, elle s'em-
para, par le moyen des parlements sortis de son sein, du
dépôt de la loi. Avec la loi, le savoir et la richesse, comment ne se serait-elle pas fait un jour la place qui lui
était due? Ses progrès économiques ne lui furent, pour
y parvenir, ni d'un médiocre encouragement au quatorzième siècle, ni d'un médiocre secours à la fin du
dix-huitième.

Tandis que les communes étaient en voie de fonder
la bourgeoisie comme classe, et que les croisades contribuaient à la développer, un fait contemporain et auxiliaire, l'organisation des corporations par saint Louis,
dont M. Louis Blanc se plaît à signaler les mérites et
les avantages, servit à lui donner une existence plus
solide. Quelle fut l'utilité des corporations dont on connaît assez les abus? Ce fut de substituer la hiérarchie à

l'anarchie, une division du travail régulière, quoique
à bien des égards vicieuse, au hasard d'une répartition
qui n'eût pu, dans ces temps de trouble profond, s'o-
pérer convenablement d'elle-même. Malgré les gênes
nombreuses qu'elles imposaient à l'individu, elles lui
donnèrent plus de réelle liberté et de sécurité qu'il
n'eût pu en espérer sans elle sous un régime de désordre universel et de tyrannie capricieuse. Les villes
devinrent comme de vastes manufactures où chaque
métier fit sa tâche, et ne fit qu'elle seule. Une certaine
émulation en même temps qu'un certain concert s'établit entre les divers corps de métiers. Réunis dans les
mêmes quartiers, les artisans travaillèrent sous les yeux
du consommateur. Le scandale des fraudes qui indi-
gnaient le saint roi en très-grande partie disparut. La
bourgeoisie, dans une mesure considérable, dut à la
corporation organisée sur de nouvelles bases des habitudes d'économie, de persévérance au travail. Les ouvriers y trouvèrent des moyens de résistance à l'oppression et des signes de ralliement. Le tiers état industriel
et commerçant eut ses syndics, ses chambres de discipline, ses conseils : cette armée disciplinée du travail
forma dans la société générale comme une société distincte ayant ses mœurs, ses lois, ses magistrats, ses
moyens d'influence, on serait tenté de dire presque son
gouvernement.

Au reste, corporations et communes ne furent que
les instruments de ce long progrès, instruments mêlés
de bien et de mal, corruptibles et caducs comme tous
ceux que l'humanité emploie. Il devient tôt ou tard né-

cessaire qu'elle les rejette et les remplace. Les corporations et les communes n'échappèrent pas à cette condition
générale qui fait que l'institution utile devient stérile,
que l'appui se change en obstacle : mais la marche as-
cendante du tiers état n'en fut point arrêtée ; il avait fait
son chemin par elles, il le fit sans elles, puis malgré
elles. Au seizième siècle, les communes seront en pleine
décadence, ne donnant plus que quelques signes inquiets
d'une existence jalouse, égoïste, hostile à la civilisation
générale ; jamais pourtant la bourgeoisie n'avait paru
plus florissante, et quelle route elle devait encore parcourir ! La chute plus tardive des corporations sera de même
un jour l'indispensable condition de ce progrès. La société française, placée sous l'empire de l'oppression et
de la grande iniquité féodales, dut traverser ainsi des
formes d'une liberté et d'une justice fort imparfaites
pour se rapprocher, de degré en degré, par voie d'élargis-
sement continu, de la liberté complète et de l'absolue
justice. Quand les vérités qui président à la société civile
ont été une fois perverties par l'abus de la force, qui
peut dire combien il faudra de routes détournées pour
qu'elle rentre dans l'ordre, d'échelles qui se brisent sous
ses pas pour qu'elle remonte laborieusement vers une
condition et plus juste et meilleure ?

Les priviléges de la bourgeoisie furent, quand on les
juge avec équité, la première étape de la liberté et du
droit. C'est ainsi qu'il faut savoir comprendre les inégalités qui séparent les maîtres et les ouvriers. Encore
une fois, je le demande à M. Louis Blanc : que serait
devenue la masse du tiers état si elle n'avait eu tout à la
fois pour guide et pour bouclier cette aristocratie bour-

geoise formée de *barons* de l'industrie, de savants, d'hommes de robe, de tout ce qui a en soi la force qui résiste? Sans cohésion, sans tradition, sans appui, elle eût été disloquée, dispersée en atomes, par tous les tiraillements et par le choc des forces constituées en face d'elle; elle eût du moins, comme dans la vieille Égypte, risqué de languir, soumise héréditairement à ses prêtres et à ses guerriers, dans une infériorité éternelle.

Aussitôt que la bourgeoisie eut cessé de se cantonner dans la résistance, à ce mouvement de concentration forcément un peu exclusif succéda un mouvement d'expansion que M. Louis Blanc eût dû, à mon avis, remarquer davantage. L'aspiration vers l'égalité, vers le droit commun se fait jour et ne cesse, depuis la seconde moitié du quatorzième siècle, de donner de nombreux témoignages. Déjà la bourgeoisie, modifiée sous l'influence du droit romain, présentait avec la noblesse un contraste bien frappant au point de vue civil, contraste que M. Augustin Thierry, dans son *Histoire du tiers état*, fait ressortir avec force. Elle pratiquait le partage des biens paternels et maternels, meubles ou immeubles, entre tous les enfants, elle reconnaissait l'égalité des frères et des sœurs, elle proclamait la communauté entre époux des choses acquises pendant le mariage. Mais, à dater de la seconde moitié du quatorzième siècle, ce n'est plus dans le cercle de la famille et de la cité que se renferme l'esprit de justice et de liberté. Fort de ces dernières positions, il tend à devenir conquérant, à réformer, longtemps sans y réussir, la société tout entière. C'est du sein même de la bourgeoisie, tâchez, de grâce, de ne pas oublier avec une légèreté par trop ingrate, que partirent des protestations contre les monopoles industriels et des réclamations ayant pour objets les réformes économiques et le bien-être des classes inférieures.

Les états généraux attestent à quel point l'esprit de la bourgeoisie prise en masse fut large, hardi, fécond. Les états généraux donnaient à la bourgeoisie, y compris les habitants des campagnes qui se réunissaient en assemblées primaires, une importance politique, en l'admettant à délibérer comme troisième ordre, *tiers état*, de même que les parlements lui conféraient une importance judiciaire. Il ne sert de rien de dire, avec M. Louis Blanc, que ses vœux demeurèrent stériles. La hardiesse de ses idées n'en éclate que mieux dans la longue résistance qu'elles rencontrèrent.

Aux états généraux de 1355, elle émet le vœu de l'égale répartition de l'impôt. Elle demande, cette classe moyenne accusée d'égoïsme étroit, que le droit de percevoir les taxes ainsi que le contrôle de l'administration financière soient donnés aux états agissant par leurs délégués à Paris et dans les provinces. Elle réclame la suppression des monopoles exercés sous le nom de tierces personnes par les officiers royaux ou seigneuriaux. Ce n'est encore qu'un début. En 1413 les réformateurs bourgeois, nommés par l'université et par la ville de Paris, agissent révolutionnairement. Ils contraignent le roi Charles VI à donner force de décrets à leurs résolutions, parmi lesquelles on trouve au premier rang l'abolition de la vénalité des charges et tout un ensemble de mesures destinées à mettre la population des campagnes à l'abri des abus, non-seulement de la force, mais de la loi. Quelques réclamations économiques se font entendre encore aux états généraux de 1484. Elles vont s'accroître en hardiesse, en étendue, pendant le seizième siècle.

L'historien bourgeois d'un roi bourgeois, Commines, l'historien de Louis XI, expose dans ses *Mémoires* un plan de réformes aussi large que fortement lié. Quelles sont les vues de ce premier publiciste de la bourgeoisie? Au dix-neuvième chapitre de son livre V, il se déclare avec une netteté singulière pour la forme du gouvernement anglais, il réclame la tenue régulière des états, il conteste vivement aux monarques le droit de lever l'impôt sur leurs sujets sans leur consentement; il attribue au roi défunt, et soutient, par des raisons qui lui sont propres, le projet d'établir l'unité dans les poids et mesures, celui d'abolir les péages à l'intérieur et d'assurer au commerce la libre circulation en rejetant les douanes à la frontière. On ne taxera pas sans doute de telles idées de timidité ni d'exclusion.

Ces vues si fermes et si précises éclatent en vœux publics aux états généraux de 1560. La suppression des douanes intérieures, l'unité des poids et mesures, voilà le double vœu qu'y fait entendre le tiers état. Il demande aussi la peine de déchéance des droits seigneuriaux contre tout noble convaincu d'exaction envers les habitants de ses domaines. L'année suivante, aux états de Pontoise, le droit de l'État sur les possessions du clergé fut posé en principe. M. Augustin Thierry, si instructif sur les états généraux et sur l'histoire de la bourgeoisie, nous dit dans sa belle *Introduction aux monuments inédits du tiers état*, quel fut le plan auquel s'arrêtèrent les députés bourgeois pour l'extinction de la dette. Il consistait à vendre tous les biens ecclésiastiques en indemnisant le clergé par des pensions établies suivant le rang de ses membres. « On calculait que cette vente, dit l'auteur, devait produire 120 millions de livres dont 48 seraient prélevés comme fonds de la dotation nouvelle, 42 employés à l'amortissement de la dette publique, et 30 placés à intérêt dans les villes et les ports de mer pour y alimenter le commerce, en même temps qu'ils donneraient un revenu fixe au trésor. Ce plan, qui n'était rien moins que l'anéantissement du clergé comme ordre politique, tomba sans discussion devant l'offre faite et l'engagement pris par les députés ecclésiastiques d'éteindre avant dix ans le tiers de la dette par une cotisation imposée à tous les membres de leur ordre. » Une telle promesse, bien entendu, fut oubliée et la mesure révolutionnaire de la sécularisation des biens du clergé dormit pendant deux cents ans.

Au temps de Henri III et de Henri IV, le progrès vers l'égalité civile s'accéléra par l'abaissement dans la vie de cour des hautes existences nobiliaires et par l'élévation simultanée des différentes classes du tiers état. On lira avec quelque étonnement chez M. Louis Blanc que Henri IV fit monter avec lui l'individualisme sur le trône. On ne s'étonnera pas moins de le voir prendre la turbulente Ligue, factieuse jusqu'à la prédication du régicide, pour le symbole du principe d'autorité ! Nous voici à la dernière tenue des états généraux convoqués en 1614, à la majorité de Louis XIII, dissous en 1615, et remplacés désormais par l'action politique des parlements jusqu'à la révolution française. Jamais encore

vœux plus conformes au bien général n'avaient été con-
signés dans les cahiers du tiers état.

Ah! ne craignons pas d'entrer dans quelques preuves
de détail. Rendons à l'histoire sa justice. D'obscures
querelles recèlent dans leur sein de grands et immortels
principes. Ils se cachent ou plutôt ils éclatent déjà dans
cette question oubliée de droit de la *paulette*, droit annuel mis par le fisc sur tous les offices de judicature et
de finance. Cette taxe en échange de laquelle ils étaient
rendus héréditaires, élevant à des taux inconnus jusqu'alors la valeur vénale des offices, avait pour effet de
les concentrer dans les mains de la riche bourgeoisie. De
là la première et violente collision entre la bourgeoisie
et la noblesse, et des signes de jalousie et d'hostilité, des
susceptibilités réciproques de cérémonial qui ne faisaient que préluder. Contre son intérêt le tiers état
adhéra à la demande de suspension de la taxe moyennant laquelle les offices étaient héréditaires. S'avançant
plus loin, il proposa d'abolir toute vénalité, et pour
que les autres ordres eussent aussi leur part de sacrifice, de surseoir aux pensions dont le chiffre avait doublé depuis la mort de Henri IV, et de réduire les tailles
devenues accablantes pour le peuple. Les deux autres
ordres éludèrent, puis refusèrent. Le lieutenant général de la sénéchaussée d'Auvergne, Jean Savaron, député du tiers, prenant plusieurs fois la parole, dit en
propres termes : « C'est pour le peuple que nous tra-
vaillons, c'est contre nos propres intérêts que nous
combattons. » Devant le roi il traça une pathétique
peinture de la misère des habitants des campagnes. Et
comme l'orateur de la bourgeoisie avait osé dire que la

19

France était *une famille de frères* dont le clergé et la noblesse étaient les aînés, le tiers état le cadet, il y eut grande rumeur et indignation, et plainte par-devant le roi. « Nous ne voulons pas que des fils de cordonniers et de savetiers nous appellent frères, dit le baron de Senecey; il y a de nous à eux autant de différence qu'entre le maître et le valet. » Tout Paris répéta ce quatrain :

> O noblesse, ô clergé, les aînés de la France,
> Puisque l'honneur du roi si mal vous maintenez,
> Puisque le tiers état en ce point vous devance,
> Il faut que vos cadets deviennent vos aînés.

Et en effet le tiers les *devançait* à un point qui maintenant encore nous frappe d'étonnement. Ces cahiers de 1614 auraient dû plaire au cœur démocratique de M. Louis Blanc. Quelle sollicitude de l'intérêt général y éclate ! Comme la classe populaire tout entière se trouve comprise dans de tels vœux ! Le tiers y demande que les professions soumises depuis l'année 1576 au régime des maîtrises et jurandes puissent s'exercer librement; que tous les édits en vertu desquels on lève des deniers sur les artisans, à raison de leur industrie, soient révoqués, et que toutes lettres de maîtrises accordées comme faveurs de cour soient déclarées nulles; que les marchands et artisans, *soit de métier formant corporation, soit de tout autre, ne payent aucun droit pour être reçus maîtres,* lever boutique, ou toute autre chose de leur profession; que tous les monopoles commerciaux ou industriels soient abolis; que les douanes de province à province soient supprimées, et que tous les bureaux de perception soient transférés aux frontières. De tels faits ne prouvent-ils pas à la fois contre ceux qui accusent la bourgeoisie dans le passé d'un esprit d'individualisme étroit, et contre ceux qui regardent la révolution de 89 comme un fait sans antécédents et sans racines?

Les parlements furent la seule représentation, à dater de 1615, de la bourgeoisie française. Il demeure certain, quand on compare leurs remontrances avec les vœux des états généraux, qu'ils furent bien loin d'en être la représentation complète, et que bien de justes désirs fermentaient dans les masses dont ils ne tinrent nul compte. M. Louis Blanc remarque que le parlement de Paris, qui devint comme le second pouvoir de l'État, n'a attaché son nom à aucune de ces réformes sociales, à aucune même de ces tentatives comme celles que nous venons de rappeler, qui recommandent à jamais un corps politique à la gratitude de l'histoire. Les libertés gallicanes dont on lui fait généralement honneur avaient elles-mêmes trouvé, bien avant lui, d'énergiques soutiens, soit dans les rois, soit dans les états. Au point de vue économique, son action est nulle, et plus tard sa résistance fut fatale. Sauf quelques nuances, je m'associerai ici au jugement sévère qu'en porte l'historien de la Révolution.

Désormais c'est par l'action partie d'en haut que s'accomplira le progrès du tiers, et encore plus sans doute par le mouvement déjà donné au travail et à la richesse. Richelieu fit de grandes choses pour la bourgeoisie, en voulant servir la royauté; le service immense, mais indirect, qu'il rendit à celle-là comme à celle-ci s'exprime d'un mot : il abaissa la féodalité. M. Louis Blanc

s'est complu dans ce portrait presque comme s'il s'a-
gissait d'un révolutionnaire de 1793. « A qui la veu
pour agir, écrit-il, l'autorité impose quelquefois des de
voirs violents : Richelieu se montrera terrible, jamai
vil, la bassesse étant inutile à la force. D'ailleurs, biei
sûr de ne frapper dans ses ennemis que ceux de l'État
il ne reculera en rien, il ne reculera jamais. Les grand
verront leurs forteresses démolies, leurs conspiration
déjouées, leurs chefs les plus puissants décapités ei
Grève, et un ministre qui est des leurs les préparer
à l'égalité civile par l'égalité devant le bourreau. »
(P. 177.) On sait assez que ce tendre et profond amou
du peuple qui anima d'autres hommes d'État se trouv
peu dans cette âme altière. Pourtant ce grand ministr
dont M. Louis Blanc loue le « lumineux bon sens »
(p. 177) fut loin de demeurer étranger au sentiment de
besoins du tiers état. Il proclama et fit proclamer par un
assemblée de notables, tout entière à sa dévotion, qu
l'assiette de l'impôt doit être telle que les classes qu
produisent et qui souffrent n'en soient pas grevées, e
que l'industrie et le commerce, principaux ressorts de l
prospérité nationale, doivent être de plus en plus tenus
honneur. L'ordonnance de 1629, connue sous le non
de *Code Michau,* qui sortit de cette assemblée, consacr
plus d'une amélioration féconde. Le tiers, en 1614, avai
demandé l'abolition des corvées abusives et des banalité
sans titre : elle y consentit. Timide dans la plupart de
satisfactions qu'elle accorda aux autres demandes, ell
décréta aussi que les petits marchands mêmes pourraient prendre le titre de nobles, et, en conviant le
gentilshommes à se livrer au commerce maritime ou à

tout autre, elle déclara qu'ils ne dérogeraient pas à leur noblesse par cette occupation. Le travail s'était à grand'-peine relevé des mépris d'une vaniteuse ignorance ; on entrevoit déjà le temps où le mépris ne s'attachera plus qu'à l'oisiveté. Richelieu, par sa part directe et personnelle, contribua surtout à honorer le travail intellectuel, celui des lettres, qui n'avait guère été jusque-là moins avili que tous les autres. Titres ineffaçables pour ce grand homme d'État aux yeux de la bourgeoisie, sans compter le titre à jamais glorieux de sa politique extérieure ! Pourtant ajoutons que dans sa préoccupation légitime et opportune, mais ici exagérée, d'unité administrative, il mit le pied sur les vieilles libertés municipales. Leurs antiques franchises, maintenues dans leur totalité, n'eussent été qu'un obstacle à la liberté générale qui exigeait plus d'unité ; mais avec Richelieu commença l'excès : il devait s'accroître sous Louis XIV et plus tard.

Pêle-mêle de nobles et de bourgeois, de princes du sang et de magistrats municipaux, de parlementaires et de gens du peuple, agitation stérile pour le progrès politique et pour les réformes sociales, la Fronde, dans laquelle M. Louis Blanc voit non sans exagération l'*annonce d'une révolution*, éleva des barricades sans renverser aucun abus et mit aux prises des prétentions, non des droits. Elle n'est qu'un épisode romanesque dans l'histoire sérieuse de la bourgeoisie.

Le règne de Louis XIV fut le triomphe de la royauté préparant le triomphe du tiers état. Colbert, c'est la bourgeoisie au pouvoir : non plus, il est vrai, demandant, par la voix des états de 1614, l'adoucissement du régime des jurandes et aspirant à la liberté du travail, mais la bourgeoisie usant de ce principe d'autorité qui avait fini par tout conquérir et tout soumettre, et le faisant servir à l'accroissement financier, industriel et commercial de la France. Colbert a trouvé dans l'historien de la révolution un juge très-favorable. M. Louis Blanc voit en lui ce qu'il estime le plus au monde, un grand organisateur du travail et de l'industrie. M. Louis Blanc se déclare, au reste, protectionniste. Il ajourne la liberté du commerce international au règne de la fraternité générale et de la paix perpétuelle. C'est nous prêcher une bien longue patience.

Achevons de tracer avec l'habile écrivain quelques-uns des derniers traits de ce tableau de la classe moyenne jusqu'à la Révolution. La fatale guerre de Hollande et la révocation de l'édit de Nantes, qui vinrent fausser ou détruire l'œuvre de l'infatigable Colbert, marquent douloureusement dans l'histoire de la bourgeoisie. La guerre de Hollande pesa sur elle de tout le poids d'un impôt énorme. La révocation de l'édit de Nantes chassa du sol français toute une population d'hommes actifs, probes, attachés aux professions industrielles et commerciales par la malveillance même du pouvoir qui les écartait des fonctions publiques. La France laborieuse sembla comme frappée au cœur par cette émigration d'ouvriers, de capitalistes, de négociants, d'inventeurs. Toute la seconde partie de ce règne, si fécond durant la première, fut pour le tiers état tout entier comme un temps d'épreuve. « Vos peuples meurent de faim, écrivait Fénelon dans une de ses courageuses lettres à Louis XIV. La culture des terres est presque abandonnée; les villes et la campagne se dépeuplent; tous les métiers languissent et ne nourrissent plus les ouvriers. Tout commerce est anéanti. Vous avez détruit la moitié des forces réelles du dedans de votre État pour faire et pour défendre de vaines conquêtes au dehors... Le peuple même (il faut tout vous dire)... est plein d'aigreur et de désespoir. La sédition s'allume peu à peu de toutes parts. » Vauban, dont je ne sais pourquoi M. Louis Blanc n'a pas fait un héros de la fraternité, car il le méritait, lui, plus que personne, écrit aussi : « J'ai fort bien remarqué que, dans ces derniers temps, près de la dixième partie du peuple est réduite à la mendicité et mendie effectivement; que des neuf autres parties il y en a cinq qui ne sont pas en état de faire l'aumône à celle-là, parce qu'eux-mêmes sont réduits à très-peu de chose près à cette malheureuse condition : que des quatre autres parties qui restent trois sont fort malaisées et embarrassées de dettes et de procès, et que dans la dixième où je mets tous les gens d'épée, de robe, ecclésiastiques et laïques, toute la noblesse haute, la noblesse distinguée et les gens en charge militaire et civile, les bons marchands, les bourgeois rentés et les plus accommodés, on ne peut pas compter sur cent mille familles. » Le régime du despotisme n'a profité à aucune époque aux classes moyennes.

Et pourtant si la bourgeoisie eut beaucoup à souffrir durant la longue et désastreuse période qui remplit la fin du règne de Louis XIV, ce règne ne marque pas moins son avénement aux grandes affaires, aux grands emplois, à la considération sociale dont celle du prince était la règle. Nobles ou non, les maréchaux passèrent

avant les ducs; les ministres nés dans la bourgeoisie
n'eurent au-dessus d'eux que les princes du sang, et
leurs femmes furent admises à la table du roi. Le dernier des grands seigneurs, le duc de Saint-Simon s'en
indigne. Il croit flétrir d'un mot le règne de Louis XIV :
Règne de vile bourgeoisie.

Traversons rapidement l'époque de la régence. L'événement le plus considérable qui la signale au point de
vue social est le système de Law. Nous verrons tout à
l'heure comment M. Louis Blanc l'a jugé. C'est un de
ses plus singuliers chapitres. Accordons toutefois à l'historien que le système de Law, qui d'ailleurs ruina pour
le moins autant de familles qu'il en enrichit, donna
une nouvelle énergie à l'esprit d'entreprise, et jeta la
spéculation dans le commerce lointain. Une association
se forma chargée d'exploiter nos possessions lointaines
de l'Amérique sous le nom de compagnie d'Occident,
et compta au nombre de ses directeurs le régent lui-
même. L'éclat des grandes fortunes bourgeoises rivalisa
avec celui des fortunes aristocratiques, ou le dépassa.

Restait un dernier moyen d'influence, le plus grand,
l'intelligence. Le mérite, au dix-septième siècle, avait été
un honneur, il fut une puissance, la première de toutes,
au dix-huitième. N'est-ce pas du sein de la bourgeoisie
que sortirent ces philosophes qui travaillèrent de concert à l'émancipation de la pensée humaine? L'économie
politique devait jouer un grand rôle dans cette philosophie qui se montrait préoccupée des droits et des intérêts
terrestres de l'humanité, de même que celle qui l'avait
précédée avait paru absorbée dans l'étude du monde

purement intellectuel, de l'âme et de Dieu. Quel fut le caractère si méconnu par M. Louis Blanc de cette économie politique qu'il a appelée bourgeoise? Son caractère le plus saillant est précisément l'universalité de son principe. L'idée de justice appliquée aux transactions, et placée dans la liberté égale pour tous, tel fut comme le drapeau de l'école des physiocrates. Quel est celui de ces publicistes qui n'ait en vue la masse tout entière du peuple? Quel est celui d'entre eux qui ne fasse servir la science à la destruction de ces priviléges qui n'étaient plus que des entraves? Avec les économistes du dix-huitième siècle, le vieil esprit de liberté en matière d'industrie et de commerce, que nous avons vu s'annoncer de bonne heure, reprit la parole, et de vagues aspirations devinrent un corps complet de science, la formule nouvelle d'un dogme social. Quesnay, en dépit de quelques distinctions purement théoriques sur la classe *productive* et la classe *stérile*, distinctions auxquelles M. Louis Blanc attache une importance sociale parfaitement arbitraire et bien éloignée de la pensée de ce publiciste, fut le premier qui l'exposa régulièrement. Turgot, qui porta les vues de la nouvelle science au pouvoir, dut glorieusement échouer dans cette œuvre de régénération commune, emportant les regrets comme il avait eu les sympathies de la majorité de la nation.

Le sophisme de M. Louis Blanc — de quel autre nom désigner son procédé de raisonnement? — son sophisme consiste à confondre la bourgeoisie tout entière avec un certain nombre d'intérêts privilégiés qui étaient au dix-huitième siècle incorporés aux abus de l'ancien régime.

19.

Il prouve l'égoïsme de ceux-ci, et il en tire une conclusion générale et hostile contre la bourgeoisie prise en masse. Rien de plus contraire à la vérité que cette conclusion. L'esprit général des classes bourgeoises dépassa ces catégories qui s'étaient parquées dans leurs intérêts solitaires et finit par les vaincre. Lès priviléges bourgeois eurent pour adversaires théoriques des publicistes bourgeois, et tombèrent sous les coups non de ce qu'on appelle le peuple, mais de la bourgeoisie elle-même. Ce fait est capital et répond aux assertions de l'histoire ultra-démocratique.

La bourgeoisie réunie en assemblée constituante fit-elle autre chose en effet, en 1789, que proclamer la fusion des classes et des intérêts sans nulle exception? A la place de ces libertés partielles constituées en monopoles, elle mit la liberté générale. L'abolition des jurandes et des maîtrises fut une mesure qui intéressait spécialement la masse populaire comme celle des corvées et des réquisitions, comme l'égale admissibilité à tous les emplois. C'est par des mains bourgeoises que les priviléges bourgeois furent détruits et la condition générale de la nation élevée et améliorée.

II

L'histoire prise dans son ensemble ne justifie donc pas les conclusions de l'historien de la Révolution, quant aux résultats généraux. Les jugements qu'il porte sur les hommes qui ont joué un rôle important sont-ils habituellement mieux fondés? N'est-ce pas se mon-

trer bien pressé de faire apparaître la fraternité que de
la présenter sous les traits de Jean Huss? Cet héroïque
et touchant hérésiarque mourut pour des questions de
théologie et de discipline. Combattre les indulgences,
dénoncer même l'excès des richesses de l'Église et leur
source souvent honteuse, rappeler les maximes de l'humilité évangélique, est-ce donc proclamer le dogme
de la fraternité sociale? La douce victime du concile de
Constance eût-elle reconnu sa pensée dans les fureurs
des Hussites? Quelle fraternité que celle qui s'exprime
par les massacres de Ziska? Que dire enfin de cette singulière phrase de M. Louis Blanc : « Parmi les Bohé-
miens, il y avait, à côté de ceux qui disaient : « Pour
être libres, soyons tous frères, » ceux qui se bornaient
à dire : « Soyons libres; » à côté des Taborites il y avait
les Calistins, *thermidoriens d'alors*, traîtres futurs qui
dominaient dans Prague. Ceux-ci entrèrent en négocia-
tion avec le concile de Bâle, et le 6 mai 1434 ils égor-
gèrent, au profit de l'ennemi commun, leurs alliés,
leurs sauveurs surpris en trahison. Ce qu'un égorge-
ment avait commencé, un combat l'acheva, et il n'y eut
plus de Taborites. » Il faut sans doute une dose plus
qu'ordinaire d'illusion pour voir dans Robespierre et
dans Saint-Just des représentants et des martyrs de la
fraternité, et pour traiter le 9 thermidor comme un
épouvantable attentat de l'individualisme. Mais retrouver, mais poursuivre de son invective haineuse Tallien
et ses amis jusque dans le passé des guerres de paysans,
ah! c'est véritablement pousser trop loin la fantasmagorie des analogies historiques!

Nous pourrions apprécier de même les jugements de

M. Louis Blanc appliqués à une foule d'hommes politiques et de penseurs religieux ou philosophes. Qu'il
traite d'individualiste Luther inaugurant l'intervention
du sens individuel en religion, je le conçois. Mais que
Luther ait été ennemi de la fraternité, parce que, poussant aux révoltes de la conscience, il condamna les insurrections de la misère, et ne suivit point les anabaptistes
dans leurs rêves sanglants de communauté matérialiste,
c'est ce qu'il est bien moins aisé de comprendre. Plus
tard vous ferez de Voltaire, l'ami des rois, un grand
individualiste, du républicain Rousseau un type de la
fraternité humaine. Cette appréciation ne manque pas
de motifs sans doute. N'est-elle pas pourtant fautive à
bien des égards? Est-ce que Voltaire n'a pas plus que
l'auteur de l'*Émile* combattu pour l'humanité, pour
la douceur des lois, pour la tolérance? Est-ce que la
fraternité, dont il est difficile de séparer la sociabilité,
trouvait un symbole bien exact dans le moins sociable
des génies du dix-huitième siècle, dans le panégyriste
de la vie sauvage, dans l'admirateur passionné des républiques très-peu fraternelles de l'antiquité? Le titre
de républicain confère-t-il à lui seul tant de priviléges? Que dire du jugement de M. Louis Blanc sur
le banquier réformateur Jean Law? Quoi! cet Écossais, c'est la fraternité incarnée! ce joueur, c'est un
dogme vivant! Quoi! l'inventeur de l'agiotage est un
révélateur charitable! Law un prophète d'égalité! Law
un apôtre! La pénurie des hommes aptes à représenter
dans votre drame humanitaire la troisième partie de
votre trilogie était donc bien grande sous le régent
pour que vous en fussiez réduit à mettre la main sur le

banquier Law! La puissance du mot *organiser* est-elle donc fascinatrice à ce point que le projet de constituer le crédit par l'État ait suffi pour vous faire attribuer à un habile faiseur et à un chimérique esprit les proportions d'un grand homme! Enfin, par quel parallèle terminez-vous votre tableau souvent éloquent du dix-huitième siècle? Par la glorification de Necker et par les plus injustes critiques adressées à Turgot. Que tout ce qu'il y eut de faux dans les idées sociales de Necker trouve un apologiste dans l'auteur de l'*Organisation du travail*, c'est tout simple. Il y a assez d'idées mal débrouillées dans l'auteur, moitié socialiste, moitié prohibitionniste, de l'écrit *Sur la législation et le commerce des grains,* pour expliquer de tels éloges. Mais Turgot, était-il juste de lui reprocher, après avoir reconnu d'ailleurs les grands services qu'il rendit, d'avoir « manqué d'étendue et de ce puissant coup d'œil qui, dès l'abord, mesure la portée d'un principe? » S'il y a un jugement qui soit le contre-pied de la vérité, c'est celui-là. L'étendue jointe à la pénétration est justement le caractère éminent de l'intelligence de Turgot. Ses ouvrages, comme le témoignage unanime de ses contemporains, en font foi pour tous les esprits non prévenus.

Le premier volume de l'*Histoire de la Révolution,* de même que les cinq volumes de l'*Histoire de Dix Ans,* renferme un double plaidoyer : l'un contre le gouvernement constitutionnel qui est la théorie politique de ce que l'auteur nomme la bourgeoisie, l'autre contre l'économie politique, qui est sa théorie sociale. Nous dirons en finissant quelque chose de cette double polémique. La *bourgeoisie,* pour répéter ce nom de guerre, la bour-

geoisie attaquée ne doit pas se laisser jeter le mot de
Camille Desmoulins : « Brûler n'est pas répondre. »
Elle aurait mauvaise grâce, elle sortie de la discussion
et née de la lutte, à se servir de cette dernière raison
des pouvoirs établis. Ah! craignons que dans ce temps
où l'examen des erreurs est non-seulement un droit,
mais un devoir de citoyen, le silence ne soit pris trop
aisément pour approbation ou pour impuissance !

III

Les critiques adressées par M. Louis Blanc au gouvernement constitutionnel ont-elles rien qui soit nouveau? Ne consistent-elles pas toutes à relever au nom de
la logique tous les abus possibles, toutes les inégalités
et tous les conflits du mélange des pouvoirs, à en exagérer les défauts réels, et à jeter un voile sur les excès
de la pure démocratie? Ainsi, ayant deux poids et deux
mesures, on se montre scandalisé des moindres imperfections que le gouvernement représentatif peut révéler
sous cette forme; on trouve des raisons pour expliquer
les excès et les crimes des républiques. C'est au nom
d'un principe simple qu'on juge une œuvre de conciliation entre des principes divers, et, à ce point de vue
purement théorique, combien on a beau jeu à relever
les difficultés de leur accord et à les convertir en impos-
sibilités absolues ! Il est commode de se réserver l'idéal,
et de ne faire entrer la réalité dans ses calculs que contre
ses adversaires. N'est-ce pas là au surplus le procédé
constant des théories radicales ?

Le gouvernement représentatif a été discuté, soutenu, nié bien avant qu'il fût question de le faire passer du domaine de la spéculation dans l'ordre des réalités ; il a des apologistes et des détracteurs qui datent de deux mille ans. Entre le gouvernement direct des masses et le despotisme monarchique, dont la Grèce et l'Orient lui présentaient le double spectacle, déjà le génie profond et réservé d'Aristote cherchait sa voie, et, avec une netteté, une abondance de détails, un souci de la pratique, une entente du mécanisme politique, dont on reste étonné, il indiquait au législateur comme un idéal de modération et de force, de progrès et de stabilité, le gouvernement de la classe moyenne, l'élection confiée à la capacité, enfin le mélange harmonieux des pouvoirs. Toutefois l'auteur de la *Politique* eût-il été si ferme et si explicite dans ses théories s'il ne se fût proposé de combattre l'utopie de la *République?* Là, Platon, moitié par exagération philosophique du principe de l'unité, moitié par réaction contre les abus du pouvoir populaire, attribue le gouvernement aux lumières concentrées dans un petit nombre de mains. Toutefois, dans le livre des *Lois*, ce grand philosophe propose un mélange de monarchie, d'aristocratie et de démocratie. Il semble ainsi se déclarer le partisan des gouvernements équilibrés. Mais au fond son idéal politique reste une aristocratie constituée par le droit divin de la science et de la vertu. Ses magistrats philosophes ressemblent fort à des prêtres. Le souvenir de l'Orient savant et immobile se mêle à la déduction abstraite qui lui fait tirer d'un certain idéal métaphysique une unité qui n'est pas la vraie unité politique, une justice qui n'est pas

la vraie justice sociale. Ce que disent les modernes socialistes, Platon le pressent et l'exprime avec la plus
grande énergie. L'*individualisme* n'a pas d'ennemi
plus déclaré ni de critique plus éloquent. On voit
que je ne refuse pas à M. Louis Blanc une illustre
filiation.

Dès le seizième siècle la question se trouvait posée
nettement. Tandis que les écrivains protestants, François Hotman et Hubert Languet, rappelés par l'historien de la Révolution, partant du libre examen et
les yeux fixés sur les progrès du tiers état et sur la
constitution anglaise, n'admettent le pouvoir monarchique que sous l'expresse condition qu'il soit sur-
veillé et contenu par la bourgeoisie, et, traitant les
masses avec assez de dédain, concluent en faveur de la
souveraineté des *estats* et des *cameræ ordinariæ*, tandis
que les *Discours politiques des diverses puissances* pro-
clament seule louable « la domination composée de
royauté et des meilleurs et plus suffisants, et toute autre
espèce de civile administration malheureuse et inutile à
la constitution d'un état politique, » la réponse à ces
témérités ne se fait pas attendre : on traite comme des
rêveurs, comme des esprits chimériques et désordonnés
ceux qui ont conçu le singulier dessein de « composer
une république meslée des trois ! » L'homme qui tient
ce langage, c'est l'apologiste de la monarchie pure,
l'adversaire déclaré de la constitution d'Angleterre, c'est
Jean Bodin dans ses six livres de la *République*. On
trouve là déjà marquées d'un trait ferme et ironique
quelques-unes des prétendues antinomies relevées par
la polémique radicale entre les pouvoirs que le gouver-

nement constitutionnel se propose d'unir et de faire marcher de concert.

La controverse se réveille à la fin du dix-septième siècle; ce qui n'était qu'une guerre de lettrés devient dès lors une affaire plus sérieuse. A peu de distance l'un de l'autre, un pieux archevêque du règne de Louis XIV, un abbé libertin de la régence, expriment leur opinion sur le gouvernement représentatif. Fénelon écrit ses *Mémoires sur la succession d'Espagne*, sa *Lettre à Louis XIV*, ses notes sur un *Plan de gouvernement pour le Dauphin*; il réclame l'établissement d'états généraux et l'élection libre; il veut qu'on réforme l'antique monarchie, « cette vieille machine délabrée, dit-il avec une singulière hardiesse de langage, qui va encore de l'ancien branle qu'on lui a donné et qui achèvera de se briser au premier choc. » Après Fénelon vient Dubois, comme le régent après le grand roi. Autant Fénelon avait mis de passion à appeler le remède, autant Dubois en met à le combattre. Comment Dubois n'eût-il pas haï d'instinct tout régime libéral? Que dire de ce singulier passage de sa lettre au régent? « Ah! monseigneur, ce n'est pas sans raison que les rois de France sont parvenus à éviter les assemblées connues sous le nom d'états généraux! *L'idée qu'un roi tient de ses sujets tout ce qu'il est et tout ce qu'il possède, l'appareil des députés du peuple, la permission de parler devant le roi et de lui présenter des cahiers de doléances, ont je ne sais quoi de triste qu'un grand prince doit toujours éloigner de sa présence... Quelle source de désespoir futur pour Votre Altesse Royale, si elle changeait la forme du plus puissant royaume, si elle associait des sujets à la royauté, si elle établissait en France le ré-gime de l'Angleterre !...* » Et Dubois puisait ses argu-ments à la même source que les récents adversaires du droit des assemblées. C'est la partie la plus remarquable et à quelques égards la plus sagace et la plus péné-trante de son plaidoyer. Quels moyens, demande-t-il au régent, quels moyens de s'opposer aux entreprises d'une assemblée nationale qui résisterait aux volontés royales? Le monarque pourrait-il dire à la nation, comme au parlement : Vous n'êtes pas la nation? — Ces parlements, on les exile; on n'exile pas tout un peuple. — Si l'assem-blée refuse les impôts, que faire? le pouvoir reste dés-armé, le gouvernement royal est sans force. — Les troupes? On se fait obéir avec elles par un parlement fac-tieux; mais quelles troupes marcheront contre une na-tion légalement constituée? Et s'il plaît à cette assem-blée de détrôner le roi, qui l'en empêchera? de le bannir, qui l'en en empêchera? de le tuer, comme les Anglais Charles Ier, qui l'en empêchera? « Ah! monseigneur, que votre bon esprit éloigne de la France le projet dan-gereux de faire des Français un peuple anglais ! » Cette crainte de la prérogative des assemblées, ce reproche d'imitation de l'Angleterre, ne sont-ce pas là les argu-ments de tous les ennemis passés et présents du gouver-nement représentatif? Ils ne font tous que continuer et commenter l'abbé Dubois.

L'*Esprit des Lois*, œuvre d'un génie éminemment tempéré, et le *Contrat social*, ce code du radicalisme, forment le double terme d'une antithèse qui se prolonge et se prolongera à travers les temps; c'est le raisonne-ment pur, ne relevant que de lui-même et se jouant sans entraves dans le domaine des abstractions, aux prises avec l'expérience et avec l'histoire ; c'est l'audace de l'esprit révolutionnaire armé d'une énergie inflexible et d'une logique de fer en face de la hardiesse réservée, prudente et patiente, parfois même à l'excès, de l'esprit pratique. Nos pères de l'assemblée constituante, que le radicalisme historique de M. Louis Blanc range beaucoup trop sous les bannières exclusives de Voltaire et de Montesquieu, de Turgot ou de Jean-Jacques Rousseau, quand eut sonné l'heure de la révolution, ne se placèrent en général exclusivement dans le camp d'aucun de ces grands hommes. Ils puisèrent un peu chez tous. Combien d'ailleurs leur inexpérience, jointe à l'entraînement révolutionnaire, ne leur fit-elle pas commettre de fautes ! L'assemblée constituante douta trop de sa force, ce qui la conduisit à en abuser. Elle ne se crut pas assez sûre du succès de la révolution pour placer entre elle et la couronne un pouvoir pondérateur alors trop intéressé, à ce qu'elle croyait, à faire pencher la balance du côté des priviléges et à prêter main-forte à la monarchie absolue. Le régime représentatif, tel que le demandait un nombreux parti, désigné sous le nom d'école anglaise, ne lui semblait pas une machine de guerre assez puissante dans une œuvre qui devait être une œuvre de résistance et de destruction avant d'être une œuvre de conciliation et de paix. Elle rejeta la triplicité des pouvoirs, réduisit à une seule chambre le pouvoir délibératif, et ne voulut rien admettre entre l'hérédité royale et l'élection populaire. Quel combat à mort se livrèrent ces deux forces placées face à face ! Quels déchirements, et à la fin quel holocauste marquèrent le duel terrible

de la monarchie et de la république ! Sombre histoire,
spectacle horrible, enseignement sans pareil, que les trois
années qui suivirent 89 donnèrent au monde épouvanté !

A-t-on le droit de conclure avec M. Louis Blanc de
cette lutte tragique à l'impossibilité radicale de l'harmonie des pouvoirs et par conséquent de la monarchie
représentative ? Qu'on veuille prendre la peine d'y songer ; il n'y a ici que deux hypothèses possibles : l'une
est à l'honneur du gouvernement constitutionnel, l'autre
ne peut tourner contre lui. Ou bien la chambre haute,
proposée par Mounier et ses amis, eût consolidé le gouvernement, rassuré les monarchies étrangères, fait entrer la royauté dans une voie moins ambiguë, la tenant
à égale distance des concessions extrêmes et des coups
d'État, contenu enfin et satisfait la nation qui, même
dans ses représentants les plus avancés, ne songea que
tard à la république, et alors le gouvernement, avec sa
royauté limitée et ses deux chambres, eût épargné au
pays des flots de sang, et cette longue alternative d'anarchie et d'oppression, et ces représailles de trente ans de
l'ancien et du nouveau régime ; ou bien, si cette hypothèse est une pure chimère, s'il était nécessaire que le
char révolutionnaire avançât, avançât toujours, jusqu'à
ce qu'il eût écrasé toutes les résistances, s'il fallait que
la démocratie étouffât la royauté ou fût étouffée par elle,
n'est-ce pas un étrange abus de raisonnement de tirer
d'une situation sans analogue, d'une crise exceptionnelle, unique dans l'histoire, la preuve d'une incompa-
tibilité naturelle et absolue entre le pouvoir monarchique
et celui d'une assemblée ?

M. Louis Blanc raisonne-t-il mieux quand, à propos

de Montesquieu, il répète l'argument qui séduit d'ailleurs tant de gens, cet argument allégué tant de fois avant et depuis lui contre le gouvernement constitutionnel en lui-même et contre l'assimilation de la France avec l'Angleterre? « Quand Montesquieu, écrit-il, vint proposer à la France l'adoption du système politique depuis longtemps établi en Angleterre, y avait-il entre les deux pays une analogie de situation qui autorisât de notre part un pareil emprunt? En Angleterre, la royauté, la chambre des lords, la chambre des communes, ne furent jamais que trois *fonctions*, que trois manifestations diverses d'un même pouvoir, celui de l'aristocratie : c'est ce que Montesquieu ne remarqua point. Il crut que la constitution anglaise reposait sur le jeu de trois *pouvoirs* naturellement et nécessairement rivaux ; et il ne soupçonna pas que si ces trois prétendus pouvoirs, au lieu de n'être que des fonctions, avaient été de véritables forces, des forces distinctes, ennemies, faites pour se contenir mutuellement, disposées à se combattre, la constitution anglaise aurait porté dans son sein les germes d'une effroyable anarchie ! Car enfin mettre en présence le principe héréditaire et le principe électif, un roi et une assemblée, n'est-ce pas créer au sommet de la société la nécessité d'une lutte pleine de périls ? Et si, en cas de conflit, nul moyen légal n'existe de faire céder, soit le monarque, parce qu'il est inviolable, soit l'assemblée, parce que le droit de voter les subsides la rend toute-puissante, n'est-il pas évident que la société flotte incertaine entre une révolution et un coup d'État ? En construisant le corps de l'homme, Dieu a voulu que la tête eût sur le bras une autorité souveraine : la tête veut, le bras exécute. Le régime constitutionnel, interprété dans le sens de Montesquieu, avait cela d'absurde que, dans le corps social, il appelait le bras à contrôler les décisions de la tête. Il est vrai que, prévoyant la lutte, Montesquieu confiait à un troisième pouvoir le soin de la prévenir ou de l'apaiser. Mais est-il raisonnable que pour arriver à une médiation, l'on commence par faire naître une cause de discorde? N'inventez pas le mal, vous n'aurez pas à en inventer le remède. »

Il faudrait puiser longuement dans la théorie et dans l'histoire pour réfuter les assertions contenues dans ce passage de M. Louis Blanc. Et qui donc doute que les difficultés qu'il indique ne soient sérieuses? Est-ce que toute la question n'est pas de savoir si les difficultés à vaincre pour rendre une constitution viable ne sont point plus grandes encore dans toutes les autres formes connues de gouvernement? Ne peuvent-elles être atténuées d'ailleurs, ces difficultés, par la sagesse et par l'expérience? L'Angleterre, cette Angleterre que vous citez, en est la preuve. Il y a une exagération manifeste à ne voir avec M. Louis Blanc, dans la Chambre des communes et même dans la royauté, que de pures *fonctions* de l'aristocratie. L'élément démocratique n'a-t-il pas de plus en plus pénétré en Angleterre sous nos yeux? Pourtant l'admirable esprit politique des Anglais, condition dont aucune institution n'a la vertu de dispenser, a su éviter les coups d'État et les révolutions. Quant à cette lutte présentée comme sans issue entre les deux pouvoirs, le mécanisme constitutionnel n'y présente-t-il pas une ressource suffisante, toujours sous la réserve que les hommes ne seront pas fous, dans le droit de dissolution accordé au pouvoir exécutif, qui remet la décision des conflits à la souveraineté nationale sans perturbation dans l'État? La lutte que M. Louis Blanc exagère entre les pouvoirs est un fait plus général qu'il n'a l'air de le croire ici. Elle se présente entre la liberté et l'autorité, entre la religion et la philosophie, entre tout ce qui est tradition et foi et tout ce qui est examen. La lutte, elle est partout. Il est vrai que les réformateurs radicaux ont un moyen sûr de faire cesser cette lutte déplaisante. Ils suppriment l'un des deux termes aux prises, et croient avoir ainsi établi la concorde. C'est bien à eux qu'on peut appliquer le mot de Tacite : « *Ubi solitudinem faciunt, pacem appellant.* »

Toute cette polémique se réduit au surplus à des termes fort simples, quand on la dépouille de ses accessoires. N'est-il pas dans la nature de tout principe unique proclamé souverain d'abuser promptement si on l'abandonne à sa pente? Y a-t-il une monarchie absolue qui ne soit très-vite arrivée à de monstrueux excès? Y a-t-il une démocratie pure qui n'ait abouti à tous les abus de la force et à la dure oppression des minorités? Les États-Unis eux-mêmes, cela est bien fait pour frapper, ont senti le besoin d'un sénat modérateur. Nul peuple sensé qui ne comprenne qu'une assemblée concentrant tous les pouvoirs, équivaut à la révolution en permanence ou au despotisme le plus écrasant. La domination d'une telle assemblée par un comité directeur est-elle la seule consolation que l'on offre à nos besoins de liberté et de garanties individuelles? M. Louis Blanc veut un pouvoir fort. Il a raison, s'il le maintient dans les limites de la répression et s'il borne du moins son intervention à un certain nombre de cas déterminés. Mais tel n'est point son idéal politique. L'État avec lui est l'organisateur universel. Il organise le travail, les banques, la propriété.

Ceci nous mène à apprécier la théorie sociale qui inspire les jugements de l'historien de la Révolution, adversaire de la bourgeoisie, apologiste décidé de Robespierre et de la Montagne. Et d'abord remarquons que M. Louis Blanc ne croit pas que le mal soit inhérent à la nature humaine. Il attribue aux fausses combinaisons, dont les sociétés ont offert le spectacle douloureux jusqu'à présent, toutes les souffrances individuelles. « Le mal dans le monde, écrit-il, c'est un immense accident! » Il répond aux plaintes des victimes par l'immortalité du genre humain, qui continue ses destinées sur cette terre imbibée de larmes et souillée de sang, d'un sang qui coule, hélas! même au nom des idées les plus pures. Cette terre n'est-elle pas appelée à devenir un séjour de félicité pour l'homme régénéré, racheté de la servitude de l'ignorance et de l'erreur? Assurément nous croyons au progrès comme M. Louis Blanc, mais n'est-ce pas une grande aberration de le croire illimité? et quelle autre aberration, quelle abdication pour la personne humaine que d'en charger l'État, si ce n'est dans une mesure relativement restreinte! Non, non, le mal n'est pas un simple accident destiné ici-bas à disparaître. Hélas! le mal tient à l'homme. Il est en nous. L'homme est un mélange éternel de bien et de mal. Le bien l'emportera, dites-vous. Les institutions se perfectionneront; la raison

prendra plus d'empire; l'expérience ne sera pas toujours vaine; de plus, les victoires du bien sont défini-
tives, les défaites du mal sont irrévocables; l'imprimerie
restera, et l'on ne rétablira pas la torture, on ne rallu-
mera pas les bûchers de l'inquisition; le progrès ne
s'accomplira plus désormais à des conditions violentes.
Heureux pronostics, que nous acceptons en partie pour
notre compte! Mais c'est pour cela même que nous ne
croyons pas à la fin de l'individualisme, non plus qu'à
la disparition de la classe moyenne. L'existence d'une
classe moyenne, il faut le dire bien haut aux niveleurs,
est une nécessité éternelle des sociétés. Elle y remplit
un double office : elle reçoit ceux qui tombent des rangs
plus élevés par leur faute ou par un malheur involontaire, ou simplement par le fractionnement des héri-
tages, et ceux pour qui son accès est un objet incessant
de persévérante ambition. Est-ce que la classe moyenne,
avec ses défauts que vous lui reprochez amèrement, n'a
pas aussi ses vertus propres, vertus qui ne pourraient
être impunément pour la société sacrifiées ou trop su-
bordonnées, vertus moyennes aussi, tenant plus de la
réflexion que de l'âme et de l'instinct, qui servent au
ménage social dans la vie de tous les jours, mais qui
ont aussi leurs heures de vaillance et d'éclat? Vous en
savez quelque chose, bourgeois nos pères, et vous aussi,
héroïques bourgeois des Pays-Bas!

Il est pitoyable de voir sans cesse confondus les expressions les plus légitimes et les effets les plus utiles de
l'intérêt personnel avec un vil égoïsme. Ce que M. Louis
Blanc nous vante sous le nom de fraternité, qui est assez
aveugle pour ne pas comprendre que c'est le commu-

nisme? Il y voit l'avenir de l'humanité. Parlant de Fénelon à propos d'une phrase de *Télémaque* à laquelle, certes, le grand évêque n'attachait pas tant d'importance : « Nul doute qu'il ne fût trop avant dans l'avenir, dit M. Louis Blanc, quand il écrivait : « Il ne faut « permettre à chaque famille, dans chaque classe, de « pouvoir posséder que l'étendue de terre absolument « nécessaire pour nourrir le nombre de personnes dont « elle sera composée. » Mably et Morelly, ces apôtres de la communauté des biens, ne sont-ce pas là les héros de M. Louis Blanc? Il approuve en eux la théorie qui consiste à faire naître le droit des besoins. Il va jusqu'à citer avec admiration ces folles propositions de Morelly dans son *Code de la nature,* qui résument le système de ce rêveur du dix-huitième siècle, et qui pourraient servir de préface et de commentaire au sien propre sur l'organisation sociale : « Maintenir l'unité indivisible du fonds et de la demeure commune; établir l'usage commun des instruments de travail et des productions; distribuer les travaux selon les forces, les produits selon les besoins; conserver autour de la cité un terrain suffisant pour nourrir les familles qui l'habitent; réunir mille personnes au moins, afin que, chacun travaillant selon ses forces et ses facultés, consommant selon ses besoins et ses goûts, il s'établisse sur un nombre suffisant d'individus une moyenne de consommation qui ne dépasse pas les ressources communes et une résultante de travail qui les rende toujours assez abondantes; n'accorder d'autre privilége au talent que celui de diriger les travaux dans l'intérêt commun, et *ne pas tenir compte, dans la répartition,* de la capacité, *mais seulement des besoins*, qui préexistent à toute capacité et lui survivent; ne pas admettre les récompenses pécuniaires, parce que *le capital est un instrument de travail qui doit rester entièrement disponible aux mains de l'administration,* parce que toute rétribution en argent est inutile ou nuisible, » etc. Qu'est cela, sinon le communisme? — Et que dire d'un autre passage également approuvé par l'historien de la Révolution dans sa revue du dix-huitième siècle et développé par l'auteur de l'*Organisation du travail,* passage caractéristique dans lequel Morelly nie que la paresse soit un vice naturel à l'homme? — Nous tenons ici l'origine de l'idée reprise par M. Louis Blanc que le point d'honneur suffit au travail sans la concurrence intéressée, et qu'il n'y a qu'à afficher dans l'atelier que tout paresseux est un voleur pour prévenir l'oisiveté, si tant est même que cette précaution soit nécessaire.

Détruire l'individualisme, dites mieux, la personne humaine, voilà donc où tendent ces fières théories! Trouvent-elles, ah! trouvent-elles donc l'individu trop fort et trop digne dans nos jours troublés? L'originalité grande et sérieuse tend-elle donc trop à se répandre? Y a-t-il surabondance de caractères fortement trempés? Oui, le désintéressement est une noble vertu; nulle vertu complète et véritable ne peut être sans lui; car où il n'est pas, le dévouement n'est qu'un mot. Mais laissez aussi, ô moralistes! à l'intérêt personnel sa place naturelle, utile, inévitable. N'est-il pas le créateur de toutes les grandeurs industrielles de l'humanité et de bien des efforts, même moraux, qui honorent l'homme? Ne tuez pas le *moi* en tuant l'intérêt légitime et réglé; ce ne se-

rait pas le désintéressement généreux qui en prendrait
la place ; non , ce serait la corruption et le sommeil de
la mort. L'intérêt a son rôle marqué, comment pouvez-
vous le nier dans la marche des sociétés? Une certaine
somme de bien-être est la condition des plus hautes
lumières et du développement des instincts les plus déli-
·cats. Ah! si la théorie du désintéressement absolu qu'on
nous oppose en industrie était quelque part à sa place ,
ce serait à coup sûr dans la religion. Eh bien ! nous
voyons que là même les docteurs les plus autorisés de
l'Église chrétienne ont jugé qu'elle était fausse et éner-
vante. Ils l'ont repoussée en condamnant cette doctrine
célèbre du *pur amour* qui, dans ses mystiques élans,
prétendait écarter toute recherche du moi humain,
même en ce qui regarde la possession des biens éter-
nels. Quoi! Bossuet juge que les saintes œuvres ces-
seront d'abonder du jour où l'homme cessera de s'y
rechercher lui-même jusqu'à un certain point, et voici
que vous prétendez qu'à moins d'être un ennemi de la
fraternité, un égoïste sectateur de l'individualisme et de
la bourgeoisie , on doit s'appliquer à produire du sucre
et du coton par *pur amour* de l'humanité! Étranges
théoriciens! Ils ne trouvent rien de mieux que de fonder
le travail sur quoi? sur le principe même du *quiétisme!*
C'est plus qu'il n'en faut pour juger, à travers les séductions de leur parole et les sophismes de leurs systèmes,
de la valeur de leurs doctrines comme économistes, de
la portée de leurs jugements comme historiens.

M. P.-J. PROUDHON EN 1848 [1]

I

Avant de juger l'œuvre de M. Proudhon, si le mot d'œuvre convient au vaste travail de démolition qu'il a tenté d'accomplir, faisons-nous une idée de l'homme. Pour le connaître, adressons-nous à son œuvre la plus personnelle, les *Confessions d'un révolutionnaire*.

Confiteor, mot d'humilité et de repentir qu'autrefois l'homme murmurait à l'oreille du prêtre et qui restait un secret entre le pécheur et Dieu ; mot qui signifiait : Je m'accuse, et qui, dans le moderne langage, veut dire : Je me glorifie !

Confiteor, c'est-à-dire : J'avoue, comme J.-J. Rousseau, j'avoue que nul homme ne fut meilleur que moi ; j'avoue, comme M. de Chateaubriand dans ses *Mémoires*, que je suis un homme prédestiné, un mortel digne de servir de pendant à Washington, à Bonaparte, à tout ce qui fut grand dans mon siècle ; j'avoue, comme l'illustre auteur des *Confidences*, que nul enfant, parmi les fils d'Ève, n'eut un regard plus beau, une attitude plus

---

[1] *Confessions d'un révolutionnaire,* — *Système des contradictions économiques,* — *Mémoires sur la propriété,* — *Gratuité du crédit.*

noble, un front plus rayonnant, une imagination plus
riche et plus splendide; *confiteor*.

De quelles faiblesses, de quels excès l'auteur du
livre de la *Propriété*, le journaliste du *Représentant du
Peuple*, l'agitateur révolutionnaire fait-il au public l'humiliant aveu? Est-ce d'avoir ravi leur dernier prestige
dans les masses à des principes tenues pour sacrés?
Est-ce d'avoir voulu, comme il s'en est vanté, placer
l'occident à l'orient et l'orient à l'occident? d'avoir eu
plus de souci de la dialectique que du bon sens, et de la
renommée de son nom que du sort des pauvres gens enivrés de son éloquence et de ses promesses? Est-ce d'avoir
maudit Dieu avec une violence digne de Lamettrie et
avec une verve digne de Rabelais?... Non : de tout cela
M. Proudhon ne se confesse pas, il s'en loue hautement.
Ce que M. Proudhon reconnaît avec une rude franchise,
c'est qu'il était le seul, parmi tant de mauvais méde-
cins, qui, selon son expression, pût accoucher heureusement la révolution de Février, le seul parmi tant d'empiriques inexperts entre les mains de qui le progrès ne
courût aucun danger.

Et pourtant le titre de *Confessions* n'est pas menteur.
M. Proudhon confesse quelqu'un; mais ce quelqu'un,
ce n'est pas lui. M. Proudhon confesse, les uns après
les autres, ses amis et ses adversaires. C'est ce qui fait
la piquante originalité de son livre. L'auteur y joue le
rôle, non de pénitent, mais de prêtre, et quel prêtre!
il renvoie les coupables (tout le monde l'est à ses yeux),
non absous, il les renvoie avec plus de pitié que de colère, avec plus de dédain que de miséricorde. Que se
propose-t-il donc? de faire dire aux réactionnaires et

aux révolutionnaires comment, instruments rebelles du progrès, usant tour à tour le principe d'autorité, le *gouvernementalisme* absurde, ils ont, soit en combattant directement le socialisme, soit en le servant, bien que par des moyens à contre-sens, hâté la chute du vieux monde et préparé l'avénement du nouveau. — Ainsi les magiciens suscitaient les miracles des prophètes, et la tyrannie des Hérode n'empêchait pas la venue du Christ.

Nous assistons de la sorte à une série de *réactions* que nous ne soupçonnions pas contre le principe de la révolution. M. Louis Blanc, qui le croirait? se voit classé parmi les *réactionnaires*. Que dire de la *réaction* Ledru-Rollin? Nous avons même la *réaction* Barbès (p. 99). Pour le coup ceci dépasse par trop la mesure du paradoxe et la permission dont M. Proudhon abuse de se moquer de ses lecteurs.

Qui suis-je? Ainsi M. Proudhon intitule lui-même un de ses chapitres. Dites-nous donc qui vous êtes. Nous sommes curieux de le savoir. Celui qui a battu en brèche la propriété et honni le communisme, dénigré et préconisé l'économie politique, bafoué ses adversaires encore plus que ses alliés, terminé tel de ses livres, le plus dissolvant, par une brûlante apostrophe au Dieu de liberté et d'égalité, et nié à la fois la Providence; combien de fois cet homme-là, s'il se prend lui-même au sérieux, n'a-t-il pas dû se demander la tête entre les deux mains : « Qui suis-je? qui suis-je donc? »

Après février, quand la démocratie se consumait elle-même à la poursuite de ce pouvoir « que son but, dit M. Proudhon, est précisément d'annihiler en le distribuant, » il fallait, ajoute l'auteur des *Confessions d'un*

Révolutionnaire, « il fallait s'établir dans l'opposition, rejeter le pouvoir sur la défensive, agrandir le champ de bataille, simplifier en la généralisant la question sociale; *étonner l'ennemi* par l'*audace* des propositions, agir désormais sur le peuple plutôt que sur ses représentants; opposer sans ménagements aux passions aveugles de la réaction l'idée philosophique et révolutionnaire de février. Un parti ne se fût point prêté à cette *tactique;* elle exigeait une *individualité résolue, excentrique même*, une âme trempée pour la protestation et la *négation.* Orgueil ou vertige, je crus que mon tour était venu. » Plus tard, M. Proudhon parlera de son *outrecuidance*, se représentera comme abruti par la logique. Ne voilà-t-il pas pourtant quelques *confessions* précieuses à recueillir?

Comme tous les réformateurs, il voulait le bonheur du peuple. Il le voulait d'une manière à lui particulière, et qui le préoccupait plus encore que le but poursuivi; voilà qui paraît encore plus sûr. Ainsi que Danton, mais en penseur et non en homme d'action, il se proposait d'étonner par l'*audace.* Ses coups de main n'étaient pas des septembrisades de bourreau, mais de logicien. Il tuait avec la plume, il n'immolait que des arguments, à ce qu'il lui semblait du moins. Il avoue encore ici « *sa présomption effrénée qui ne respecte rien, s'arroge exclusivement le bon sens et le bon droit, et prétend attacher au pilori quiconque ose soutenir une opinion contraire!* Aurions-nous jamais rien dit de plus fort?

L'auteur des *Confessions d'un Révolutionnaire* ne craint pas, nous l'avons vu, de se poser lui-même comme

une négation. Quelque flatteur pourtant que lui semble
ce rôle, il n'est pas homme à s'en contenter. Est-ce que
tout critique socialiste ne contient pas un prophète?
Est-ce que tout prophète moderne ne contient pas un
organisateur? M. Proudhon prétend bien être à la fois
critique, prophète, organisateur, et par-dessus tout, un
éminent philosophe. Il a des principes, une méthode :
il a une exégèse, une théodicée, une morale à lui. S'il
est possible de rattacher à une école philosophique
une individualité aussi excentrique, c'est à celle de
Hégel. C'est Hégel qu'il faut nommer le maître de
M. Proudhon. C'est au métaphysicien allemand qu'il
emprunte ses fameuses antinomies. J'ajoute que le
maître eût été médiocrement satisfait de l'élève. Non-
seulement Hégel eût détesté la philosophie sociale ou
anti-sociale de M. Proudhon; mais il eût trouvé ce qu'il
y a mêlé de métaphysique extrêmement faible. En vérité
il aurait eu raison.

N'est-il pas à regretter que l'auteur se soit refusé à
entrer dans de plus amples détails sur ses origines
intellectuelles, sur le commerce qu'il entretint avec
la philosophie de l'Allemagne? une part plus large à
la biographie nous eût éclairés sur cet étrange penseur et sur son système. M. Proudhon, comme il le
dit, étant un des *originaux* de notre temps, cela eût
pu intéresser un public qui pardonne presque qu'on
l'effraye à condition qu'on l'amuse. Mais quoi? il déclare
ne faire nul cas de la biographie. L'histoire même et le
roman n'ont d'attrait pour le disciple de Hégel qu'autant
qu'il y retrouve les manifestations des idées. M. Proudhon ne se confesse donc pas comme Rousseau, il se

confesse comme Descartes écrivant le *Discours sur la
méthode*. C'est, en un mot, la confession d'un esprit pur.
A ce titre même, il devait au moins, puisqu'il était en
veine de confidences, nous raconter la formation de sa
pensée ; nous dire sous quelles impressions particulières
d'éducation, de lectures, d'entretiens et de solitaires
méditations il arriva à formuler ses bizarres idées sur
la propriété et sur l'État. M. Proudhon préfère se présenter au public comme un esprit formé tout d'abord,
et lui laisser ignorer ses sources mystérieuses. Les révé-
lateurs ne se forment pas pièce à pièce ; ils s'éveillent
prophètes un beau jour et disent au monde : « Me voilà ! »

Les biographies le font naître au village de Chanans,
dans le département du Doubs, d'un père tonnelier. Il
eut, dit l'une d'elles, une enfance comprimée. « Les
épargnes de sa famille, péniblement amassées, suffirent
à peine aux frais de ses premières études ; sa persévérance, on pourrait dire son acharnement au travail,
triompha de tous les obstacles. Dès l'abord, ses curiosités s'étaient tournées vers les questions religieuses. Le
livre de Fénelon sur l'existence de Dieu, qui lui tomba
sous la main au collége, avait éveillé en lui cet attrait
pour les choses de l'ordre surnaturel. » Il fut placé
en apprentissage dans un atelier de typographie. Le
début de M. Proudhon rappelle, on le voit, les commencements de Jean-Jacques Rousseau et va les rappeler
encore mieux. Il entre dans la carrière par un travail
couronné par l'Académie de Besançon, sa patrie. C'est
ainsi que Rousseau avait commencé son orageuse vie littéraire par le discours sur *les Sciences et les Arts* couronné
par l'Académie de Dijon. Est-ce à dire avec bien des gens

qu'il faille pousser plus loin le parallèle? M. Proudhon imite sans doute, en la portant jusqu'au dernier excès, l'invective passionnée et amère de l'auteur du *Contrat social*. Il a comme lui l'amour exalté du paradoxe. Comme lui encore il met l'art sur le même pied que la vérité, sinon au-dessus. Mais ai-je besoin de le dire? il est à une infinie distance de l'imagination de ce Rousseau qu'il traite d'ailleurs avec le dernier mépris. Il lui est fort inférieur comme écrivain. Je reconnais tout ce qu'il y a de verve dans ce puissant manieur d'idées. Cette verve est parfois merveilleuse. Mais il est rare qu'elle se soutienne au delà de quelques pages, et que l'écrivain n'arrive assez vite à l'ennui par l'obscurité. En revanche, M. Proudhon, dans les matières de gouvernement, et surtout d'économie politique, possède des connaissances bien plus précises que les autres socialistes (il pourra trouver le compliment médiocre). S'il a moins lu avec une attention consciencieuse que parcouru avec l'impatience de la fièvre les principaux économistes (il avouait un jour à Bastiat qu'il n'avait pas lu Malthus qu'il déchire d'autant plus), il déploie parfois une pénétration, une vigueur de pensée et un entrain de style que nul écrivain peut-être n'a surpassés. Personne ne répand à ses bons moments plus de mouvement et d'intérêt sur les aridités de la science. Qu'une vraie sympathie pour les souffrances de l'humanité soit au fond de l'âme du redoutable socialiste, je le veux bien ; il parle beaucoup de son amour pour la justice ; cet amour ressemble fort à celui que tout penseur ou rêveur porte à son système ; on sent en tout cas peu battre le cœur sous ce style bardé de syllogismes, armé et cuirassé pour le

combat. Une lutte opiniâtre, une gymnastique aussi
puissante qu'habile, voilà ce qui frappe chez cet athlète
de la logique socialiste, chez ce brillant prestidigitateur
de la critique révolutionnaire, si inépuisable en tours de
force et en tours d'adresse. C'est un mélange sans analogue jusqu'ici de solitaire, de théologien, de philosophe
et de teneur de livres. Chimérique et exalté de positi-
visme, plein d'élans incontestables, au milieu de ses
folies, vers le vrai, quand le bon sens se révolte en lui
contre certaines absurdités des écoles rivales de la sienne,
parlant avec mépris des lettres et des gens de lettres, et
dévoré de la vanité maladive du lettré, il associe l'u-
topie à l'*A* plus *B*, l'injure et la diatribe à l'abstraction
sèche.

Ce que l'auteur des *Confessions d'un Révolutionnaire* paraît avoir le plus à cœur de prouver à ses lecteurs, c'est « qu'aucun homme n'a dans toute sa vie agi
avec plus de préméditation, plus de discernement. Il
propose de montrer aux autres hommes par son exemple où peuvent conduire « un génie rigoureux, les démonstrations impartiales et les principes désintéressés
de la science. » Il n'est pas arrivé au socialisme comme
la foule, *ignobile vulgus*, en sectaire ou en homme de
parti, mais en érudit et en sage. Jugeons cette érudition et cette sagesse.

M. Proudhon avait reçu le baptême d'une société savante. « Il avait eu pour marraine une Académie. »
Les fonds légués par Mme Suard à l'érudite compagnie
de Besançon, pour venir en aide aux jeunes Francs-
Comtois sans fortune qui se distingueraient par quelque
écrit ou travail scientifique, avaient récompensé d'une

pension de 1500 francs ses premiers travaux, notamment un essai de grammaire générale, faisant suite à
une édition de l'ouvrage de l'abbé Bergier sur les *Éléments primitifs des langues*. Le laborieux jeune homme
se mit donc à l'œuvre avec une nouvelle ardeur. Se
tenant à l'écart des hommes de parti, des luttes quoti-
diennes et des sociétés secrètes, vivant au sein d'une
pauvreté d'autant plus honorable qu'elle était volontaire;
aimant mieux fortifier son esprit qu'utiliser sa plume,
il commença par l'étude ce qu'il appelle son travail de
conspiration solitaire. Il chercha les antiquités socialistes
dans la Bible, et, dans un Mémoire sur la *Célébration
du Dimanche*, adressé à la même Académie, il fit, moins
résolûment peut-être dans la forme qu'il ne s'en flatte,
mais avec une intention clairement indiquée, du divin
législateur Moïse un philosophe socialiste. — M. Proudhon devait découvrir plus tard que Moïse avait rendu
le plus triste service au peuple hébreu en lui enseignant
le monothéisme. Mais alors il n'en était pas encore là.
— Voyons comment il se juge à cette époque.

« J'avais pris pour règle de mes jugements, écrit-il,
que tout principe qui, poussé à ses dernières conséquences, aboutirait à une contradiction, devait être tenu
pour faux et nié ; et que, si ce principe avait donné lieu
à une institution, l'institution elle-même devait être
considérée comme factice, comme utopie. »

Où un pareil procédé ne mènera-t-il pas un esprit
raisonnant en algébriste sur les choses du monde moral
et politique ? Ces principes se limitant les uns les autres,
ces concessions de logique dont le monde moral n'est
que la résultante, il les rejettera, il les attaquera comme

des compromis hypocrites. Le fanatisme de la simplicité égarera jusqu'aux dernières excentricités le moraliste, l'économiste et le politique. Pas une pierre du vieil édifice social ne résistera à ses agressions, pas un des éléments entrant dans le composé de la civilisation ne sortira intact de cette dissolvante analyse. L'homme, comme la société, est un mélange, et qui dit mélange dit aussi, dans une mesure variable sans doute, mais pour une part inévitable, contradiction. Traiter cet état comme anormal et transitoire, là est l'erreur radicale de M. Proudhon. Le progrès adoucit la lutte, il ne la supprime pas. Prétendre effacer jusqu'à la dernière contradiction du monde, c'est effacer le monde lui-même.

L'homme porte en lui le germe de la corruption. Vous pouvez comme philosophe contester le dogme de la chute. Je vous défie, comme moraliste, de rejeter la corruption originelle. Non que l'homme soit radicalement mauvais; il ne l'est pas plus qu'il n'est radicalement et absolument bon. Le bien l'emporte même dans sa nature, puisque l'ordre prévaut dans le monde. Mais ce bien est mêlé de mal : les instincts mauvais sont et seront toujours en lutte avec les tendances élevées de notre nature morale. Mettre de la suite dans ses pensées, ramener à la loi de l'ordre ses sentiments et ses actions, sera demain comme aujourd'hui, dans dix siècles comme dans un, une œuvre pleine de travail, plus dure mille fois que la soumission et la conquête de la nature extérieure. Vous vous révoltez vainement; il y aura toujours, ô socialistes! contradiction entre nos désirs et nos destinées.

M. Proudhon, quand il s'efforcera de dégager une

conclusion, sera forcé lui-même, et ce sera son châtiment, d'allier les contradictoires. Il cherchera, dit-il,
un *milieu* entre la propriété individuelle et le communisme. Son audace dialectique ne l'aura mené qu'à
une théorie équivoque. Il se sera fourvoyé dans une
impasse où les communistes auront le droit de lui jeter
le nom de propriétaire, et les partisans de la propriété
bien plus encore celui de lui infliger la qualification si
injurieuse à ses yeux de communiste.

La négation de la propriété emportant, continue-t-il,
celle de l'autorité, il déduisit immédiatement de sa définition ce corollaire non moins paradoxal : La véritable
forme du gouvernement c'est l'*an-archie*. — M. Proudhon a toujours attaché une grande importance au trait
d'union qui sépare ce mot dans son orthographe. Il lui
semble qu'il rajeunit par là une chose très-vieille et très-
connue. — Enfin, trouvant par une démonstration *mathématique* qu'aucune amélioration dans l'économie de
la société ne pouvait arriver par la seule puissance de
sa constitution native, et sans le concours et la volonté
réfléchie de tous, reconnaissant ainsi qu'il y avait une
heure marquée dans la vie des sociétés où le progrès,
d'abord irréfléchi, exigeait l'intervention de la raison
libre de l'homme, il en conclut que cette force d'im-
pulsion spontanée que nous appelons Providence, n'est
pas tout dans les choses de ce monde. « De ce moment,
sans être athée, je cessai, dit-il, *d'adorer Dieu.* »

Ce *sans être athée* a de quoi surprendre, dans la
bouche du raisonneur qui vient de nous découvrir son
secret.

Quoi ! vous accumulez sur l'idée de Dieu toutes les

contradictions que présente en soi le problème de la création, jointes à celles qu'offre à notre raison le spectacle du monde, et vous hésitez devant une négation absolue !

Le résultat du mémoire : *Qu'est-ce que la propriété?* qu'il avait adressé aussi à l'Académie de Besançon, fut pour M. Proudhon un blâme sévère de cette Académie qui lui retira sa pension. C'était la première tribulation du penseur révolutionnaire.

La *série* des antinomies de Kant, avec laquelle le novateur résolu à aller jusqu'au bout se flattait d'édifier et non plus seulement de démolir, lui servit de point de départ et de méthode lorsqu'il écrivit un de ses ouvrages les plus bizarres, et qu'il apprécie sévèrement aujourd'hui comme composition littéraire, la *Création de l'Ordre dans l'Humanité*. Il se proposa d'y suivre le développement logique du progrès. Il ne fit qu'y étendre encore le cercle de ses négations. M. Proudhon, dans cet ouvrage plus ambitieux que profond et dont l'inextricable confusion fait ressembler à une ironie sa pompeuse promesse de créer l'*ordre* dans l'humanité, arrivait en partie aux idées de la jeune école hégélienne. Nous savons par un habile critique, par M. Saint-René Taillandier, dans ses savantes *Études sur l'Allemagne*, que c'est à ce moment qu'il fit la connaissance de M. Grünn, jeune missionnaire de l'école d'Hégel, lequel venait à Paris cherchant un homme avec sa lanterne philosophique. Dans son très-spirituel récit, M. Grünn nous apprend que cet homme ne fut ni M. Considérant ni M. Louis Blanc, qu'il peint avec une finesse, avec une malice toute française; mais que cet

homme fut M. Proudhon. M. Grünn alla visiter l'ardent penseur dans sa mansarde de la rue de Seine, et il
lut clairement sur son front le signe du prophète. Son
enthousiasme alla même, il nous le dit avec le plus
grand sérieux, jusqu'à le trouver beau, d'une beauté
olympienne et divine. Ajouterons-nous que rien ne donnait prétexte à un tel jugement à des yeux moins prévenus par la philosophie hégélienne?

Le jeune hégélien partit, et alla chanter en Allemagne la gloire de l'écrivain révolutionnaire.

Jusqu'à quel point M. Charles Grünn modifia-t-il cette
pensée inquiète? Ce qu'il y a de certain, c'est que, par
le travail interne de son esprit, M. Proudhon se trouvait tout disposé à recevoir la langue de feu de la philosophie allemande comprise tant bien que mal, et qu'à
l'arrivée de M. Grünn il avait au moins la grâce suffisante. Tous ses ouvrages, et la méthode même qui y
préside, se trouvent déjà contenus dans son premier
mémoire sur la propriété. Mais il n'avait pas encore mis
en dehors ses idées sur Dieu. Il l'attestait encore comme
une réalité vivante dans le premier de ses ouvrages.
Dieu ne sera plus désormais pour lui qu'une *hypothèse*
dont il maintient la nécessité contre l'*humanisme* de
Feuerbach et des derniers disciples de l'hégélianisme.
Curieux travail, qu'il peut être utile d'étudier comme
symptôme de la grande maladie contemporaine, la violence au sein du scepticisme, l'affirmation hautaine dans
le néant des doctrines!

Dans le *Système des contradictions économiques*,
son ouvrage le plus remarquable, il établit tout au début
une radicale opposition entre Dieu et l'homme. Cette

opposition n'a pas médiocrement contribué, par les termes effrontés et burlesques dont il l'exprime, à attirer sur l'auteur l'attention du public ébahi et scandalisé. Écoutez M. Proudhon dans ses *Confessions :* « Cette théorie des contradictions, dit-il avec un imperturbable sang-froid, abolit le mysticisme catholique; elle fait de la théologie la science *positive* des rapports entre le Créateur, *ou la nature, mère de tous les êtres (alma parens rerum natura)*, et l'homme, son expression la plus élevée, par conséquent son *antithèse*. » A ses yeux, Dieu est dans l'homme, mais il y est sous la forme de l'instinct, de la vie aveugle; l'homme véritable, c'est la liberté et la réflexion. Or, pour M. Proudhon, il y a une guerre à mort entre l'instinct stationnaire et la réflexion progressive. D'où il conclut qu'il y a une guerre à mort entre Dieu et l'homme, guerre où l'homme doit être vainqueur, selon la loi du progrès. La nature recule, la raison arrive. Donc Dieu s'en va, l'humanité vient. C'est cette espèce de monstruosité logique qu'il faut appeler la philosophie et la théodicée de M. Proudhon.

La citation suivante peut donner une idée de l'argumentation fiévreuse et du style frénétique de l'auteur de ce pamphlet contre Dieu. O langue de Bossuet, qui célèbre la Providence en des accents si sublimes, langue de Rousseau, qui exalte encore Dieu avec une émotion pénétrante, comme le père de cette nature si belle, de cette humanité si grande au sein de ses misères, qui se confie en lui comme en son dernier refuge, langue de Voltaire lui-même, si nette et si limpide, qui s'emploie à démontrer l'éternel géomètre des mondes, à quel usage te fait servir le blasphème des sophistes contemporains! Est-ce le délire d'un moment? Est-ce un de ces cris que la douleur arrache à l'humanité doutant de Dieu dans une heure de suprême angoisse? Non, c'est, malgré ce style enflammé, le résultat savant de la réflexion philosophique chez un orgueilleux rêveur. Écoutez le défi que jette au ciel le Titan du socialisme!

« Le premier devoir de l'homme intelligent et libre est de chasser incessamment l'idée de Dieu de son esprit et de sa conscience. Car Dieu, s'il existe, est essentiellement hostile à notre nature, et nous ne relevons aucunement de son autorité. Nous arrivons à la science malgré lui, au bien-être malgré lui, à la société malgré lui : chacun de nos progrès est une victoire dans laquelle nous écrasons la Divinité.

« Qu'on ne dise plus : Les voies de Dieu sont impénétrables! Nous les avons pénétrées, ces voies, et nous y avons lu en caractères de sang les preuves de l'impuissance, si ce n'est du mauvais vouloir de Dieu. Ma raison longtemps humiliée s'élève peu à peu au niveau de l'infini ; avec le temps elle découvrira tout ce que l'inexpérience lui dérobe ; avec le temps je serai de moins en moins artisan de malheur, et par les lumières que j'aurai acquises, par le perfectionnement de ma liberté, je me purifierai, j'idéaliserai mon être, et je deviendrai le chef de la Création, l'Égal de Dieu. Un seul instant de désordre que le Tout-Puissant aurait pu empêcher et qu'il n'a pas empêché accuse sa providence et met en défaut sa sagesse. Le moindre progrès que l'homme, ignorant, délaissé et trahi, accomplit vers le bien, l'honore sans mesure. De quel droit Dieu me dirait-il encore : Sois saint, parce que je suis saint? Esprit menteur, lui répondrai-je, Dieu imbécile, ton règne est fini, cherche parmi les bêtes d'autres victimes. Je sais que je ne suis et ne puis jamais devenir saint; et comment le serais-tu, toi, si je te ressemble? Père Éternel, Jupiter ou Jéhovah, nous avons appris à te connaître : tu es, tu fus, tu seras à jamais le jaloux d'Adam, le tyran de Prométhée.

« Ainsi je ne tombe point dans le sophisme réfuté par saint Paul, lorsqu'il défend au vase de dire au potier : Pourquoi m'as-tu fabriqué ainsi? Je ne reproche point à l'auteur des choses d'avoir fait de moi une créature inharmonique, un incohérent assemblage; je ne pouvais exister qu'à cette condition. Je me contente de lui crier : Pourquoi me trompes-tu? pourquoi par ton silence as-tu déchaîné en moi l'égoïsme? pourquoi m'as-tu soumis à la torture du doute universel, par l'illusion amère des idées antagonistes que tu avais mises en mon entendement? Doute de la vérité, doute de la justice, doute de ma conscience et de ma liberté, doute de toi-même, ô Dieu! et comme conséquence de ce doute, nécessité de la guerre avec toi-même et avec mon prochain! Voilà, Père suprême, ce que tu as fait pour notre bonheur et pour ta gloire; voilà quels furent, dès le principe, ta volonté et ton gouvernement; voilà le pain pétri de sang et de larmes dont tu nous as nourris. Les fautes dont nous te demandons la remise, c'est toi qui nous les fais commettre; les piéges dont nous te conjurons de nous délivrer, c'est toi qui les as tendus, et le Satan qui nous assiége, ce Satan, c'est toi.

« Tu triomphais, et personne n'osait te contredire, quand après avoir tourmenté en son corps et en son âme le juste Job, figure de notre humanité, tu insultais à sa piété candide, à son ignorance discrète et respectueuse. Nous étions comme des néants devant ta majesté invisible, à qui nous donnions le ciel pour dais et la terre pour escabeau. Et maintenant te voilà détrôné et brisé. Ton nom, si longtemps le dernier mot du savant, la sanction du juge, la force du prince, l'espoir du pauvre, le refuge du coupable repentant, eh bien! ce nom incommunicable, désormais voué au mépris et à l'anathème, sera sifflé parmi les hommes. Car Dieu c'est sottise et lâcheté, Dieu c'est hypocrisie et mensonge, Dieu c'est tyrannie et misère; Dieu, c'est le mal. Tant que l'humanité s'inclinera devant un autel, l'humanité, esclave des rois et des prêtres, sera réprouvée; tant qu'un homme, au nom de Dieu, recevra le serment d'un autre homme, la société sera fondée sur le parjure, la paix et l'amour seront bannis

d'entre les mortels. Dieu, retire-toi! car dès aujourd'hui guéri
de ta crainte et devenu sage, je jure, la main étendue vers le
ciel, que tu n'es que le bourreau de ma raison, le spectre de ma
conscience.

« Je nie donc la suprématie de Dieu sur l'humanité, je rejette
son gouvernement providentiel, dont la non-existence est suffisamment établie par les hallucinations métaphysiques et économiques de l'humanité, en un mot par le martyre de notre espèce ;
je décline la juridiction de l'Être suprême sur l'homme, je lui
ôte ses titres de Père, de Roi, de Juge, bon, clément, miséricor-
dieux, rémunérateur et vengeur. Tous les attributs dont se compose l'idée de providence ne sont qu'une caricature de l'humanité, inconciliable avec l'autonomie de la civilisation, et démentie
d'ailleurs par l'histoire de ses aberrations et de ses catastrophes.
S'ensuit-il, parce que Dieu ne peut plus être conçu comme Providence, parce que nous lui enlevons cet attribut si important
pour l'homme, qu'il n'a pas hésité à en faire le synonyme de
Dieu, que Dieu n'existe pas, et que la fausseté du dogme théologique soit, quant à la réalité de son contenu, dès à présent
démontrée?

« Hélas! non, un préjugé relatif à l'essence divine a été détruit; du même coup l'indépendance de l'homme est constatée :
voilà tout. La réalité de l'Être divin est demeurée hors d'atteinte, et notre hypothèse subsiste toujours. En démontrant, à
l'occasion de la Providence, ce qu'il était impossible que Dieu
fût, nous avons fait dans la détermination de l'idée de Dieu un
premier pas; il s'agit maintenant de savoir si cette première
donnée s'accorde avec ce qui reste de l'hypothèse, par conséquent de déterminer, au même point de l'intelligence, ce que
Dieu est, s'il est.

« Car, de même qu'après avoir constaté la culpabilité de
l'homme sous l'influence des contradictions économiques, nous
avons dû rendre raison de cette culpabilité, sous peine de laisser
l'homme mutilé, et de n'avoir fait de lui qu'une méprisable
satire; de même, après avoir reconnu la chimère d'une providence en Dieu, nous devons chercher comment ce défaut de
providence se concilie avec l'idée d'une intelligence et d'une

21.

liberté souveraines, sous peine de manquer à l'hypothèse proposée, et que rien encore ne prouve être fausse.

« J'affirme donc que Dieu, s'il est un Dieu, ne ressemble point
aux effigies que les philosophes et les prêtres en ont faites ; qu'il
ne pense ni n'agit selon la loi d'analyse, de prévoyance et de progrès, qui est le trait distinctif de l'homme ; qu'au contraire, il
semble plutôt suivre une marche inverse et rétrograde ; que l'intelligence, la liberté, la personnalité en Dieu sont constituées
autrement qu'en nous, et que cette originalité de nature, parfaitement motivée, fait de Dieu un être essentiellement anticivili-
sateur, antilibéral, antihumain[1]. »

De telles aberrations font pitié. Certes, l'athéisme n'est
pas nouveau dans le monde. Le poëte Lucrèce, dans la
majestueuse énergie de ses vers, ne l'a-t-il pas même
élevé jusqu'à une sorte de grandeur mélancolique ? N'en
a-t-il pas tiré toute une sombre poésie ? Mais reconnaître
l'existence d'un Dieu et en faire le symbole du mal,
qu'est-ce, sinon un pur délire ? Sur quelle apparence
repose l'hypothèse de M. Proudhon, si ce n'est sur une
simple hallucination de son esprit ? Où a-t-il pris ce Dieu
instinct, fatalité, oppression, opposé à la lumière, à la
liberté, au progrès ? Où a-t-il pris la raison de sa haine
et de ses blasphèmes ? En vérité, c'est puéril. — Disons-le,
le tempérament joue un grand rôle dans le talent d'écrivain de M. Proudhon. La bile le domine et l'entraîne
aux plus grands écarts. Parfois l'emporté pamphlétaire
ne s'appartient plus. Sa parole l'enivre. Dans cet état
particulier d'ivresse, l'invective la plus violente devient
sa figure favorite. Tant pis pour Dieu s'il se rencontre
sur le chemin de sa dialectique intempérante !

[1] *Système des contradictions économiques*, ch. VIII. *De la Providence*, p. 281, 283, 284.

Thèse, antithèse, synthèse, voilà tout le secret de cette
dialectique effrénée. M. Proudhon se montre surtout fier
de sa méthode. A l'aide de l'antinomie, il prétend tout
résoudre. Le seul résultat certain qu'il obtienne de ces
oppositions perpétuelles du pour et du contre, de ce
double plaidoyer en sens inverse au sujet de tous les
grands principes sociaux et économiques, c'est de se
donner l'air d'un pur ergoteur. Les plus déliés sophistes,
contemporains de Socrate et de Platon, n'avaient certes
rien en métaphysique de plus subtilement contradictoire que M. Proudhon en économie sociale. On peut
au reste, avec lui, se donner un plaisir d'artiste, celui
d'assister successivement à la revue de toutes les idées.
Plaisir de quelques instants! Il se change bien vite en
fatigue et en dégoût. On croyait parfois entrer dans un
champ fertile et salubre; la végétation était vigoureuse;
un gai soleil s'y jouait; on s'aperçoit bientôt qu'on marche dans un cimetière. Un cimetière d'idées, tels sont les
livres de M. Proudhon. Il pose et démolit la thèse, la propriété. A cette question : *Qu'est-ce que la propriété?* il
fait la réponse fameuse : « La propriété, c'est le vol! »
C'est à propos de cette assertion tranchante et ridicule
jetée en pâture aux passions des masses qu'il s'écrie : « La
définition de la propriété est mienne, et toute mon ambition est de prouver que j'en ai compris le sens et l'étendue. *La propriété, c'est le vol!* Il ne se dit pas en mille
ans deux mots comme celui-là. Je n'ai d'autre bien sur
la terre que cette définition de la propriété, mais je la tiens
pour plus précieuse que les millions de Rothschild, et
j'ose dire qu'elle sera l'événement le plus considérable du
règne de Louis-Philippe. » Or ce fameux mot que *s'ap-*

proprie M. Proudhon n'est pas de lui, mais, on l'a remarqué avant nous, de Brissot de Warville, qui avait
dit : « La propriété exclusive est un vol dans la nature, » et ajouté : *Le propriétaire est un voleur.*

C'est de la même façon que M. Proudhon pose et démolit l'antithèse, le communisme. Impossible de faire
meilleure justice d'une doctrine. Il y a un sentiment très-
vif et qui éclate fréquemment chez M. Proudhon, c'est le
sentiment de la dignité, de la pureté morale, de l'honneur, en un mot. Les doctrines basses et grossières le révoltent. Pourquoi ne pas le reconnaître ici ? La vie privée
de M. Proudhon est des plus recommandables. Sévère
dans ses principes, austère dans ses mœurs, il n'a pas le
laisser aller de conduite et de doctrines des philosophes
du dix-huitième siècle. C'est un stoïcien de langage et
de pratique. Il flétrit avec un accent moral plein d'é-
nergie les théories de réhabilitation de la chair. « Le
socialisme, au lieu d'élever l'homme vers le ciel, écrit-il,
l'incline toujours vers la boue [1]. » — Il nie, et cela
devrait lui ôter le droit de rêver la perfection pour l'a-
venir et l'harmonie absolue, il nie la proposition fondamentale des théories socialistes que l'homme naît bon
et que la société le déprave. Il la convainc de contradiction. Il prouve que si l'individu était bon, la société,
qui se compose d'individus, ne saurait être devenue
mauvaise. Au reste, c'est un esprit chagrin, malgré
quelques saillies d'une verve toute gauloise et rabelai-
sienne. Le monde lui apparaît triste et désolé. La noire
mélancolie de ce Lucrèce que je nommais tout à l'heure

---

[1] *Système des contradictions économiques,* ch. XII, p. 361.

semble l'avoir touché. Il juge les femmes sévèrement,
en dehors de tout sentiment chrétien et moderne. La
chevalerie n'a pas entamé ce rude plébéien. Aristote
ne paraît pas plus pénétré que lui de l'infériorité intellectuelle et morale de la femme sur l'homme. « Bien
loin d'applaudir, dit-il, à ce que l'on appelle aujour-
d'hui l'émancipation de la femme, j'inclinerais bien plutôt, s'il fallait en venir à cette extrémité, à mettre la
femme en réclusion [1]. » Mais il ne consent pas à son
avilissement par le communisme. Il est partisan déclaré de la famille et de la monogamie. « La communauté des femmes, s'écrie-t-il, est l'organisation de la
peste. Loin de moi, communistes! votre présence m'est
une puanteur, et votre vue me dégoûte! » Non content de cette véhémente apostrophe, M. Proudhon s'applique avec une logique très-serrée à montrer que tout
communisme mène à l'abolition de la famille, dès lors à
la plus complète abjection de la personnalité qui n'acquiert, dit-il, qu'avec la famille toute son énergie. Là
ne se borne même pas la pressante argumentation de
M. Proudhon. Il convainc tous les socialistes ses confrères [2] de n'être que des communistes inconséquents,
il les condamne à la destruction radicale de toute société et de toute morale, tous tant qu'ils sont, fouriéristes, owenistes, saint-simoniens, disciples de Cabet.
Il combat enfin d'une façon triomphante ce qu'il y a de

---

[1] Voir le mémoire : *Qu'est-ce que la propriété?* p. 265. « Le
droit de la femme et ses rapports avec l'homme, ajoute M. Proudhon, sont encore à déterminer; toute la législation matrimo-
niale, de même que la législation civile, est à faire. »

[2] *Système des contradictions économiques*, ch. XII.

chimérique à chercher la fraternité en dehors de la justice. Il commente, avec son expression originale et pittoresque, ce que les économistes ont dit sur les vices de la charité forcée et sur l'insuffisance du sentiment fraternel pour amener une production abondante. Il prouve à merveille que la réduction des frais généraux, par la consommation en commun, n'est point une conception nouvelle et qu'elle trouve ses limites dans la nature humaine, qui ne s'accommode pas de cette publicité banale de tous les instants, et même dans tous les calculs de l'économie politique. Il soutient que la communauté fait d'une nation « un grand polypier. » Quelle misère ! Voilà donc le dernier terme de cette organisation communiste qui promet monts et merveilles ? Les hommes seront à jamais « attachés comme des huîtres, côte à côte, sans activité ni sentiment, sur le rocher... de la fraternité ! » Parlez-nous donc de dignité, parlez-nous de progrès ! — Notez que tout cela est du domaine de l'antithèse. Le communisme, avant la révolution de Février, n'avait pas moins péri des mains de Proudhon que la propriété elle-même, morte aussi à l'en croire, du moins virtuellement, grâce à ses coups. « J'ai accompli l'œuvre que je m'étais proposée, écrivait-il à la fin de son premier mémoire sur la Propriété ; la propriété est vaincue ; elle ne se relèvera jamais. Partout où sera lu et communiqué ce discours, là sera déposé un germe de mort pour la propriété ; là, tôt ou tard, disparaîtront le privilège et la servitude ; au despotisme de la volonté succédera le règne de la raison. » M. Proudhon avait manié avec le même succès l'arme de la thèse et de l'antithèse au sujet de

la division du travail, des machines, de la concurrence. Après les avoir défendues très-habilement par
la thèse, à la façon des économistes, il les avait lais-
sées sur le carreau blessées au cœur par son antithèse
meurtrière. Animé au carnage comme un soldat ivre du
combat, et la logique lui montant à la tête comme un
vin capiteux, il en avait fait autant pour la religion,
nous l'avons vu, autant pour la philosophie, autant pour
le gouvernement. — C'est fort bien, direz-vous; mais
la synthèse? — Ici M. Proudhon, dans ses *Confessions*,
est parfait de naïveté. — J'avais publié, dit-il, dès
1846, la partie *antinomique* de ce système; je travaillais
à la *synthèse*... quand la révolution de Février arriva.
— N'était-ce pas jouer de malheur? M. Proudhon avait
tout démoli. Il avait accompli triomphalement la tâche de
l'antithèse; son œil satisfait se promenait avec satisfaction
sur les ruines. Il allait rebâtir l'édifice sur de nouveaux
frais... quand éclata la révolution de Février. Mais ne
désespérons pas. M. Proudhon n'eut garde de se jeter
dans ce qu'il nomme le gâchis politico-socialiste du gouvernement provisoire. Il poursuivit à l'écart ses laborieuses études, et la synthèse économique qu'il put
bientôt proposer à ses contemporains fut la Banque du
peuple, et l'idée de la gratuité du crédit.

II

La partie critique des idées de M. Proudhon est de
beaucoup la plus claire. Il se plaît à mettre aux prises
les diverses explications qui ont été données du principe

de propriété par les philosophes, les jurisconsultes et les économistes. Quel est le fondement véritable du droit de propriété? Est-ce la liberté humaine s'emparant des choses et les modifiant à son gré? Est-ce donc ce droit que la plupart des jurisconsultes ont appelé le droit du premier occupant? Est-ce enfin le travail, comme l'ont soutenu Quesnay et ses disciples au dix-huitième siècle et comme le soutiennent encore les économistes contemporains?

L'auteur du Mémoire : *Qu'est-ce que la propriété?* s'applique à battre en brèche ces diverses propositions. Si c'est la liberté qui sert de fondement à la propriété, comment se fait-il que tous les hommes étant doués de l'attribut moral du libre arbitre, tous ne soient pas également propriétaires? M. Proudhon n'admet pas même cette propriété originelle que nous avons, suivant les mêmes philosophes, de notre personne et de nos facultés, dont l'exercice, en s'appliquant à la matière, donne lieu à la propriété réelle. « L'homme, dit-il, a des puissances, des vertus, des capacités; elles lui ont été confiées par la nature pour vivre, connaître, aimer; il n'en a pas le domaine absolu, il n'en est que l'usufruitier. S'il était maître souverain de ses facultés, il s'empêcherait d'avoir faim et froid; il mangerait sans mesure et marcherait dans les flammes; il soulèverait des montagnes, ferait cent lieues en une minute, guérirait sans remède et par la seule force de sa volonté, et se ferait immortel[1]. » Singulières subtilités! Quoi! pour que la propriété personnelle existe, il faut qu'elle se

---

[1] Premier mémoire : *Qu'est-ce que la propriété?* p. 59.

manifeste par une puissance infinie qui n'appartient pas à la nature humaine! Il faut qu'elle se révèle par des abus qui équivaudraient à un suicide! Car quel est le droit qui ne se détruit en s'exagérant?

Assurément les jurisconsultes ont eu tort quand ils se sont bornés à présenter le droit du premier occupant comme une explication par elle-même suffisante. L'occupation n'est qu'un fait. Pour lui donner force de droit, suffira-t-il, avec la plupart des jurisconsultes, de le consacrer par la loi civile? Qui ne voit qu'on n'aboutit ainsi qu'à reculer la question? La loi ne fait pas le droit, elle le suppose. Par delà les lois écrites il y a les lois naturelles. Le droit naturel prime et inspire le droit positif qui le complète et l'élucide, mais ne le constitue pas. Pour que l'occupation soit légitime, il faut deux choses : 1° le droit naturel qu'a l'homme d'occuper la matière par le seul titre de sa supériorité intellectuelle et morale. Ce droit, et c'est ce que les économistes ont bien compris, ne se réalise pleinement que par le travail, sorte d'occupation prolongée qui achève de justifier la propriété par une série d'efforts méritoires et qui lui donne par là le caractère d'une véritable récompense. 2° Il faut, en outre, que ce droit d'occupation n'ait pas été exercé par d'autres antérieurement. Autrement, en voulant m'emparer de la chose déjà possédée, ce n'est plus un droit que j'exercerais, c'est une injustice que je commettrais; ce ne serait plus une propriété que je m'attribuerais légitimement, ce serait une spoliation dont je me rendrais coupable. Lors donc que M. Proudhon soutient que l'occupation ne confère aucun droit de propriété, même avec les conditions de travail et d'efforts que nous venons d'indiquer, parce que, dit-il, tous les hommes ont un droit égal d'occuper, il lui convient d'oublier que le droit qu'a chacun d'occuper ne saurait s'appliquer sans injustice qu'aux objets vacants. Déclarer que tous ont le droit de s'emparer soit d'une terre, soit d'une propriété mobilière, modifiée ou produite par l'application d'un travail et d'un capital préexistant; qu'est-ce, sinon décréter le vol et l'anarchie universelle?

Que dire de même de l'argumentation opposée par le célèbre socialiste au travail comme fondement de la propriété?— « Tu as travaillé, propriétaire! s'écrie-t-il[1]. Quoi! n'étais-tu pas sûr de ton droit ou bien espérais-tu tromper les hommes et faire illusion à la justice? Hâte-toi de faire connaître tes moyens de dépense, car l'arrêt sera sans appel, et tu sais qu'il s'agit de restitution. Tu as travaillé! Mais qu'y a-t-il de commun entre le travail auquel le devoir t'oblige, et l'appropriation des choses communes? Ignorais-tu que le domaine du sol, de même que celui de l'air et de la lumière, ne peut se prescrire? Tu as travaillé! N'aurais-tu jamais fait travailler les autres? Comment alors ont-ils perdu en travaillant pour toi ce que tu as su acquérir en ne travaillant pas pour eux? Tu as travaillé! A la bonne heure; mais voyons ton ouvrage. Nous allons compter, peser, mesurer. Ce sera le jugement de Balthasar, car j'en jure par cette balance, par ce niveau et par cette équerre, si tu t'es approprié le travail d'autrui, de quelque manière que ce soit, tu rendras jusqu'au dernier quarteron. »

---

[1] Premier mémoire : *Qu'est-ce que la propriété?* p. 87.

— Eh! sans doute, peut répondre le propriétaire incriminé, sans avoir besoin de se retourner comme *un sanglier blessé*, ainsi que le dit ce raisonneur intraitable, mais avec le plus complet sang-froid, il ne suffit pas que l'homme travaille pour arriver à la propriété de terres, de maisons, d'objets de jouissances nombreux et variés. Vous vous complaisez dans le pénible contraste du propriétaire oisif, dont vous exagérez fort l'importance, car combien notre société compte-t-elle de ces riches fainéants, occupés à consommer sans produire? et de ces milliers de prolétaires qui, pour prix d'un travail acharné, n'arrivent jamais à cette propriété tant désirée? Mais que prouve ce contraste contre le travail considéré comme principe originaire de la propriété? N'est-ce pas le travail qui a fondé la propriété foncière en défrichant le sol, en l'assainissant, en le desséchant, en l'arrosant, en le cultivant enfin? N'est-ce pas le travail qui a fondé et fonde tous les jours la propriété mobilière par la création du capital, fruit de l'industrie et de l'épargne? On montre souvent dans l'usurpation et dans la conquête le berceau de la propriété. Est-ce sérieux? L'usurpation et la conquête aiment à s'emparer des terres déjà fécondes, des richesses qu'a développées la main de l'homme. L'occupation primitive du sol a été un service rendu et non un vol fait à tous. C'est si peu une usurpation qu'on donne aux colons en beaucoup de cas des primes et des instruments de travail. Ils y rencontrent plus souvent la misère et la mort que la richesse. En tout cas, la nature montre assez, elle aussi, qu'elle « vend ce qu'on croit qu'elle donne. » Le salaire enfin n'est-il point aussi une propriété à laquelle le travail sert de fondement bien visible et de titre quotidien? Presque tous nos propriétaires de maisons à Paris ne sont-ils pas d'anciens ouvriers ou fils d'ouvriers? Lorsqu'on me dit qu'en vertu de l'explication de la propriété par le travail, des maçons qui construisent une maison en doivent être légitimement propriétaires, je ris, et je crois que mon éclat de rire peut compter pour une réfutation en règle. Est-ce que les droits du travail antérieur, c'est-à-dire du capital, cessent par hasard d'exister? M. Proudhon nie ce droit, il est vrai, mais le genre humain et la science économique le reconnaissent bien haut. Qui a raison? Nous allons voir.

Ce que l'auteur des deux mémoires sur la Propriété attaque en elle, c'est uniquement, à l'en croire, *la somme de ses abus,* c'est-à-dire, en un mot, ce qu'il appelle l'*usure.* Qu'est-ce pour lui que l'usure? Tout intérêt prélevé en sus du capital avancé, toute rente, tout fermage et tout loyer. Notons ceci d'abord. C'est sur une nouvelle notion de la justice que M. Proudhon prétend fonder tous ses plans de réorganisation. En quoi consiste cette notion? La justice distributive est-elle dans la proportionnalité qui rend à chacun suivant son mérite et selon ses œuvres? Le monde l'a cru jusqu'à présent. Mais M. Proudhon vient changer tout cela. Pour lui comme pour tous les communistes qu'il répudie, la justice c'est l'égalité, non pas seulement, entendez-le, l'égalité devant la loi, l'égalité devant la responsabilité qui nous est commune à tous; qu'est-ce de plus? l'égalité de fait, l'égalité des conditions. Cette théorie qui n'a rien de neuf, M. Proudhon cherche à la justifier; comment? d'abord par des considéra-

tions psychologiques et morales ; selon lui, les facultés
sont égales chez tous les hommes. C'est la théorie d'Helvétius. C'est aussi celle de M. Jacotot. Égales *quanti-
tativement,* nos facultés ne diffèrent que *qualitative-
ment,* répète intrépidement après eux M. Proudhon,
c'est-à-dire par la diversité des aptitudes et des fonctions
qu'elles sont appelées à remplir dans le système économique fondé sur la division du travail. Le talent,
selon lui, ne donne lieu à aucun droit. A peine est-il
en lui-même une supériorité. Qu'est-ce que le talent ?
Une vraie difformité, le développement monstrueux
d'une seule faculté aux dépens des autres.

De pareilles théories font monter la rougeur au front ;
elles calomnient la civilisation, elles la frappent de mort.
Avec elles, on brûle les livres et les monuments. Ainsi
ont fait les communistes de Munster. Ce n'est pas, je le
sais, l'intention de M. Proudhon. Lui qui se raille tant de
la charité qu'il appelle du mysticisme et du dévouement
comme moteur des intérêts sociaux, il ne saurait vouloir
priver l'espèce humaine d'un de ses grands ressorts de
production. Et pourtant il veut que le talent impose des
devoirs sans donner lieu à aucun avantage particulier.
Que dire de sa théorie égalitaire appliquée aux facultés ?
Pères de famille, venez témoigner sur ce qu'affirme cet
aveugle et obstiné raisonneur. Dites à M. Proudhon si les
facultés sont égales chez tous vos enfants. Et pourtant ne
sont-ils pas élevés sous le même toit, dans des conditions
parfaitement semblables ? Mais quoi ! tous les partisans
de l'égalité absolue ne sont-ils pas les mêmes ? Ne nient-
ils pas radicalement tout ce qui blesse leur chimère ?
Laissons M. Proudhon attaquer dans le talent la source

de propriété « *la plus détestable,* » laissons-le reprocher
avec amertume aux fouriéristes d'avoir maintenu cette
distinction aristocratique avec les avantages matériels
qui en découlent[1]. Quoi donc d'étonnant qu'il n'éprouve
qu'antipathie pour l'art et pour l'artiste? La peinture
qu'il fait de celui-ci n'est point flattée; il le représente
comme un être dépravé, désordonné, profondément
égoïste. Oh! la noble et brillante société que celle qu'il
nous promet! Rien qui dépasse le niveau commun; le
règne de la médiocrité universelle; l'équilibre des facultés dans leur commun aplatissement. Révolutionnaires qui vouliez abaisser l'insolente élévation des clo-
chers de nos cathédrales, comme attentant à l'égalité si
agréable à l'œil, si touchante pour le cœur, des maisons des simples citoyens, vous voilà surpassés!

Destruam et œdificabo : telle est l'ambitieuse devise
de l'auteur du *Système des contradictions.* Destruc-
teur, il l'est, certes, il l'est de manière à ravir ceux qui,
dans ces matières sérieuses, ne chercheraient qu'un
plaisir d'amateur. La sape et la mine ne sont pas des inventions plus merveilleuses que son procédé dialectique.
Quelle dévastation savante! quelle grandiose démolition! quel carnage en règle! le bel incendie! Mais il
s'agit de reconstruire. C'est ici, ô Érostrate, que nous
vous attendons! Vous avez promis de relever les colonnes
du temple en ruine. Vous nous annoncez une cité nouvelle. J'en demande au moins le dessin. Une simple tour
qui s'élève, quelque chose qui me fasse espérer un
abri pour cette pauvre société qui, depuis que votre

---

[1] *Avertissement aux propriétaires,* p. 41, et : *Qu'est-ce que la
propriété?* p. 211, 212, 213, 259 et 260.

souffle a passé sur elle, ne sait plus où se loger! Mais
je n'aperçois que le néant. A ma demande pressante
vous offrez encore de pompeuses formules. Comme dit
l'Évangile, vous présentez des pierres à qui demande
du pain. Comment en serait-il autrement? Le fond de
la doctrine n'est-il pas jugé? L'égalité absolue des conditions n'est-elle pas la plus injuste et la plus impraticable des chimères? Y a-t-il rien de plus absurde que
de supprimer d'un trait de plume les différences qui
proviennent de l'inégalité des facultés, des vertus, des
chances même, et d'en rendre uniquement responsables
l'éducation, le milieu social?

Pour opérer ce grand miracle de l'égalité des fortunes,
M. Proudhon s'adresse à l'économie politique. C'est une
des vérités désormais les mieux acquises de la science
économique, qu'il ne saurait y avoir d'étalon fixe de la
valeur. Toute valeur, en effet, fût-elle destinée à servir
de commune mesure, n'est-elle pas variable par essence?
Ne l'est-elle pas par le fait de la nature dont les productions sont inégales? Ne l'est-elle pas par la population
dont le nombre varie? Ne l'est-elle pas en vertu même
de l'esprit de l'homme dont les besoins, les goûts, les
caprices changent sans cesse? La loi de l'offre et de la
demande exprime les variations de la valeur. M. Proudhon se révolte contre cette loi. Il n'en veut plus entendre parler. Il se met à rêver en économie politique la
quadrature du cercle, le mouvement perpétuel, c'est-
à-dire la valeur absolue et immuable. Il la déclare possible. Le type en existe, selon lui, dans la quantité de
travail qu'un objet a coûté à produire; c'est l'exagération jusqu'à l'absurde d'une proposition d'Adam Smith

juste dans une certaine mesure. Sans doute tous les
économistes reconnaissent que la quantité de travail est
un élément essentiel de la valeur; mais comment voir
une mesure dans cette quantité purement matérielle sans
tenir compte ni de la qualité du travail, ni de l'intensité
des efforts individuels, qui fait exécuter le même travail
beaucoup plus vite à l'homme zélé et habile? Qu'importe? Tous les travaux ayant coûté le même nombre
d'heures de travail seront rémunérés également dans la
république proudhonnienne. Tout produit matériel ou
intellectuel vaut ce qu'il coûte de frais et de temps, déduction faite de l'intérêt, rente ou fermage. « Quoi!
s'écrie à ce sujet un disciple de l'école phalanstérienne,
nulle différence entre un tableau du Titien et une enseigne de cabaret? La statue du Gladiateur vaut tout
juste autant qu'une charretée de moellons? » — A cela
que répond M. Proudhon, difficilement à bout d'arguments? « Ce n'est pas à une charretée de moellons qu'il
faut comparer la statue du Gladiateur, mais à la quantité de moellons que peut fournir le carrier pendant
toute la durée des études du statuaire, et moyennant
les frais que la profession de ce dernier suppose. » Eh
bien! admettons que le talent ne soit compté pour rien,
que le travail soit tout. Qui donc fera, s'il vous plaît, ce
calcul que vous réclamez pour déterminer la valeur dans
tous les cas particuliers? Ah! je vois bien comment il
s'opère de lui-même dans la société actuelle, sous la loi
de concurrence, en tenant compte toutefois du talent et
de la bonne ou mauvaise fortune, et de tous ces accidents
que vous voudriez supprimer pour arriver à une impossible rigueur mathématique. Mais cette tâche qui consis-

terait à fixer la valeur de toutes choses d'après la quantité
de travail, c'est à je ne sais quelle abstraction que vous
ne définissez jamais et que vous nommez vaguement la
société, que vous en confiez l'exécution. Vous invoquez
la société. Où se réalise-t-elle, sinon dans l'État que vous
niez? Vous vous proclamez vous-même anarchiste, vous
déclarez la souveraineté déchue aussi bien que la propriété. Comment donc obtenir cette tarification générale
des produits, fixée d'après le nombre d'heures de travail
nécessaires à leur création? Qui en chargez-vous?...
Spectatum admissi, risum teneatis amici... C'est l'A-
cadémie des sciences. N'est-ce pas se moquer du lecteur
au delà même de ce qu'il est permis à l'auteur du *Système des contradictions?* Calculer le prix de revient de
tous les services dans tous les genres, de tous les produits
ayant passé, fragment par fragment, par des centaines
de mains, traversé des milliers de lieues, depuis la matière première, qui vient des cinq parties du monde,
jusqu'à la dernière main-d'œuvre! Ah! la statistique,
intrépide pourtant, demande grâce à l'implacable organisateur. Le secrétaire perpétuel de l'Académie des
sciences, que M. Proudhon investit particulièrement de
cette gigantesque fonction, se récuse. Il le peut sans
fausse honte. Pour faire ce que vous demandez, est-ce
que le génie d'un Aristote, de mille Aristote ne serait
pas impuissant?

Où donc est-elle cette synthèse après laquelle nous
soupirons? Ni propriété, ni communauté, qu'allons-
nous devenir?—La théorie de l'égalité des valeurs sert de
pont entre ces deux abîmes également horribles aux yeux
du réformateur. L'heureux rivage sur lequel il nous

conduit, c'est la *possession*. La voilà, la synthèse pro-
mise par M. Proudhon! La *possession*, qu'est-ce donc?
c'est la propriété individuelle, moins ce que l'auteur
appelle l'usure, moins par conséquent les inégalités
sociales, moins, allez-vous dire sans doute, l'hérédité,
cette perpétuité de la propriété se transmettant du père
aux enfants et faisant de la famille comme un tout solidaire... Ne vous hâtez pas tant de conclure. M. Proudhon,
qui a méconnu bien d'autres principes s'il se peut plus
essentiels, s'arrête devant l'héritage : sans l'héritage, à ses
yeux, point de famille. Il lui suffit d'interdire le cumul
des successions. C'est bien doux en comparaison de tant
de négations radicales. Mais quoi! un seul héritage ne
suffit-il pas pour ramener l'inégalité? Il me faut bien ici,
ou avouer mon manque absolu d'intelligence, ou accuser
M. Proudhon de l'inconséquence la plus inconcevable et
la plus énorme. Ce qui est certain, c'est que cette partie
si importante de son système, et qui devrait être la plus
claire de toutes, a paru à bien d'autres qu'à moi parfaitement inintelligible. Comment concilier l'égalité durable, je ne dis pas seulement avec l'héritage, mais avec
la faculté d'aliéner les terres et les capitaux? Si les
capitaux et les terres sont déclarés inaliénables, comment concilier une prohibition aussi dure avec cette
liberté absolue dont M. Proudhon prétend faire la loi
suprême? Je défie qu'on sorte de cette alternative : ou la
possession pure et simple, cet état bien connu des peuples
primitifs, et qui n'est que l'enfance de la propriété, ira
jusqu'au bout de ses conséquences naturelles, et voilà
la propriété restaurée; ou la possession individuelle sera
maintenue dans ses limites rigoureuses, et c'est juste-

ment là le régime de la communauté, tant bafoué par le
célèbre écrivain, car il n'y a point de communisme qui
puisse et qui prétende même abolir le fait de l'appropriation, de la possession individuelle, indispensable à
la conservation de notre existence. Le communisme ne
va point sans doute jusqu'à ôter à chacun la possession de
l'habit et de la chemise qui le couvrent. Soyons sincères :
votre régime de liberté prétendue aboutit à la tyrannie
d'une dictature révolutionnaire. Vous vous débattez vainement. Sans une autorité qui, après avoir tarifé toutes
choses, fasse exécuter ces tarifs, vous allez de nouveau
vous heurter à l'inégalité. Il m'est impossible de reconnaître la moindre originalité dans ces conclusions du
système de M. Proudhon. La forme seule est originale.
Elle seule prouve l'esprit de l'auteur. Le fond est connu,
c'est le fond éternel de tout socialisme niveleur. Non,
l'humanité libre n'ira jamais là. M. Proudhon le sent
bien ; se porterait-il sans cela d'une façon si impérieuse
et si hautaine pour son organisateur et son législateur ?
Croirait-il nécessaire de lui faire subir l'opération préalable d'un complet bouleversement ? Quoi qu'il en soit,
le système de M. Proudhon arrive finalement, on vient
de le voir, à se nier et à se détruire, comme tout ce qu'il
attaque. Dans je ne sais quelle parade, Arlequin, après
avoir tout escamoté autour de lui, finit par s'escamoter
lui-même. N'est-ce pas l'image du célèbre socialiste, en
dépit de tout son sérieux ?

III

Il est vrai qu'il reste à M. Proudhon la grande invention du crédit gratuit. C'est sur elle qu'il compte à la fois pour renverser la propriété et pour la remplacer. C'est d'elle que doit naître un régime plus conforme à la justice et au bien-être de l'humanité. Ne soutient-il pas que l'intérêt de tout capital, de même que le loyer de toute maison ou instrument, soit de jouissance, soit de travail, de même que le fermage de toute terre, est la vraie lèpre de la propriété par laquelle elle se détruit et se dévore elle-même? N'est-ce pas pour ce vice qu'il la déclare contradictoire et impossible? N'y voit-il pas le principe de toute exaction, de toute rapine dont souffre la masse des travailleurs? Écoutez-le plutôt : « Le prix du prêt, loyer de capitaux, intérêt d'argent, usure en un mot faisant partie intégrante du prix des produits, et cette usure n'étant pas égale pour tous, il s'ensuit que le prix des produits, composé qu'il est de salaire et d'intérêts ne peut pas être acquitté par ceux qui n'ont pour le payer que leur salaire et point d'intérêts; en sorte que par le fait de l'usure le travail est condamné au chômage et le capital à la banqueroute. » Cette question a été l'objet d'une discussion des plus vives dans le journal dirigé par M. Proudhon : *La Voix du Peuple*, entre M. Proudhon et Frédéric Bastiat. L'intérêt du capital est-il légitime? Est-il prélevé aux dépens des travailleurs? Son maintien est-il utile ou funeste à la société? Tels sont les points sur lesquels roule cette intéressante

controverse, lue avec une avidité dont les controverses
religieuses au dix-septième siècle, les discussions philosophiques au dix-huitième, et de nos jours les luttes de
tribune les plus émouvantes peuvent seules donner l'idée.
Ai-je besoin de dire que le rôle du bon sens spirituel, ai-
guisé et avisé, y appartient à Bastiat; celui de la logique
étourdissante, captieuse parfois, pleine de ressources et
d'imprévu, à M. Proudhon? Bastiat se tient renfermé
prudemment dans le cercle de la question même, il s'y
cantonne, il cherche à y ramener sans cesse son contradicteur; inutile effort! celui-ci s'échappe en mille ex-
cursions dans le passé de l'humanité, se promène à travers les législations, s'amuse à battre tous les buissons
de la philosophie de l'histoire. Mon Dieu! que d'art dé-
pensé à ne pas traiter une question, et combien d'aplomb
à soutenir que c'est l'adversaire qui se refuse à la traiter!
Selon le disciple de Hégel, l'usure, c'est-à-dire l'intérêt, a été dans le passé un instrument d'égalité et de
progrès. C'est ainsi que la monarchie absolue elle-même,
comme dans l'ordre judiciaire l'épreuve de l'eau bouil-
lante et la question ont été à leur tour des instruments
de correction et de progrès, car il va jusque-là, ce qui
nous semble un peu fort. Juste et utile autrefois, l'intérêt ne l'est plus aujourd'hui. Pourquoi? voilà ce que
M. Proudhon échoue complétement à démontrer. Il n'y
aurait ni plus ni moins de raison à soutenir que *dans le*
passé l'humanité s'est servie de sa tête pour penser et
de ses pieds pour marcher, mais que ce sera le contraire
à l'avenir. Il se croit en droit d'affirmer que les frais
de circulation des capitaux pourront être abolis, et de
cette assertion gratuite il tire une conclusion que cette

22.

prémisse accordée ne donnerait pas; car l'intérêt des
capitaux ne saurait se ramener aux frais de circulation.
Toute valeur ne se compose-t-elle pas de deux éléments :
la rémunération du travail et la rémunération du capital ? Pour que ces deux éléments entrassent en proportion identique dans toutes valeurs égales, il faudrait
quoi ? que toute œuvre humaine admît le même contingent de travail actuel et de travail accumulé. Je n'insiste
pas sur cette vérité, qui ruine l'idée de l'égalité absolue.
L'ingénieux contradicteur de M. Proudhon en a tiré le
plus heureux parti. Je me borne avec Bastiat lui-même
à demander au défenseur de la gratuité du crédit si le
prêt ne se résout plus dans une privation pour le capitaliste, *comme par le passé*, si le capital prêté cesse de courir aucun risque, si prêter ne constitue pas un service, s'il
est juste que ce service demeure sans récompense, si la
nature humaine et la nature des choses ont changé en
un mot? car c'est là, et non pas dans de vaines élucu-
brations prétendues philosophiques qu'est tout le nœud
de la question. Comment M. Proudhon espère-t-il que
l'humanité contribuera à développer le capital, ce fonds
croissant du bien-être, cet auxiliaire et cet émancipateur
du travail sous forme de machines, de procédés perfec-
tionnés, de matières premières, une fois que l'épargne
aura perdu avec l'intérêt sa raison d'être? L'écrivain de
la *Voix du Peuple* nie que le capitaliste se prive, comme
si ce n'était pas se priver que céder un instrument que
l'on pouvait convertir en jouissance immédiate, ou féconder en l'employant soi-même, ou réserver pour l'avenir. Il nie de même la liberté du débat entre l'em-
prunteur et le prêteur, liberté qui, en se combinant

avec la multiplication des capitaux, a amené l'intérêt, dans nos sociétés civilisées, à un taux décroissant. L'exigence des prêteurs frappe seule M. Proudhon. Il rejette dans l'ombre la limite que leur impose la concurrence qu'ils se font. Il lui plaît d'imaginer la plus chimérique des hypothèses pour faire, disparaître d'un trait de plume ces conditions protectrices du pauvre et du faible. Voici un des passages les plus spécieux et les plus piquants de cette polémique irritante et décevante, qui donnera une idée de sa manière d'argumenter.

« Voulez-vous, écrit-il à Bastiat, voulez-vous savoir quelle démoralisation épouvantable vous créez parmi les travailleurs avec votre théorie du capital, qui n'est autre, comme je viens de vous le dire, que la théorie du droit de la *force?* Il me suffira de reproduire vos propres arguments. Vous aimez les apologues. Je vais, pour concréter ma pensée, vous en proposer quelques-uns.

« Un millionnaire se laisse tomber dans la rivière. Un prolétaire vient à passer. Le capitaliste lui fait signe. Le dialogue suivant s'établit.

« *Le millionnaire.* — Sauvez-moi, ou je péris.

« *Le prolétaire.* — Je suis à vous, mais je veux pour ma peine un million.

« *Le millionnaire.* — Un million pour tendre la main à ton frère qui se noie! Qu'est-ce que cela te coûte? une heure de retard! Je te rembourserai, je suis généreux, un quart de journée.

« *Le prolétaire.* — Dites-moi, n'est-il pas vrai que je vous rends un service en vous tirant de là?

« *Le millionnaire.* — Oui.

« *Le prolétaire.* — Tout service a-t-il droit à une récompense?

« *Le millionnaire.* — Oui.

« *Le prolétaire.* — Ne suis-je pas libre?

« *Le millionnaire* — Oui.

« *Le prolétaire.* — Alors, je veux un million. C'est mon dernier prix. Je ne vous force pas, je ne vous impose rien malgré vous. Je ne vous empêche point de crier : A la barque! et d'appeler quelqu'un. Si le pêcheur, que j'aperçois là-bas, à une lieue d'ici, veut vous faire cet avantage sans rétribution, adressez-vous à lui : c'est plus commode.

« *Le millionnaire.* — Malheureux ! tu abuses de ma position. La religion ! la morale ! l'humanité !

« *Le prolétaire.* — Ceci regarde ma conscience. Au reste, l'heure m'appelle, finissons-en. Vivre prolétaire, ou mourir millionnaire, lequel voulez-vous ? » —

« Sans doute, Monsieur, vous me direz que la religion, la morale, l'humanité, qui nous commandent de secourir notre semblable dans la détresse, n'ont rien de commun avec l'intérêt.

« Je le pense comme vous : mais que trouvez-vous à redire à l'exemple suivant ?

— « Un missionnaire anglais, allant à la conversion des infidèles, fait naufrage en route, et aborde dans un canot, avec sa femme et quatre enfants, à l'île de... — Robinson, propriétaire de cette île par droit de première occupation, par droit de conquête, par droit de travail, ajustant le naufragé avec son fusil, lui défend de porter atteinte à sa propriété. Mais comme Robinson est humain, qu'il a l'âme chrétienne, il veut bien indiquer à cette famille infortunée un rocher voisin, isolé au milieu des eaux, où elle pourra se sécher, et reposer sans crainte de l'Océan.

« Le rocher ne produisant rien, le naufragé prie Robinson de lui prêter sa bêche et un petit sac de semences.

« J'y consens, dit Robinson, mais à une condition : c'est que tu me rendras 99 boisseaux sur 100 que tu récolteras.

« *Le naufragé.* — C'est une avance ! je vous rendrai ce que vous m'aurez prêté, et à charge de revanche.

« *Robinson.* — As-tu trouvé un grain de blé sur ton rocher ?

« *Le naufragé.* — Non.

« *Robinson.* — Est-ce que je te rends service en te donnant les moyens de cultiver ton île, et de vivre en travaillant ?

« *Le naufragé.* — Oui.

« *Robinson.* — Tout service mérite-t-il une rémunération ?

« *Le naufragé.* — Oui.

« *Robinson.* — Eh bien ! la rémunération que je demande, c'est 99 pour 100. Voilà mon prix.

« *Le naufragé.* — Transigeons : je rendrai le sac de blé et la bêche avec 5 pour 100 d'intérêt. C'est le taux légal.

« *Robinson.* — Oui, taux légal, lorsqu'il y a concurrence, et que la marchandise abonde, comme le prix légal du pain est de 30 cent. le kilogramme, quand il n'y a pas disette.

« *Le naufragé.* — 99 pour 100 de ma récolte ! mais c'est un vol ! un brigandage !

« *Robinson.* — Est-ce que je te fais violence ? est-ce que je t'oblige à prendre ma bêche et mon blé ? ne sommes-nous pas libres l'un et l'autre ?

« *Le naufragé.* — Il le faut, je périrai à la tâche ; mais ma femme, mes enfants !... Je consens à tout ; je signe. Prêtez-moi, par-dessus le marché, votre scie et votre hache, pour que je me fasse une cabane.

« *Robinson.* — Oui-dà ! J'ai besoin de ma hache et de ma scie. Il m'en a coûté huit jours de peine pour les fabriquer ; je te les prêterai cependant, mais à la condition que tu me donneras 99 planches sur 100 que tu fabriqueras.

« *Le naufragé.* — Eh parbleu ! je vous rendrai votre hache et votre scie, et vous ferai cadeau de cinq de mes planches en reconnaissance de votre peine.

« *Robinson.* — Alors je garde ma hache et ma scie. Je ne t'oblige point, je suis libre.

« *Le naufragé.* — Mais vous ne croyez donc point en Dieu ! vous êtes un exploiteur de l'humanité, un malthusien, un juif !

« *Robinson.* — La Religion, mon père, nous enseigne que « l'homme a une noble destination, qui n'est point circonscrite « dans l'étroit domaine de la production industrielle. Quelle est « cette fin ? Ce n'est pas en ce moment le lieu de soulever cette « question. Mais, quelle qu'elle soit, ce que je puis te dire, c'est « que nous ne pouvons l'attendre, si, courbés sous le joug d'un « travail inexorable et incessant, il ne nous reste aucun loisir « pour développer nos organes, nos affections, notre intelli- « gence, notre sens du beau, ce qu'il y a de plus pur et de plus « élevé dans notre nature... Quelle est donc la puissance qui « nous donnera ce loisir bienfaisant, image et avant-goût de « l'éternelle félicité ? c'est le capital. J'ai travaillé jadis, j'ai épargné précisément en vue de te prêter : tu feras un jour comme moi.

« *Le naufragé.* — Hypocrite !

« *Robinson.* — Tu m'injuries : Adieu ! tu n'as qu'à couper les arbres avec tes dents, et scier tes planches avec tes ongles.

« *Le naufragé.* — Je cède à la force. »

Je ne cite pas la fin de ce petit drame jusqu'ici artistement arrangé pour l'effet, et dans lequel l'avare Robinson (pauvre honnête Robinson ! quel rôle lui fait jouer M. Proudhon) exige des conditions de plus en plus honteuses du naufragé, obligé de lui livrer jusqu'à l'honneur de sa fille. Robinson meurt désespéré, à la fin de cette histoire lugubre, parce que cette fille, devenue sa servante, l'abandonne dans sa dernière maladie, son tyran ayant refusé d'en passer par les conditions usuraires qu'elle prétendait lui imposer à son tour. Cette grossière fantasmagorie ne prouve absolument rien. A quoi sert-il pour la thèse en question d'imaginer une de ces situations extraordinaires qui font taire tous les intérêts personnels, et qui mettent exclusivement en jeu le principe sympathique, la pitié, la commisération, le sacrifice ? La vérité est, remarque très-bien Bastiat, que pour élucider une question d'économie politique, M. Proudhon a imaginé deux cas où toutes les lois de l'économie politique sont suspendues. Qui jamais a songé à nier que, dans certaines circonstances, nous ne soyons tenus de sacrifier capital, intérêt, travail, vie, réputation, affection, santé ? Mais est-ce là la loi des transactions ordinaires ? Recourir à de tels exemples pour faire prévaloir la gratuité du crédit, n'est-ce pas avouer son impuissance à faire résulter cette gratuité de la marche ordinaire des choses ?

On éprouve un sentiment pénible à discuter sérieusement de pareils rêves. On a besoin de se défendre
contre l'impatience dont on se sent gagné. On s'effraye
de voir jusqu'où l'orgueil de l'esprit nourri de creuses
formules peut conduire une intelligence vigoureuse.
Certes, je ne fais point le procès à la philosophie, même
à la philosophie allemande. Parler d'une façon légère
et moqueuse de Kant et de Hégel est un travers de
l'esprit français. Kant est un des plus fermes génies
dont l'humanité s'honore. Sa métaphysique contient
les parties plus solides et l'une des meilleures démonstrations du rationalisme. Hégel, malgré son prodigieux
abus de l'abstraction, n'a pas moins fait à la philosophie de l'histoire et à l'esthétique de belles et fécondes
applications de la métaphysique. N'a-t-il pas imprimé
à l'intelligence humaine un mouvement puissant dont
l'excès seul nous frappe aujourd'hui? Mais l'absurde
n'est d'aucune école, par la même raison qu'il peut
être de toutes. Revenons aux conclusions pratiques de
M. Proudhon. Quand il conclut de la baisse croissante de l'intérêt à sa réduction à zéro, il devient jus-
ticiable de la plaisanterie. La meilleure façon de le
réfuter est de lui répondre par une saillie, comme Bastiat. Le spirituel économiste lui demande si, de ce qu'on
montre à l'Exposition des animaux, des moutons dont la
tête est très-réduite, et sera peut-être réduite encore
plus, il est légitime d'induire qu'un moment viendra où
les moutons vivront sans tête. Le capital s'accroissant
sans intérêt ne serait pas un phénomène moins miracu-
leux.

En revanche, M. Bastiat ne s'est-il pas exagéré ses

obligations? Il a pensé qu'il devait réfuter par une
nouvelle théorie de la rente du sol la négation que
M. Proudhon tire de la propriété en s'appuyant sur
la théorie de Ricardo. Sans doute Bastiat a raison de se
refuser à une concession malheureuse de J.-B. Say.
Celui-ci avait paru reconnaître que la propriété foncière a été une usurpation, mais une usurpation légi-
timée par la nécessité et par les services rendus au genre
humain. La polémique de Bastiat sur le droit de propriété a renouvelé un des points les plus importants de
l'économie politique. Mais que la *rente du sol* découle
ou non d'une autre source que le travail, qu'importe à
la légitimité de la propriété, du moment que ce qui est
gagné en sus des frais de production par le propriétaire
n'est prélevé sur la part de personne? Cela suffit pour
ôter le droit à M. Proudhon de s'écrier comme il le fait ici :
« Qui a fait la terre? C'est Dieu. Propriétaire, tu inter-
ceptes les dons de Dieu. Donc, propriétaire, retire-toi ! »
Nul doute qu'il n'y ait des terrains qui rapportent plus,
à égalité de travail et de capital, soit par l'avantage de
la fertilité naturelle, qui n'est assurément pas une fiction, soit par l'emplacement qui ouvre aux produits de
plus riches débouchés. C'est la loi de toutes les industries
plus ou moins; c'est celle de nos facultés elles-mêmes.
Le talent n'est-il pas mieux traité que la médiocrité,
dans toutes les professions, à égalité d'efforts et de dépenses? M. Proudhon se montre conséquent avec lui-
même, lui qui proscrit tout avantage fait du talent, en
voulant que le travail seul constitue la valeur des terres.
Les économistes ne sont nullement tenus à ce rigorisme.
Je ne juge pas ici la théorie que Bastiat, réduisant la

rente du sol à une catégorie de services humains, oppose à celle de ses devanciers : je soutiens seulement
qu'elle est de luxe contre M. Proudhon. Privilége n'est
pas synonyme d'iniquité; une chance heureuse ne constitue pas une spoliation. Il n'appartient qu'à M. Proudhon de tracer un portrait chargé de tous les vices
du propriétaire qu'il appelle « un être sans entrailles,
sans vergogne et *libidineux.* » Mon voisin ne me
vole pas parce qu'il a un sol plus favorisé que le
mien ou un génie qui lui rapporte cent mille francs de
revenus, tandis que, dans le même milieu, mon esprit
médiocre, avec des efforts bien supérieurs et des avances
de capital au moins égales, m'en rapporte à peine dix
mille. Pour que M. Proudhon ait tort, il n'est pas
nécessaire que Bastiat ait raison dans sa théorie particulière de la rente. Voilà tout ce que j'entends établir ici.

A ses attaques contre la théorie de Ricardo, M. Proudhon en a ajouté de plus vives contre le fameux principe de population de Malthus. Que d'invectives! mais
on va le voir, surtout que de contradictions! Le français
n'ayant pas le même privilége que le latin, celui de
braver dans les mots l'honnêteté, je m'abstiendrai de
citer les passages les plus caractéristiques de M. Proudhon sur le nouveau symbole qu'il donne au devoir
conjugal. « Avec la théorie de Malthus, dit-il, le mariage n'est plus fait que pour les demoiselles surannées
et les vieux satyres. Le remède de Malthus est impraticable et impuissant. Ce remède d'ailleurs, la contrainte
morale, n'a pas tardé à devenir, sous la plume et dans
l'intention des malthusiens les plus décidés, une con-

trainte purement physique, etc. » Ne croirait-on pas
qu'un critique si acerbe va conclure tout autrement que
Malthus? Il se montrera en fait plus rigoriste que l'économiste anglais. Il prêche dans les termes les plus nets
la privation, l'abstinence; il les enjoint aux époux ayant
dépassé l'âge de quarante ans. Il conseille l'attente au
jeune fiancé. Étrange adversaire de Malthus qui se
trouve en fin de compte plus malthusien que Malthus
lui-même! Nous retrouvons ici cette austérité de principes, cette pureté sévère que nous avons déjà remar-
quée chez l'auteur du *Système des Contradictions* dans
sa lutte contre les communistes. « C'est par la vertu,
écrit-il, que l'homme, se dégageant de la fatalité, arrive
graduellement à la pleine possession de lui-même; et
comme, dans le travail, l'attrait succède naturellement
à la répugnance, de même dans l'amour la chasteté
remplace spontanément la lasciveté. L'homme n'est plus
alors cet esclave déshonoré qui regarde la femme et qui
pleure de rage; c'est un ange en qui la chasteté, le
dédain de la matière, se développe en même temps que
la virilité [1]. »

Revenons à la théorie de la gratuité et aux efforts
tentés par M. Proudhon pour la faire passer dans le
domaine des applications. La Banque du peuple a été
l'essai malheureux de la réalisation du crédit gratuit.
Plus l'épreuve se fût poursuivie, plus il eût été visible
que la gratuité du crédit ne saurait être qu'un fait moral,
exceptionnel, et non pas un fait légal et ordinaire. Dans

---

[1] *Système des contradictions économiques*, tome II, ch. XIII,
p. 485-486.

cette même discussion sur la *Gratuité du crédit*, Bastiat l'avait on ne peut mieux démontré[1]. Il prouvait que, détruisît-on l'intérêt dans le prêt, on ne saurait le détruire dans la vente, si l'on réduisait toutes les transactions à des ventes et à des achats, comme le voulait le novateur. Il prouvait que prétendre arriver à des arrangements tels que celui qui travaille sur son propre capital ne gagne pas plus que celui qui travaille sur le capital d'autrui, emprunté pour rien, c'est poursuivre une impossibilité et une injustice. Les moyens ne valaient pas mieux que le but. On s'emparera du capital de la Banque de France, disait M. Proudhon. C'est de même que M. Proudhon, nommé représentant du peuple, développa sa proposition relative à l'impôt sur le revenu, par laquelle il demandait que l'État s'emparât du tiers des fermages, des loyers et des intérêts du capital : proposition repoussée par l'Assemblée, par 691 voix, dans un ordre du jour motivé, comme étant « une atteinte odieuse aux principes de la morale publique et un appel aux plus mauvaises passions. » La banque d'échange remplaçant la monnaie par le papier (il nous rejetait en plein système de Law), la Banque de M. Proudhon était fort analogue à celle de Robert Owen. Le célèbre communiste anglais avait essayé, lui aussi, d'assurer l'échange des produits contre des bons exprimant des heures de travail. Indépendamment de ses autres vices économiques, la banque d'échange succombait devant un vice radical. Elle méconnaissait la nature humaine. Comment aurait-elle eu la vertu de réformer nos mau-

---

[1] XIIe lettre du recueil. *Œuvres de Bastiat*, t. V.

vaises inclinations? Bien au contraire, l'extrême facilité de se procurer du papier-monnaie, sur la simple
promesse de travailler à le rembourser ultérieurement,
ne serait-elle pas le plus puissant encouragement au
jeu, aux entreprises folles, aux opérations hasardeuses,
aux spéculations téméraires, aux dépenses immorales
ou inconsidérées? — Impossible, d'ailleurs, de sortir de
cette alternative que lui posaient également Bastiat et
M. Thiers ; ou la banque aura un capital dont elle
payera l'intérêt, et alors elle ne pourra, sans se ruiner,
prêter sans intérêt; ou elle disposera d'un capital gratuit, et en ce cas d'où le tirera-t-elle en dehors de la
nation? Dans l'une et l'autre hypothèse : ou elle prêtera avec mesure et discernement, et alors on n'aura
pas le crédit universel; ou elle prêtera sans garantie,
et en ce cas elle fera promptement faillite. — Qu'ar-
riva-t-il? La Banque fit faillite, même avec un capital.
Il est vrai que M. Proudhon rejeta fièrement ce dé-
sastre sur sa condamnation par le jury à trois années
de prison pour délit de presse qui mit le terme le plus
opportun à l'opération déjà discréditée.

La Banque du peuple, est-il besoin d'y insister? ne
pouvait pas réussir. Eût-elle réussi, elle n'eût pas atteint
le but que se proposait M. Proudhon, qui était, dit-il,
de commencer par là la régénération de l'humanité.
Croire qu'on régénérera l'humanité par les banques et
non en s'adressant à l'homme, au cœur, à la raison, à
l'individu moral, est l'erreur inimaginable de M. Proudhon. Il met tout dans l'économie politique. Et qui donc,
si ce n'est lui, peut se figurer que la banque remplacera
jamais le temple et l'école? Un guichet pour autel, un

comptoir comme monument de nos destinées intellectuelles et morales, quel étrange rêve humanitaire ! O la
sèche et l'ennuyeuse utopie !

Pourquoi userions-nous, en terminant cette esquisse,
de paroles amères et dures à l'égard de M. Proudhon,
que je tiens, malgré tout, pour une intelligence éminente ? Comme il le fait lui-même dans ses *Confessions*,
ne vaut-il pas mieux invoquer la *douce ironie*, cette ironie qui fut sainte et divine quand elle dit du haut de
la croix par la bouche du Juste expirant : « *Pardonnez-
leur, ô mon Père, car ils ne savent ce qu'ils font !* »
S'il est vrai « qu'elle apaise par son sourire les discussions et les guerres civiles, qu'elle fasse la paix entre
les frères, qu'elle procure la guérison au fanatique et au
sectaire, » comment ne pas l'invoquer ici ? N'est-il pas
juste, d'ailleurs, de tenir compte à M. Proudhon de ses
services, oui, de ses services ? Personne, avant et depuis
Février, n'a plus ébranlé le socialisme de M. Cabet,
de M. Louis Blanc et des autres. Personne n'en a fait
saigner les plaies d'une main plus impitoyable. Personne n'a montré, pour le réfuter et le discréditer, plus
de science, de raison, de logique, d'âpreté ; et cela avec
d'autant plus d'efficacité que son zèle paraissait aux
masses plus désintéressé et plus sincère. Tandis qu'en
1848 un Aristophane de boulevard exposait sur le théâtre
M. Proudhon aux risées publiques et parodiait en scènes
burlesques la maxime qui assimile la propriété au vol,
lui-même donnait à la France une comédie bien supérieure. C'étaient MM. Pierre Leroux et V. Considérant
qui en faisaient tous les frais.

M. Proudhon nous avait promis de nous dire *qui il*

est. Nous compléterons à cet égard ses confessions. A Dieu ne plaise que nous rendions l'économie politique responsable de tristes erreurs dont elle présente la meilleure réfutation; mais de quoi n'abuse-t-on pas? L'économie politique du dix-huitième siècle, frappée des abus de l'intervention de l'État, en attaquant avec une légitime énergie les priviléges et les monopoles, a trop souvent ébranlé jusqu'à la notion de l'État lui-même. Excès qui devait à son tour provoquer un autre excès! C'est contre cet excès nouveau, qui voudrait tout attribuer à l'État, que réagit maintenant l'auteur des *Contradictions économiques*. Comment? en corrigeant, en complétant l'économie politique? Non; en portant son principe jusqu'aux extrémités les plus insensées.

L'économie politique avait dit : Liberté! M. Proudhon répond : An-archie!

L'économie politique avait dit : Diminution des attributions du gouvernement. M. Proudhon répond : Suppression du gouvernement.

L'économie politique avait dit : L'individu est toujours le meilleur juge de ce qui lui convient. M. Proudhon en conclut l'intervention immédiate, directe et incessante du peuple; il soutient, contre la théorie du gouvernement représentatif, traité par lui de stupide chimère, que les individus, juges à chaque instant de ce qui leur convient et ne pouvant agir par délégation, ont incessamment le droit de dissoudre les assemblées.

Étrange socialisme qui n'est qu'un individualisme effréné! M. Louis Blanc est la contradiction vivante du principe libéral de l'économie politique, M. Proudhon en représente la corruption et le dernier excès, combiné

avec les rêveries germaniques les plus antisociales. Où
sa logique a passé, que reste-t-il? Rien. L'humanité dépouillée s'aperçoit avec effroi que tout lui manque en
même temps, le ciel sur sa tête, la terre sous ses pieds.
Propriété qui nous attaches à ce monde passager par des
liens si doux, foi, religion, spiritualisme, qui nous élc-
vez au-dessus de lui, tentes sacrées qui abritez notre vie
d'un jour, qu'êtes-vous devenues? A votre place, une
fausse lumière s'offre pour guide, une ombre vaine se
propose à nous sous je ne sais quelle fantastique et ridicule apparence de papier-monnaie. On s'approche, la
lumière disparaît, l'ombre trompe la main qui veut la
saisir; le fabuleux palais s'écroule. Tout s'est éteint,
tout s'est tu; le pour et le contre eux-mêmes ont cessé
de parler. On ne voit plus que les ténèbres; on n'entend
plus que le silence. Le monde perfectionné qu'on nous
promettait est là devant nous : ce monde, quel est-il?
Rien de plus que l'antique chaos.

P. ROSSI

I

La publication complète et récente des œuvres de
Rossi en huit volumes (nous n'en possédions naguère
que deux) appelle de nouveau l'attention sur cet homme
éminent dont la mémoire, doublement consacrée par le
mérite de ses travaux scientifiques et par l'éclat d'un
rôle historique, est assurée de ne point périr. La renaissance nationale de l'Italie invite aussi à reporter un regard reconnaissant vers celui qui en fut un des premiers
et des plus purs précurseurs.

Par ses travaux, Pellegrino Rossi appartient à la
France; il appartient à la patrie italienne par ses services, par ses préoccupations constantes dans l'exil,
enfin par la mort la plus héroïque. Le nouveau royaume
d'Italie s'en est souvenu. L'université de Bologne élevait naguère un monument en l'honneur de Rossi. En
outre, une somme est inscrite dans le budget italien
pour publier tout ce qu'a écrit ce penseur illustre,
comme politique, économiste, diplomate. Sous toutes
les formes que revêtit son esprit comme dans tous les
séjours que traversa sa vie errante, ne fut-il pas voué à
la propagation théorique et au triomphe pratique de ces

idées de civilisation et de liberté que l'Italie cherche à s'appliquer aujourd'hui ?

Né à Carrare, dans le duché de Modène, le 13 juillet 1787, élève brillant du collége de Corregio, puis des écoles de droit de Pise et de Bologne, où il reçut à dix-neuf ans le titre de docteur, avocat bientôt renommé, professeur de droit civil au Lycée et de droit criminel à l'Université, conseiller du gouvernement en matière d'État, dès l'âge de vingt-sept ans, il avait déjà marqué avec éclat ses premiers pas dans cette carrière de travail, d'influence et d'honneurs où il devait continuer de marcher avec une habile persévérance. Ami des idées françaises qui, à défaut de la liberté politique, donnaient du moins à l'Italie l'ordre administratif, le jeune Italien vit avec regret la chute de notre domination en 1814. On peut comprendre, lorsqu'on se reporte à cette époque, qu'il ait cru servir la cause de la civilisation en Italie en s'associant, en 1815, à la tentative du roi de Naples, Murat, en qualité de commissaire général des provinces occupées entre le Tronto et le Pô. C'étaient les Autrichiens qu'il fallait empêcher de dominer sur le sol italien, c'était la liberté civile et politique qu'il fallait implanter dans l'Italie indépendante et formant une nation. Car Rossi, dès cette époque, n'allait pas moins loin[1]; c'était là le sens des brûlantes proclamations qu'il lançait aux populations sans s'en avouer l'auteur. Mais dès le 20 mars, Murat étant obligé de prendre la fuite, son jeune défenseur quitta Bologne, et, après

---

[1] On peut lire dans la *Revue des Deux Mondes* du 1er décembre 1861 une intéressante étude de M. de Mazade sur le rôle politique de M. Rossi.

avoir erré quelque temps dans les Calabres, parvint à Naples, où il s'embarqua pour se rendre en Suisse.

Il arriva dans le printemps de 1816 à Genève, qu'il avait déjà visitée en 1813, et il s'y fixa. Cette ville était alors le rendez-vous d'un grand nombre d'hommes supérieurs dans les sciences naturelles et dans les sciences morales. M. Rossi vint prendre sa place au milieu d'eux. A Coppet, chez madame de Staël, il eut l'occasion de faire la connaissance de M. le duc de Broglie, qui l'attira plus tard à Paris, et qui devait contribuer, avec M. Guizot, à lui ouvrir la carrière de l'enseignement et de la politique. On a beaucoup reproché à l'illustre banni ses changements de patrie. Si les circonstances le forcèrent d'en changer, nous verrons comment il n'en eut jamais qu'une au fond du cœur, il devait le montrer au prix de son sang. Ce fut pour son intelligence une bonne fortune que ces divers séjours qui devinrent pour lui comme autant d'écoles. Lorsqu'il devait aborder plus tard les problèmes, agités en tout lieu du monde, du travail et de la richesse, il put le faire sans tomber dans aucun des écueils de la spécialité exclusive, c'est-à-dire en philosophe, en moraliste, en politique, et dans un véritable esprit de cosmopolitisme. Il lui fut donné, par la comparaison étendue des divers systèmes d'économie politique, comme aussi de droit pénal et de droit constitutionnel, d'introduire pour sa part dans les sciences morales une sorte d'éclectisme judicieux et ferme qui vise non sans succès à tenir compte de tous les faits comme de toutes les doctrines.

Pendant plusieurs années, il s'enferma dans une pe-

tite maison de campagne aux portes de Genève, y con-
sacrant sans relâche ses jours et souvent ses nuits au
travail, apprenant l'allemand, étudiant l'anglais, se fortifiant dans le français qu'il comprenait alors sans le
parler et qu'il devait plus tard parler et écrire avec une
distinction rare, approfondissant en même temps le
droit public, l'économie politique et l'histoire, enfin
s'exerçant à traduire ou à imiter en vers italiens, qui
participent, a-t-on dit, de la concision du Dante et de
la noblesse d'Alfieri, quelques-uns des poëmes de lord
Byron, les plus sombres de pensées et les plus riches
de style, le *Corsaire, Parisina,* le *Giaour.* Un cours
de jurisprudence appliquée au droit romain le mit,
en 1819, en rapport avec le public de Genève, et tels
furent, dans ces matières arides, l'éloquence, la diversité d'aperçus, le charme même de son enseignement,
que les magistrats de Genève, admettant pour la première fois depuis trois cents ans un catholique dans
l'Académie protestante de Calvin, lui confièrent la
chaire de droit romain où avait autrefois enseigné Bur-
lamaqui. Bientôt naturalisé, M. Rossi ne tardait pas à
établir entre Genève et lui un lien de plus. Il s'unissait
à une jeune Genevoise qui lui donnait une modeste aisance et le bonheur intérieur.

Peu de temps après il était nommé député au conseil représentatif de Genève. Il y prit peu à peu une
importance sans égale. « On trouverait difficilement
ailleurs, écrit M. Huber Saladin dans son travail intitulé : *M. Rossi en Suisse, de* 1816 *à* 1833, une position
semblable à celle que M. Rossi se fit à Genève. Il y
tenait la première place comme orateur, jurisconsulte,

législateur, homme d'État, et personne ne songeait à lui disputer cette supériorité incontestée dans un pays qui n'avait cependant jamais compté autant d'hommes supérieurs qu'à cette époque. Il prit une part active à toutes les réformes qui furent apportées dans l'administration du pays. »

En même temps il fondait les *Annales de législation et de jurisprudence* avec Sismondi, Bellot, Étienne Dumont, ancien collaborateur de Mirabeau, savant et enthousiaste commentateur de Bentham.

C'est aussi de cette période que date son *Traité de droit pénal,* qui vit le jour en 1828, et qui vient d'être publié de nouveau. M. Odilon Barrot en a présenté récemment devant l'Académie des sciences morales une substantielle analyse. L'illustre orateur y discute contradictoirement plusieurs points de doctrine, tout en approuvant la philosophie générale qui inspire l'ouvrage.

Disons un mot de ce traité, qui gardera une place importante dans la science du droit. Rossi n'y fait point découler le droit de punir, pour la société, du droit de se venger, comme la plupart des anciens criminalistes, ni du seul besoin de la défense, comme Beccaria, ni du principe exclusif de l'utilité, comme Bentham, ni de la poursuite de l'amendement moral, comme les auteurs du système pénitentiaire, mais de l'idée pure de la justice, dont l'État est le dépositaire et l'organe. Le devoir de l'État, suivant lui, sa mission propre, est de faire servir la force à la réalisation de cette justice qui punit et réprime. Dans ce système, l'utilité peut être habituellement la mesure des peines, elle n'en est pas

le principe. Une savante combinaison de la justice avec
l'utilité, tel est donc le caractère que revêt avec cet esprit
conciliant et vigoureux la philosophie du droit pénal.
Il échappe ainsi au mal que produit l'un ou l'autre système adopté trop exclusivement. On le croirait à peine
si l'expérience n'était là pour l'attester : cette noble et
belle idée de la justice morale, prise comme le seul
arbitre des peines, a conduit l'humanité, trop aisément
faible et fanatique, à faire de la peine une sorte d'expiation religieuse qui anticipe en quelque sorte sur l'enfer
par l'horreur des supplices. L'idée de l'intérêt public
non limité par la justice a de son côté servi de prétexte
aux plus redoutables tyrannies. Enfin la pensée que le
coupable est un malade digne de commisération, qu'il
faut moins châtier que guérir, a singulièrement énervé
la répression. L'auteur du *Cours du droit pénal* ne
donne dans aucun de ces excès. Il approuve en principe la peine de mort. Mais, non content d'en modérer
l'usage pour le présent, il ne craint pas de prédire un
moment où elle pourra disparaître presque entièrement
sans péril pour la société. Ses fines analyses sur les
degrés du crime, qu'il marque d'après la qualité de
l'acte et l'intention de l'agent; ses études profondes sur
la tentative, sur la complicité, en un mot sur les points
les plus controversés et les plus délicats de la théorie
pénale; enfin la hauteur fréquente des aperçus et la rigueur des déductions donnent à cet ouvrage de Rossi
une véritable valeur. Mais, pour tout dire, son exposition m'y a paru assez souvent empreinte de quelque
sécheresse, et sa subtilité excessive me semble aller parfois jusqu'à la fatigue. Il ne s'est pas encore débarrassé

des broussailles de la scolastique; ses écrits ultérieurs accuseront un progrès marqué quant à la forme.

La révolution de 1830, qui agita aussi la Suisse, accrut la place que Rossi occupait déjà dans la politique. Le rôle qu'il joua dans la formation du nouveau pacte fédéral, connu sous le nom de *pacte Rossi*, est un des épisodes saillants de l'histoire contemporaine. Ce pacte, rédigé en cent vingt articles, avait pour but de réformer les vieilles institutions aristocratiques et cantonales, et de donner plus de régularité et plus de force au gouvernement central. Mais, voté unanimement par la diète, il ne put être mis à exécution par l'opposition des cantons ligués à Sarnen et par celle des communes rurales de Lucerne obéissant au parti jésuitique, coalisé avec une portion du parti radical. On sait que quinze ans plus tard, en 1848, le même pacte était imposé aux vaincus du Sunderbund, mais avec des modifications qui en altèrent le caractère primitif par l'annihilation de l'influence des petits cantons. Affligé par ce rejet d'un plan auquel il s'était consacré avec la plus grande activité, atteint dans ses moyens d'existence par le séjour prolongé qu'il avait fait à Lucerne, et n'ayant pu conserver même la modeste fortune que madame Rossi lui avait apportée en dot, Rossi vint chercher en France un nouveau théâtre à son activité intellectuelle et à sa multiple capacité.

Sa fortune devait y être rapide. Le 14 août 1833, il était appelé, sur la présentation des professeurs et par le choix du ministre son ami, M. Guizot, à la chaire du Collége de France, qu'il a occupée jusqu'en 1840, et qu'il ne quittait que pour entrer au conseil royal de l'instruction publique. Peu de temps après sa nomination au Collége de France, il fut chargé simultanément d'enseigner le droit constitutionnel à la Faculté de droit. La nomination de ce professeur étranger, appelé à enseigner le droit national à la jeunesse française, dut mécontenter un certain nombre de personnes et fournir des armes à la presse opposante. La jeunesse prit fait et cause contre le professeur ; il fallut suspendre le cours pendant quelque temps ; il fallut installer, presque au milieu d'une émeute, M. Rossi dans sa chaire de droit. « Il y parut, écrit son éloquent biographe M. Mignet[1], avec une confiante sérénité. Maître de son esprit ainsi que de son visage, dont les traits étaient réguliers et fins comme ceux d'un marbre antique, il promenait un regard pénétrant et assuré sur son auditoire tumultueux, qui finit par l'applaudir aussitôt qu'il consentit à l'entendre. Il transforma sans peine les désapprobateurs de sa nomination en admirateurs de ses leçons. »

C'était le moment où le radicalisme et le communisme poursuivaient leur active propagande, qui devait porter en 1848 les fruits que nous avons vus. Ceux d'entre les républicains qui ne désiraient pas l'entière perturbation de la société et qui en acceptaient les bases principales, à peu près telles que le Code civil les a reconnues et consacrées, rêvaient du moins, au nom de la souveraineté du peuple, la simplicité absolue en matière de gouvernement. L'idée d'une certaine pondération des

---

[1] *Notices et portraits historiques*, t. II.

pouvoirs leur répugnait absolument. Une dictature ou une assemblée unique réunissant tous les pouvoirs était l'idéal politique caressé par ces admirateurs fervents de la Convention. Ce qui était plus suspecté encore que l'équilibre des pouvoirs, c'était l'*individualisme*, mot qui commençait à avoir cours et par lequel on essayait de décréditer la liberté et l'individu lui-même. La théorie de l'État omnipotent n'avait jamais rencontré autant de faveur. Elle était prêchée par ceux-là mêmes qui accusaient d'une épouvantable tyrannie le plus doux des gouvernements qu'ait eus la France, par des anarchistes qui se déguisaient, lorsqu'ils se mêlaient d'évangéliser, en docteurs fanatiques et en apôtres exclusifs de l'autorité.

Le cours de droit constitutionnel de Rossi fut en grande partie dirigé contre cette mauvaise tendance qui gagnait de plus en plus les jeunes générations. Au point de vue social, il indiqua le rôle et les limites de l'État; au point de vue purement politique, il prit parti pour les gouvernements composés d'éléments divers et offrant un certain tempérament, un certain équilibre, contre les gouvernements simples qui ne sont et ne peuvent être que des gouvernements absolus, de quelque nom qu'ils s'appellent, monarchiques, aristocratiques et même démocratiques. Tel est le sens des morceaux qui nous ont été conservés et qui figurent dans les nouveaux *Mélanges*, formant deux volumes de la collection complète des œuvres de M. Rossi.

Aujourd'hui que la question de l'État et de ses limites préoccupe toutes les têtes pensantes, il n'est pas sans intérêt de voir quelle solution générale y donnait l'éminent publiciste chargé de mettre des idées plus justes dans l'esprit de jeunes gens trop imbus à cet égard des doctrines de l'antiquité. La théorie de Rossi me paraît tenir un raisonnable milieu entre les écoles ultra-gouvernementales et l'école libérale économiste, qui désarmait trop l'État de quelques-unes de ses attributions nécessaires. Il écartait les explications matérialistes de l'État, ces explications qui lui donnent la force pour origine et pour but, et qui ont toutes plus ou moins pour père le philosophe anglais Hobbes. Hobbes est le logicien du pouvoir absolu. Il est à remarquer que ses maximes reprennent autorité toutes les fois qu'il y a éclipse de la liberté et affaissement de la conscience humaine, du sentiment moral en politique. Rossi se place à l'extrémité opposée. Il voit dans nos instincts et dans nos besoins le mobile de l'association civile; il assigne pour objet à l'État la réalisation plus ou moins parfaite d'un élément essentiel de la raison humaine, l'idée du juste. L'homme est sociable, en un mot, à ses yeux, et, chose plus caractéristique, il l'est parce que l'idée du juste lui a été départie et qu'il éprouve le besoin de la faire passer dans les faits, comme il est poëte parce qu'il a le sentiment du beau, religieux parce qu'il lui a été donné de concevoir une puissance et une bonté infinies. Sans l'idée du juste qui s'impose à l'activité humaine, on ne pourrait concevoir pour l'homme une société régulière, moins encore une société progressive.

Fallait-il pourtant concentrer toute la notion de l'État dans l'idée de la justice et tout son rôle dans la protection à garantir aux propriétés et aux personnes? Rossi ne l'admet pas. Il a toujours combattu cette pensée que l'État n'est qu'une pure abstraction. Il y reconnaissait une personne morale, dont la vie, pour lui avoir été communiquée par les individus, n'en est pas moins distincte de celle de chacun d'eux. Qu'est-ce donc que l'État à ses yeux? Un être organisé en quelque sorte, ayant sa mission qui consiste à aider au développement des forces sociales, à mettre la puissance collective au service des efforts individuels dans le cas où leur action réduite à elle-même est trop impuissante. C'est au nom de cette pensée que l'économiste inspiré des mêmes principes réagira plus tard, en traitant de l'impôt, contre les disciples trop exclusifs de Smith et de Say, qui définissaient le gouvernement un mal nécessaire et qui allaient jusqu'à voir dans l'impôt presque une usurpation sur la propriété.

Mais là n'était pas le danger : il était dans ces écoles chaque jour gagnant du terrain et. qui investissaient l'État moderne de plus d'attributions que n'en eut jamais, sauf quelques exceptions, comme la Crète et Lacédémone, qui font pour ainsi dire scandale dans l'histoire, l'État antique lui-même avec sa prépotence et son ingérence universelle. Entre l'État, même réduit à la tâche insuffisante de rendre la justice au dedans et de défendre, par l'organisation savante de la force publique, l'intégrité du territoire, et l'État absorbant les activités individuelles, M. Rossi eût préféré, et il ne s'en cachait pas, il eût préféré sans la moindre hésitation le premier parti. Avec quel soin inquiet il examine l'hypothèse chère à tant d'esprits dits avancés, l'État omnipotent, nous allons le voir.

Deux éléments, selon lui, pourraient seuls s'y constituer, la politique et la religion, à la condition que
celle-ci soit uniquement un moyen pour celle-là. Est-ce
que l'art n'est pas condamné à la stérilité là où l'imagination n'a pas le champ libre, et où toute spontanéité
est étouffée ? A Sparte, les éphores coupaient les quatre
cordes que Timothée avait ajoutées à sa lyre. Dans les
pays où l'État est tout, il n'est pas jusqu'aux monuments qui ne portent le signe d'une civilisation immobile
en caractères aisément reconnaissables. Ne rappellent-
ils pas par leur étonnante solidité et leurs gigantesques
proportions la puissance et l'activité politique de l'État,
la soumission et l'intervention toute passive de l'individu ? Ils ne sont pas l'ouvrage, l'invention d'un homme
célèbre ; ils sont l'œuvre d'un peuple, la révélation d'une
époque. Et comment la science elle-même s'élèverait-
elle dans les hautes et pures régions de la pensée, dès
lors que les esprits manquent de hardiesse et de loisir ?
— L'industrie, dira-t-on peut-être, pourra du moins
prospérer. — Pas davantage, répond avec beaucoup de
raison M. Rossi. Elle se sent captive, elle languit chez
un peuple qui ne peut librement disposer de ses capitaux ni de ses forces, chez un peuple dont elle cherche-
rait en vain à stimuler les désirs par la variété de ses
produits et la nouveauté de ses inventions.

On trouvera peut-être un peu étrange la nomenclature par laquelle M. Rossi désignait les différentes sortes
d'États, selon le but qu'ils se proposent et l'étendue des
attributions qu'ils remplissent. L'idée de les définir par
ces caractères pour ainsi dire tout intérieurs n'en est
pas moins heureuse et nouvelle. Que l'État soit en

effet aristocratique ou démocratique, cela n'implique absolument rien quant au développement plus ou moins libre laissé à la personne humaine. La liberté et la servitude ne se sont-elles pas également rencontrées sous ces deux formes ? La distinction qu'introduit Rossi va plus à fond. Il appelle *États compactes* ceux qui suppriment en l'absorbant toute activité, ceux qui n'admettent ni spontanéité ni variété. Les États *actifs*, au contraire, aident au développement individuel. Ils encouragent les efforts particuliers; ils s'y associent au moyen de la puissance générale dont ils disposent. Les États *défensifs* sont ceux qui se bornent à peu près à assurer la sécurité. Tel est le cas général des confédérations. Rossi est partisan des États actifs; mais il les arrête à temps sur la pente où leur activité, au lieu d'aider celle des particuliers, commencerait à l'accabler, comme cela ne se voit que trop dans les pays d'extrême centralisation.

L'exposition des vérités générales et théoriques s'unit chez Rossi, publiciste, avec le sentiment net et précis des causes particulières qui modifient l'action des principes abstraits dans leur application aux différents états de société. Je ne lui fais point, au reste, de cette méthode un mérite original : cette méthode n'est-elle pas celle du dix-neuvième siècle? n'est-elle pas celle de nos philosophes, de nos historiens, de nos publicistes? Comment ne pas reconnaître qu'il y avait toutefois opportunité et nouveauté à l'appliquer d'une manière aussi dogmatique et aussi directe à l'enseignement du droit constitutionnel, et en général des sciences sociales qui vivaient encore trop sous le régime de la méthode purement abstraite propre au dix-huitième siècle?

Ma sympathie pour les idées de Rossi ne m'aveugle pas, au reste, sur tel défaut que la critique peut y signaler. Il m'est impossible de ne pas remarquer, par exemple, une contradiction assez frappante entre la manière dont l'illustre publiciste conçoit la notion philosophique du droit à l'époque où il enseignait à Paris, et l'interprétation tout autre qu'il en donnait à une époque antérieure de laquelle date un des morceaux les plus considérables de ses *Mélanges,* celui qui roule sur les *Rapports du droit avec la civilisation.* Lorsqu'il composait ce dernier écrit, Rossi appartenait à cette école dont l'influence était dominante à Genève, qu'il habitait alors, école de jurisconsultes qui reconnaissait pour inspirateur M. Étienne Dumont, l'habile et zélé traducteur de Bentham. Alors il combattait, lui aussi, systématiquement, l'existence d'un *droit naturel.* Le droit lui paraissait une pure création de la loi. De ce que la notion du droit ne se développe que dans l'état social, il en concluait un peu trop aisément que cette notion est purement acquise et n'a rien d'inné ni de *rationnel.* Ses opinions, qu'il exprimait comme toujours avec quelque roideur et d'un ton assez agressif contre l'école opposée, devaient changer complétement sur ce point capital quelques années après, sous l'influence des idées philosophiques françaises qui commençaient à se répandre et dont M. Royer-Collard, M. Cousin, M. de Broglie, étaient les interprètes écoutés. C'est ainsi qu'il se réfute lui-même très-explicitement en traitant du droit constitutionnel, et qu'il constate l'existence d'une politique spéculative comme d'un droit spéculatif et en quelque sorte idéal. Que ce droit soit appelé droit naturel, droit rationnel, droit philosophique, philosophie du droit, législation générale, peu importe le nom. « C'est le droit, dit-il, que nous enseigne la raison, c'est le type dont le droit pratique, en d'autres termes l'histoire du droit, approche plus ou moins selon le développement des intelligences et la civilisation des peuples, le droit dont notre Code civil a, dans plusieurs de ses parties, donné une révélation si éclatante, que chez plus d'une nation éclairée il a survécu à nos conquêtes. »

J'indiquais tout à l'heure le soin que M. Rossi mit à introduire un élément plus *concret*, c'est-à-dire plus vivant et plus historique dans les abstractions du droit constitutionnel. Je ne sais si, par exemple, les considérations tirées de la *race* avaient joué encore quelque rôle dans une chaire de droit français. Rossi montre bien que les différences de race forment une circonstance essentielle dans la détermination de l'État. Mais il maintient avec fermeté le principe de l'unité morale du genre humain, et le caractère de perfectibilité commune à toutes les races, y compris les nègres. On a rarement mieux mis en lumière les inconvénients inhérents aux très-grands et très-petits États : pour ceux-là, lien insuffisant, parties mal rattachées au tout, désordre ou oppression arbitraire et centralisation étouffante; pour ceux-ci, absence de développement suffisant au dedans et d'indépendance au dehors, tiraillements et factions, quelque chose de mesquin et de troublé à la fois, sans compter l'excès du nombre des fonctionnaires. L'auteur du *Cours de droit constitutionnel* reconnaissait le plus décisif des signes de la nationalité dans la langue, cette forme même de la pensée des peuples, qui donne une voix à leurs sentiments et par là leur communique la durée et une nouvelle puissance. L'incorporation politique de deux peuples parlant des langues diverses n'est qu'apparente, dit-il, tant que cette différence subsiste. La Suisse, où l'on parle, selon les cantons, allemand, français, italien, ne sera jamais qu'une confédération. Les Romains, pour achever la conquête des nationalités, effacèrent en quelque sorte sous l'unité de leur langue les dialectes nationaux de l'Espagne et des Gaules. Mais combien une telle œuvre n'est-elle pas difficile! Arracher à un peuple son idiome, n'est-ce pas lui arracher une partie intime de son être? Ce n'est souvent que par l'extermination complète des nations mêmes qui les parlent que les langues peuvent disparaître. En continuant enfin à examiner l'influence des langages au point de vue politique, ne découvre-t-on pas qu'une des causes qui rendent plus facile l'incorporation des provinces frontières à un pays voisin, c'est qu'elles flottent entre deux idiomes?

J'ai insisté sur ces généralités, parce qu'elles caractérisent la direction d'idées d'un écrivain, et parce qu'elles indiquent comment Rossi, c'est-à-dire un des publicistes les plus distingués de notre pays, comprenait l'enseignement du droit constitutionnel au dix-neuvième siècle, sous la forme de leçons destinées à former des esprits philosophiques qui ne fussent point des rêveurs, et des hommes pratiques qui ne fussent pas dépourvus des principes. Je n'ai pas le dessein de prendre un à un les différents morceaux dont les *Mélanges* sont formés. La partie économique qui est spécialement historique, et dans laquelle les recherches sur l'antiquité grecque et romaine ont souvent de la nouveauté, doit être pourtant signalée, comme ayant beaucoup de valeur. J'en dirai autant du morceau justement célèbre intitulé : *Observations sur le Code civil*. Rossi y fait toucher du doigt les imperfections et les lacunes du Code Napoléon au sujet de l'association et des différentes formes de compagnies. L'idée de l'association, qu'on a reproché souvent à l'économie politique de ne pas apprécier à sa juste valeur, trouve dans cet économiste, disciple rigide de Malthus et de Ricardo, un défenseur décidé, j'allais presque dire un apôtre dans ce qu'elle a de réellement praticable. Nous y reviendrons. Je signalerai aussi les morceaux de critique historique. Ils sont écrits avec le même bon sens élevé et ferme. Le coloris même n'y manque pas, ni l'accent oratoire dans une juste mesure. Dans un article sur l'*Histoire de Napoléon*, par M. de Norvins, l'Empire est apprécié par un juge sévère, mais sympathique, on le sent, à toute grandeur. Il y a aussi une remarquable étude sur le soulèvement des Pays-Bas. J'y note en passant une excellente appréciation de Schiller historien, ne le mettant ni trop haut ni trop bas, et démêlant bien ce qu'il y a d'artificiel dans les procédés de l'écrivain allemand et dans ses portraits, qui se détachent pour l'effet plutôt qu'ils ne sont fondus avec le récit, comme chez les vraiment bons et grands historiens.

Comment caractériser le publiciste chez Rossi sans dire qu'il était partisan déclaré du gouvernement parlementaire ? Un des plus longs chapitres de ces *Mélanges* est consacré à l'examen et à la défense de cette forme de gouvernement. Il n'en jugeait nulle autre

plus compatible avec les nécessités de l'ordre et les
garanties de la liberté. Il y mettait toutefois pour condition expresse l'existence de deux chambres ayant
chacune un rôle spécial et possédant l'une et l'autre
une influence sérieuse dans l'État. L'institution d'une
chambre haute lui paraissait particulièrement indispensable à la défense du pouvoir exécutif. Dans sa pensée,
une assemblée populaire unique devait nécessairement
tomber sur le pouvoir exécutif avec toute la fougue de
son mouvement et l'énormité de son poids, au risque
de l'écraser ou de se briser elle-même dans le choc.
M. Rossi ne pensait pas que l'amour de l'égalité, la division et la mobilité des propriétés, l'influence active de
l'industrie et du commerce fussent d'immuables obstacles à l'établissement des pairies. L'état démocratique
du monde, qu'il ne contestait pas et dont il annonçait,
comme M. de Tocqueville, le progrès croissant, ne lui
semblait ne s'opposer qu'aux pairies fermées et revêtues
de priviléges oppressifs.

On trouve dans cette étude sur le gouvernement
parlementaire deux points développés avec une grande
précision. Le premier est la nécessité d'une assemblée
législative bien composée, qui représente réellement et
défende les intérêts généraux et aussi les intérêts particuliers et locaux, et qui alimente la vie politique.
Sinon, dit-il, « on expose l'État à la plus terrible des
maladies politiques, l'assoupissement et l'apathie, ou
bien on crée un foyer de mécontentement, on prépare
une mine qui éclatera tôt ou tard au détriment de la
nation entière. » Le second point qui préoccupe visiblement l'auteur, quel est-il? (il faut bien le signaler

aussi), c'est la crainte des excès du gouvernement parlementaire, excès qu'il voulait surtout prévenir par la
constitution d'une forte pairie et par le respect des attributions du pouvoir exécutif. « Ce pouvoir, dit-il, immense, redoutable, doit pourtant être conservé dans sa
plénitude par les nations qui ne veulent pas, par la
crainte d'un système vigoureux, mourir de faiblesse. »
Si Rossi restait convaincu que le gouvernement parlementaire offre moins d'inconvénients que les autres, on
avouera au moins qu'on ne peut l'accuser d'avoir mis
dans ses préférences ni passion ni aveuglement. Il n'é-
tait fanatique en rien, et il disait même un jour assez
plaisamment à la tribune : « Le fanatisme répugne à
mon tempérament; je ne le trouve pas hygiénique. »
Que n'a-t-on pas dit dans ces derniers temps des défauts
du régime parlementaire? quelles peintures n'a-t-on pas
faites de ce qu'il peut avoir tour à tour de trop lent dans
l'expédition des affaires, de trop violent et de trop précipité dans la discussion et dans la décision des questions
politiques? combien n'a-t-on pas insisté sur les débats
personnels et scandaleux qu'il laisse se produire, sur
les vanités individuelles prenant trop souvent le temps
qui est dû aux intérêts nationaux? Ce tableau est déjà
tracé dans l'étude de Rossi avec une spirituelle et pré-
voyante sévérité. Il voudrait que le progrès des mœurs
et des institutions corrigeât ce régime, autant que cela est
possible à l'imperfection humaine, et il prend son parti
des défectuosités en songeant que les gouvernements absolus en ont d'autres qui pourraient bien être pires.

II

Lorsque M. Rossi prit possession de la chaire du Collége de France, l'économie politique n'avait pas encore
eu chez nous son professeur; car on hésite à donner ce
nom à J.-B. Say, bien qu'il ait enseigné pendant plusieurs années devant l'auditoire choisi du Collége de
France, et devant le public plus nombreux et plus populaire du Conservatoire des arts et métiers. J.-B. Say
ne professait pas, à proprement parler, il lisait. Or,
quelles que soient la solidité des démonstrations, la
clarté et l'élégance de la forme, qui ne sait que l'art de
l'écrivain diffère profondément de la méthode du professeur? Il y a dans la parole parlée une vertu qui
n'appartient pas à la parole écrite. Les procédés de vul-
garisation ne sont point les mêmes dans le livre et dans
la chaire. Le professeur, et je ne perds pas de vue Rossi
en m'exprimant ainsi, fait de sa leçon une sorte de discours, parfois même de petit drame formant un tout
complet; il fait jouer pour ainsi dire autour d'une pensée unique et centrale toute une série de faits et d'arguments. La netteté des déductions, la rigueur des principes et des conclusions sont des qualités requises de la
part de celui qui se porte comme le représentant d'un
dogme scientifique. Cette épreuve, qui avait manqué à
l'économie politique, lui fut, disons-le, très-profitable,
lorsque Rossi se chargea de la lui faire subir. Sa nature
d'esprit et la tâche qu'il avait à remplir étaient on ne
peut mieux d'accord. Qui donc était plus capable que

cette intelligence si vigoureuse de dégager, à l'aide d'une perspicacité clairvoyante, un corps de doctrine des nombreux ouvrages dans lesquels les différents points dont s'occupe la science économique étaient disséminés et restaient comme enfouis pour la masse du public? Il n'y a pas lieu de s'étonner qu'il soit devenu comme le législateur de la science économique.

Les faits prennent peu de place dans le cours de M. Rossi; les exemples n'y servent, pour ainsi dire, qu'à illustrer les principes. Cette méthode sévère lui a permis d'embrasser tout l'ensemble des lois économiques dans un espace restreint, et de n'omettre rien d'essentiel. Il traite de la production de la richesse dans ses deux premiers volumes; le troisième est consacré à la distribution des produits, c'est-à-dire aux questions de profits, de salaires, de rentes. Les causes diverses qui influent sur la production remplissent en partie le quatrième, complété par des aperçus sur l'impôt et sur le crédit.

Les systèmes que l'économie politique ou publique a enfantés depuis la fin du seizième siècle, attestent qu'elle a suivi la marche ordinaire de l'esprit humain; elle a débuté par l'empirisme et l'hypothèse, et elle s'est conformée aux divers états de société dans lesquels elle a pris naissance. Par là s'explique le faux ou l'incomplet des premiers systèmes. Le jour où la science essaya de regarder les faits économiques, comment n'eût-elle pas été frappée de la grandeur commerciale de quelques villes dont le développement et la liberté faisaient contraste avec la barbarie et le servage des campagnes? Voilà ce qui explique en grande partie comment le *sys-*

tème mercantile n'aperçut de richesses que dans l'argent, et de moyens d'acquérir que dans les manufactures et le commerce d'exportation. La pratique avait créé le système mercantile, qui n'était qu'une sorte de recueil de prétendus moyens de faire fortune pour les nations, en ruinant les peuples rivaux. Il devait être remplacé par une doctrine qui représentât la double protestation de la philosophie contre la routine et de l'agriculture contre le règne trop exclusif des métaux précieux. La France, à la fois philosophique et agricole, enfanta la théorie des *physiocrates*, qui réclamèrent la liberté du travail et ne virent de richesses que dans le produit net de la terre. L'école de Quesnay ne devait pas dire le dernier mot de ce développement scientifique toujours en rapport avec l'esprit général du temps et le caractère particulier du pays. L'Angleterre vit naître enfin l'école industrielle d'Adam Smith. Cette école résuma dans un ensemble harmonieux tout ce qu'il y avait de juste dans les théories précédentes. Elle considéra le travail, ce nouveau roi des temps modernes, comme le principe essentiel de la richesse.

En constatant cette influence des époques diverses sur ces manières successives dont l'économie politique a été comprise, Rossi entendait-il lui refuser le titre de science? Personne ne s'est plus appliqué, au contraire, à le lui conférer et à distinguer une économie politique *rationnelle,* ayant ses principes sûrs, ses bases fixes, de l'économie politique *appliquée.* Celle-ci, à l'en croire, doit seule se préoccuper des éléments de nationalité, de temps et d'espace qui modifient souvent les résultats de la science pure. L'économie politique *ra-*

tionnelle, c'est la science qui recherche la nature, les causes et le mouvement de la richesse, en se fondant sur les faits généraux et constants de la nature humaine et du monde extérieur. Tels seront notre puissance sur les choses au moyen du travail, notre penchant à l'épargne, si un intérêt suffisant nous y pousse, notre penchant à mettre en commun notre activité et nos forces, nos instincts et nos droits de propriété et d'échange; tels seront aussi certains axiomes applicables à tous les temps comme à tous les pays : ainsi la nécessité du concours du travail, du capital et de la terre; ainsi la tendance des profits, sous tout régime de libre concurrence, à s'équilibrer dans les différentes industries; ainsi les lois fixes de la valeur. C'est à l'économie politique *appliquée* qu'il appartient de tenir compte des frottements et des obstacles, et en général de toutes les considérations qui influent sur la solution pratique des questions d'intérêt matériel.

Cette méthode a été taxée pourtant de roideur et d'inflexibilité; reproche peu juste à l'égard de Rossi. De quel droit l'économie politique dite rationnelle ou pure serait-elle accusée de tyrannie ou de chimère lorsqu'elle admet elle-même la nécessité des tempéraments et des atermoiements? Le fait même de distinguer la science qui n'est que la possession des vérités générales, de l'art qui en tire les applications successives avec une circonspection modérée, n'est-il pas toute une protestation contre cette tendance despotique? Aussi plusieurs économistes ont-ils adressé à Rossi le reproche tout contraire. Ils ont prétendu qu'il fait trop céder les vérités économiques aux exigences parfois arbitraires de la politique. Ce qui est vrai, c'est que l'auteur du *Cours* reconnaît que d'autres puissances que l'économie politique ont droit au règlement des affaires humaines. C'est affaire aux législateurs, aux hommes d'État, de s'inspirer dans tout problème pratique des divers principes moraux et politiques nécessaires à sa solution.

L'économie politique n'est, à vrai dire, que l'histoire du travail et des diverses combinaisons qu'il affecte et qui lui communiquent des degrés différents de fécondité. Le premier des économistes, Adam Smith, semble l'avoir compris par une sorte d'instinct, en débutant par sa célèbre description de la division du travail qui communique aux efforts humains un puissant ensemble et une fécondité merveilleuse. L'exposition scientifique de ce maître y avait gagné en simplicité et en grandeur. Rossi me paraît embarrasser la science de trop de subtilités en commençant par traiter de l'idée de la *valeur*, notion des plus épineuses, qui risque de rebuter le lecteur inexpérimenté par un appareil scolastique et des difficultés de définition. Rien n'est plus délicat, au surplus, rien n'est plus fin et plus délié que les analyses consacrées par l'habile argumentateur à la valeur *en usage* et à la valeur *en échange*. Les lois qui président à la formation de cette dernière sorte de valeurs n'avaient pas encore été étudiées peut-être avec ce soin exact et scrupuleux.

Une des questions qui divisent le plus les économistes de nos jours, c'est celle que l'on a appelée la question de la *rente*. Les personnes qui ont quelque habitude des matières économiques ne sauraient se méprendre sur la signification de ce dernier mot, d'origine anglaise. La rente (*rent*), d'après Ricardo, est un privilége de la propriété foncière qui tient à la nature des denrées agricoles limitées en quantité. La rente représente l'écart entre le prix de production, en comprenant dans celui-ci les profits du capitaliste, et le prix de vente. C'est ainsi que sur un marché où les possesseurs de terres d'inégale fertilité enverront leur blé, il s'établira un prix moyen qui ne laissera aux uns qu'un strict bénéfice, et qui constituera pour les autres un excédant, une *rente*, sans qu'ils aient eu à faire le plus léger travail ou la moindre avance nouvelle de capital pour mériter cet avantage. C'est ce phénomène, en particulier, qui a fait accuser d'injustice la propriété foncière par M. Proudhon et par quelques autres réformateurs. De graves objections, émanées d'écrivains moins suspects, ont été adressées à la théorie de Ricardo. Cette prime gagnée par certains propriétaires, loin de dépendre toujours de la fertilité naturelle et gratuite du sol, n'est-elle pas, a-t-on dit, dans une foule de cas, la rémunération des capitaux enfouis, perdus peut-être par des générations entières dans l'amélioration de la terre, le prix de mille essais, de mille tâtonnements coûteux? Est-elle d'ailleurs un privilége spécial à l'industrie agricole, et fallait-il imaginer une théorie tout exprès? En tant que la rente dépend de l'accroissement de la demande, on aurait fort à faire de citer tous les cas dans lesquels une prime, analogue à celle dont parle Ricardo, est obtenue. Quels sont les *produits*, quels sont les *services* qui ne voient ainsi s'accroître le prix de leur rémunération sans un rapport exact avec les frais de production, en face d'une population qui devient de jour en jour plus nombreuse et plus aisée?

Rossi ne semble pas avoir pressenti ces objections, soit pour en tenir compte, soit pour les combattre. Il prend à son compte la théorie de Ricardo, il la commente, il la tire au clair, il la rend sienne, en quelque sorte, en la présentant au public français. Ainsi fait-il pour Malthus, dont il adopte la célèbre formule sur la tendance de la population à dépasser rapidement le niveau des subsistances, de telle sorte que, si la prévoyance humaine n'y met ordre, la misère, la maladie, la mort se chargent de rétablir l'équilibre. La seule modification qu'il y fasse porte sur la rigueur trop mathématique avec laquelle Malthus avait cru pouvoir formuler le rapport de la population et des subsistances, en affirmant que la première suivrait dans son développement une progression *géométrique*, tandis que le second terme ne suivrait qu'une progression *arithmétique*, ce qui amènerait entre le nombre des hommes et la quantité des moyens de vivre un écart énorme dans un espace de temps fort restreint. Sauf cette réserve, Rossi pose le principe malthusien comme un des dogmes fondamentaux de la science économique. Le taux des salaires dépend, selon lui, de la proportion existante entre le nombre des travailleurs et le capital dont la formation est naturellement plus lente. Nul progrès donc, rien que des palliatifs d'une portée purement temporaire, en dehors de la limitation volontaire de la population.

Des objections très-fortes ont été adressées à ce système. Il réduit à l'excès la faculté de multiplier les subsistances. Il fait entrer la multiplication des hommes pour une part généralement fort exagérée dans l'expli-

cation de la misère. L'exemple actuel de l'Angleterre,
telle surtout qu'elle s'est transformée depuis 1846 sous
l'influence du *free trade*, ne prouve-t-il pas la coexis-
tence possible d'une population prompte à se développer
et d'un bien-être croissant[1]? La plaie du paupérisme,
hideuse toujours là où elle apparaît, n'a-t-elle pas
diminué dans d'incroyables proportions, grâce à l'é-
lévation des salaires et au fait tout nouveau du bon
marché des subsistances? Persistera-t-on longtemps à
ignorer encore dans notre optimiste pays, qui s'intitule
volontiers en toutes choses le premier pays du monde,
que l'ouvrier de Londres, de Manchester, de Birmin-
gham, est en moyenne, et sauf des exceptions décrois-
santes, plus heureux que l'ouvrier de Paris, de Rouen,
de Lille et des autres cités manufacturières de notre
France, dans laquelle pourtant la population se développe avec une assez grande lenteur? Est-ce que la taxe
des pauvres n'est pas allée se réduisant en même temps
que le chiffre de la mortalité et de la criminalité? Une
vive argumentation, les plus heureux emprunts faits à
l'histoire, une éloquence qui touche parfois au pathétique, une haute ironie à l'égard des remèdes menteurs
proposés par une aveugle philanthropie, forment d'ailleurs les traits éminents de cette remarquable discussion sur le principe de Malthus. Les mêmes qualités
recommandent l'*Essai sur la population*, qui sert d'In-

---

[1] M. Louis Reybaud, dans son excellente étude sur Rossi, qui
fait partie de son volume sur les *Économistes modernes*, a présenté
avec force ces objections contre le système de Malthus, auquel il
se montre d'ailleurs moins favorable en général que nous ne le
sommes.

troduction au grand ouvrage de Malthus; cet essai peut être qualifié de chef-d'œuvre pour la sévère beauté de la forme.

Je ne veux qu'indiquer les points principaux qu'a touchés Rossi dans la partie de son cours consacrée à la production, de manière à mettre en relief seulement ceux où sa part d'originalité se déploie, soit pour le fond, soit, plus souvent, pour les développements qu'il y ajoute. C'est ainsi que l'idée qu'il pourrait exister une mesure constante, un étalon invariable de la *valeur*, n'a jamais été réfutée avec plus de force et de finesse. L'auteur démontre que la valeur ne peut être mesurée que par une valeur, que toute valeur est nécessairement variable, et qu'il résulte de ces principes qu'il y a contradiction dans les termes mêmes de la question. Il applique cette règle aux mesures différentes de la valeur que quelques écrivains avaient crues se rapprocher beaucoup de l'immutabilité, sinon y atteindre, c'est-à-dire au travail, au blé, à l'argent. Le tableau qu'il trace des variations de la monnaie est une analyse frappante des utiles travaux de Humboldt et de Jacob. Rossi fait très-bien voir comment les lumières de la science économique sont nécessaires, quoique insuffisantes souvent encore, pour tirer de ces variations des renseignements exacts sur l'état des populations aux différentes époques.

Ses dissertations sur la production et sur le capital n'ont pas moins d'intérêt. Il établit d'une façon très-philosophique les vrais caractères de la production, laquelle, à proprement parler, ne *crée* rien, mais combine, modifie et transforme. Il y distingue trois éléments : une force, un mode d'application et un résultat. Peu importe que le produit soit matériel ou immatériel ; le travail est productif toutes les fois que le résultat de la force appliquée est de nature à satisfaire au besoin. Aussi combat-il l'idée d'Adam Smith, qu'il y aurait un travail improductif par essence, de même qu'il combat celle des *physiocrates*, qui s'imaginaient voir dans l'agriculture une puissance créatrice par privilége.

Disciple, on l'a vu, sur beaucoup de points, des économistes anglais, Rossi s'en sépare avec avantage sur la définition du *capital*. Ce n'est pas qu'il en donne une notion essentiellement différente et qu'il y introduise des divisions nouvelles ; mais il marque mieux qu'on ne l'avait fait encore la moralité de ce fait né du travail et de l'épargne, et il proteste contre l'opinion de ceux qui placent dans le capital les avances que l'entrepreneur fait aux travailleurs. Il s'élève contre le matérialisme qui assimile le salaire de l'ouvrier, rétribution de son travail, comme le profit forme celle du capitaliste, au fourrage dont le laboureur fait l'avance pour alimenter les animaux nécessaires au labour, ou au charbon de terre que consomme une machine à vapeur. « La machine à vapeur, dit-il, n'est destinée qu'à produire, elle n'est qu'un moyen ; si son action paye le charbon qu'elle consomme, les dépenses qu'elle exige, on la fait agir ; autrement on la brise. Mais l'homme est son propre but ; il n'est pas un moyen ; il ne produit pas pour produire. Le monde, grâce à Dieu, n'est pas un *tread mill* dans lequel une puissance surhumaine ait enfermé l'homme pour qu'il ne soit exclusivement qu'un moyen. »

J'ai remarqué déjà que Rossi est un des premiers qui

aìt appelé l'attention sur les avantages de l'*association*.
Je tiens à y insister. C'est là le mérite saillant de ses
Observations sur le droit civil français, considéré dans
ses rapports avec l'état économique de la société. L'éminent économiste y reproche à nos codes de ne contenir
guère jusqu'ici, sur les sociétés industrielles, que des
têtes de chapitres. Parmi les associations industrielles,
il n'en est peut-être pas de plus utiles que les *assu-*
rances, qui enlèvent au malheur sa funeste puissance en
divisant ses effets, qui ôtent de leur danger aux entreprises les plus hardies, qui, enfin, permettent à l'intérêt
ennobli de prendre, en quelque sorte, les formes de la
charité. Eh bien, c'est à peine s'il en est question.
Croirait-on que l'emphythéose, qui par sa durée forme
aussi une espèce d'association à long terme entre les
intérêts du fermier et du propriétaire, n'a pas même été
mentionnée dans le Code civil? On s'étonnera moins
pourtant de ces lacunes, qui paraissent d'abord inexplicables, si l'on songe que, lors de la promulgation du
Code Napoléon (1803-1804), la révolution sociale seule
était consommée, tandis que la révolution économique
était loin d'avoir atteint le terme de sa carrière. L'industrie proprement dite n'était-elle pas pauvre, faible,
subalterne, le commerce maritime anéanti, le crédit
presque inconnu? L'esprit d'association faisait-il autre
chose alors que bégayer à peine quelques projets sans
portée? Des administrateurs habiles, des laboureurs in-
fatigables, des soldats invincibles : voilà, dit M. Rossi,
le fonds de la France à cette époque. Le cours d'économie politique complète ces indications déjà bien importantes. Rossi y exprime à plusieurs reprises le vœu

que l'association pénètre davantage dans nos mœurs; il voit en elle la source de modifications non moins profondes dans notre état social et économique, que celles qui ont été le résultat de la vapeur et des autres progrès de l'industrie. Il recommande aux petits propriétaires la pratique de l'association agricole pour l'achat et la vente de certains produits, pour l'emploi de certaines matières et certains instruments, comme seul remède suffisamment efficace aux inconvénients du morcellement exagéré; il loue d'ailleurs la petite propriété pour ses effets moraux et pour sa fécondité sans égale dans un très-grand nombre de cas. Comme exemple heureux d'association, il cite les fromageries du Jura, qui par la mise en commun du lait permet à des paysans possesseurs d'une ou deux vaches d'arriver aux résultats de la grande exploitation. Peut-être même ne tient-il pas assez de compte ici des résistances qu'oppose l'esprit défiant et routinier de nos paysans, ainsi que l'absence d'un capital suffisant.

On ne comprendrait pas toute la portée utile de cet enseignement si l'on ne se reportait au moment où il avait lieu. Plusieurs causes pouvaient alors troubler le regard de l'économiste. Sous l'influence de l'essor même qu'avait pris l'industrie inaugurant ses brillantes destinées à l'époque de la Restauration, il arrivait fréquemment que les marchés se trouvaient encombrés de marchandises invendues. De là, une nouvelle inquiétude qui commençait à peser sur les esprits. L'Europe ne se mettait-elle pas à trop produire? Où s'arrêterait cette furie industrielle? Malthus et Sismondi s'étaient eux-mêmes associés à ces craintes et avaient poussé un

cri d'alarme. Peu ému de ces clameurs, Rossi, suivant
d'ailleurs en cela les enseignements de J. B. Say, mais
en tirant le parti le plus habile et le plus judicieux,
prouve qu'il ne peut pas y avoir de *trop-plein* général,
de *general glut,* comme disent les Anglais ; que la difficulté de placer certains produits attestait seulement
l'insuffisance de produits à donner en échange, et qu'il
y avait dans ce fait dont on se plaignait beaucoup plus
un indice de misère que de pléthore. Les industriels
devaient mettre sans doute leur prudence à éviter ces
ruptures d'équilibre dans la production qui se résolvent
par des crises souvent terribles ; mais que le genre humain se garde de faire consister sa sagesse à s'arrêter
prématurément dans la carrière de la production !

« Ne dites pas, s'écriait éloquemment M. Rossi, ne dites
pas aux hommes de ralentir la production , car s'ils prê-
taient l'oreille à ce faux précepte, ils condamneraient un
grand nombre de leurs semblables à ne jamais quitter
les haillons de la misère. C'est par l'accroissement successif, incessant de la richesse publique que peu à peu
une aisance honnête pénétrera dans tous les rangs de la
société et fera disparaître le spectacle déchirant de l'indigence involontaire. C'est ainsi que les peuples actifs,
intelligents , producteurs , après avoir passé de l'esclavage au servage et du servage au travail libre, mais
encore accablés de souffrances et de misères, arriveront
peu à peu au travail suffisamment rétribué et sûr du
lendemain. C'est là ce que la science et l'histoire peuvent promettre aux peuples laborieux, instruits, moraux, sensés ; elles ne leur promettent pas l'Eldorado,
une vie de luxe et de fainéantise, une égalité chimé-

rique, des biens usurpés, des jouissances criminelles, mais du travail consolé et ranimé par de satisfaisantes rétributions et d'honnêtes loisirs, ce travail qui honore l'homme au lieu de le dégrader, et qui assure au travailleur tout le bonheur dont il nous est donné de jouir ici-bas ! Il faudrait, pour en douter, n'avoir jamais visité ces honnêtes et laborieuses familles dont le travail se trouve secondé par d'heureuses circonstances et par des mœurs irréprochables ; il faudrait n'avoir jamais souri à la pureté de leurs plaisirs, à la naïveté de leurs joies. »

Avec les encombrements de marchés, l'autre fait qui pouvait troubler les intelligences moins sûres que la sienne, c'était, suivant l'expression pittoresque de Benjamin Constant, cette *fureur de renchérissement* qui semblait animer nos législateurs.

Le système protecteur avait depuis l'Empire pris une grande extension. Les tarifs de l'Empire avaient été fort dépassés par la Restauration. Le gouvernement de Juillet devait, il est vrai, les adoucir sur un certain nombre de points importants. Mais l'esprit qui les avait inspirés n'avait pas changé, et le système prohibitif conservait toutes ses positions vers cette date de 1835 et 1836. L'agriculture se complaisait dans des combinaisons prétendues protectrices, qui ne servaient qu'à lui enlever des débouchés. L'industrie manufacturière commençait à vouloir faire un principe de la protection, qu'elle avait eu jusqu'alors la sage modestie de présenter comme un expédient.

Rossi combattit ce débordement de protectionnisme avec l'impartialité de la science et l'autorité de la chaire. Il maintint avec fermeté le principe de la liberté du com-

merce, en tenant compte des exceptions, à condition
qu'elles ne fussent pas trop nombreuses, et des transi-
tions nécessaires, à condition qu'elles ne prétendissent
pas s'éterniser. Rien de plus vigoureux et de plus lumineux tout ensemble que sa défense de la théorie des
débouchés. Il montre dans la liberté du commerce un
principe qui repose sur le double fondement de la justice et de l'utilité, et qui peut convoquer en sa faveur
les meilleurs sentiments des peuples comme les intérêts
les mieux compris de la civilisation. Aujourd'hui encore, alors que la liberté des échanges a donné lieu à
tant d'écrits remarquables, les leçons de Rossi sur ce
sujet si grand et si délicat, ces leçons dans leurs sobres
et sûrs développements, dans la calme élévation de leurs
principes, dans l'étude attentive qu'on y trouve de l'influence exercée par les révolutions économiques, qui
font passer les peuples du régime des prohibitions à un
état plus digne de leur maturité, doivent être considérées comme une des plus belles démonstrations de la
vérité économique en cette matière; on peut y voir la
charte même de la liberté du commerce international.

III

Tous ceux qui suivent avec intérêt le mouvement de
la science économique avaient lu les deux premiers
volumes du *Cours d'économie politique* de Rossi. Le
mérite élevé de cet ouvrage faisait désirer vivement que
la seconde partie vînt compléter l'ensemble de ce grand
travail. C'est cette lacune si longtemps regrettée que les

fils de l'illustre écrivain ont comblée, en donnant au public le complément des œuvres de leur père. Nous possédons, grâce à eux, son œuvre tout entière. Les précédents volumes traitaient de la production de la richesse. Restaient les problèmes encore plus compliqués, devenus la préoccupation principale et le péril de notre temps, qui se rapportent à la distribution dans la société. Restaient aussi les questions relatives à l'impôt, à l'emprunt, au crédit. L'éminent professeur examine ceux-là avec tout le développement désirable dans son troisième volume, et il aborde celles-ci dans le quatrième. Si le temps lui a manqué pour qu'il traitât à fond du crédit et de l'impôt, du moins les fragments dans lesquels il s'en occupe suffisent-ils à marquer sa pensée en ce qu'elle a d'essentiel.

Toutefois, là n'est pas la partie la plus neuve des travaux de Rossi. Je ne crois pas qu'il ait rien écrit de plus neuf que le volume qui roule sur les relations de l'économie politique avec les autres sciences morales. L'auteur du *Cours* s'est proposé de prendre le fait économique à son point de départ, dans le milieu où il se développe, et d'apprécier les influences diverses qui le modifient.

Je ne sais si on conçoit bien au premier abord la grandeur d'un pareil plan. Elle est réelle. Faire un *Exposé des causes physiques, morales et politiques, qui influent sur la production,* c'était sortir de la pure généralité scientifique, c'était unir aussi intimement que possible le concret à l'abstrait, c'était rendre compte des choses dans leur origine et dans leur développement naturel. Par cela seul que toute science est condamnée à

isoler son objet pour le mieux étudier, elle risque de
perdre un peu le sentiment des rapports et de substituer
une simplicité factice et excessive à l'unité du monde
réel, unité si variée et si compliquée. Nul doute qu'en ce
qui concerne les faits économiques, s'ils ont leur nature
et leurs lois propres, ils tiennent aussi par leurs racines
à beaucoup d'autres faits d'ordre différent. C'est ainsi
qu'ils dépendent en partie des mœurs, de l'état civil,
de la religion, des lieux, des climats, des races. Et comment en serait-il autrement? N'ont-ils pas pour point
de départ l'homme, cette chose ondoyante et diverse?
n'ont-ils pas la nature pour théâtre? et le théâtre ici
n'agit-il pas sur l'acteur et ne diffère-t-il pas beaucoup
dans l'espace et dans le temps? Un pareil sujet suppose,
on le voit, une connaissance approfondie de l'histoire.
A moins de se contenter d'une vague esquisse, il exige
des notions étendues en morale, en droit public, en
géographie physique et politique. M. Rossi, maître dans
quelques-unes de ces branches de la connaissance humaine, n'était complétement étranger à aucune. Aussi,
bien qu'on ne puisse voir dans son travail qu'une ébau-
che, les onze leçons consacrées à mettre les faits économiques en rapport avec les causes qui les modifient sont
l'œuvre d'un esprit supérieur.

Je laisserai Rossi lui-même exposer son plan ou du
moins l'indiquer dans une des pages qui servent de début à ce volume :

« En exposant la théorie de la production de la richesse, dit le savant écrivain, nous avons supposé que
les trois instruments producteurs étaient les mêmes chez

tous les peuples, dans toutes les sociétés. Fidèle au principe qu'il faut aller du simple au composé, nous avons dû négliger les causes diverses qui peuvent modifier ces instruments, les rendre plus ou moins énergiques, en accroître ou en diminuer la puissance.

« C'est ainsi que le mécanicien considère d'abord les forces d'une manière abstraite, c'est ainsi qu'il arrive à découvrir les théorèmes et à résoudre les problèmes de la science, tout en sachant bien que, dans l'application, il devra tenir compte des causes qui modifient plus ou moins ces forces.

« Sans doute toute société civile est assise sur un sol, compte un certain nombre de travailleurs, possède un capital plus ou moins grand. Prenez ces trois éléments en eux-mêmes, d'une manière abstraite, et vous pourrez affirmer qu'en tous temps et en tous lieux leur action productive se développera d'après les lois générales, qui seront les mêmes partout. Nulle part vous ne trouverez que le capital tienne lieu de la terre, que la terre tienne lieu de capital, ou que la réunion de la terre et du travail seulement donne les mêmes résultats que celle de la terre, du travail et du capital, considérés d'une manière abstraite. Ces trois instruments de la production obéiront partout aux mêmes lois aussi sûrement que, lorsqu'en mécanique on dirige certaines forces vers un point donné, on obtient nécessairement une résultante déterminée.

« Cependant, de ce que deux sociétés occupent une même étendue de sol, comptent un même nombre de travailleurs et possèdent un capital, est-on autorisé à conclure qu'en fait, en pratique, elles doivent produire les mêmes résultats? Non, en aucune façon. Elles peuvent posséder les mêmes instruments, du moins en apparence; elles peuvent avoir même étendue de terrain, même nombre de travailleurs, même capital, et ne point pouvoir néanmoins arriver au même résultat, parce qu'il y aura chez l'une des causes qui modifient l'action de ces instruments, causes qui n'existent pas, ou du moins qui n'existent pas au même degré chez les autres.

« Les modifications peuvent venir des instruments de la production eux-mêmes, qui, bien qu'en apparence égaux et identiques, ne le sont pas en réalité; elles peuvent aussi résulter de faits extérieurs et indépendants des trois instruments de la production. »

Ces faits sont précisément ceux que l'économiste philosophe se proposait d'étudier et qu'il a du moins esquissés. Le premier de tous, et celui qui résume les autres, quel est-il? c'est l'homme lui-même, l'homme tout entier, avec ses organes et son intelligence, avec ses facultés, ses instincts, ses passions; l'homme tel que l'ont fait la nature et la société. Rossi pose en principe qu'il faut l'envisager à la fois dans sa partie matérielle et dans sa partie morale; qu'il faut tenir compte de sa force et de sa volonté; que sa force est double, parce qu'elle est à la fois physique et intellectuelle; qu'enfin il y a trois éléments dans l'homme, comprendre, pouvoir et vouloir; et que, comme il peut coopérer, soit par la connaissance, soit par la puissance, soit par la volonté, il peut également devenir obstacle, soit en ne comprenant pas, soit en ne pouvant pas, soit en ne voulant pas.

25.

Parmi les causes physiques qui influent sur les instruments de la production, l'auteur du *Cours d'économie politique* signale la force et l'aptitude musculaires,
la race, l'âge du développement et du déclin physique,
les causes extérieures, telles que le climat, le sol, les
eaux, l'air, le mode de vivre et les habitudes des populations, enfin diverses autres causes physiques secondaires
qui agissent sur la puissance productive de la terre et du
capital. Mais les causes morales ont à ses yeux encore
plus d'importance. Les économistes ses prédécesseurs
s'en étaient occupés trop peu. Smith lui-même, grand
moraliste, les avait négligées. Quelques chapitres de
Malthus et de Say étaient loin d'avoir épuisé cette matière intéressante. La question chez ces économistes était
même à peine posée scientifiquement. Comment nier
pourtant le lien étroit du bien moral et du bien matériel, qui réagissent presque toujours l'un sur l'autre? Comment l'influence exercée sur l'état économique
par la situation morale et politique des nations ne for-
merait-elle pas une matière d'études presque inépuisable? Comment enfin la part qui doit appartenir à
l'éducation et à l'instruction, et, dans l'instruction, à
l'instruction générale et à l'instruction spéciale, n'aurait-elle pas fixé l'attention d'un économiste qui voyait
dans l'homme le véritable auteur de la richesse?

Sans multiplier les détails, sans insister sur cette
analyse, je remarquerai que Rossi exposait sur ce dernier sujet quelques idées alors peu répandues et même
le plus souvent combattues par les moralistes qui faisaient le plus autorité. Selon lui l'éducation, quoi qu'en
ait dit J.-J. Rousseau, doit être précoce et faire appel

aux sentiments religieux. Le christianisme n'était pas
en faveur auprès de la majorité des économistes. Ils se
défiaient un peu de cet *ascétisme* dont parle tant Bentham, et qui couperait court au développement de la
richesse. C'est une raison de plus pour Rossi de relever
l'influence que le christianisme a dû avoir sur la production, en faisant naître de nouvelles idées, de nouveaux sentiments. Ces idées si fécondes, jetées plutôt
qu'épuisées, pourraient recevoir de nouveaux développements, sans doute ; mais, comme indication, c'est
déjà très-net et très-lumineux. L'auteur, à propos des
faits physiques et de ceux de l'ordre moral, considère
aussi avec une précision remarquable l'usage que l'économiste peut et doit faire de la statistique. Il donne à
ce sujet d'excellentes règles un peu trop souvent ou-
bliées, et, en ce qui touche la production, il veut surtout qu'une statistique intelligence porte son attention
sur les habitudes qui se rapportent au travail et aux
jouissances des populations. Passant enfin aux rapports
de famille considérés dans leur relation avec la production de la richesse, avec quel soin le jurisconsulte
économiste montre de quelle importance est ici la constitution législative des rapports personnels et des biens
entre les époux, du pouvoir marital et du pouvoir paternel ! L'âge auquel il est permis de contracter mariage,
la monogamie, le système polygame, combien ces questions en apparence si étrangères à l'économie politique
sont loin d'être indifférentes à la richesse publique et
privée ! La rapide esquisse tracée par M. Rossi se complète par de grands aperçus sur les principes de la géographie rationnelle, et par des vues judicieuses, quoique

restées malheureusement sans développements suffisants, sur l'organisation sociale, c'est-à-dire sur la
manière dont se constituent les sociétés humaines et
sur le but qu'elles poursuivent.

Un ouvrage destiné à développer la partie en quelque
sorte philosophique de la science économique semblait
surtout fait pour combattre, au nom des principes les plus
élevés, ces organisateurs à tout prix qui substituent leurs
vains projets au plan providentiel révélé par l'étude attentive des lois du monde moral et du monde économique. Rossi avait touché déjà ce sujet de plus en plus
à l'ordre du jour avec son talent habituel en traitant des
salaires. L'analyse des profits et des salaires, telle qu'il
la présente dans le volume précédent, se trouve sans
doute en grande partie dans Adam Smith, qui a laissé
peu à faire sur un tel sujet. Mais les déclamations des
contemporains sur l'antagonisme du travail et du capital le contraignent à un examen de cette question plus
attentif et plus approfondi. Est-il besoin de dire qu'il
la résout dans le sens d'un accord essentiel, et, sans
fermer les yeux avec un dangereux optimisme sur les
causes de malentendu ou de conflit entre les ouvriers et
les maîtres, qu'il conclut à la solidarité de leurs intérêts? Pourquoi faut-il que Rossi n'ait fait qu'esquisser
un si grand sujet? La solidarité des intérêts, cette thèse
chère à tout véritable économiste, ce thème dont Frédéric Bastiat a su tirer depuis lors un beau livre, elle
est partout dans le *Cours d'économie politique*. N'est-ce
pas au nom même de cette grande idée qu'il fait justice
de ces *utopistes rétrogrades* qui prennent les essais et
les tâtonnements du passé pour l'idéal de l'avenir?

Rossi allait être bientôt désigné à la colère de leurs auxiliaires habituels, les démocrates exaltés.

IV

La vie politique de Rossi appartient à l'histoire de notre temps. Elle en forme un des plus dramatiques épisodes. Cet homme éminent, si habile à tirer parti des événements et des hommes, porta dans chacun des postes qu'il remplit un désir élevé du bien public. Membre de la Chambre des pairs en 1844, il prit rarement la parole devant cette respectable assemblée. Il y acquit pourtant l'influence que lui donnaient sa grande autorité personnelle et son sens judicieux, et, dans quelques circonstances, il porta à la tribune les mêmes idées économiques qu'il avait exposées comme professeur. Ses *Rapports* relatifs à la loi sur les sucres, sur le régime financier des colonies et sur plusieurs mesures d'ordre civil et d'intérêt matériel, peuvent être cités comme des modèles de clarté et de précision. Son rapport particulièrement sur le projet de loi portant prorogation du privilége conféré à la Banque de France, en 1840, est digne de toute attention. Non pas que les vues n'en paraissent contestables à des hommes très-compétents qui, tant en Angleterre qu'en France, se sont occupés de la matière du crédit. Rossi évince d'une manière trop absolue et trop sommaire le principe de la concurrence en matière de banques. « Autant, dit-il, vaudrait permettre au premier venu d'établir au milieu de nos cités des débits de poison, des fabriques de poudre à canon. La libre con-

currence en matière de banques n'est pas le perfectionnement, la maturité du crédit; elle en est l'enfance, ou,
si l'on veut, la décrépitude. » Les banques d'Écosse,
les banques même des États-Unis, quoi qu'on en ait dit,
ne justifient pas une condamnation si violente. Robert
Peel lui-même n'est jamais allé aussi loin en réclamant
la réglementation des banques de la Grande-Bretagne
en 1844. La liberté des banques a produit en Écosse et
en Amérique un bien que n'eût point procuré le privilége. Quant aux crises commerciales, le privilége en
a-t-il garanti les États? Bien loin de voir une décrépitude dans un régime de banques libres, régime qui
n'exclurait pas de grandes banques centrales, ne faudra-t-il pas y reconnaître un progrès toutes les fois que
la maturité économique des peuples permettra de faire
de nouveaux pas dans ce système? C'est du moins une
question qu'un économiste eût dû se poser, et que
M. Rossi aurait bien fait de traiter, au lieu de la tran-
cher si résolûment. Prendre pour beau idéal le privilége, le monopole, n'est-ce pas risquer d'ériger à l'état
de théorie les faits existants, et de condamner au nom
du présent ce qui sera dans les besoins et dans les justes
vœux de l'avenir?

L'année 1846 vit Rossi mêlé aux éclatantes discussions qui s'élevèrent au sein de la Chambre des pairs,
cette fois vivement passionnée, sur la liberté de l'enseignement. Il y adopta une position mixte entre ceux
qui refusaient à cette liberté une part, selon lui nécessaire, et les fougueux amis du clergé qui rêvaient à
son profit la destruction de l'Université. Peu de temps
après, il entrait dans une phase nouvelle et dernière de

son existence politique. Sa finesse, sa clairvoyante sagacité, son habitude des affaires extérieures, auxquelles il
restait mêlé en prenant part aux travaux du comité con-
tentieux établi auprès du ministère des affaires étrangères, enfin deux missions confidentielles remplies en
Suisse et en Italie, semblaient le désigner aux emplois
élevés de la diplomatie. L'estime du roi Louis-Philippe
et l'amitié de M. Guizot lui confièrent le poste de ministre plénipotentiaire à Rome en 1845. Sa mission
était fort délicate. Il s'agissait de demander au vieux
pape Grégoire XVI la suppression de la société des jésuites qui divisaient la Suisse et agitaient de nouveau la
France. Ce ne fut qu'à force de calme patient, d'adresse
insinuante, de persuasive et ferme autorité, que Rossi
put enfin faire agréer sa personne par ceux qui refusaient
de le reconnaître, et triompher sa mission par ceux qui
la détestaient. Son ascendant était grand à Rome quand
mourut le pontife honnête et pieux, mais imprudent et
peu capable, duquel les États romains n'avaient pu
obtenir aucun pas fait vers la régularité de l'administration et l'indépendance de la justice. L'influence de
Rossi et de la France devait s'exercer d'une manière
sensible et décisive sur l'élection de son successeur.
Lorsque les cardinaux furent réunis en conclave, il les
visita un à un dans leurs cellules, leur faisant entendre
les mêmes conseils de sagesse et de prévoyance. Le cardinal Mastai élu, grâce à la France, monta sur le trône
pontifical sous le nom de Pie IX. L'amnistie fut l'exorde
de ce pontificat appelé à tant d'orages, et Rossi devint
le conseiller écouté, mais incomplétement et toujours
un peu tard, du pontife bien intentionné. M. Mignet,

dans la Notice qu'il a consacrée à Rossi, comme secrétaire perpétuel de l'Académie des sciences morales et politiques, a dépeint cette situation réciproque du pontife romain et du libéral ambassadeur dans des termes dont l'expressive et piquante justesse devait survivre à l'époque à laquelle ils s'appliquent [1]. « Généreux, mais lent, dit M. Mignet ; sensible aux acclamations reconnaissantes de ses peuples et à l'enthousiasme respectueux du monde, mais retenu par les scrupules que lui suggéraient les défenseurs immobiles du pontificat absolu ; heureux des droits qu'il concédait, mais effrayé des attentes qu'il faisait naître, le régénérateur un peu irrésolu des États romains fut conduit successivement à accorder la formation des gardes civiques et des administrations municipales, la réunion des délégués provinciaux à Rome, l'introduction des laïques dans le conseil réorganisé des ministres, et l'établissement d'une consulte d'État auprès du saint-siége. Placé entre les résistances du parti rétrograde, qui retardait les concessions sans les empêcher, et les exigences du parti révolutionnaire, qui les obtenait sans s'y arrêter, il n'avait pas su, comme le lui conseillait habilement M. Rossi, opérer les réformes nécessaires avec décision, les circonscrire avec fermeté et former un parti moyen qui, satisfait de ses nouveaux droits, l'aidât à gouverner avec modération et avec justice. » En lisant la correspondance de M. Rossi, on est frappé de la vigueur de son esprit, de la libéralité de ses conseils, de la fécondité de ses expédients et de la justesse de ses prévisions. La poli-

---

[1] *Notices et Portraits historiques et littéraires.* T. II.

tique qu'il propose est toujours généreuse, tout en restant praticable. « Mais, écrivait-il, dans ce gouvernement de l'inaction, l'intelligence ne peut rien contre
les habitudes ; ils comprennent et n'osent agir. » Et
ailleurs : « On persévère dans les bonnes résolutions,
mais on n'agit pas; ce n'est pas l'idéal du gouvernement, c'est le gouvernement à l'état d'idée. »

Pendant les années 1846 et 1847, une vive émulation
de réformes saisissait tous les États de la Péninsule, et
entraînait au commencement de 1848 la proclamation
de constitutions à Naples, à Turin, enfin à Rome, où le
pape établissait, le 14 mars, le régime constitutionnel.
La révolution de Février vint tout précipiter. Elle en-
leva à M. Rossi l'ambassade de Rome, avec ses places
et ses titres. Cet homme, que les partis ont parfois peint
comme un ambitieux vulgaire, n'en fut pas moins rempli
d'enthousiasme lorsqu'il vit l'Italie entière s'élancer,
sous le drapeau du roi Charles-Albert, à la conquête
de son indépendance. Saisi de la plus généreuse ardeur,
il envoya un de ses fils combattre pour cette cause de sa
jeunesse, sur laquelle ni l'âge, ni les déceptions, ni
les agitations du parti révolutionnaire n'avaient pu le
refroidir. Dans le printemps de 1848, il écrivait trois
fragments restés inédits, qu'il intitulait *Lettres d'un
dilettante de la politique sur l'Allemagne, la France
et l'Italie*. Nobles lettres, pleines d'âme, pleines de
sens, qu'il adressait à une dame anglaise, et qu'il commençait par des paroles dignes d'un poëte patriote; elles
montrent bien quel feu d'imagination, quelle ardeur de
sentiments et quel élan de cœur il y avait sous cette apparence impassible et sous cet air dédaigneux de philo-

sophe désabusé et de politique sans illusion : « Vous souvenez-vous, disait-il, vous souvenez-vous des vers de votre poëte sur le cadavre de la Grèce? Eh bien! pour vous, pour moi, pour quiconque a l'amour de la poésie, de la science, de la civilisation, la Grèce et l'Italie sont deux sœurs diverses d'âge, égales de beauté et de gloire. Elles étaient mortes l'une et l'autre; mais depuis que la première est presque ressuscitée, vous ne pouviez me réciter ces beaux vers sans que cette pensée ne se tournât douloureusement sur celle qui gisait toujours belle, mais inanimée et froide. Dieu soit béni! nous avons donc vu ce sein se gonfler de nouveau du souffle de la vie, ces joues se colorer et ce bras se lever. Et la première action a été un combat, une victoire, un prodige! Vous femme, vous en avez pleuré d'admiration et de joie; moi homme, en rira qui voudra, j'en ai pleuré comme vous. » Dans ces lettres, toutes dignes de lui, il soutenait la nécessité, l'urgence de mettre fin à toutes les divisions, de se rallier au roi Charles-Albert, de créer un royaume de l'Italie du Nord, comprenant la Lombardie, la Vénétie, Parme et Modène. Il indiquait au pape, comme seule ressource, de prendre franchement en main la cause italienne. Le pape vit en lui un dernier recours contre l'anarchie. Il espéra pouvoir, sans danger pour son trône, inaugurer plus complétement l'ère des réformes. Au mois de septembre, après de longues hésitations et de longs pourparlers, vivement pressé par Pie IX, M. Rossi accepta de devenir le chef des conseils du saint-siége, et, entamant l'œuvre des réformes, il eut l'art d'obtenir du clergé de contribuer pour trois millions d'écus, projeta la réorganisation

civile de l'État romain et négocia à Turin, à Florence,
à Naples, un plan de confédération italienne ayant le
souverain pontife pour fondateur et pour guide, plan
analogue à celui que Napoléon III devait reprendre à la
paix de Villafranca et poursuivre également avec peu de
succès. Hélas! de telles réformes et de tels projets devaient
avoir contre eux à la fois les partisans entêtés des vieux
abus et les fanatiques de la république unitaire. Peut-
être, pour tout dire, Rossi contribua-t-il à appeler l'im-
popularité sur sa tête par des airs de hauteur et de
dédain trop peu dissimulés à l'égard d'adversaires qu'il
méprisait. Cet homme, si fin pourtant, n'avait dans sa
personne rien de cette affabilité et de cette bonhomie
qui devaient après lui contribuer à la puissance et à la
popularité du comte de Cavour. Il imposait et n'attirait
pas. Il avait le don quelquefois de blesser à l'excès et
d'ulcérer l'adversaire; mais devant de tels ennemis toute
intention généreuse et conciliante était un crime. L'Europe sait que, le 15 novembre 1848, jour où Rossi
devait exposer ses projets à la Chambre des députés,
il tomba sous le poignard d'un de ceux qui avaient com-
ploté sa perte. L'histoire mettra au nombre des grandes
choses dont elle garde le témoignage la fermeté héroïque de cette victime des idées libérales et la beauté
antique de sa mort. Il fut averti quatre fois, ce jour-là
même, d'abord par une lettre anonyme, ensuite par la
femme d'un de ses collègues qui lui écrivit pour lui
exprimer ses inquiétudes, en troisième lieu par un ca-
mérier du pape, enfin à sa sortie du cabinet pontifical
par un prêtre qui l'attendait pour l'instruire du redoutable projet. « Je n'ai pas le temps de vous écouter, lui

dit Rossi, il faut que j'aille sur-le-champ au palais de la Chancellerie. — Il s'agit de votre vie, ajoute le prêtre en le retenant par le bras; si vous y allez, vous êtes mort. » Frappé de ces avis successifs, Rossi s'arrêta un instant, réfléchit en silence, puis il continua sa marche en disant : « La cause du pape est la cause de Dieu, Dieu m'aidera. » Les conjurés l'attendaient sous le péristyle de la Chancellerie, les uns sous la colonnade qu'il devait traverser, les autres sur les marches de l'escalier par où il devait monter dans la salle où siégeaient les députés déjà réunis. En le voyant, les premiers se serrent autour de lui et les seconds s'avancent à sa rencontre. Au moment où il cherche à se frayer un passage, un des conjurés le touche brusquement à l'épaule; Rossi se retourne avec fierté, et le nommé Jergo profite de ce moment prévu pour lui plonger un poignard dans la gorge et le frapper mortellement[1]. Ce crime, auquel la garde civique assista sans l'empêcher, que l'Assemblée vit lâchement commettre sans prendre aucune mesure, et qu'applaudit la populace outrageant de son allégresse la douleur de la femme et des enfants de l'illustre victime, ne frappa pas seulement un des hommes de notre temps les plus expérimentés et les plus habiles, un grand et noble esprit; il atteignit, pour quelque temps du moins, la liberté souillée à ses débuts du sang de son plus grand serviteur, et l'Italie elle-même, dont la cause devait rester, aux yeux de bien des gens, suspecte et compromise.

[1] Le meurtre de Rossi est un fait encore peu expliqué et qui peut-être restera toujours obscur. Il a même été mis en question si le parti ultra-italien en était l'auteur.

Ah! espérons que ce sang n'aura pas coulé en vain. Dieu seul sait si, dans la modération qu'a déployée jusqu'à présent la révolution italienne, le sentiment de l'horreur qu'a excitée en Europe le meurtre de Rossi n'a pas eu sa part. Mais qui sait aussi pour combien le crime de sa mort a pesé dans les difficultés qui ont empêché de s'entendre la papauté et l'Italie? Si la réconciliation doit venir, et puisse-t-elle venir tôt! la statue de Rossi devra s'élever dans la Rome nouvelle comme un symbole glorieux de cette alliance tentée par lui et dont il a été le martyr.

Revenons au publiciste libéral. Rossi a été un théoricien décidé sans fanatisme, un observateur impartial sans indifférence, un grand esprit qu'on sent supérieur même à ses écrits. Peut-être, malgré les tendances éclectiques de son intelligence, l'écrivain a-t-il transporté quelque chose de son humeur hautaine dans la manière dont il traite les sciences morales. Des opinions même contestables ont dans sa bouche une apparence de dogmes inflexibles et de rigoureuse orthodoxie qui donnerait presque un air de sottise ou d'insolente révolte à ceux qui oseraient prétendre les récuser. Scientifiquement n'est-ce pas un défaut? Je le crois pour mon compte. Dans les matières encore aussi livrées à la controverse, il faut vouloir, à moins qu'il n'y ait de sa part déloyauté évidente, éclairer l'adversaire et non l'écraser sous le poids du dédain. En ce sens le ton volontiers ironique et superbe de Rossi, s'il donne à son exposition quelque chose de relevé et de mordant, n'est peut-être pas toujours aussi efficace pour la persuasion qu'heureux comme effet oratoire. Qu'importent au surplus ces critiques?

Rossi réunit deux mérites qui vont rarement ensemble et dont l'accord fait sa vraie originalité : le sens de l'historien et de l'observateur pratique, la vive dialectique et la logique serrée de l'écrivain spéculatif. Son livre demeurera un modèle. Il méritera d'influer longtemps sur la science sociale qui poursuit éternellement sa marche entre les utopies des raisonneurs à outrance, qui ne connaissent rien de l'homme ni de la vie, et qui feraient douter du progrès à force de s'en faire des idées exagérées ou folles, et les expédients sans franchise comme sans portée des empiriques. Honneur aux esprits fermes qui suivent une telle voie, dussent-ils vivre méconnus et se voir injuriés par les uns comme par les autres, dussent-ils mourir impopulaires ! Leur bonne influence s'étendra sur les intelligences d'élite, et le bien qu'ils font leur survivra. L'ingratitude de la foule a-t-elle jamais arrêté ceux qui croient à la vérité et qui cherchent le règne de la justice ? Aimer et servir les hommes, au risque de ne rencontrer que l'injustice, n'est-ce pas là, dans nos rapports avec la société de nos semblables, le vrai beau moral ? Chercher une autre récompense, du moins en faire son but principal, c'est presque avoir déjà mérité de la perdre.

JOHN STUART MILL [1]

Le nom de M. John Stuart Mill jouit dès longtemps
en Angleterre et en Europe d'une véritable autorité. Fils
d'un publiciste éminent lui-même, de James Mill, auteur d'*Éléments d'économie politique,* encore réputés,
et d'une remarquable *Histoire de l'Inde,* John Stuart
Mill, né à Londres le 20 mai 1806, succéda à la fois
aux aptitudes scientifiques de son père et à la haute
fonction qu'il occupait dans les bureaux de la Compagnie des Indes. M. John Mill, qui ne devait pas être une
simple *spécialité,* mais un esprit plein d'étendue, porta
d'abord son attention sur les objets les plus variés.
Peu d'études lui demeurèrent étrangères, et il devait en
pousser très-loin quelques-unes, telle que la philosophie, forte école par laquelle ont passé la plupart des
intelligences élevées et vigoureuses de tous les temps, et
qui serait la meilleure des gymnastiques quand même
on se refuserait à y voir le principe et la synthèse la
plus élevée de toutes nos connaissances. De la philoso-

[1] *De la Liberté,* traduit et précédé d'une introduction par
M. Dupont-White, 1 vol., chez Guillaumin, Paris. — *Principes
d'économie politique,* traduits par MM. Dussart et Courcelle-Se-
neuil, 2 vol. — *Du gouvernement représentatif,* chez le même
éditeur.

phie d'ailleurs, et ce trait peint déjà ses tendances intellectuelles, M. Mill choisit la partie qui offre la matière
la moins livrée aux hypothèses, je veux dire la logique.
Sous ce titre, d'ailleurs, il fait rentrer l'étude expérimentale des facultés de l'esprit humain. Le *Système de
logique*, en deux volumes, de John Stuart Mill, fut la
première révélation d'une intelligence pénétrante peu
faite pour se traîner dans les sentiers battus. En philosophie, il appartient, par la direction générale de son
esprit, à l'école française d'Auguste Comte, et, par la
partie morale, à l'école anglaise de Bentham. J'aurais
des réserves à faire sur cette direction. J'en indiquerai
quelques-unes chemin faisant. Le publiciste original
dont je ne sépare pas l'économiste chez M. Mill suffira
amplement à l'étude que je veux en faire. J'examinerai
d'abord son livre sur la *Liberté*. C'est le plus récent de
ses ouvrages. C'est peut-être aussi celui dans lequel ses
principes généraux se dégagent le mieux.

I

« Je dédie ce volume à la mémoire chérie et pleurée
de celle qui fut l'inspiration et en partie l'auteur de ce
qu'il y a de mieux dans mes ouvrages; à la mémoire de
l'amie et de l'épouse dont le sens exalté du vrai et du
juste fut mon plus vif encouragement et dont l'approbation fut ma principale récompense. — Comme tout
ce que j'ai écrit depuis bien des années, c'est autant son
œuvre que la mienne; mais le livre, tel qu'il est, n'a
eu qu'à un degré très-insuffisant l'inestimable avantage

d'être revu par elle, quelques-unes des parties les plus importantes ayant été réservées pour un second et plus soigneux examen, qu'elles sont destinées maintenant à ne jamais recevoir. Si j'étais capable d'interpréter la moitié seulement des grandes pensées, des nobles sentiments qui sont ensevelis avec elle, le monde en recueillerait plus de fruit que de tout ce que je puis écrire, sans l'inspiration et l'assistance de sa sagesse presque sans rivale. » Cette dédicace touchante, adressée à une femme aimée et supérieure, ouvre le livre de la *Liberté*. Elle peint aussi l'auteur du livre, et trahit ce qu'il y a d'âme sous une enveloppe un peu froide, chez un écrivain des plus contenus et dont l'écueil serait plutôt la sécheresse didactique que l'effusion sentimentale. Elle fait deviner l'homme qui vit dans la retraite, au sein d'une famille excellente, ne se mêlant au monde qu'autant que l'exigent ses fonctions, et partageant son existence entre les affections les plus douces et les grands travaux de la pensée. La biographie proprement dite occupe peu de place ici. Il y a peu d'événements extraordinaires dans ce que l'on connaît de cette vie vouée à la science. M. Mill est éminemment ce qu'on appelle un penseur de cabinet, un contemplateur. Il n'a pas même pris part, du moins une part notable, aux dernières agitations réformistes de son pays. Il a laissé MM. Cobden et Bright accomplir leur œuvre de propagande dans la grande affaire de la réforme des céréales, et sir Robert Peel porter un coup décisif au vieil édifice économique de l'Angleterre, sans que l'on voie son influence marquée dans ce mouvement, sans que l'on entende sa voix retentir dans ces grands débats.

La question dont M. Mill, publiciste, se préoccupe sous toutes les formes, c'est la question de ce temps, celle des rapports de l'individu et de l'État. Nous le verrons, dans ses *Principes d'économie politique,* faire la part plus large à l'État que ne la font habituellement les économistes de son pays. Dans son livre de la *Liberté,* il traite de l'individualité, de ses droits, ou mieux encore de la latitude qu'il convient de lui laisser dans une société vivante et non pétrifiée, organisée sur ses bases naturelles et durables, non factices et caduques. La liberté dont parle M. Mill n'est pas seulement ni peut-être même surtout la liberté politique. M. Mill apprécie celle-ci à sa juste valeur, son livre sur le *Gouvernement représentatif* en fait foi, mais il n'y voit qu'un développement, une application d'une liberté plus haute, d'une liberté mère de toutes les autres, la libre possession de l'individu par lui-même. Ce qu'il offre à ses lecteurs, c'est, en un mot, la théorie de l'individualisme.

Rien n'est plus connu, dira-t-on peut-être. Nos pères avaient-ils attendu M. Mill pour écrire cette théorie? Tout le dix-huitième siècle n'en est-il pas plein? Voltaire, Montesquieu, Turgot, Mirabeau ne sont-ils pas de grands individualistes? Oui, certes; mais la preuve qu'ils n'ont pas tout fait ni même tout dit, c'est qu'on ne voit pas, hélas! qu'ils aient réussi à faire pénétrer la notion pratique de la liberté dans les esprits et dans les faits. — Qui ne sait, ajoute-t-on, que la liberté est le plus imprescriptible des droits? Cela se répète tous les jours. Nos hommes d'État l'impriment au besoin. — Cela est vrai, mais qu'importe, si ce droit nous le laissons prescrire volontairement, et si, ballottés toujours entre l'abstention et l'abus, nous passons à l'égard de la liberté par des alternatives d'exaltation et de froideur? Les scènes du *Dépit amoureux* appliquées à cette idole constituent-elles une politique? Ce que nous traitons comme une affaire de passion, les Anglais, dès long-temps, le traitent comme une affaire de ménage. Ils n'adorent pas la liberté, ils l'aiment et la possèdent; ils ne la nourrissent pas d'encens, ils la consultent et s'ins-pirent d'elle dans tous leurs actes. Les peuples com-mencent, dit-on, par la poésie et continuent par la prose. Ne serait-ce pas une preuve qu'en fait de liberté nous sommes au début et les Anglais au terme?

C'est une glorification de la liberté par l'*utile* qu'a entreprise M. Mill. Est-ce à dire qu'il n'en sente pas la dignité et la grandeur? On en a rarement, au contraire, célébré la valeur morale dans un langage plus fier. Un peuple qui se composerait d'âmes rampantes, un peuple d'automates habiles à produire le coton et le fer, ce peuple, fût-il le mieux nourri, le mieux vêtu, le plus heureux de tous les peuples du monde, paraît à notre publiciste un peuple peu digne d'envie. Son idéal est si peu un troupeau bien repu et bien soigné, qu'il ne croit même pas à la durée de ce bien-être sans un grand déve-loppement moral individuel. Qu'il plaise au despotisme de changer sa verge en houlette, ce n'est pas moins son destin de produire un amoindrissement des facultés hu-maines, qui mène à l'inertie de la civilisation matérielle. Ce n'est pas une simple coïncidence qui fait de l'Angle-terre et des États-Unis les plus libres et à la fois les plus riches pays du monde. N'est-il pas naturel que l'homme déploie le plus d'efforts et les efforts les plus féconds là où il y a le moins d'entraves, et où le fruit de son travail lui est le mieux garanti? Le despotisme empêche de faire par des mesures préventives qui glacent toute activité; il porte en outre le désordre, par ses règlements arbitraires et ses exactions, dans ce qui a été une fois fait; n'est-ce pas une manière encore d'empêcher qu'on n'ose rien entreprendre?

Liberté, dignité, travail, qui ne voit que ces trois termes ne peuvent rester longtemps séparés?

La liberté est donc autre chose encore qu'un droit qui, comme tout droit d'ailleurs, a pour complément et pour condition de durée le bon usage habituel; elle est le premier des intérêts. Thèse excellente, il faut le reconnaître, qui a l'avantage de se faire écouter par les manufacturiers, par les banquiers, par les rentiers, par les propriétaires, lesquels se figurent volontiers la liberté sous les traits de l'émeute. Ceux qui avaient en défiance la liberté héroïque reprennent du goût pour la liberté qui rapporte et qui rassure. Et pourtant, avec la haute idée morale qu'il se fait de la liberté, j'ai peine à comprendre que M. Mill n'admette pas la théorie du *droit naturel*. Ne peut-on concilier le point de vue français du droit et le point de vue anglais de l'utile? C'est ce que, dans un livre généreux, ingénieux, fait pour frapper les esprits réfléchis, portant le même titre, M. Jules Simon a essayé de faire récemment, avec un succès également favorable à la bonne philosophie et à la bonne politique [1].

---

[1] *La Liberté*, par M. Jules Simon.

Le triomphe croissant de la démocratie ne rassure pas M. Mill sur la liberté. Habituellement les démocrates ne font là-dessus aucun doute : ou ils sacrifient nettement la liberté à l'égalité, ou ils sont convaincus qu'eux seuls peuvent donner la liberté à la société. M. Mill n'a point cette confiance intrépide. Ce point de vue ne serait pas extraordinaire de la part d'un adversaire de la démocratie; il est curieux et instructif, venant d'un de ses amis les plus chauds. La démocratie lui paraît elle-même pleine d'écueils menaçants pour la liberté. Elle aime le progrès, oui; mais, pour l'obtenir, elle recourt volontiers à la force. Elle aime l'égalité, oui; mais elle la réalise souvent par un nivellement fatal au libre déploiement des facultés et des forces individuelles. Elle écrase, en un mot, — telle est du moins sa tendance, si on n'y prend garde, — l'individu sous la masse.

C'est ici que M. Mill tient à marquer qu'il sépare des formes politiques l'essence de la liberté, laquelle gît dans l'individualité même et non ailleurs. Tous les moyens que la politique suggère n'ont d'autre but à ses yeux que de protéger cette libre personnalité humaine dont la valeur importe plus que tout le reste. Considérer la liberté, ainsi que l'ont fait plus d'une fois les peuples qui ont voulu se la procurer et les écrivains qui en traitent, comme un ensemble de précautions prises contre le pouvoir, c'est s'en faire une idée trop insuffisante. Les monarchies tempérées et les gouvernements mélangés d'éléments divers peuvent donner sans doute des satisfactions à la vraie liberté. En sont-ils pour cela l'équivalent, comme on l'a cru? En aucune sorte

On semble maintenant avec plus d'apparence de logique la chercher dans l'élection. L'élection a pour but d'identifier en quelque sorte les gouvernants et les gouvernés. Eh bien ! ce système non plus ne laisse pas M. Mill sans crainte et sans objection. Il a le défaut, capital à ses yeux, de ne point protéger suffisamment les droits de la minorité. Celle-ci en sera-t-elle moins opprimée, parce que la constitution lui laissera l'espérance de devenir oppressive à son tour ? Allons plus loin. L'élection ne garantit même pas les libertés les plus essentielles de la majorité. Celle-ci sera fort capable de s'opprimer elle-même. L'histoire des gouvernements représentatifs n'est pas faite pour démentir cette assertion de M. Mill. L'État n'y a pas toujours paru plus que sous d'autres formes politiques disposé à se désarmer d'attributions abusives. Cette excessive centralisation dont nous nous plaignons ne s'est-elle pas maintenue et développée sous des régimes qui se prétendaient libéraux et qui assurément l'étaient à beaucoup d'égards ?

Si les immunités arrachées à un prince sous forme de charte, comme cela se passait jadis, — si les freins constitutionnels dont on entoure un pouvoir délégué, comme cela a lieu plus généralement aujourd'hui, — ne paraissent pas à M. Mill une garantie suffisante pour la liberté, il est une autre puissance dont il craint la domination avec un effroi pour le moins égal, puissance anonyme, qui agit à toute heure, pénètre dans les détails de la vie, et enchaîne l'âme elle-même. Quelle est-elle donc cette puissance redoutable ? c'est la société, la coutume, l'opinion collective. Elle affiche, avec une sorte d'ingénuité hautaine, la prétention, qui ne souffre

ni résistance ni murmure, d'imposer à chacun ses jugements et ses règles de conduite. O la terrible tyrannie!
Ce qu'elle a de pire, c'est qu'elle s'exerce au nom de la
conscience. On se rend despote par charité. On manque-
rait à la sympathie envers ses semblables comme à ses
devoirs envers la vérité, envers le bien, si on ne faisait
tous ses efforts pour ramener au bercail des esprits
égarés. On gémit sur l'erreur de leur jugement, et
bientôt (la pente est rapide) sur la perversité de leur
volonté. C'est là encore le plus noble côté de la tyrannie
de l'opinion. Combien n'en a-t-elle pas d'autres bien
moins respectables! Combien d'intérêts y sont liés!
Comme la servilité y trouve son compte! Le joug de
l'opinion peut être fort dur là même où le joug de la
loi est plus léger qu'ailleurs. Les démocraties les plus
libérales dans leur législation ne sont pas à l'abri de
cette inquisition insupportable exercée sur les pensées
et les croyances. Cette pression de l'opinion de tous sur
chacun est une des plus grandes menaces pour l'individualité. Heureuses les âmes qu'elle n'étouffe pas! heureuses les idées nouvelles qu'elle laisse éclore!

Inquiet et sévère pour le présent, M. John Stuart Mill
ne se montre pas moins alarmé pour l'avenir. Y a-t-il des
signes desquels on puisse conclure que le niveau acca-
blant qui pèse aujourd'hui sur l'individu va disparaître? Voit-on poindre l'affranchissement? Hélas! non,
à l'en croire. L'absence d'originalité dans les pensées,
de force dans les caractères, tient à des causes générales;
ce qu'il y a de pis, elle tient même à quelques-uns
de nos plus incontestables progrès. Le caractère commun des progrès modernes est de tendre à une certaine

assimilation des races, des sociétés, des classes, des individus. Les communications rendues plus faciles, les chemins de fer, le télégraphe électrique, la connaissance plus générale des différentes langues et des diverses littératures, en élargissant la pensée humaine, en émoussant la pointe de certains préjugés invétérés, en étendant le vaste domaine de la sympathie, ont pour résultat de rapprocher de plus en plus les peuples dans les idées comme dans les habitudes. C'est un bienfait assurément. — Mais l'espèce ne peut-elle donc gagner sans que l'individu perde? Faut-il que celui-ci se rapetisse de tout ce qui grandit celle-là? Notre civilisation doit-elle avoir un jour pour symboles des machines desservies par d'autres machines? Prenons garde de ressembler à la Chine! Prenons garde de n'avancer que pour nous arrêter un de ces jours, faute d'un souffle moral suffisant, faute d'individus assez forts, assez grands, qui refusent de plier la tête sous un joug abrutissant, qu'il soit ou non démocratique. Prenons garde de nous pétrifier, nous les soldats fanfarons du progrès.

Qu'il y ait de l'exagération dans ces craintes, pour moi, j'en suis convaincu. Je crois que le christianisme a trop pénétré cette société pour que l'individualité souffre de ces abaissements profonds, généraux et durables. Je crois que le sentiment de la personnalité est l'indestructible cachet des races occidentales. Le besoin de liberté, qui ne s'est jamais plus manifesté que dans ce siècle, la propriété elle-même, devenue plus répandue, et qui est une garantie d'indépendance, me donnent de meilleurs augures de notre avenir. Non, malgré plus d'un fâcheux symptôme, le monde occidental n'a envie ni de s'arrêter ni de rétrograder. La personnalité humaine n'est pas aussi malade que semble l'affirmer M. Mill. Les hautes individualités sont en déclin; je reconnais ce qu'il y a de triste dans ce fait en lui-même; est-on en droit de soutenir que la force morale soit en déclin aussi dans les rangs moyens et inférieurs de la société? y a-t-il moins d'hommes qu'autrefois capables d'énergie, d'activité soutenue, même de dévouement? Je vais, quant à moi, jusqu'à croire qu'il y en a plus, dût-on m'accuser d'optimisme. — Le lingot d'or a été brisé. — Peut-être. — Est-ce une illusion de trouver qu'il en subsiste d'assez beaux morceaux? Et ne circule-t-il pas en monnaie? Quoi qu'il en soit, le cri d'alarme poussé par le publiciste anglais a ses raisons d'être. Puisse-t-il ne pas demeurer vain! Notre mal est bien où il le dit. Les vertus économiques, la prévoyance, l'épargne, sont plus répandues qu'autrefois, et c'est un progrès auquel je suis loin d'être insensible. Il ne faut pas oublier qu'il y a aussi des qualités plus délicates et qui valent mieux. On peut être riche et plat, économe et commun, âpre au travail et vulgaire de cœur.

On ne reprochera pas à M. Mill, qui prêche l'originalité, la franchise, le mépris de toute hypocrisie, de ne pas joindre l'exemple au précepte. Sa hardiesse calme et raisonneuse scandalisera plus d'une fois peut-être nos lecteurs français. Serait-ce qu'en matière de religion M. Mill prétende attaquer ou infirmer la valeur d'aucune croyance? Nullement; mais là plus qu'ailleurs il croit à la légitimité, à l'utilité du libre examen. Sur un sujet si rebattu sa démonstration me paraît neuve et frappante.

Aux yeux de ce juge sévère, l'utilité sociale de telle ou telle croyance ne saurait être alléguée pour la rendre indiscutable; car cette utilité ne peut, elle aussi, être établie autrement que par la discussion. Qui d'ailleurs oserait prétendre que l'utilité et la vérité peuvent être séparées l'une de l'autre? Lorsqu'une opinion nouvelle se produit, il est rare, j'en crois volontiers là-dessus cet arbitre impartial des opinions humaines, ou qu'elle ne soit pas vraie, ou qu'elle ne contienne pas, même fausse, quelque part de vérité. Or, de quel droit nierez-vous la vérité d'une opinion en invoquant la religion établie, la morale même, tout ce qui vous tient le plus à cœur? Souvenez-vous donc, oui, souvenez-vous, de grâce, de tous les grands martyrs de la vérité philosophique et religieuse; souvenez-vous de Socrate condamné à mort par des juges probablement fort consciencieux; est-ce tout? Non, souvenez-vous de l'événement sans pareil qui s'accomplit sur le Calvaire il y a plus de dix-huit cents ans! N'est-ce pas comme blasphémateur que le Christ fut mis en croix, et par qui? Par des hommes, sachez-le, qui possédaient à un degré éminent les sentiments religieux, moraux, patriotiques de leur temps et de leur pays! « Lorsque le grand prêtre, écrit M. Mill, déchira ses vêtements en entendant prononcer les paroles qui, suivant les idées reçues, constituaient le plus noir des crimes, son indignation et son horreur étaient très-probablement aussi sincères que le sont aujourd'hui les sentiments moraux et religieux pour la généralité des hommes pieux et raisonnables. Et beaucoup de ceux qui frémissent maintenant de sa conduite auraient agi exactement de même s'ils avaient vécu à cette époque et parmi les Juifs. Les chrétiens orthodoxes, qui sont tentés de croire ceux qui lapidèrent les premiers martyrs des hommes bien pires qu'eux-mêmes, devraient se rappeler que saint Paul fut au nombre de ces persécuteurs. » Enfin est-il inutile de rappeler que ce fut le meilleur et le plus éclairé des monarques, l'empereur Marc-Aurèle, qui persécuta le christianisme naissant? N'était-il pas aussi convaincu, ce philosophe si sage, que le christianisme était un principe de dissolution sociale funeste non-seulement au monde romain, mais au genre humain, qu'un chrétien de nos jours pourrait l'être de la même accusation à l'égard de toute autre doctrine nouvelle?

Soyons donc modestes, s'écrie avec raison M. Mill, après de tels exemples; n'oublions pas que bien des vérités anciennes ne sont plus que des erreurs abandonnées.

Quant aux opinions qui ne contiendraient qu'une part de vérité, ne convient-il pas de les traiter avec les mêmes égards? Quel piquant intérêt, quel viril accent ont les pages dans lesquelles M. Mill prend en main la cause des dissidents! Jamais on n'avait insisté peut-être à ce point sur le rôle utile qu'ils jouent en ce monde. Leur mérite n'est-il pas d'empêcher l'opinion dominante de devenir ou de rester trop étroite et trop incomplète? Comment ne pas leur en savoir gré, ne fissent-ils que mettre en lumière un seul fragment de vérité méconnu? Voyez les paradoxes tant reprochés à Rousseau. Ils firent explosion au milieu d'une société artificielle. Eh bien! ils la ramenèrent par une exagération en sens inverse à des sentiments naturels trop mis en oubli. Fût-elle la vérité absolue, la croyance consacrée gagnerait encore à être examinée. Tout dogme qu'on ne peut discuter hardiment, complétement et souvent, dit M. Mill, devient tôt ou tard une lettre morte. La croyance religieuse qui cesse d'être examinée demeure, pour ainsi dire, à l'extérieur de l'esprit pétrifiée désormais. Elle ne manifeste plus son pouvoir qu'en intéressant les scrupules de la conscience à empêcher toute conviction vivante et nouvelle d'y pénétrer. « Elle ne fait rien pour l'intelligence et pour le cœur, selon l'expression énergique de l'auteur de la *Liberté*, que de monter la garde afin de les maintenir vides. »

C'est dans le même esprit que l'éminent publiciste examine l'importance de l'individualité dans les différentes sphères de l'activité sociale. Il proteste partout en faveur des droits de l'originalité, cette mère de toute découverte, de toute invention, de toute œuvre vraiment grande, contre le lourd poids dont l'accable la masse, c'est-à-dire la médiocrité collective. Quelle force vaut et remplacerait la force vivante comme élément du travail et comme condition du bien-être ? quel mécanisme social en tiendrait lieu ? Est-il au pouvoir de l'État de faire des hommes, c'est-à-dire quelque chose qui vaut infiniment mieux, avec ses irrégularités et ses imperfections, ses vices mêmes, que les automates les plus accomplis ? On impute le désordre aux emportements de la liberté. C'est la faiblesse imprévoyante, bien plus que l'énergie du ressort moral, qu'il en faut accuser. Quel progrès possible, si chacun ne se sert de l'expérience acquise comme d'un point de départ ?

Je manquerais de franchise à l'égard de l'auteur et des admirateurs de ce noble écrit, si je ne signalais ici quelques opinions singulières. A mon sens, M. Mill, qui accuse avec une énergie si passionnée l'invasion des maximes qui tendent à étouffer l'individu, s'est-il tenu toujours lui-même à l'abri des séductions de cette grande idée de la civilisation qui autorise tant d'abus de pouvoir? Il excepte de sa règle générale de non-intervention de l'État les mineurs et les incapables. Rien de mieux assurément; mais a-t-on le droit de classer parmi les incapables et les mineurs les peuples peu avancés? Ainsi, chez ceux-là, la sphère de l'activité privée pourra donc être dominée par l'action publique! N'est-ce pas une concession bien redoutable faite en des termes aussi absolus? Car qui dira quels sont les peuples mineurs? Où est la limite de la majorité des nations? Quelle règle fixe pourrez-vous invoquer? Êtes-vous bien sûr que ce régime de tutelle dont vous semblez faire la théorie soit le plus favorable à l'éclosion de la liberté? Êtes-vous sûr que cette justification de la force par son emploi ne puisse servir jamais à la domination d'une classe par une autre? Il se peut que ces dominations aient été nécessaires et qu'elles n'aient pas été stériles. C'est un fait qui ne recevra jamais un complet éclaircissement, et vis-à-vis duquel nous sommes à peu près réduits à des hypothèses. Faut-il s'empresser, à cause de cela, de les ériger en droit et de donner des armes aux tuteurs officieux de l'espèce humaine? La maxime que l'intérêt général justifie la mise en tutelle des peuples peu avancés ne mène-t-elle pas à cette théorie, fort en honneur aujourd'hui, que les peuples civilisés ont un droit analogue sur les peuples barbares? On estime qu'il est juste et charitable d'aller planter son drapeau chez un peuple inoffensif, pour l'amener à ses idées et à ses mœurs. On

trouve admirable de s'emparer de son territoire pour lui
enseigner la propriété et la famille ; on tue les gens sans
scrupule pour leur apprendre à vivre. N'est-ce pas le
lieu de faire observer que la doctrine du juste oppose
une limite plus sûre aux usurpations même bien inten-
tionnées? Elle se pique d'ignorer les résultats. Elle interdit de toucher au plus léger droit. Elle s'oppose à ce
que le premier venu puisse, au nom de la théorie du
progrès, se porter en représentant visible des desseins
de la Providence sur la destinée des nations. rôle trop
séduisant pour ne pas tenter l'ambition guerrière : les
prétextes ne lui manquent pas ; la philosophie de l'histoire ne pourrait-elle s'abstenir de lui en prêter d'aussi
nobles et d'aussi beaux?

Et cette licence n'est pas la seule que prenne l'écrivain anglais à l'égard du droit individuel s'autorisant de
la doctrine de l'intérêt général. S'il est au monde un
droit naturel qui relève uniquement de l'initiative personnelle, n'est-ce pas celui de se marier bien ou mal ?
Suffira-t-il qu'un individu ne puisse justifier d'un certain avoir et de moyens assurés d'existence pour que la
société mette son interdit sur un acte qu'elle juge imprudent? Le prétendre, c'est, selon moi, obéir plus qu'il
ne convient à des traditions d'école, c'est se montrer plus
malthusien que Malthus lui-même. Est-il vrai, d'ailleurs,
que l'intérêt général s'accommode de cette usurpation?
La réponse ici peut être empruntée à l'expérience. Dans
plus d'un petit État, notamment en Allemagne, l'interdiction posée en règle par M. J. St. Mill a force de loi.
Qu'en est-il résulté? Ce qui résulte de tout arbitraire : la
loi y est éludée ; elle ne réussit qu'à multiplier le nombre

des unions illégitimes et des enfants naturels. On voulait protéger le bien-être de la famille, on a détruit la famille elle-même. Laissez donc chacun poursuivre son bien comme il l'entend, du moment qu'il ne porte pas un préjudice immédiat à autrui. Alors même qu'il serait prouvé que l'individu gagne à la mesure que l'auteur recommande quant au mariage, je répéterais avec lui et contre lui ces paroles qui résument sa doctrine : « L'esprit de progrès n'est pas toujours un esprit de liberté ; car cet esprit peut vouloir imposer le progrès à des gens qui ne s'en soucient pas ; mais l'unique source infaillible et permanente du progrès est la liberté. »

Combien il serait à désirer que l'ouvrage de M. Mill devînt populaire en France ! L'ordre y gagnerait autant que la liberté. Quel ordre durable peut se passer d'elle ? « En France, écrit l'auteur, où le public, accoutumé à attendre que l'État fasse tout pour lui, ou du moins à ne rien faire de lui-même sans que l'État lui en ait non-seulement accordé la permission, mais indiqué les procédés, le public tient naturellement l'État pour responsable de tout ce qui lui arrive de fâcheux, et si la patience se lasse un jour, il se soulève contre le gouvernement et fait ce qu'on appelle une révolution ; sur quoi quelqu'un, avec ou sans l'aveu de la nation, s'empare du trône, donne ses ordres à la bureaucratie, et tout marche à peu près comme devant, la bureaucratie n'étant pas changée et personne n'étant capable de prendre sa place. » La théorie de M. Mill, qui n'est autre que celle du *self government*, est donc au fond beaucoup moins révolutionnaire qu'elle n'en a l'air. Bien loin de là, elle est antirévolutionnaire par essence.

Le gouvernement tel qu'il le conçoit ne donne-t-il pas prétexte à moins de plaintes, étant chargé de moins de soins? et ne devient-il pas l'objet de moins ardentes compétitions? La liste des attributions qu'il laisse à l'État, liste qu'il a dressée dans ses *Principes d'économie politique*, atteste au surplus que dans son système l'État est loin de se croiser les bras.

Le traducteur du livre sur la *Liberté*, M. Dupont-White, l'a fait précéder d'une longue introduction. On y trouve des vues ingénieuses et sagaces, comme dans les autres écrits de l'auteur du livre de *l'Individu et l'État*. Mais nous craignons que, quelque habile qu'il se montre à la discussion, M. Dupont-White ne prenne souvent des correctifs et des expédients pour des principes. La prétention de M. Dupont-White est d'opposer à la doctrine de M. Mill une théorie plus compréhensive, et de poser à titre égal le droit de l'État et celui de l'individu. Je suis loin de croire, pour mon compte, que M. Dupont-White ait réussi à démontrer cette thèse à laquelle il semble avoir consacré sa vie. L'État sert à contenir les écarts nuisibles de la liberté individuelle; il va plus loin, selon nous aussi; ne se bornant pas à *laisser faire*, il *aide* à faire. Seulement, nous désirons que ce soit uniquement dans les cas où l'individu et la puissance de l'association sont manifestement insuffisants. La théorie de M. Dupont-White a un grave inconvénient : l'une de ses moitiés risque de détruire l'autre. Il semble toujours que l'État s'y dispose à dévorer l'individu, dans lequel il voit un adversaire qui tantôt semble l'y convier par sa faiblesse même, tantôt l'y provoquer par sa résistance intempestive à une volonté trop bien intentionnée pour ne pas être obéie. N'est-ce pas pour l'individu une sorte de crime que de se refuser à un bonheur qu'on lui offre d'un cœur si généreux?

II

M. Mill reste publiciste et publiciste éminent dans ses *Principes d'économie politique*. Ce n'est pas seulement en effet la richesse qu'il étudie, c'est la société. De là l'importance particulière de ce grand travail. Au point de vue purement théorique, M. Mill satisfait, par cette vue plus large et plus complète des phénomènes sociaux, au besoin de synthèse qui commence à pénétrer dans les sciences morales et politiques; au point de vue des faits et, comme on dit aujourd'hui, des *signes du temps*, son livre contient plus d'une indication précieuse à recueillir sur une situation nouvelle des esprits qui tend à se produire en Angleterre. Si libéral qu'il soit, M. Mill admet, il réclame même, dans une mesure qui contraste avec les idées d'abstention gouvernementale de l'école d'Adam Smith, l'intervention de l'État. Il porte aux classes ouvrières une vivacité d'intérêt à laquelle ses maîtres en science économique ne nous ont point habitués. C'est un disciple, il est vrai, de Ricardo et de Malthus, mais qui a respiré l'air de son temps. Il est en Angleterre le moins Anglais des économistes. En règle générale, la théorie des économistes anglais est la traduction et la glorification des faits anglais. Tous, ou à peu près, se montrent partisans du droit d'aînesse, des substitutions, de la grande propriété foncière. John St. Mill atta-

que les priviléges avec décision, et ses idées, toutes favorables à la petite propriété, eussent fort étonné Arthur
Young. Que dire enfin de la prédilection marquée avec
laquelle il juge les associations d'ouvriers entre eux et
de patrons avec les ouvriers? N'est-il pas évident que
la démocratie a soufflé sur cet esprit accessible à toutes
les idées hardies?

Tout porte d'ailleurs chez M. Mill l'empreinte d'une
méthode véritablement scientifique : procédés d'exposition, divisions et subdivisions qui conduisent l'esprit
sans fatigue d'un sujet ou d'un point de vue à un autre,
langage net et rigoureux. Point de développements oi-
seux ; une accumulation pressante de faits et de preuves ;
des analyses exactes, approfondies, tenaces, pour ainsi
dire, qui ne lâchent point un sujet sans l'avoir épuisé.
Les *Principes* de M. Mill sont aujourd'hui le traité le
plus complet que nous ayons sur les matières économiques. Je me hâte de remarquer que dans une science
dont plusieurs parties sont fixées, l'originalité a nécessairement des limites. Bien souvent l'auteur se borne à
résumer les résultats acquis, et se contente de les re-
nouveler par un commentaire qui lui est propre. Il est
même tel cas où sa fidélité aux traditions d'école me paraît excessive. Ce n'est pas non plus que cette originalité ne me semble jamais achetée au prix de l'exactitude
des vues ; mais, en général, elle est de bon aloi. Elle se
répand particulièrement sur les portions les moins ex-
plorées de l'économie politique. Telles sont les observations très-fines et très-neuves qu'inspirent à l'écrivain
anglais le crédit et surtout les effets de l'échange dans
le commerce international.

La pensée particulière que je repousse dans l'auteur des *Principes*, c'est que la propriété individuelle n'est qu'un des modes, un des types possibles de la distribution de la richesse; type n'ayant rien d'absolu, de nécessaire, et pouvant dès lors, non-seulement se modifier, mais disparaître un jour. Cette pensée se retrouve plusieurs fois sous la plume de l'illustre publiciste. Certes, si M. Mill s'était borné à remarquer que la propriété s'est transformée bien des fois, et que rien n'autorise à penser qu'elle soit arrivée au terme des combinaisons qu'elle peut revêtir, je ne songerais pas à le combattre. Personne plus que moi n'en est convaincu : l'histoire désapprend cette superstitieuse idolâtrie pour les faits existants qui s'est de tout temps opposée aux progrès légitimes. La société a changé souvent. De quel droit se figurer qu'elle ne changera pas encore? La diversité des formes sociales est-elle donc épuisée? Au train dont vont les choses, y a-t-il témérité à croire que le monde tel qu'il sera dans un millier d'années devra différer de notre monde actuel plus sensiblement encore que celui-ci ne diffère de la société du temps de Charlemagne? Mais le fond de la nature humaine change-t-il de même? Ne sont-ce point ses conditions immuables que M. Mill méconnaît en ne voyant pas que la propriété individuelle est une dérivation et comme une extension du *moi* humain parfaitement indestructible?

Pour moi, j'en fais le sincère aveu : il m'est impossible de concevoir comment l'auteur, après avoir posé en principe que la meilleure forme de société et de distribution de la richesse est celle qui se concilie le mieux avec la plus grande somme de liberté et de spontanéité,

refuse à la fois d'admettre que l'une des plus nécessaires garanties de cette liberté ne se trouve que dans la
propriété individuelle. M. Mill ne saurait être dupe des
illusions socialistes au point de croire que le sentiment
de la fraternité ira jusqu'à faire qu'à toute heure, à toute
minute, pour les besognes les plus modestes du ménage industriel, chacun pense aux autres et non à soi.
Compte-t-il donc sur quelque transformation de la
nature humaine? pense-t-il qu'un temps viendra où
les progrès de l'intelligence et de la vertu changeront
du tout au tout les conditions de la société? Il faut bien
le croire, lorsqu'on lit des phrases comme celle-ci :
« Quant à savoir si, lorsque cet état de culture intellectuelle et morale sera atteint, ce sera la propriété individuelle, ou quelque nouvelle forme, très-éloignée de la
forme actuelle, ou bien la communauté de propriété
dans les instruments de production et un partage régulier des produits, qui créera les conditions les plus
favorables au bonheur et les plus propres à faire arriver la nature humaine à sa plus grande perfection,
c'est là une question dont la solution doit être abandonnée (et elle peut l'être impunément) à l'avenir. Les
hommes qui vivent aujourd'hui ne sont pas compétents
pour la résoudre. » Voilà, dira-t-on peut-être, une bien
longue échéance, et dès lors assez rassurante, accordée à
l'utopie. La longueur du terme n'empêche pas que cette
opinion sur le principe de propriété n'influe, dès aujourd'hui, sur certains jugements de M. Mill. Faut-il le
dire? notre révolution de Février a exercé une sorte de fas-
cination que je regrette sur cette ferme intelligence. Elle
n'était pas dans la première édition, cette phrase qui se

détache avec éclat dans la dernière, parue à la date signi-
ficative de 1848 : « S'il fallait choisir entre le communisme avec toutes ses chances et l'état actuel de la société
avec toutes ses souffrances et ses injustices ; si l'institution de la propriété particulière entraînait nécessairement
avec elle cette conséquence que le produit du travail fût
réparti, ainsi que nous le voyons aujourd'hui, presque
toujours en raison inverse du travail accompli, la meilleure part échéant à ceux qui n'ont jamais travaillé,
puis à ceux dont le travail est presque purement nomi-
nal, et ainsi de suite, d'après une échelle descendante,
les rémunérations diminuant à mesure que le travail
devient plus pénible et plus rebutant, jusqu'au point où
le travail physique le plus fatigant et le plus fait pour
épuiser les forces corporelles ne peut compter avec
assurance qu'il se procurera même les choses les plus
nécessaires à la vie; s'il n'y avait d'alternative qu'entre
cet état de choses et le communisme, toutes les difficultés du communisme, grandes ou petites, ne seraient
qu'un grain de poussière dans la balance. » Comparer
notre société telle qu'elle est, fondée, quoique avec trop
d'exceptions encore, sur le principe de la liberté du
travail et de l'égalité, avec le communisme, même le
plus ingénieusement combiné, n'est-ce pas une injustice par trop grande? Il suffit d'en appeler au livre de
M. Mill pour établir la part que font nos sociétés modernes aux efforts méritoires. La plaie hideuse du paupérisme n'est qu'une triste et déplorable exception, et
l'exact écrivain connaît trop bien les faits pour ne pas
savoir combien ont perdu de leur vérité, en ce qui regarde l'Angleterre, les tableaux qu'on a faits de la misère

des ouvriers. Elle a bien diminué, cette misère anglaise si tristement proverbiale, sous l'influence heureuse des réformes de Robert Peel. Il n'est pas douteux que l'aisance s'est accrue chez les nations occidentales et qu'un plus grand nombre d'hommes y participent? Qui ne reconnaît aujourd'hui que les salaires se sont élevés au delà même du prix des subsistances, tandis que la masse de produits manufacturés s'est mise à la portée des populations peu aisées par l'abaissement des prix? La somme des misères imméritées tend à décroître. A quels systèmes de communisme pourrait-on attribuer de pareils effets? L'injustice dans nos sociétés n'est qu'un accident; accident fréquent, si vous voulez; il n'atteindra jamais à la hauteur de la moindre des iniquités du communisme, dont une injustice immense forme la base, l'injustice qui consiste à accorder des parts égales à des efforts et à des mérites inégaux.

Un mot maintenant de la méthode appliquée à la science économique par Stuart Mill. Cette méthode est celle qui prévaut, en général, dans l'école anglaise depuis Ricardo, bien que l'auteur y ait introduit quelques heureux correctifs. Ces correctifs sont encore insuffisants, à mon gré, sur plusieurs points essentiels, parmi lesquels je citerai plus loin la question de la population. On a reproché avec raison à cette méthode l'abus de la généralisation et de l'hypothèse. On a dit qu'elle procédait, à la façon des sciences mathématiques, par axiomes et par corollaires. On l'a accusée, en un mot, de mettre souvent de pures déductions logiques à la place de l'expérience, et de formuler ainsi des lois trop inflexibles pour ne pas recevoir des faits de nombreux démentis.

L'hypothèse fondamentale sur laquelle toutes les déductions de Ricardo et de ses disciples sont établies, quelle est-elle en effet? c'est l'existence d'une sorte de prix courant général, en vertu de la concurrence libre des vendeurs et des acheteurs. N'y a-t-il pas de nombreuses exceptions à cette loi? La concurrence n'est-elle pas entravée de bien des façons par les priviléges légaux, par la difficulté de passer d'une profession à une autre lorsque éclate quelque crise industrielle, par l'insuffisance des moyens de communication, par la nationalité, par les diversités purement locales dans le même pays, par toutes sortes de préjugés même qui pèsent sur la liberté d'action du producteur? M. Mill lui-même en a fait la remarque, et si sur de graves questions il s'est, nous le répétons, trop abandonné, selon nous, à la méthode abstraite, il l'a plus d'une fois, nous allons le voir, assouplie et modifiée par des considérations empruntées à la réalité.

Pénétrons maintenant dans l'intérieur du livre. Voyons quelle idée l'auteur des *Principes* se fait de l'économie politique en elle-même et dans ses relations avec les diverses sciences sociales.

III

Dans les *Observations préliminaires* qui servent d'introduction à ses *Principes*, l'auteur anglais détermine ainsi l'objet de l'économie politique : « Rechercher la nature de la richesse et les lois de sa production et de sa distribution, en comprenant dans cette étude celle de toutes les causes qui, relativement à cet objet

de convoitise universelle, rendent prospère ou misérable
la condition des hommes en société. » « Chacun comprend, ajoute-t-il, que les recherches sur les principes
de la liberté, de la vertu, de la littérature, des arts,
sont distinctes de celles qui ont pour objet les causes de
la richesse. » Cependant l'auteur fait observer que ces
états divers ne sont pas sans relation : ils réagissent les
uns sur les autres. Quelquefois une nation est devenue
libre parce qu'auparavant elle était riche ; une autre est
devenue riche parce qu'auparavant elle avait conquis
sa liberté. Les croyances, les lois d'un peuple agissent
puissamment sur son état économique ; et cet état, à son
tour, par son influence sur les relations sociales, réagit
sur les lois et sur les croyances. De là cette addition
faite par l'auteur à son titre général de *Principes d'économie politique : avec quelques-unes de leurs applications à la philosophie sociale.* C'est dans ce rapport de
l'économie politique avec l'étude des faits moraux et des
institutions politiques qu'il faut chercher en grande
partie le caractère instructif de l'ouvrage.

Mais qu'est-ce que la richesse? Il n'est malheureusement point d'économiste qui ne résolve cette question
avec des nuances diverses et des différences quelquefois
sensibles d'interprétation. Comment n'être pas frappé
surtout, avec l'auteur, des fâcheuses directions qu'a
imprimées à la politique de l'Europe l'erreur qui consistait à considérer l'or et l'argent comme la richesse
par excellence? Une telle erreur, je le sais, ne compte
plus guère parmi les théoriciens de partisans du moins
avoués; mais elle règne encore sur une partie du public, et il faut avouer qu'elle a eu et qu'elle menace

encore quelquefois de prendre sur les faits trop d'influence pour que les économistes ne doivent pas la combattre sans cesse. Le commerce international en portait
autrefois l'empreinte profonde. Toute branche de commerce qu'on supposait devoir entraîner l'exportation de
la monnaie était considérée comme onéreuse, quels que
fussent d'ailleurs ses résultats d'autre sorte. Importer
des marchandises semblait pour le pays qui recevait les
produits une calamité. Combien de gens sont encore ici
partisans de ce vieux système, qui compte pour si peu le
consommateur! L'exportation des marchandises était,
au contraire, encouragée par tous les moyens, même
aux dépens des ressources réelles du pays, parce qu'on
supposait que les retours devaient se faire en or et en
argent. M. Mill a cru qu'il ne pouvait se dispenser de
marquer de quelques traits saisissants ce système mercantile qu'avait combattu corps à corps Adam Smith,
et qui faisait du commerce une lutte implacable entre
les nations, s'évertuant à attirer chacune de son côté la
plus large part des métaux précieux existants. Nulle nation ne réalisait, selon cette charitable hypothèse qui
menait les hommes à se traiter comme les loups ne se
traitent pas entre eux, un profit quelconque, qu'en faisant éprouver à quelque autre une perte équivalente,
tout au moins en l'empêchant de gagner elle-même.

Et d'où vient qu'une telle erreur ait pu régner dans
les esprits éclairés? M. Mill explique la domination de
ce grossier préjugé par un abus très-naturel de l'analogie. Il est très-vrai que la richesse d'un particulier
s'évalue par le revenu en argent qu'il possède ; que
gagner de l'argent paraît le but suprême du commer-

çant, bien qu'il se hâte de le changer contre d'autres marchandises et que l'argent ne figure que comme une faible portion de son capital. Mais en est-il de même du genre humain? On objecte que posséder l'argent, c'est posséder la puissance de s'approprier tous les autres objets qui constituent la richesse. Combien il s'en faut qu'il en soit toujours ainsi pour un peuple! La nation avec laquelle il échange peut avoir beaucoup plus besoin de fer, de houille, de blé, de laine que de monnaie. Il peut y avoir un trop-plein monétaire onéreux pour un pays, car la monnaie coûte à acquérir, et elle n'a qu'une utilité indirecte pour la production; c'est un mécanisme qui gagne à être simplifié. Comment concevoir un trop-plein absolu des choses consommables? Aussi est-ce dans toutes les choses *utiles* ou *agréables, qui possèdent une valeur échangeable,* que l'auteur des *Principes* place la véritable notion de la richesse. Ce qui ne s'échange pas peut être objet de jouissance, non de science.

Le tableau de la formation de la richesse est, à beaucoup d'égards, celui de la civilisation elle-même. Un tel tableau tracé d'une manière complète par un esprit tel que M. Mill aurait un grand prix. Peu d'écrivains seraient mieux en état que lui de refaire, avec le degré de connaissances positives acquises par notre siècle, cette histoire du développement des lumières et du bien-être que Condorcet a essayée un peu trop superficiellement au nom de la philosophie de son temps. M. Mill n'a voulu dans son introduction que nous en présenter quelques traits. Parmi les peuples civilisés, il distingue plusieurs États, depuis l'époque des grands gouvernements despotiques de l'Asie s'attribuant la haute main sur la pro-

priété et sur la production jusqu'aux sociétés modernes.
Le caractère des sociétés qui ont succédé au monde romain, c'est qu'en dépit du partage de la population en
vainqueurs et en vaincus, les classes qui représentent le
travail industriel disposent de plus en plus d'elles-mêmes; elles semblent avoir pour rôle d'introduire dans
le monde des habitudes croissantes d'activité, d'épargne,
d'échange, qui multiplient la richesse et la font circuler
aux mains d'un nombre accru de possesseurs.

La formation d'une bourgeoisie, l'affranchissement
du travail, le développement de la richesse mobilière,
ne sont-ce pas là au surplus des signes peu contestables
du progrès de l'espèce humaine? Et pourtant ne nous
hâtons pas de triompher. Hélas! une partie de cette pla-
nète appartient toujours aux régimes les plus arriérés.
L'Amérique a encore ses peuples chasseurs. L'Arabie et
les steppes du nord de l'Asie ont leurs nomades. Le vieil
Orient ne s'est pour ainsi dire pas modifié. La Russie
ressemble assez à l'Europe féodale. Les Esquimaux et
les Patagons reproduisent quelques-uns des plus anciens types des sociétés naissantes. Et à quelles difficiles
conditions le progrès peut se maintenir dans les parties
du monde où il paraît le mieux assuré! N'y a-t-il pas
lieu de trembler encore de voir les populations perdre
le bénéfice d'une partie au moins de leurs longs efforts?
M. Mill nous dira tout à l'heure à quel prix cette crainte
dont il est frappé extrêmement peut être conjurée.

La richesse existe, elle se développe, et la civilisation
se développe avec elle dans un mutuel rapport de cause
et d'effet; comment? par le travail. C'est le travail plus
encore que la richesse qui semble le sujet, je serais

tenté de dire le héros du livre de M. Mill. C'est le travail qu'il va suivre dans toutes ses grandes applications,
dans ses résultats essentiels. Qu'on me permette donc de
m'arrêter un peu avec lui sur le travail. En critiquant
la classication des industries en agricole, manufacturière
et commerciale, Destutt de Tracy avait démontré avant
lui que plusieurs branches de la production n'y peuvent
trouver place qu'en forçant le sens des mots. Peut-on
faire un agriculteur de l'homme qui extrait le minerai
du sein de la terre, et suffit-il, demande de son côté
M. Ch. Dunoyer, dans son ouvrage sur la *Liberté du
travail*, que quelqu'un se livre à l'industrie des transports pour être classé parmi les commerçants? Quel
rang enfin assigner à ces travaux qui n'ont point la
matière pour objet, celui du gendarme ou du garde
champêtre qui prête main-forte à la loi, celui du législateur qui fixe les conditions de la sécurité? La clas-
sification proposée par M. Mill est plus savante; ne
pèche-t-elle pas par un excès de subtilité? est-elle à
l'abri de toute objection? Qu'on en juge, et qu'on
juge aussi de la méthode scrupuleuse qu'il introduit
dans l'économie politique. Il distingue : 1° le travail
appliqué directement à la chose produite et celui qui
n'y concourt qu'indirectement; 2° le travail appliqué
à la production des subsistances nécessaires pour un
travail ultérieur; 3° le travail employé à la production des matières premières; 4° le travail affecté à la
production des outils ou machines; 5° le travail employé
à la protection du travail lui-même, soit contre les
agents naturels destructeurs, soit contre la rapacité des
hommes; 6° le travail appliqué au transport et à la dis-

tribution des produits; 7° le travail qui s'exerce sur les êtres humains et qui leur confère, par exemple, adresse, agilité, instruction; 8° enfin, le travail d'inventions et de découvertes. L'auteur fait, en outre, une classe à part du travail qui s'exerce sur le sol, et il distingue encore le travail destiné à alimenter la consommation reproductive du travail destiné à la consommation improductive. Tout cela n'est-il pas bien compliqué, et surtout est-ce d'un grand usage? M. Mill pense qu'il existe un travail *improductif* par nature et par essence. N'est-ce pas là une qualification malheureuse, reprochée déjà aux économistes du dix-huitième siècle et à Smith? Il est vrai que l'auteur reconnaît l'utilité de tout travail qui sert à la satisfaction de quelque besoin. Mais l'utilité n'est pas nécessairement la richesse. L'auteur des *Principes* ne voit de vraie richesse que dans ce qui est matériel ou tend à se résoudre en utilité matérielle, comme le talent, l'énergie, l'adresse, la persévérance des travailleurs d'un pays, qualités qu'il assimile aux outils et aux machines.

Cette question pourrait être l'objet d'une discussion que je ne soulèverai pas et dans laquelle j'aurais lieu d'émettre une opinion qui ne serait précisément ni celle de l'auteur anglais, ni celle qui en est la contre-partie de tout point et qui fait entrer dans l'économie politique les arts agissant sur l'homme, comme le culte et l'enseignement.

Je dirai du moins quelque chose de l'opinion de M. Mill sur le *capital*. Il en marque l'origine dans le travail et l'épargne; il y fait entrer tout l'ensemble des produits sur lesquels et par lesquels opère la production.

Faut-il d'ailleurs avec lui mettre au compte du capital les avances faites aux ouvriers durant l'œuvre de la production pour subvenir à leur subsistance? Sous cette question de nomenclature économique, M. Rossi a fait remarquer qu'il se cache une question de morale, une question de dignité humaine. Le caractère de tout capital est, au moins par destination, de donner un revenu. Dira-t-on, par hasard, que les salaires avancés par le capitaliste entrepreneur à ses ouvriers doivent lui rapporter un revenu, un intérêt, comme on le dirait pour les machines, dont les frais d'installation et d'entretien doivent être récupérés avec un certain surplus annuel, comme on le dirait pour le cheval qui fournit de la force, pour le bœuf qui laboure ou que l'on engraisse pour le traîner à l'abattoir? La houille qui sert d'aliment à la machine à vapeur, le foin qui nourrit le cheval, c'est du capital. L'entrepreneur peut compter le recouvrer avec intérêt, mais le salaire?... N'est-il point la part afférente au travail? l'ouvrier est-il un outil, une brute qu'on exploite à son profit? Ah! sans doute, il y a une vaste classe de travailleurs qui pourraient être rangés parmi les machines de la production, et dont la nourriture peut être regardée comme un capital, car eux-mêmes font partie du capital d'exploitation; mais ces travailleurs, l'Europe ne les connaît pas : ce sont les esclaves. Un possesseur d'esclaves peut bien dire : « J'ai acheté tant de têtes de bétail humain; je dois me couvrir de mes frais d'achat, d'entretien, et de mes risques. » Un maître européen, un compatriote de Say ou de Mill, un *patron*, comme nous disons, aura-t-il ce droit, aura-t-il cette pensée?

Pourquoi mettre la définition économique en opposition avec les faits réels, avec les faits moraux non moins qu'avec les faits matériels, et ne pas s'en tenir avec Smith, Malthus, Rossi, à cette définition du capital qui en exclut le fonds d'approvisionnement national et tout ce qui s'applique aux besoins personnels?

M. Mill n'est pas seulement économiste, il est moraliste. C'est pour cela que j'ai insisté sur ce point de vue, qui risque de paraître bien subtil. C'est d'ailleurs comme moraliste qu'il met en lumière sur le capital plusieurs aspects importants du sujet. Le capital n'est pas à ses yeux le veau d'or devant lequel se prosternent de grossiers adorateurs. L'auteur des *Principes* y voit le fruit et la récompense de longs efforts, la rémunération de l'épargne et de la prévoyance. Il reconnaît dans son développement une sorte de thermomètre de la civilisation en voie de progrès. L'infériorité du luxe qui vit sur la richesse formée éclate en présence des développements de l'industrie sans cesse occupée à régénérer ses produits. On peut dire que la notion du capital ainsi comprise est la figure de deux grandes idées morales : celle de la responsabilité, qui tient à l'individu, source de tout effort ; celle de la solidarité, qui se rapporte à l'espèce, héritière de tant de résultats accumulés.

J'aime à relever chez M. Mill les parties de ses idées qui sont à lui et non aux maîtres qu'il suit quelquefois d'un peu trop près. Voici un de ces cas par lesquels il me paraît apporter quelque adoucissement et assouplissement à la méthode purement abstraite qui considère tous les peuples comme un seul peuple, tous les pays comme un même pays. Le climat, le sol, la structure des lieux, que des philosophes et des politiques tels qu'Hippocrate, Polybe, Bodin, Montesquieu, ont étudiés de leur point de vue, ne sauraient être des circonstances sans intérêt pour l'économiste. Cette influence du climat, dont l'auteur multiplie les preuves pour l'agriculture, et même pour presque toutes les branches de la production, agit aussi sur les producteurs. Elle développe en eux certaines qualités physiques et morales; elle étend ou resserre la dépense nécessaire pour la satisfaction de leurs besoins. L'homme peut, sous un beau ciel et sur un sol favorisé, goûter de vives jouissances; mais combien il court le risque de s'enivrer ou de s'endormir sous les caresses amollissantes d'une nature trop propice! L'histoire le montre, ce sont les difficultés et non les facilités qui nourrissent et entretiennent l'énergie morale et physique. La preuve citée par Mill en est frappante : quand le climat ne se charge pas de cette rude éducation, comme dans les forêts du Nord, d'où sont sorties les nations barbares, c'est une dure discipline militaire qui doit se substituer alors aux souffrances naturelles, comme chez les Grecs et les Romains. Comment n'être pas aussi de l'avis de l'auteur quand il remarque que l'important, pour la production industrielle, n'est pas dans ce déploiement exceptionnel d'énergie dont presque tous les peuples sont capables et que l'Indien de l'Amérique du Nord développe par moments d'une manière inouïe, sauf à retomber dans son indolence habituelle? Ce qui importe, c'est la courageuse et persévérante continuité du travail. Cette dernière qualité distingue éminemment les races occidentales et marque d'un trait tout particulier la race anglaise. L'éminent économiste signale une piquante raison de cette supériorité industrielle des Anglais que je ne puis me refuser le plaisir de citer : « Le travail seul, dit-il, s'interpose entre eux et l'ennui. Soit par tempérament, soit à cause du climat ou par défaut de développement, ils ne sentent pas assez vivement pour jouir de l'existence par le repos. Peu de plaisirs, peu d'amusements leur semblent amusements ou plaisirs... La persistance au travail, l'assiduité à une tâche donnée, est devenue le trait caractéristique du pays, son *habitude ;* et, à part la Chine et le Japon peut-être, il n'est pas de contrée où la vie soit plus réglée par l'habitude et moins par l'inclination personnelle qu'en Angleterre. Il en résulte que, lorsqu'il s'agit de travail opiniâtre, il n'y a pas de travailleurs qui puissent rivaliser avec les Anglais, bien qu'en intelligence et en adresse manuelle ils puissent être souvent surpassés. »

Je ne pense pas qu'aucun économiste eût encore en Angleterre autant insisté que ce libéral esprit sur la nécessité du développement intellectuel des classes laborieuses. Pour que le travail acquière toute la fécondité désirable, il faut qu'indépendamment des grandes applications de la science à l'industrie, l'ouvrier ait l'esprit ouvert et l'intelligence cultivée. L'ouverture d'esprit va quelquefois sans la culture. C'est ainsi que les ouvriers italiens ont une vivacité de perception qui les aide à comprendre tout ouvrage nouveau, à se mettre en rapport immédiat avec la pensée du maître ; que les ouvriers français ont la même qualité à un degré moindre ; que les Anglais, les Suisses, les Allemands, les Hollandais, ont la compréhension bien moins prompte. Ce qui constitue la valeur de l'ouvrier anglais, c'est déjà un certain degré de culture, d'éducation, quoique trop incomplet; il ne sait faire qu'une seule chose, mais il y excelle, peu habile d'ailleurs à parer aux difficultés imprévues, à rattacher à sa besogne les branches de production qui en sont les plus voisines. J'aime à voir un homme tel que M. Mill combattre ainsi le préjugé hostile à l'instruction populaire. Il constate que les ouvriers les plus instruits sont presque toujours aussi les plus moraux, les plus économes, les plus dignes de confiance, les plus prévoyants. Il avoue même que nulle part autant qu'en Angleterre le défaut de culture intellectuelle n'engendre les vices grossiers; il n'y a que la discipline de fer dans laquelle les retiennent les patrons qui puisse maintenir les ouvriers anglais dans les bornes du respect et de la discipline. Quel terrible aveu s'il est fondé!

Le croirait-on? il est des contrées en Europe, et des plus avancées, où la plus grande difficulté que puisse rencontrer la fondation de grands établissements est la rareté des personnes jugées assez honnêtes pour qu'il soit possible de leur confier de grandes recettes et de grandes dépenses. Un signe évident de cette situation générale est la hausse énorme des rétributions accordées à tout poste de confiance, même n'exigeant qu'une intelligence médiocre. Que de capitaux absorbés par les seuls frais de surveillance et de police! Combien plus par le défaut de conscience dans l'œuvre accomplie et par la mutuelle défiance! La sécurité, au surplus, cette condition de la fécondité des agents producteurs, ne dépend pas seulement de la loyauté des individus ni de la protection *par* le gouvernement, elle dépend de la protection *contre* le gouvernement. On sent ici les légitimes préoccupations de l'école libérale. Le gouvernement est fait pour me défendre; qui me défendra contre le gouvernement? — Songez qu'il vaut mieux encore pour un peuple, ne s'agît-il même que de richesse, être libre que paisible. En vain vous criez au paradoxe, craintifs défenseurs du despotisme, défiants amis de la liberté! L'histoire est là pour le prouver. Est-ce que la Grèce et les colonies grecques de l'ancien monde, est-ce que la Flandre et l'Italie du moyen âge jouissaient de ce qu'on appellerait aujourd'hui de ce nom de sécurité si doux à nos oreilles? Est-ce que l'état de la société n'y était pas turbulent et instable? Est-ce que les personnes et les propriétés n'y étaient pas exposées à mille dangers renaissants? Que de richesses pourtant, créées et transmises, et quels glorieux services rendus à l'industrie, au commerce, à l'esprit humain! Ah! c'est que ces contrées étaient libres, c'est qu'elles n'étaient ni opprimées, ni dépouillées systématiquement, c'est que leurs institutions développaient l'énergie individuelle. Veut-on assister à un spectacle contraire? Que l'on regarde à ces contrées de l'Asie si affreusement gouvernées que peu de gens peuvent s'y montrer soucieux de s'enrichir, à ces provinces mêmes de la France d'avant 89, dans lesquelles les exactions arbitraires des collecteurs d'impôts mettaient en souffrance la culture du sol. Quelles perturbations causées par les guerres et les révolutions entreront en balance avec le mal permanent d'un mauvais gouvernement qui, lorsqu'il n'empêche pas l'arbre de croître, se hâte, selon le mot de Montesquieu, d'en arracher le fruit? Une règle supérieure domine ici tous les faits particuliers : l'efficacité de l'industrie est en proportion directe de la certitude pour le travailleur que les fruits de son travail lui resteront.   •

En reconnaissant l'admirable fécondité de la division du travail, ce sujet que semble avoir épuisé A. Smith, M. Mill y signale l'une des faces d'un phénomène plus général, la *coopération*, c'est-à-dire la réunion des efforts individuels dirigés vers un but commun. N'est-ce qu'un mot nouveau de plus? Nous ne saurions le croire. La division du travail a été dans ces derniers temps l'objet de bien des reproches. Elle semble isoler le travailleur dans sa tâche et risque de tomber dans l'excès de l'individualisme; la *coopération* montre mieux l'union intime des différentes parties et des divers agents· du monde industriel. Il n'y a pas loin de cette idée théorique à la pensée toute pratique qu'un travailleur, même pour bien remplir son métier, doit avoir quelque variété d'aptitudes et d'instruction. L'idée de la coopération met aussi sur la voie de cette solidarité d'intérêts tant méconnue qui unit l'industrie agricole et l'industrie manufacturière, la population des villes et celle des campagnes. Les observations de l'auteur des *Principes* forment au sujet de la division du travail un commentaire ingénieux des idées antérieurement exprimées par d'autres, et elle les complète à quelques égards.

Les vues pratiques se mêlent très-heureusement à la théorie dans cette première partie du livre de M. Mill. Un observateur politique ne pouvait rester indifférent à une question qui tient une grande place dans notre pays, et qui est en quelque sorte nationale en Angleterre, l'avénement de la grande manufacture. Les grands établissements manufacturiers ont toutes les sympathies de l'auteur à cause de l'économie dans les frais généraux qu'il réalisent. On ne voit pas qu'au point de vue moral il considère la grande manufacture comme plus coupable que la petite fabrique. Pourtant cette accusation de démoraliser les ouvriers, intentée à la manufacture, aurait dû être de sa part l'objet d'un examen. Peut-être aussi, à un point de vue tout économique, ne tient-il pas assez compte, dans l'opinion favorable qu'il exprime sur les *fusions,* du défaut de concurrence, alors même que ce défaut se concilie avec un certain bon marché, et il s'en faut qu'il en soit toujours ainsi. Ce monopole n'entraîne-t-il pas à sa suite des obstacles au progrès dans l'absence d'un aiguillon suffisant pour le tenir toujours en éveil? Quant à l'exploitation agricole, M. Mill fait passer dans le plus grand nombre des cas d'autres considérations avant l'économie des frais généraux, et il incline à la petite propriété, presqu'au scandale de ses compatriotes. Son étude sur les paysans propriétaires embrasse toute l'Europe. Il est impossible de venger la petite propriété avec une plus ferme puissance de raison et en se montrant plus équitable à l'égard de la grande culture dans tous les cas où elle est nécessaire. Il faudrait engager nos rêveurs rétrogrades qui veulent à tout prix d'immenses domaines à lire et à relire cette étude.

Qu'est-ce donc qui tant séduit M. Mill, demande-t-on peut-être, dans la petite propriété, au point de faire de lui un dissident en révolte contre les idées partout reçues dans son pays? C'est que la petite propriété a le mérite

sans égal à ses yeux de faire des hommes. Elle met en
relief les qualités personnelles, elle crée toute une population de travailleurs qui ne sont point placés, comme
l'ouvrier des villes, dans la dépendance du salaire. La
petite culture a, dit-on, mal tourné en Irlande. Il n'est
pas vrai qu'il en ait été toujours ainsi même dans ce
pays. Mais elle a été poussée aux excès les plus déplorables par la circonstance toute locale de l'absentéisme.
Et ce qui est la condamnation des domaines trop vastes,
du *latifundisme,* c'est que l'étendue de ces propriétés
n'a pas empêché leur morcellement en cultures petites
à l'excès. En France, la petite propriété a démenti toutes
les prédictions sinistres qu'ont fait entendre les détracteurs de la Révolution, ainsi que la plupart des agro-
nomes anglais. De 1821 à 1851, la petite propriété a vu
sa valeur presque quadruplée, tandis que la valeur de la
grande propriété ne s'est guère accrue que de moitié;
et ce qui est plus heureux encore, l'accroissement de la
production a suivi une proportion presque analogue. Nul
doute sur cette supériorité pour ce qu'on appelle le produit *brut.* Pour le produit *net,* c'est-à-dire pour l'excédant restant en sus de la subsistance des cultivateurs,
la question est incertaine. L'auteur anglais la résout
comme l'a fait chez nous M. Hippolyte Passy dans son
excellent livre sur les *Systèmes de culture.* Il émet, lui
aussi, relativement au produit net, une opinion favorable aux grandes fermes pour les céréales et les four-
rages; mais pour les espèces de cultures exigeant beaucoup de travail et de soins, il accorde tout avantage à la
petite culture, comprenant sous cette dénomination,
outre les vignes et les oliviers, les racines, les plantes

légumineuses et les végétaux qui fournissent les matériaux de l'industrie manufacturière.

Jusqu'ici, nous avons montré dans M. John Stuart Mill un philosophe économiste échappant à l'influence des idées de son pays par un effort plus méritoire, disons-le, en Angleterre que partout ailleurs. Dans aucun traité d'économie sociale écrit dans le Royaume-Uni, le nom, les idées, les faits, les autorités scientifiques de la France ne sont si fréquemment invoqués. Nous allons le trouver, en revanche, en parfaite conformité avec les idées régnantes dans l'école anglaise sur le principe de population. Est-ce à dire que je méconnaisse ce qu'il y a de vrai pour tous les pays et pour tous les temps dans le livre de Malthus? Bien loin de là ; je rends hommage à cette ferme et sagace intelligence qui a su voir et démontrer que les encouragements donnés autrefois par les gouvernements aux accroissements de la population étaient des mesures funestes, qu'on a grandement tort de croire qu'il est aussi facile de nourrir, d'élever des enfants que de les mettre au monde, et de s'imaginer par suite que le nombre des naissances est nécessairement en proportion avec la force et la prospérité des États ; je rends hommage au sage conseiller qui, craignant de voir la multiplication du nombre des hommes plus rapide que celle des subsistances, montre aux ouvriers dans les charges précoces ou disproportionnées d'une famille trop nombreuse une cause de misère et de ruine. Mais où je vois une inspiration essentiellement anglaise, c'est dans la pensée qui a tiré du *prolétariat* aggloméré dans quelques centres de manufactures, ou de la surabondance de la misérable population irlan-

daise, une loi générale, absolue. Pour John Stuart Mill,
l'excès de population est la grande et principale cause
de la misère. Nous le nions, quant à nous; nous le nie-
rons tant qu'on ne nous aura pas démontré que cette
population qui forme, dit-on, un excédant si fâcheux,
ne doit pas sa misère à ses vices, à son ignorance, dont
je ne prétends pas d'ailleurs la rendre seule responsable. Devenue plus productive par le bienfait d'une instruction appropriée, elle serait pour la société non plus
une charge, mais une richesse; car comment nier que
l'homme soit une richesse, lui aussi, la première même
de toutes, une force productive dont il est impossible
d'assigner la limite? Et de quel droit en fixer une aux
subsistances, du moins avec quelque peu de précision?
Que ne nous parle-t-on aussi des pays peu peuplés, dont
les misères sont cent fois plus grandes que celles des nations auxquelles on fait apparaître le fantôme de l'excès
de population? La terre est à peine peuplée, elle est aux
deux tiers couverte de landes et de déserts; elle semble
au début de son exploitation, elle nous frappe partout
par l'imperfection des cultures que chaque progrès nouveau met lui-même en lumière, et le nombre des hommes vous effraye! Mais que dire en voyant ici encore
M. Mill désireux de changer un simple conseil de prudence en une rigoureuse prescription légale entourée
de pénalités, et réclamant l'interdiction du mariage
pour ceux qui ne pourraient justifier de moyens assurés
d'existence? Des moyens assurés d'existence! en vérité,
si nous ne connaissions les sentiments philanthropiques de M. Mill, l'ironie nous semblerait amère. Vous
voulez que les ouvriers prouvent qu'ils possèdent de tels

moyens, comme s'ils se rencontraient jamais avec une certitude suffisante; comme si les maladies et les chômages pouvaient être prévus avec une rigueur mathématique; comme si l'activité, l'esprit d'ordre, l'épargne et même la chance heureuse étaient des quantités appréciables à l'avance. Des moyens assurés d'existence! mais la plupart de ceux que nous appelons des bourgeois et qui vivent de leur travail ne les ont pas. Faudra-t-il qu'ils aillent aussi faire devant le juge la preuve économique qu'ils sont en état de se marier? Un habit noir en sera-t-il une meilleure présomption qu'une blouse? Ne pourrait-on, sans paradoxe, prétendre le contraire? Le mariage va-t-il donc devenir un privilége? Lorsque M. Mill s'emporte jusqu'à écrire, par réaction contre l'opinion courante favorable aux nombreuses familles, que le temps devra venir où les familles nombreuses seront un *objet de mépris,* n'y a-t-il pas lieu de s'étonner de l'aberration où l'esprit de système peut conduire un esprit ferme, honnête, judicieux et libéral?

IV

Les problèmes qui touchent à la distribution de la richesse sont d'une nature plus délicate encore que ceux qui ont pour objet la production. Ils mettent en jeu non-seulement les principes, mais les passions. Le sang des guerres civiles a coulé en leur nom. *Dives et pauper obviaverunt sibi,* « le riche et le pauvre se sont rencontrés, » dit l'Écriture. Terrible rencontre dont l'histoire porte témoignage! Lutte sourde, ou qui dé-

borde en explosions violentes! On en suit la trace depuis
le mont Aventin jusqu'aux jacqueries. La révolution de
Février, les affreuses journées de Juin datent d'hier.
Porter la lumière dans ces faits obscurs, n'est-ce pas
l'œuvre infiniment périlleuse de l'économiste? Il faut
le reconnaître en effet, la part des principes fixes, uni-
versels y est moindre que dans la production. Celle-ci
paraît soumise à des lois physiques et morales indépen-
dantes des arrangements et des combinaisons du législateur. Ici la main de l'homme se fait sentir bien davantage.
Le contrat de louage, les lois de succession, le prix des
différents services des agents producteurs, en tant qu'il
se règle par la coutume, sont des faits qui varient extrêmement suivant les temps, suivant les peuples. Aucun
économiste ne me semble avoir tenu autant de compte
de ces diversités que M. Mill. C'est un de ses mérites
éminents; peut-être est-ce même un des écueils contre
lesquels il ne s'est pas assez défendu. Il ne voit pas de
limites aux changements possibles de ce qui a changé
tant de fois; il accueille des plans chimériques de distribution de la richesse avec une complaisance visible.
Le socialisme niveleur trouve en lui un juge indulgent,
faut-il le dire? jusqu'à la sympathie. On a quelque droit
de s'en étonner. Tout expliquer, tout comprendre, ne
doit pas être tout absoudre. Comment, d'ailleurs, parler
avec une sympathie presque égale de conceptions aussi
différentes que le saint-simonisme, le fouriérisme, le
communisme? M. Mill lui-même soumet à la critique
l'institution de l'héritage, et il en veut modifier quelques dispositions habituelles. Il admet que le *droit de
léguer*, c'est-à-dire de donner après la mort, constitue

une partie de l'idée de propriété individuelle. En est-il
de même du *droit d'hériter?* M. Mill le nie. Que la
propriété des individus qui n'en ont pas disposé autrement pendant leur vie soit transmise d'abord à leurs
enfants, et, à défaut de ceux-ci, à leurs plus proches
parents, c'est là seulement un arrangement plus ou
moins convenable. Faut-il y voir un droit? On ne peut
arguer ici de l'exemple des sociétés primitives. L'idée
pure du droit, en matière d'héritage, s'y dégage peu.
Ce sociétés ne montrent-elles pas dans la famille comme
un tout solitaire possédant et héritant en commun, du
moins s'il s'agit de la ligne directe? Aujourd'hui la
propriété est attachée aux individus, non aux familles.
Les enfants, parvenus à l'âge adulte, ne suivent plus
la destinée paternelle, et, s'ils ont leur part de richesses,
c'est par le bon plaisir du père. Faut-il en conclure que
M. Mill ne reconnaisse aucune espèce de droits chez les
enfants? Ce serait trop dire; il se borne à penser que
ces droits ne sauraient aller au delà des frais d'entretien,
d'éducation dont le père a pris l'engagement de s'acquitter en leur imposant la vie, au delà d'une certaine
quantité de biens qui les met à même de soutenir, autant
que possible, la position dans laquelle ils ont été élevés.
Tout le reste est un pur effet de l'affection paternelle ou
des convenances sociales. Quant aux collatéraux, ont-ils
quelque droit réel à faire valoir, et la loi qui les favorise
ne pourrait-elle les déshériter? M. Mill tire de ces vues
sur l'héritage des applications restrictives au sujet des
successions, qu'il ne veut pas voir s'élever au-dessus
d'un *maximum légal* entre les mêmes mains. Admît-on
que les raisons qu'il allègue fussent toutes fondées en

droit, ne reste-t-il pas à savoir si ces restrictions ne sont pas plus nuisibles qu'utiles? Au delà d'un certain taux, ne risquent-elles pas d'ôter à la production un stimulant nécessaire, en même temps qu'elles portent à la liberté une atteinte fâcheuse et qui menace de s'étendre de proche en proche? Au-dessous de ce taux, quelle en est l'utilité? Je ne puis y voir qu'une pure vexation dont il est impossible de saisir le profit appréciable pour les masses populaires.

Je n'adresserai pas les mêmes critiques à ce que l'auteur des *Principes* écrit sur les *substitutions*. Il les considère avec raison, selon moi, comme peu équitables et comme contraires à l'intérêt général. Il les accuse de pousser à la concentration exagérée de la propriété foncière dans les mêmes mains, d'exercer une action presque toujours défavorable aux progrès de la culture qui, quoi qu'on en ait dit, tiennent en Angleterre à de tout autres causes, de favoriser la prodigalité et les dettes des propriétaires. On peut suivre M. Mill, on peut l'applaudir dans cette critique d'une législation abusive, sans admettre les principes qu'il défend relativement à la propriété foncière. Il soutient, en effet, que le droit des propriétaires à la possession du sol est complétement subordonné à la police générale de l'État. Ainsi l'État, moyennant une compensation équivalente à leurs revenus financiers, pourrait, s'il le jugeait nécessaire, les évincer en masse. Il faut signaler ici une application dangereuse de la théorie célèbre de Ricardo, qui voit dans le sol une propriété à quelques égards gratuite, acquise du moins à titre moins onéreux que les autres, et douée de priviléges spéciaux pour le prix de ses produits dans

la *rente* qui en résulte pour son possesseur. Est-on bien
fondé à citer l'Irlande comme motivant ce droit d'évic-
tion générale? Tout n'était-il pas exceptionnel dans le
régime de ce malheureux pays? La propriété, qui se
manifeste ailleurs par ses bienfaits, n'y méconnaissait-
elle pas tous ses devoirs? y était-elle autre chose qu'une
source d'oppression et d'abus? Il suffirait, pour s'en
convaincre, de lire l'excellent chapitre de M. Mill sur la
tenure cottagère des terres. Dans ce système, l'ouvrier
cultivateur traite avec le propriétaire sans l'intervention
d'un fermier capitaliste, et les conditions du contrat,
spécialement le montant de la rente, se trouvent réglés
par la concurrence et non par la coutume, meilleure
sauvegarde souvent des droits et du bien-être du pauvre.
Ce régime des *cottages* paraît à l'auteur des *Principes*
incompatible avec l'activité, la frugalité, la *contrainte
morale*. Comme moyen de l'abolir en Irlande, il propose de rendre le cultivateur propriétaire de la généralité des terres en friche, sous la condition de payer, à
titre de redevance fixe, l'intérêt annuel du prix vénal de
ces terres.

Tout est écueil dans cette question de la distribution
de la richesse quand on ne se tient pas fermement attaché au respect de la liberté. Même alors, combien de
problèmes ardus où se sont perdus des esprits éminents!
Les rapports du travail et du capital sont la pierre d'a-
choppement de l'économie sociale. M. Mill traite de ces
rapports avec son talent accoutumé Les chapitres con-
sacrés par l'auteur des *Principes* aux *profits* et aux *salaires* sont écrits de main de maître. M. Mill y commente
les principes déjà posés et les analyses ingénieuses pré-

sentées sur ce sujet par Adam Smith, qui n'a guère
laissé qu'à glaner après lui. L'auteur n'a pas de peine à
faire justice des divers moyens artificiels proposés par
les écoles socialistes pour élever le taux des salaires. Il
montre l'impuissance de ces prétendus remèdes qui, en
fin de compte, n'opèrent que des déplacements de capital
plus désavantageux qu'utiles au travail lui-même. Ici
encore, pourtant, je ne puis être de tout point d'accord
avec l'éminent économiste. En traitant des relations des
capitalistes et des travailleurs, il paraît plus frappé
des points d'opposition que des points de contact et de
l'accord fondamental des intérêts. Comme son maître
Ricardo, il établit une sorte d'antagonisme entre le
taux des profits et celui des salaires par cette déclaration trop absolue que « les profits s'élèvent quand les
salaires s'abaissent, et qu'ils s'abaissent quand les salaires augmentent. » Raisonnement plus dangereux encore que spécieux, et qui mènerait les ouvriers et les
maîtres à se regarder d'un œil de haine ! En fait, la
tendance des salaires à s'élever, tendance qui se constate
chez toutes les nations prospères, se concilie on ne peut
mieux avec l'avantage des capitalistes et des entrepreneurs. On ne voit nulle part plus qu'aux États-Unis la
haute paye du travail coïncider avec l'élévation des profits du capital ; tant il est vrai que les deux parties pre-
nantes, travailleurs et capitalistes, ne vivent pas aux
dépens l'une de l'autre ! L'objection que l'on pourrait
faire qu'en Angleterre et en France la tendance des
profits à décroître se combine avec l'augmentation progressive des salaires n'a pas non plus toute la portée
qu'imagine l'école de Ricardo. Qu'importe que la por-

tion de revenu afférente à chaque partie du capital décroisse, en effet, si l'augmentation du capital est telle que la masse totale des profits qui en résultent est en définitive considérablement accrue? A soutenir la thèse contraire on s'expose à se mettre en contradiction avec la notion de ce progrès raisonnable à laquelle il faut bien faire sa part, et que M. Mill paraît reconnaître pour son compte. Trop de frottements douloureux, de malentendus pénibles existent de nos jours entre les diverses classes sociales, et surtout entre les patrons et les ouvriers, pour que l'économie politique, elle aussi, s'ingénie à creuser entre eux un abîme. N'est-ce pas son devoir de les rapprocher en leur montrant l'harmonie intime de leurs intérêts dans ses lois les plus hautes, sous la condition, je ne le nierai pas, de beaucoup de sagesse et de bon vouloir mutuels de la part des intéressés, dont l'accord laborieusement établi ne peut résulter que du sentiment du droit qui fait qu'on se défend, et d'une ferme raison qui fait qu'on cède, quand cela est juste?

V

M. Mill a consacré à l'*échange* le livre troisième de son grand ouvrage. C'est peut-être la partie la plus nouvelle et la plus approfondie de ses *Principes*. Je lui sais gré, quant à moi, de n'avoir pas présenté plus tôt sa théorie de la *valeur*. Toute théorie de la valeur est nécessairement abstraite, épineuse, et toute valeur en échange suppose en outre une production préexistante. Il paraît donc plus simple, plus logique, plus intéressant

tout ensemble de débuter par le spectacle animé du travail. Il n'en est pas moins vrai que toute économie politique, vraiment scientifique, vient se résumer dans une
théorie de la valeur. Qu'entend donc M. Mill par ce mot
qui joue un si grand rôle dans sa théorie de l'échange ?
Faut-il appeler valeur l'utilité que la nature a mise dans
les choses ? L'auteur désigne ainsi seulement leur pouvoir d'échange. De là cette thèse qui a frappé les savants
qu'il ne saurait y avoir ni hausse, ni baisse générale des
valeurs, toute valeur ne faisant qu'exprimer un simple
rapport. Quelles que soient les objections, que je n'examine pas ici, qu'on ait faites à cette théorie, elle coupe
du moins par la racine l'idée dans laquelle se sont égarés
certains économistes de chercher un étalon fixe de la
valeur. Comment cette mesure immuable existerait-elle
là où tout n'est que relations mobiles et proportions
changeantes ?

La théorie pure et les questions pratiques marchent
de front ou du moins ne se séparent pas longtemps
chez M. Mill. Ces dernières sont abordées ici surtout
avec une connaissance des faits tout à fait remarquable.
La circulation monétaire et fiduciaire et l'organisation
des banques sont un de ces problèmes compliqués qui
ont profondément agité la Grande-Bretagne, et qui divisent encore aujourd'hui les économistes anglais. J'indiquerai du moins cette partie curieuse des idées de
M. Mill. Rien n'est moins répandu chez nous que la
connaissance de ce qui touche à la circulation. Ignorance et indifférence peu justifiables devant les accroissements que le crédit prend de jour en jour. La partie du traité de M. Mill sur le crédit est éminemment

substantielle et instructive. Il s'y montre partisan de la substitution du papier à la monnaie dans une notable proportion ; il n'en combat pas moins avec force les systèmes plus ou moins téméraires de circulation en papier non remboursable. L'influence du crédit sur les prix est indiquée surtout par l'auteur avec une rare précision et avec cette richesse de détails qui rajeunissent un sujet. « Celui qui ayant du crédit, dit M. Mill, s'en sert pour acheter des marchandises, crée une demande de marchandises aussi grande et tend à en élever le prix autant que s'il faisait les mêmes achats au comptant. » Vue qui, suivie dans toutes ses conséquences avec une grande pénétration, explique bien des malaises et des crises. Combien elle est faite pour inspirer aux peuples qu'emporte la fièvre de la spéculation la circonspection et la mesure ! Est-ce à dire que les idées de M. Mill, en matière de crédit et de banques, manquent de hardiesse ? Bien des personnes l'accuseront plutôt de témérité. Il se montre un des adversaires les plus décidés, après MM. Wilson, Fullarton et Gilbart, des idées restrictives qui ont inspiré à sir Robert Peel le fameux bill de 1844 sur la banque d'Angleterre et la réglementation de l'émission des billets. Je rappellerai son opinion avec quelques détails sur un acte qui partage encore nos voisins. Cet acte présente à ses yeux plus d'inconvénients que d'avantages dans les époques de crises ; il l'accuse d'avoir aggravé notamment celle qui éclata d'une façon si redoutable en 1847. Cette crise n'avait été précédée par aucune exagération du crédit, par aucune hausse causée par la spéculation. Il n'y eut alors de spéculations, remarque M. Mill, celles sur les grains exceptées, que sur les actions de chemins de fer. Or celles-ci n'eurent aucune influence sur la balance des importations et des exportations, ni sur les exportations d'or, sauf quelques placements sans importance sur les actions des chemins de fer étrangers. L'exportation de l'or, toute grande qu'elle fût, avait pour seule cause la mauvaise récolte de 1846 en grains et en pommes de terre, et la hausse des cotons en Amérique. Aucune de ces circonstances n'entraînait donc nécessairement après elle une baisse générale des prix ou une contraction du crédit. Une demande extraordinaire de capitaux se manifesta au même moment par l'effet des appels de fonds des compagnies de chemins de fer, et cette demande eut pour résultat immédiat une élévation du taux de l'intérêt. Si la réserve de la Banque d'Angleterre était telle qu'elle pût suffire à l'exportation sans être épuisée, quelle nécessité y avait-il, continue M. Mill, d'ajouter aux besoins et aux nécessités du moment en exigeant que ceux qui avaient de l'or à exporter le prissent sur les dépôts, c'est-à-dire sur la somme déjà insuffisante des capitaux disponibles du pays, ou qu'ils vinssent eux-mêmes ajouter leurs demandes à celles qui se pressaient autour de ces capitaux, de manière à élever davantage encore le taux de l'intérêt? Cette nécessité, poursuit-il enfin, était une création de l'acte de 1844, qui ne permettait pas à la Banque de satisfaire, en prêtant ses billets, à cette demande extraordinaire, pas même par la réémission des billets dont elle venait de payer le montant. La crise de 1847 était une de celles que les dispositions de l'acte ne tendaient nullement à éviter; et, lorsque la crise fut déclarée, les dispositions de l'acte en doublèrent probablement la violence.

Relativement à un des autres objets qu'a eu pour but de réglementer le bill de 1844, la pluralité des banques, M. Mill paraît se décider pour une sorte d'éclectisme. Il pense que malgré la faculté qu'ont les banques d'augmenter le chiffre des billets, le mal qu'elles peuvent produire par cette augmentation est infiniment moindre qu'on ne se le figure ordinairement. Selon lui, la concurrence que se sont faite les banques par actions n'a pu augmenter la somme des billets en circulation, et cette somme, au contraire, a constamment diminué. D'une autre part, il regarde comme désirable qu'il y ait toujours un grand établissement, tel que la Banque d'Angleterre, différant des autres banques en ceci que lui seul serait tenu de payer ses billets en or, tandis que les autres banques pourraient payer les leurs avec ceux de la banque centrale. Le but de cette disposition serait d'avoir une corporation responsable chargée de garder une réserve suffisante pour répondre à toutes les demandes que l'on peut raisonnablement prévoir. En disséminant cette responsabilité sur toutes les banques, on arrive à ce qu'aucune ne se considère comme responsable, ou si les effets de la responsabilité se font sentir à l'une d'elles, les réserves métalliques des autres sont un capital dormant gardé en pure perte, inconvénient qu'on peut éviter en donnant à ces banques la faculté de payer en billets de la Banque d'Angleterre. Quant aux porteurs de billets, M. Mill ne pense pas que, sous ce régime de pluralité des banques, il y ait aucune mesure spéciale à prendre en leur faveur. A chacun ses risques et périls.

L'Écosse, célèbre par la liberté de ses banques, s'est bien trouvée de cette inspiration : elle n'a pas craint les billets de petite coupure de une à deux livres dont le parlement a interdit l'émission pour l'Angleterre, où tout billet ne saurait être de moins de cinq livres, et, bien loin d'avoir à en souffrir, les classes laborieuses y ont beaucoup gagné. La véritable mesure à prendre en faveur de tous les créanciers serait une bonne loi des faillites, et, quant aux sociétés par actions, la publicité de leurs comptes. On voit donc que M. Mill incline, dans une assez forte mesure, vers un système de banques libres.

Nous n'insisterons pas sur la partie du livre qui traite du commerce international et des valeurs entre nations; non qu'elle ne méritât d'être analysée, mais elle s'y prêterait difficilement. Il y a là une cinquantaine de pages constituant comme une partie presque neuve de l'économie politique, et qui suffiraient à placer très-haut comme économiste celui qui les a conçues, mais dont la sobriété et la finesse défient tout résumé. Il nous suffira de dire qu'une des propositions fondamentales de M. Mill est qu'il existe tels objets qu'une nation tire du dehors, bien qu'elle pût les produire directement chez elle à des conditions aussi avantageuses que dans les pays où elle se pourvoit; mais il pourrait arriver qu'à ces conditions mêmes leur prix de revient fût supérieur à celui des articles qu'elle livre en échange. Dans ce cas, ne lui conviendrait-il pas de continuer à produire ces derniers objets en masse suffisante pour acquérir toute la quantité qu'il lui faut des produits exotiques qu'on lui livre en retour, et de s'abstenir de créer directement ceux-ci?

C'est là un argument ingénieux, fécond, et qui ne figurait point, que nous sachions, avant M. Mill, dans l'arsenal de la polémique du libre échange.

VI

Nous touchons à la conclusion de cette étude sur
les principes d'économie sociale. Ou nous nous trom-
pons, ou l'on s'est demandé plus d'une fois, après tant
de propositions, les unes rassurantes, les autres alarmantes, que contient l'ouvrage du célèbre publiciste,
quelle solution il apporte à cette question, qu'on peut
appeler la question du dix-neuvième siècle, celle du
progrès. En fin de compte, M. Mill la résout affir-
mativement, mais avec un tel mélange de réserve et
de défiance qu'elle ôte à son affirmation beaucoup de sa
portée. Il élève peu de doutes sur la réalité de ce progrès en ce qui concerne les classes supérieures et
moyennes, témoin les forces naturelles de plus en plus
maîtrisées, la science, elle-même sans terme assignable,
amenant à sa suite des applications industrielles dont le
nombre et la fécondité semblent indéfinis; témoin l'accroissement continu de la sûreté des personnes et des
propriétés, l'éducation qui se rectifie et s'étend, les habitudes d'épargne et les aptitudes pratiques qui vont
croissant; de telle sorte que nul ne pourrait dire où
s'arrêteront la puissance de la production et la formation des capitaux. Mais n'y aura-t-il pas toujours un
prolétariat, une *plèbe*, un *paupérisme*, résultant de la
tendance de la population à déborder les moyens d'exis-

tence?... Question d'un suprême intérêt, problème plein
d'angoisse, crainte qui suffit pour tout obscurcir, et que
l'auteur laisse percer partout. Est-elle le dernier mot
des sciences sociales? Je ne puis le croire, je l'avoue, et
ce n'est pas sur le seul désir qu'en conçoit mon cœur
que je me fonde pour concevoir un meilleur espoir,
c'est sur de puissantes analogies empruntées à l'histoire du passé. Les classes moyennes ne se sont-elles
pas accrues en absorbant de plus en plus la plèbe misérable et en resserrant la misère dans de plus faibles
proportions? Quelle raison de penser qu'un tel mouvement ne continuera point et que le niveau général
ne doit pas s'élever encore? L'expression bien vulgaire
et bien triviale par laquelle on a voulu formuler ce
mouvement, en disant que la civilisation tend « à allon-
ger les vestes sans raccourcir les habits, » ne se rap-
proche-t-elle pas de la vérité? L'auteur, après avoir
affirmé le progrès social, nous le fait voir sans cesse près
de s'arrêter pour aboutir à ce qu'il appelle l'*état stationnaire*, état qui ne lui paraît point d'ailleurs redoutable par lui-même. M. Mill est même porté à croire
qu'en somme cette situation serait bien préférable à
notre condition actuelle. « J'avoue, dit-il avec sa façon
originale et un peu chagrine de juger les choses de son
temps, que je ne suis pas enchanté de l'idéal de vie que
nous présentent ceux qui croient que l'état normal de
l'homme est de lutter sans fin pour se tirer d'affaire;
que cette mêlée où l'on se foule aux pieds, où l'on se
coudoie, où l'on s'écrase, où l'on se marche sur les ta-
lons et qui est le type de la société actuelle, soit la destinée la plus désirable pour l'humanité, au lieu d'être

simplement une des phases désagréables du progrès industriel. Les États du nord et du centre de l'Amérique sont un spécimen de cette période de civilisation dans les circonstances les plus favorables. En effet, ces pays se trouvent dégagés en apparence de toutes les injustices, de toutes les inégalités sociales qui gênent la partie masculine de la race caucasienne, tandis que la proportion dans laquelle se trouvent la population, les capitaux et la terre assure l'abondance à tout homme valide qui ne s'en rend pas indigne par sa mauvaise conduite. Ils ont les six articles réclamés par le chartisme et point de misère ; et cependant, bien qu'il y ait des signes d'une tendance meilleure, le résultat de tant d'avantages, c'est que la vie de tout un sexe est employée à courir après les dollars, et la vie de l'autre à élever des chasseurs de dollars. Ce n'est pas une perfection sociale dont la réalisation puisse devenir le but des philanthropes à venir. » A merveille, et cette course au clocher de la vie américaine ne me séduit pas plus que M. Mill ; mais il faut avouer que nous sommes loin encore de cette situation dans laquelle tous les besoins raisonnables trouveraient à se satisfaire par un travail modéré, exempt d'inquiétudes ; et cette situation qui vous paraît désirable, cette situation même *stationnaire*, qui ne saurait être atteinte sans bien des efforts et sans mettre fortement en jeu le ressort de la concurrence, serait-elle, je vous prie, de nature, une fois atteinte, à satisfaire l'humanité ? L'état *stationnaire* est souhaitable, dites-vous ; je demande s'il est possible. Est-ce que l'humanité s'arrête jamais ? Non, elle avance ou elle rétrograde. Du jour où il serait convenu qu'elle se trouve bien comme elle est et qu'elle veut rester en place, de ce jour-là même, sachons-le, elle commencerait à reculer. Cette inquiète agitation des races occidentales, en dépit de ses côtés mesquins, que signale avec raison John Stuart Mill, ne tient-elle pas de bien près à la faculté de développement qui semble être en elle comme par privilége? Les en corriger, ne serait-ce pas les corriger de leur génie même? J'admets que par goût on préfère être un Turc opulent jouissant de la vie, un savant mandarin arrivé au bout de ses examens. Mais il ne me paraît pas moins vrai que l'humanité s'éloigne moins de sa destinée véritable lorsqu'elle travaille, s'ingénie, cherche et gagne le pain de la vérité et de la science à la sueur de son front, fallût-il l'acheter au prix de bien des erreurs et de bien des déceptions. Hors de là je ne vois qu'engourdissement et sommeil.

L'avenir probable des classes laborieuses est, au surplus, l'objet de toute une partie et d'une des plus curieuses du livre de M. Mill. Il y fait à *l'association* des travailleurs une part beaucoup plus large que celle qu'il est permis d'espérer et même de désirer. Dans les conclusions qu'il tire de quelques exemples empruntés à l'Angleterre et particulièrement à la France, je ne reconnais pas toujours son esprit sévère et scientifique. Les associations d'ouvriers, que M. Mill décrit fort au long, ont échoué, à quelques exceptions près, trèsdignes de sympathie, et que je souhaite, quant à moi, voir se multiplier autant qu'on peut raisonnablement le désirer. Elles ont échoué, disons-nous, après avoir traîné une existence misérable pendant quelques mois ou quelques années. A quoi ont servi les trois millions que leur a fournis, à titre d'expérimentation, le gouvernement issu des barricades de 1848, sinon à leur procurer une prolongation d'existence des plus éphémères? Et comment pourrait-il en être autrement avec un mode d'association qui trouve dans les conditions mêmes de toute entreprise des difficultés souvent infranchissables, dont le célèbre économiste, évidemment préoccupé, ne paraît tenir que très-peu de compte? L'idée que toute entreprise veut un chef, une tête, une direction responsable, peut-elle-être méconnue par un si judicieux observateur? Toute association qui confie des pouvoirs illimités et des prérogatives de rétribution à un gérant responsable unique abdique et passe de république en monarchie; elle se redonne un *patron*. Si elle ne dépose en ses mains qu'une autorité temporaire, discutée, contrôlée, elle tombe dans l'anarchie et aboutit à une ruine inévitable. Ce n'est pas, je le répète, que j'entende porter la condamnation absolue de l'association d'ouvriers-entrepreneurs mettant en commun leur industrie et leurs capitaux, sous la réserve expresse que le partage du bénéfice total aura lieu en tenant compte de l'inégalité des efforts et des mérites. Mais l'association ainsi comprise restera toujours d'une application difficile et en outre assez restreinte. Comment ne pas voir que l'extension indéfinie qu'on a rêvée pour l'association ouvrière rencontre d'invincibles obstacles? L'un est dans la nature des choses, car il est telles industries, celles, par exemple, qui s'organisent en grande manufacture, qui s'y refusent absolument; l'autre est dans la nature humaine, car tout homme n'est pas, on l'oublie trop, d'humeur ou d'étoffe à faire un associé. L'association

29.

suppose des risques et implique un perpétuel exercice de la responsabilité dont tout le monde ne saurait
s'accommoder. Vous semblez, vous, calme observateur,
vous, économiste sérieux, voir, comme Lamennais,
comme Chateaubriand, dans le salariat une dernière
forme de servitude. Je crois que vous vous trompez.
Le salaire, cette forme fixe, assurée de la rémunération, soumise certainement à de moindres incertitudes
que les bénéfices problématiques d'associations sans capital suffisant et sans habileté de direction, le salaire est
dans une foule de cas la forme de rémunération qui
s'accorde le mieux avec l'indépendance. Elle laisse du
moins l'esprit en repos. Si le travail n'est pas trop absorbant, elle permet quelque loisir à l'intelligence en
dehors des préoccupations du lucre. Cette absence de
soucis, ce penchant pour la sécurité n'est-ce point là
la cause ordinaire du goût si commun pour les fonctions
publiques, si mal rétribuées pourtant? Tout plan d'amélioration du sort des ouvriers qui veut atteindre son but
doit tenir compte de la diversité des facultés et des goûts.
Le salariat, dont on prédit la ruine, fera sans doute une
place croissante à l'association, mais il subsistera par la
complicité de ses prétendues victimes, parce qu'il répond non-seulement à l'inégalité des facultés et des capitaux, mais à un des plus impérieux instincts de la
nature humaine, celui de la sécurité, dégagée des embarras d'une responsabilité excessive et des calculs ha-
sardeux de la spéculation.

VII

La question des limites de l'intervention de l'État est la dernière qui ait occupé John Stuart Mill. On sait comment elle a été agitée et résolue par la plupart des économistes qui l'ont précédé. Presque tous ont renfermé l'action de l'État dans la protection à assurer aux propriétés et aux personnes, se fiant pour le reste au *laisser faire* et à la maxime que chacun doit être réputé le meilleur juge de ses intérêts. Presque tous aussi ont dérogé plus ou moins à la rigueur de cette maxime : Turgot pour l'instruction publique et quelques établissements de charité, Smith pour plusieurs grands travaux essentiels d'utilité générale et pour l'éducation populaire, etc., etc. M. Mill adopte, lui aussi, le principe de la liberté et de l'initiative individuelles, mais il y introduit des exceptions plus nombreuses. Il se montre, en définitive, partisan de l'intervention de l'État bien plus qu'il n'est ordinaire aux économistes anglais et même continentaux. Son mérite original est de rédiger la théorie de ces exceptions ; de là l'examen des diverses objections opposées à toute intervention gouvernementale, et deux sortes d'intervention proclamées par lui nécessaires : celle qui s'applique avec autorité en employant la contrainte, et celle qui, laissant les particuliers libres de conduire avec leurs ressources et comme ils l'entendent telle entreprise d'intérêt général, établit et dirige, au moyen des ressources de l'État, des entreprises semblables. Parmi les exemples de ces exceptions au principe du *laisser faire*, il faut placer l'éducation. Le gouvernement sort-il de l'exercice de ses droits légitimes en imposant aux parents l'obligation légale de donner à leurs enfants l'instruction élémentaire? Ne lui appartient-il pas de prendre des mesures pour assurer que l'instruction leur sera toujours accessible, soit gratuitement, soit au prix d'une légère dépense? L'instruction obligatoire se justifie aux yeux du publiciste anglais. Il pense que les parents ne peuvent être libres de manquer à leurs devoirs envers leurs enfants, qu'ils privent de l'aliment intellectuel non moins nécessaire à l'âme que la nourriture au corps, et d'un gagne-pain sans lequel ils connaîtront les tentations et les souffrances de la misère. Un pareil oubli des devoirs paternels n'est-il pas une sorte de délit envers les autres membres de la société, qui sont tous exposés à souffrir des conséquences de l'ignorance et du défaut d'éducation de leurs concitoyens? M. Mill ne s'arrête pas au principe de l'obligation, auquel un autre économiste éminent, Rossi, semble lui-même incliner. Il va plus loin, il va au delà de ce qui nous paraît soutenable quant à nous. Il veut la gratuité de l'instruction primaire, et fait d'une exemption de frais, très-naturelle et très-légitime en cas d'indigence, le privilége de toute la classe salariée. Il part de cette proposition, à mes yeux très-contestable, que les ressources des salariés ne sont presque jamais suffisantes pour couvrir la dépense qu'entraîne l'instruction primaire. M. Mill ne présente pas cette gratuité comme un droit, mais comme une forme de l'assistance. N'est-ce pas un des cas dans lesquels cette assistance se justifie le mieux? Peut-on ici lui reprocher de perpétuer l'état de choses qui la rend nécessaire, effet que produit trop souvent l'assistance? « L'instruction, dit-il, lorsqu'elle est réellement digne de ce nom, n'énerve pas, elle fortifie les facultés actives en même temps qu'elle les agrandit. De quelque manière qu'elle soit acquise, elle développe l'esprit d'indépendance; dans les cas où elle ne serait pas donnée si elle n'était gratuite, l'assistance sous cette forme produit un effet contraire à ceux qui la rendent fâcheuse sous des formes différentes : c'est une assistance qui met les gens en état de se passer d'être assistés. »

Comment ne pas reconnaître à ces signes la vérité du jugement que je portais sur M. Mill au commencement de cette étude, en l'appelant un disciple de Malthus ayant respiré l'air de notre temps? N'est-il pas un dissident au sein de l'école anglaise, lorsqu'il admet l'intervention légale pour la protection spéciale des enfants, des jeunes personnes, pour limiter la durée de certains contrats, pour imposer aux grandes entreprises de routes, de canaux, de chemins de fer, les conditions les plus avantageuses au public; pour assurer enfin aux indigents un minimum d'assistance? L'assistance légale, si redoutée par les économistes, trouve M. Mill un juge moins rigide. Il n'ignore, il ne nie aucun de ses inconvénients, mais il la juge nécessaire, en l'entourant autant que possible de certaines conditions qui l'empêchent d'être nuisible. Il croit qu'elle aussi, comme la bonté divine, doit luire même pour les pécheurs. A la charité privée la délicate distinction du mérite et du démérite; à la bienfaisance publique sagement restreinte le soin d'empêcher que la misère ne devienne la famine et ne tombe dans le désespoir.

Tel est l'ensemble des vues exprimées par le savant publiciste sur l'intervention de l'État ; il y a joint des idées remarquables sur la colonisation et les encouragements qu'elle peut, qu'elle doit même recevoir de gouvernements vraiment intelligents et à la hauteur de leur tâche. Par là se termine la vaste recherche entreprise par M. Mill sur les problèmes sociaux qui passionnent et partagent si profondément l'esprit de nos contemporains. Nous l'avons suivi dans cette étude avec l'intérêt qui s'attache à l'importance des sujets, ainsi qu'à la sincérité, à la vigueur, à l'exactitude ingénieuse de ses analyses, mais sans chercher à dissimuler que les principes philosophiques qui inspirent l'auteur anglais ne nous paraissent pas être ceux qui donnent leur base véritable aux droits, aux devoirs, aux intérêts même de la société. John Stuart Mill est *utilitaire*. Dieu nous garde de vouloir accabler un loyal penseur sous un mot d'école et d'en prendre prétexte pour contester ce qu'il y a de généreux dans ses opinions ! La doctrine de l'intérêt bien entendu étant admise, il est difficile de lui donner plus d'étendue, de l'appliquer avec une largeur qui tienne un plus grand compte de tous les instincts légitimes et de tous les besoins de la nature humaine. Mais cette négation du droit naturel, peu justifiable en théorie, présente en pratique des inconvénients et des périls. L'intérêt, quelque généralité qu'on lui prête, est un fondement trop mobile pour ne pas risquer d'être ébranlé par l'esprit d'utopie et l'esprit de révolte. Très-conforme quant aux résultats généraux avec la doctrine de la liberté, il ne peut lui servir de fondement légitime. La dignité, l'inviolabilité de la personne humaine précèdent et dominent les combinaisons les plus heureuses de l'intérêt. On n'est pas loin, avec John Stuart Mill, de voir dans la société une œuvre factice, purement contingente, qui n'offre par sa nature aucune résistance nécessaire et durable aux vains projets de ces réformateurs qui ont rêvé d'en changer radicalement les conditions. Là est, selon nous, la tendance fâcheuse du livre, tendance qui se traduit par endroits, mais qui est loin d'en affecter, on l'a vu, toutes les parties. Ce qui est excellent l'emporte chez lui de beaucoup sur ce qui est défectueux ; et l'on ne court point de risque à affirmer que l'illustre penseur gardera sa place parmi les plus éminents publicistes de notre temps.

VIII

Au moment où nous terminons cette étude, paraît la traduction française de l'ouvrage de M. Mill sur le *Gouvernement représentatif,* par M. Dupont White. Cet ouvrage arrive bien. La pensée se reporte de nouveau en France sur les théories constitutionnelles. On ne s'en est jamais plus inquiété en Angleterre. Le livre de M. Mill répond à cette préoccupation, qui tend à gagner toute l'Europe, d'une manière conforme à l'exacte nature d'esprit de son auteur. Sa recherche n'a presque rien d'abstrait et de métaphysique. Elle s'attaque aux conditions pratiques de viabilité et de sincérité du gouvernement représentatif. La forme de

l'ouvrage offre les mêmes qualités de précision, de rigueur. Ne demandez pas à l'austère écrivain cette
sorte de charme et d'agrément auxquels nous ont accou-
tumés les Montesquieu et même les Benjamin Constant
en traitant quelques-uns des mêmes sujets. M. Mill
écrit comme le ferait un physicien ou un chimiste,
transportant sa méthode habituelle d'investigation aux
matières gouvernementales. Ce n'est ni un orateur ni un
critique brillant et disert à la façon, par exemple, de
lord Macaulay. Il ne prétend ni à entraîner ni à éblouir
en instruisant. Il vise aux résultats; plus il en accu-
mule, plus on sent percer chez lui la satisfaction du
penseur. Son raisonnement est lumineux et serré; le
fond sur lequel il argumente présente une constante
solidité. Son analyse est un crible. Il ne fuit pas, il
recherche, au contraire, les points délicats, difficiles,
non résolus. A un pareil signe on reconnaît les esprits
féconds et les livres utiles. Notre temps ne s'y trompe
pas. C'est vers ce genre d'écrits, fussent-ils un peu dépourvus de grâce, mais allant au vif des questions et les
abordant avec netteté et avec force, que se portent chaque jour davantage les esprits sérieux.

Il est surprenant qu'un ouvrage traitant du gouvernement représentatif d'une manière dogmatique et suivie
manquât aux deux pays qui ont cherché avant tous les
autres à s'assimiler les conditions de ce gouvernement,
et cela peut étonner, surtout chez nous, qui aimons en
général à formuler nos idées d'une façon théorique. La
politique, après tant d'ouvrages généraux, de brochures
et de discours, ne possède pas encore un bon traité élémentaire. On méprise peut-être trop ce genre de livres.

L'éducation des esprits ne se fait guère sans eux. Je sais combien l'on a abusé, au dernier siècle, des catéchismes philosophiques, genre ennuyeux et aride, en outre peu efficace, lorsqu'il n'exprime que d'éphémères systèmes. Mais comment ne pas voir aussi que, dans toutes les sciences ayant acquis un certain degré de certitude et d'avancement, ces traités substantiels et méthodiques sont les véhicules les plus puissants de la diffusion des connaissances acquises? On dit que la vie politique est la meilleure école de la politique; je le crois aisément; en est-il moins vrai qu'en rien la pratique ne se suffit à elle-même? Chez les peuples où la pratique manque, n'est-ce pas une nécessité d'autant plus impérieuse d'y suppléer par la théorie? Peu importe que la politique ne soit point un dogme qu'on formule avec la dernière précision. Peu importe qu'on dise qu'il ne saurait y avoir ni catéchisme ni hérétiques là où il n'y a point d'église. Au moins faudrait-il que les questions fussent clairement posées. L'obscurité ne profite qu'aux malentendus. L'ignorance des principes fait un mal incalculable. Elle atteint dans notre pays des proportions effrayantes. Trente années de discussion à la tribune ont passé sur la tête des jeunes générations sans, je le crains, y rien faire entrer. Connaissent-elles les règles les plus élémentaires de la politique? savent-elles seulement que ces règles existent? Si l'on croit y suppléer par la discussion éphémère des journaux, on se trompe beaucoup. Il faut un enseignement régulier aux intelligences ignorantes et distraites. Il faut commencer par épeler pour apprendre à lire.

Jusqu'à quel point les formes de gouvernement sont-

elles une affaire de choix ? Cette question, qui doit
préoccuper avant tout une intelligence sévère et un esprit
pratique, n'a guère été, que je sache, traitée directement
avant M. Mill, qui en fait le premier objet de sa recherche méthodique. N'est-il pas facile toutefois de reconnaître dans les solutions qu'elle a reçues avant lui la trace
des deux systèmes dont la philosophie du droit a été de
notre temps le champ de bataille ? L'un, purement historique, considère les institutions comme une sorte de végétation naturelle ; l'autre, exclusivement théorique, y voit
une pure affaire d'invention et de combinaison. L'un met
tout dans la tradition, l'autre dans l'innovation. L'un
incline au fatalisme, l'autre exagère la liberté. A cette
dernière école appartenaient en général nos réformateurs
et nos révolutionnaires. Loin de moi de leur reprocher,
comme c'est aujourd'hui de mode, d'avoir cru aux droits
de l'homme ! Quoi qu'on en ait dit, le droit n'est pas une
résultante, le fruit artificiel des arrangements sociaux,
il est un principe. On ne l'invente pas, on le trouve.
Mais je tiens à ajouter qu'on le trouve peu à peu. Le
droit ne se développe pas plus en un jour que la géo-
métrie n'est sortie complète de la tête du premier ma-
thématicien. Les formes du droit sont changeantes et
progressives. Par bonheur pour la civilisation, nous y
avons fait depuis un siècle et nous y ferons encore des
découvertes. Dieu n'a pas voulu que cette mine féconde
sur laquelle vit l'humanité pût jamais être épuisée. La
croyance au droit naturel n'exige donc pas, selon moi,
le sacrifice de la croyance au droit perfectible. Elle n'autorise pas à nier le passé et à le fouler aux pieds. L'école
philosophique et l'école historique ne sont séparées que

par l'excès de leurs prétentions. L'une ne voit que l'immuable, l'autre que la mobilité ; le progrès est le trait d'union des deux idées. Rien ne peut nous obliger, grâce au ciel, à adopter ni une théorie qui inspirait à Hérault de Séchelles l'ingénieuse idée de demander un exemplaire des lois de Minos pour que leur prétendue perfection idéale inspirât le législateur d'une nation vieille de plusieurs siècles de monarchie et de christianisme ; ni un système qui a pour conséquence, avec les disciples de M. de Maistre ou même avec l'école de M. de Savigny, la dangereuse pensée que le présent sort aussi nécessairement du passé que l'enfant du sein de la mère après la période marquée de gestation. A chaque instant de son développement l'homme intervient. Il n'y a pas d'interrègne du libre arbitre. Une constitution n'est pas seulement le résumé d'un état social. Toute constitution libérale ouvre une issue aux réformes. Si le présent n'était que le fruit nécessaire du passé, rien ne serait plus inutile que les recherches des publicistes sur le gouvernement. A quoi bon proposer aux sociétés des règles idéales, qui seraient d'avance déclarées vaines? M. Mill pense avec beaucoup de raison que les sociétés comme les individus se tracent des règles de conduite par lesquelles elles s'engagent sans absolument s'enchaîner. Il n'admet point qu'un législateur puisse aujourd'hui, comme Lycurgue à l'égard des Spartiates, faire faire à tout un peuple le vœu perpétuel de garder une constitution sans changement. Un peuple qui prêterait ce serment ne le tiendrait pas. Comment ignorer que la tendance des peuples modernes, de la France du moins, a été plutôt de violer leurs vœux politiques même purement temporaires? Si le libre arbitre intervient dans le choix des constitutions, M. Mill remarque et surtout demande qu'il se déploie aussi d'une manière ininterrompue dans leur maniement quotidien. Outre l'acquiescement, ne faut-il pas de la part de la société une coopération active, sans quoi l'œuvre est une œuvre morte en naissant. Une constitution subie, acceptée même, mais que ne vivifieraient pas une participation directe et un attachement profond (l'auteur du *Gouvernement représentatif* insiste là-dessus) ne durerait pas plus que la nécessité ou que le concours de circonstances accidentelles qui l'a fait naître. Selon M. Mill, trois conditions sont impliquées par tout gouvernement qui n'est point l'œuvre éphémère de quelque accident fortuit : 1° le peuple auquel on destine une forme de gouvernement doit consentir à l'accepter, ou du moins il ne doit pas s'y refuser, de façon à opposer un obstacle insurmontable à son établissement ; 2° il doit avoir la *volonté* et la *capacité* de faire ce qui est nécessaire pour en maintenir l'existence ; 3° il doit avoir la volonté et la capacité de faire ce que cette forme de gouvernement exige de lui, et sans quoi elle ne pourrait atteindre son but.

Combien ne sommes-nous pas déjà loin de cette école qui semble croire qu'il suffit de tracer le portrait purement idéal d'un gouvernement achevé pour que tous les peuples soient en état de le pratiquer ! Les maximes des écrivains politiques du dernier siècle avaient ce tort. Dans leur généralité extrême, elles paraissaient s'appliquer aussi bien aux Malais et aux Hottentots qu'aux nations civilisées. Je ne crois pas que ce soit

aux sauvages Indiens que M. John Mill ait eu l'intention d'appliquer cette phrase : « Si un peuple, dans
un moment de découragement, ou dans une panique
temporaire, ou dans un accès d'enthousiasme pour un
individu, peut être amené à déposer sa liberté aux pieds
d'un grand homme, ou bien à lui confier des pouvoirs
qui le rendent capable de renverser les institutions, ce
peuple est plus ou moins impropre à la liberté ; et quoique de l'avoir possédée, même pour quelque temps,
puisse lui avoir fait du bien, il tardera extraordinaire-
ment à en jouir. »

Triste pronostic ! Faut-il en concevoir du découragement ? Si une nation fait plus aisément ce à quoi elle
est accoutumée, est-elle donc à jamais incapable de faire
des choses qui lui sont nouvelles ? Cette dose d'aptitude
à faire de nouvelles choses est, au contraire, un des éléments importants de la question. Qu'elle existe à un
degré suffisant, que les conditions indiquées par le publiciste se trouvent réalisées, il ne sera point chimérique
de rechercher quelle est la meilleure forme de gouvernement. Et voilà encore pourquoi il faut compter sur la
puissance de l'enseignement. Le politique qui écrit agit
à sa manière. Il agit sur la constitution du gouvernement en agissant sur l'opinion. Quelle force est plus
grande que celle-là ? « Une personne avec une croyance,
dit M. Mill, est une force sociale égale à quatre-vingt-
dix-neuf autres personnes qui n'ont que des intérêts. »
Est-ce là un simple lieu commun, le développement
plus ou moins vague du mot de l'économiste Quesnay,
répondant à ce courtisan qui disait que la hallebarde
mène le monde, que « c'est l'opinion qui mène la hal-

lebarde ? » Il y a longtemps qu'on a appelé l'opinion la reine du monde. Mais combien cette royauté n'est-elle pas nouvelle en politique! Les faiseurs de projets s'adressaient autrefois aux gouvernements, peu aux peuples. La puissance des idées sur les faits de l'ordre social et politique s'est accrue aujourd'hui. Ce n'est pas, quoi qu'on en ait dit, non, ce n'est pas surtout par des considérations empruntées aux intérêts matériels, mais bien par la propagande des idées morales et chrétiennes, que l'esclavage des nègres a pris fin dans l'empire britannique et ailleurs. Et n'est-ce pas à la naissance d'une opinion plus éclairée que les serfs de Russie doivent en ce moment leur émancipation?

Je recommande dans le livre de M. Mill le chapitre où il se demande à quel *criterium* on peut reconnaître une bonne forme de gouvernement. Pour l'auteur du livre sur la *Liberté*, l'individu, on l'a vu précédemment, est la substance même dont est faite la société. Fidèle à son principe, il insiste sur cette pensée féconde que c'est par la valeur développée chez les individus que la valeur des institutions se détermine. On a fait consister le but des gouvernements tour à tour dans l'ordre et dans le progrès. Cette dernière formule est-elle satisfaisante et complète? On le croirait, parce qu'elle contient l'ordre, tandis qu'il n'est pas vrai au même degré que l'ordre contienne le progrès; n'est-elle pas encore insuffisante pourtant? M. Mill place ici une remarque qui n'est pas sans importance. Il ne suffit pas de se préoccuper du progrès des institutions, mais de pourvoir avant tout à ce qu'elles ne rétrogradent pas. Ne croyez pas que ce soit une affaire si simple, ni qui suppose un emploi médiocre de forces morales, sociales et de faibles combinaisons politiques. Les anciens allaient jusqu'à penser, à tort sans doute, que toute la tâche du gouvernement consistait à maintenir l'institution primitive dans sa pureté pendant un temps indéfini. Il y a ceci de vrai dans la conception antique, qu'alors même qu'il n'y aurait aucune amélioration à espérer, la vie des États, comme celle des individus, n'en serait pas moins une lutte incessante contre les causes de détérioration. Ne voyez-vous pas que les folies, les vices, les négligences, la nonchalance de tous ou d'une seule classe importante constituent une force qui sans cesse entraîne à mal les affaires humaines? L'unique contre-poids de cette force, où est-il, sinon dans des efforts énergiques, éclairés, répétés sans cesse? Une légère diminution de ces efforts non-seulement arrêterait net le progrès, mais tendrait, songeons-y bien, à une détérioration rapide et croissante, de plus en plus difficile à empêcher. Il faut donc toujours en revenir à l'établissement d'une forme de gouvernement qui modifie d'une façon favorable les qualités *morales, intellectuelles* et *actives* des êtres humains qui composent la communauté, de manière à offrir à la fois les éléments de résistance et les mobiles de progrès nécessaires. Je mets, pour ma part, une telle conception du gouvernement bien au-dessus de la définition commune qui assigne pour essence et pour but au gouvernement d'*assurer le bien-être* des administrés, comme si ce bien-être ne les regardait pas directement eux-mêmes, comme si le gouvernement était une providence qui prévoirait et agirait à leur place! Les freins politique, quoique fort utiles, n'agissent pas d'eux-mêmes. Pour que la bride dirige un cheval, il est évident qu'il faut le cavalier. Si les fonctionnaires qui doivent empêcher le mal sont aussi corrompus, aussi négligents que ceux qu'ils devraient réprimer; si le public, ressort principal de tout le mécanisme réprimant, est trop ignorant, trop passif, trop insouciant et inattentif pour jouer son rôle, n'attendez que peu de profit du meilleur appareil administratif.

Un gouvernement est un grand agent d'éducation nationale. Sa forme doit s'adapter à ce but. Elle varie beaucoup selon les différents pays et les différents degrés de civilisation. Le mérite indispensable qu'elle doit présenter, et en faveur duquel on peut lui pardonner beaucoup, c'est qu'elle se prête ou qu'elle ne s'oppose pas à ce que la nation franchisse le pas qui la sépare d'un progrès supérieur. L'auteur du *Gouvernement représentatif* suit cette vue jusqu'au bout. Il ne craint pas de légitimer le despotisme lui-même dans le passé, en l'appelant le gouvernement des lisières. Selon lui, l'amélioration des peuples sauvages ou barbares ne peut venir d'eux-mêmes : elle doit être apportée du dehors. J'ai déjà fait quelques réserves sur cette façon d'envisager le progrès social. M. Mill avoue lui-même que le despotisme paternel, comme on l'appelle, s'est trop souvent employé à prolonger l'enfance des êtres incomplets dont il avait à faire des hommes. Il avoue que les lisières ne sont admissibles que comme un moyen d'habituer graduellement un peuple à marcher seul.

C'est ainsi que M. Mill concilie la théorie et la pratique. Il y a un idéal : mais tous ne sont pas également mûrs pour y atteindre. Le gouvernement représentatif est cet idéal, pourquoi? par la raison décisive que, sous ce régime, le gouvernant ne peut pas laisser de côté l'esprit des individus et améliorer pour eux leurs affaires sans les améliorer eux-mêmes. Quoi de plus concluant contre l'infirmité radicale de ce qu'on appelle un bon despotisme? Si un peuple pouvait être bien gouverné malgré lui, son bon gouvernement ne durerait pas plus, remarque l'auteur, que ne dure ordinairement l'indépendance d'un peuple qui la doit uniquement à des armes étrangères. Est-ce un pur paradoxe de soutenir avec M. Mill qu'un bon despotisme chez un peuple quelque peu avancé est plus nuisible qu'un mauvais? Ne détend-il pas, n'énerve-t-il pas bien plus qu'un despotisme odieux contre lequel on réagit, les pensées, les sentiments, les facultés d'un peuple? C'est le despotisme d'Auguste qui prépara les Romains à celui de Tibère. Un esclavage tempéré leur ôta peut-être l'énergie nécessaire pour se révolter contre un esclavage plus dur.

La participation de *tous* au gouvernement, tel est pour le hardi publiciste le but auquel il faut tendre. Comment ne pas convenir avec lui que les communautés libres, donnant une certaine part de droits politiques à la masse des citoyens, ont été plus exemptes de grandes injustices sociales, plus prospères, plus brillantes à tous égards que les autres communautés soumises à des lois étroites de privilége? Indépendamment de la meilleure direction imprimée aux affaires de la génération existante, n'exercent-elles pas une influence plus favorable sur les caractères, influence qui forme le titre le plus recommandable du gouvernement représentatif? Elle se résume en ceci, selon l'auteur, que le gouvernement représentatif développe les caractères *actifs* préférablement

30

aux caractères *passifs*. Le parallèle de ces deux sortes de caractères a inspiré à M. Stuart Mill des pages originales que je n'hésite pas à mettre au nombre des meilleures qu'il ait écrites comme moraliste. Il y a là des observations très-neuves sur l'alliance possible et même fréquente de l'esprit de révolte, et surtout de l'envie avec la passivité de caractère qui semblerait devoir les exclure, et dans laquelle les gouvernements seraient tentés de placer leur sécurité. La soumission et la résignation, quoique formant le caractère ordinaire des peuples chez lesquels domine le *type passif*, n'empêchent point les sentiments haineux de se produire. Les êtres les plus envieux de la terre sont les Orientaux. Chez les moralistes orientaux, dans les contes orientaux, l'homme envieux apparaît à chaque pas. La vraie résignation suppose l'activité courageuse, la renonciation volontaire, l'acceptation réfléchie du mal inévitable. Elle ne saurait se confondre avec la brutale inertie. Le caractère actif *s'aidant lui-même* peut s'assimiler ce qu'il y a de bon dans le type opposé, tandis que la réciproque n'est pas vraie. Nulle ressource là où manquent le désir et l'énergie. Or, les gouvernements libres sont pour les facultés actives une excellente école. Ils excitent par l'habitude de l'action à s'enquérir des raisons qui font qu'on agit. Ils poussent les hommes à réfléchir et à s'instruire. M. Mill cite ici les anciens, pour lesquels il ne professe pas un culte bien superstitieux. Assurément leur système social était fort défectueux; pourtant jusqu'à quel niveau intellectuel la pratique des affaires judiciaires et politiques n'élevait-elle pas un simple citoyen d'Athènes! A cette école l'âme se forme comme l'intelligence. Être appelé à peser des intérêts qui ne sont pas les siens, sortir de la sphère étroite de l'égoïsme, chose immense, pas décisif dans la voie de la moralité, pour s'élever à la notion du bien public, quoi de plus fécond et de plus fortifiant? S'il en est ainsi, comment songer à des exclusions systématiques des droits politiques? La participation au gouvernement ne doit-elle pas être aussi grande que le permet le degré de civilisation? Ce n'est pas à dire pourtant que tous puissent *gouverner*. Les démocrates partisans du gouvernement direct du peuple par le peuple se trompent de pays et de date. Ils prennent les grands États modernes pour les petites républiques de l'antiquité. Il n'est point jusqu'à Rousseau, moins insensé que beaucoup d'entre eux, qui ne se moque du *représentatif*. Il faut savoir nous en contenter. La participation de tous au gouvernement, pour n'être pas immédiate et continuelle, n'en est pas moins réelle. Nommer des représentants, juger les actes, les pouvoirs publics par la presse et par les autres moyens à l'usage des pays libres, suivre chaque jour ce grand mouvement sur lequel on est appelé à prononcer en dernier ressort, n'est-ce pas véritablement vivre de la vie politique?

Nous en avons dit assez pour qu'on ne soit pas tenté de voir dans M. Mill un de ces théoriciens qui ne font autre chose que d'élever à la hauteur d'un système les faits purement nationaux. En le jugeant comme économiste, j'ai montré chez lui la tendance plutôt contraire. Il réagit contre les faits plutôt qu'il ne les subit. Écrivant en Angleterre, il pense en cosmopolite. Son ouvrage politique n'est pas une apologie indirecte de la constitution britannique. La façon dont il la juge et les réformes très-hardies qu'il propose attestent, ici comme ailleurs, sa liberté d'esprit. M. Mill n'est pas un pur parlementaire. Il ne concentre pas tout pouvoir dans la Chambre des communes, ni même dans les deux chambres. Partisan d'une certaine pondération des pouvoirs, il ne se dissimule ni la possibilité, ni les dangers des conflits qui peuvent éclater entre eux. Pourtant il trouve bon que la prépondérance de celui auquel appartient le contrôle final ne soit point écrite dans la loi. Pour prévenir et atténuer les chocs, il se fie sur ce qu'il nomme la moralité politique du pays. Grande et juste pensée! Elle réfute mieux que tous les arguments les objections faites par les adversaires des théories d'équilibre en matière gouvernementale. Qui doute que l'équilibre absolu ne soit ni possible ni désirable? Équilibrer des pouvoirs d'origines diverses, qu'entendre par là, sinon constituer des tempéraments qui empêchent la tyrannie soit du pouvoir exécutif, soit d'une assemblée? C'est la sagesse de ceux qui les pratiquent qui fait en grande partie la bonté des institutions, et les meilleures par le mécanisme ne peuvent se passer de cette sagesse. Tout partisan décidé qu'il est de la prépondérance de l'élément populaire et de la Chambre des communes, M. Mill prend un soin presque minutieux à renfermer les assemblées délibératives dans un cercle rigoureux d'attributions. Il prend garde surtout à ce que l'administration n'empiète sur la politique. Certaines choses, dit-il, ne peuvent être faites que par des assemblées, d'autres ne peuvent être bien faites par elles. Il y a une différence radicale entre contrôler les opérations du gouvernement et les accomplir soi-même. *Nulle collection d'hommes n'est propre à*

'*action*. Veiller à ce que ceux qui gouvernent s'ac-
[uittent bien de cette difficile besogne, n'est-ce donc pas
ıne tâche qui peut suffire à l'ambition des assemblées?
mpropres à gouverner dans le sens le plus élevé du mot,
:ombien ne le sont-elles pas plus encore lorsqu'elles en-
reprennent de prononcer sur des mesures spéciales! On
ı rarement caractérisé cette prétention trop habituelle
l'une façon plus juste et plus sévère : « A mettre les choses
ıu mieux, dit l'auteur, c'est l'inexpérience siégeant pour
uger l'expérience, c'est l'ignorance siégeant pour juger
.e savoir; l'ignorance qui, ne soupçonnant jamais l'exis-
.ence de ce qu'elle ne sait pas, est également insouciante
ıt hautaine, traitant avec légèreté, si ce n'est avec colère,
:oute prétention à émettre un jugement plus digne de
:onsidération que le sien. » Ajoutez que la responsabilité se perd en s'éparpillant. Les mauvaises mesures et
les mauvais choix peuvent être contrôlés par le Parlement, mais « *quis custodiet custodes?* » qui contrôlera
le Parlement? Les assemblées se laissent facilement entraîner. Elles subissent la pression de l'opinion; elles
font elles-mêmes partie du public. Leurs voiles se gon-
flent à tous les souffles qui le poussent. Le gouvernail
exige de celui qui le tient plus de calme, et il faut qu'au
besoin il sache gouverner contre le vent. Où a-t-on jamais
vu des corps nombreux s'inquiéter jamais dans leurs choix
des aptitudes spéciales? « Un homme, *à moins qu'il ne
soit bon à pendre*, est regardé comme tout aussi capable
que tout autre de tout emploi qu'il lui plaît de solici-
ter. » Si les pires nominations sont celles qu'on fait pour
gagner un appui ou pour désarmer l'opposition dans
le corps représentatif, à quoi donc faudrait-il s'attendre

si les nominations étaient faites par le corps lui-même?

M. Mill va plus loin; il émet une proposition qui choquera peut-être plus d'un partisan du gouvernement parlementaire; il ne pense pas qu'une assemblée nombreuse soit propre au travail direct de la législation. Rien ne peut suppléer à des études longues et laborieuses, et ne demande autant d'ensemble et d'harmonie que la confection des lois. Les comités choisis dans le sein de l'assemblée lui paraissent même un moyen insuffisant pour remédier à cette confusion, et il en donne des raisons détaillées. Il chargerait volontiers un corps spécial de la préparation des lois, et ce corps, si je ne me trompe, ne serait pas fort éloigné de ressembler à ce qu'est aujourd'hui notre conseil d'État. L'assemblée délibérative, telle que la conçoit l'auteur du *Gouvernement représentatif*, que fera-t-elle donc? — Elle délibérera. — Quoi! est-ce là tout? Ne retombons-nous pas dans le reproche adressé si souvent aux chambres représentatives d'être le séjour triomphant du bavardage? J'aime voir le sincère écrivain faire justice de ce reproche dont on a pour le moins abusé, lui si sévère pour les défauts du gouvernement parlementaire. Il ne comprend pas qu'une assemblée puisse employer son temps plus utilement qu'à parler, lorsque les sujets de ses discours sont les grands intérêts publics, et lorsque chacune de ses paroles représente l'opinion d'une classe importante de la nation ou d'un individu éminent.

Il faudrait transcrire tant de réflexions pleines de portée sur les infirmités et les dangers auxquels le gouvernement représentatif est sujet! On se dit que ces institutions doivent avoir bien de la valeur, pour qu'un esprit aussi clairvoyant sur leurs inconvénients, leurs difficultés, leurs maladies, se montre attaché avec tant de ferveur au gouvernement représentatif. Oh ! si ce sentiment viril qui anime un des plus puissants penseurs de l'Angleterre, et qui le pousse à épouser si passionnément une cause dont il a sondé plus que personne les côtés attaquables, était plus commun chez nous, quel chemin aurait fait la France dans la carrière de la liberté politique ! Que de pas en arrière elle se serait épargnés ! Que de repentirs elle n'eût point eus ! Grand et heureux pays, quoi qu'on en dise, que celui où toutes les plaies, soit des institutions, soit de la société, peuvent être étalées à tous les regards sans exciter une autre pensée et une autre passion que le désir de l'amélioration ! C'est ce désir énergique qui inspire M. Mill. Le mal qu'il semble redouter pour les institutions représentatives et pour la société, c'est avant tout la tyrannie des majorités. Le monde, qui en doute? est en marche vers la démocratie. Jusqu'à présent, le caractère de la démocratie a-t-il donc été tel que les minorités aient eu beaucoup à s'en louer? N'est-il pas possible que le pouvoir dominant soit sous l'influence d'intérêts de classes ou de coteries, qui lui imposent une tout autre conduite que ne le voudrait la considération impartiale de tous les intérêts? « Supposons une majorité de blancs et une minorité de nègres, ou *vice versâ*, est-il croyable que la majorité va se montrer équitable envers la minorité? Supposons une majorité de catholiques et une minorité de protestants, ou le contraire, n'y aura-t-il pas même danger? Ou bien, supposons une majorité d'Anglais et une minorité d'Irlandais, ou l'opposé, est-ce qu'un pareil mal n'est pas

*

infiniment probable? En tous pays, il y a une majorité
de pauvres et une minorité qui, par opposition, peut
être appelée riche. Entre ces deux classes il y a, sur
beaucoup de points, opposition complète d'intérêts ap-
parents. Nous supposerons la majorité suffisamment
intelligente pour comprendre qu'il n'est pas de son
intérêt d'affaiblir la propriété, et qu'elle serait affaiblie
par tout acte de spoliation arbitraire. Mais n'est-il pas
fort à craindre qu'elle ne rejette sur les détenteurs de la
propriété foncière et sur les revenus les plus gros une
part excessive du fardeau de l'impôt, ou même ce fardeau tout entier, et qu'ensuite elle n'augmente les impôts sans scrupule, sous prétexte qu'elle les dépense au
profit de la classe ouvrière, etc.? » C'est mettre le doigt
sur la plaie, au risque de faire crier le patient. Mais
il faut indiquer le remède. M. Mill pense que, sans ôter
à la minorité son caractère d'infériorité inévitable, on
peut atténuer ce caractère en la faisant entrer au sein
des assemblées dans une proportion plus considérable.
Le plan qu'il développe à ce sujet avec de grand détails
est extrêmement curieux. Il l'emprunte en grande partie
à un publiciste dont il loue beaucoup le mérite et la
pénétration, M. Thomas Hare. Il s'agirait, à côté de
l'élection des députés qui présente un caractère purement local, de faire nommer par une masse de voix
recueillies dans tout le pays les hommes marquants ne
réunissant point assez de suffrages dans un seul collége
électoral pris à part. Je n'expose ni ne juge ce très-in-
génieux mécanisme, rendu au moins fort spécieux par
M. Mill, qui le proclame à l'abri de toute objection solide
et discute une à une les raisons qu'on y oppose. J'en

apprécie seulement l'esprit, et je ne puis refuser ma vive
et sympathique approbation à la pensée qui en est l'âme.
Il n'y aurait pas seulement là pour les minorités une
garantie très-désirable. La nomination d'un certain nombre de représentants par des voix prises dans la totalité
du pays aurait un avantage qu'on ne saurait priser trop
haut, celui d'introduire au sein du Parlement les hommes distingués auxquels manque une influence locale
suffisante pour contre-balancer tel candidat plus obscur,
mais mieux appuyé, soit par le gouvernement, soit par
les partis. M. Mill fait entendre qu'en Angleterre même
il s'en faut beaucoup, malgré le préjugé contraire, que
toutes les supériorités puissent avoir l'accès du Parlement. Que dirai-je donc de la France? Il est tels hommes
dont le nom se présente à tous, gloire de leur pays, de
leur siècle même qu'ils éclairent et qu'ils dominent par
leurs écrits, et qui ne pourraient trouver aujourd'hui
une circonscription électorale qui les envoyât siéger à la
Chambre. Est-ce conforme au sens libéral de ce grand
mot de gouvernement *représentatif?* Les services éclatants, la supériorité d'intelligence, populaires dans tout
un pays, pourront-ils être tenus à la porte d'une assemblée sans y entrer, par le défaut des combinaisons élec-
torales? Suffit-il de fixer quelques-unes de ces supériorités, quand arrive l'âge du repos, dans une Chambre
des lords ou dans un Sénat? Cette exclusion de la vie
politique d'hommes qui sont certes la *représentation* la
plus éclatante de leur temps est une injustice, un contre-
sens, un mal qui tend à rapetisser le gouvernement
représentatif, à assurer le règne de la médiocrité, à
matérialiser à l'excès le gouvernement, en ne rendant

guère son accès possible qu'à la propriété et à l'argent.

Je n'insisterai pas sur un autre procédé de votation recommandé par l'auteur, et qui prouve combien ce publiciste, démocrate pourtant, se défie du nombre. Ce procédé ne consiste ni dans le suffrage restreint qu'il combat, ni dans le suffrage à deux degrés, contre lequel il s'élève avec beaucoup de répugnance. Il voudrait que tout homme sachant lire, écrire et compter votât, mais que les voix n'eussent pas toutes la même valeur, celles que recommande la supériorité non de fortune, mais de savoir et de mérite, comptant pour plusieurs. Je crains que M. Mill ne se fasse illusion, en croyant que cette idée, en elle-même d'une application peu facile, se ferait aisément accepter par les masses. A tout prendre, l'élection à deux degrés, ou le suffrage très-étendu, très-accessible, sans être universel, ne me paraissent point des combinaisons plus impopulaires que celle qu'il propose. L'auteur du *Gouvernement représentatif* va jusqu'à plaider pour l'admission des femmes au droit de suffrage. C'est une idée sur laquelle je demanderai à ne pas suivre l'éminent publiciste. Qu'il me permette de ne pas me croire pour cela un philosophe routinier ou un politique rétrograde. Si les femmes doivent voter comme leurs maris, à quoi bon? Si elles doivent voter dans un sens opposé, les rapports de la famille n'en souffriront-ils pas plus que la vie publique n'en profitera? Les femmes se mêlent par leurs sentiments aux grands courants de la vie publique. Elles y apportent leur contingent de passion et d'enthousiasme. Elles ont créé une auréole à la vieille monarchie française. Leur antipathie n'a pas porté bonheur en France à la république.

Combien de moyens d'influer sur l'opinion n'ont-elles pas ! « Cet enfant gouverne la république, car il conduit ma femme, et ma femme me mène, » disait un ancien. Un vote déposé dans l'urne du scrutin, quelle misère au prix de cet empire ! Franchement le rôle de la femme est-il celui-là ? Nous avons, hélas ! beaucoup de peine en France à avoir des *citoyens*, qu'est-ce que ce sera, grand Dieu ! quand il s'agira de créer des *citoyennes ?* Ce serait d'autant plus nécessaire dans cette situation nouvelle, que je ne comprends pas la femme électeur sans la femme éligible. La femme électeur implique la femme *députée* et *pairesse*. N'insistons pas. La femme politique est une exception dont je ne veux pas dire de mal. J'avoue seulement que je l'admire plus, même là, sous la forme du sentiment que de l'esprit, et que je l'aime mieux héroïne du dévouement que premier ministre. J'aurais peu de goût pour madame Roland si elle eût réussi. Son succès ne m'eût montré que son génie, sa défaite et son supplice font éclater sa grandeur d'âme. Je cherche en vain ce que gagnerait la société à ce que cette exception, trop souvent mal venue, de la femme politique, se généralisât ; je vois encore moins ce qu'y gagneraient les femmes ; voilà ce qui me décide à prendre parti contre l'idée de la femme citoyenne que M. Mill expose ici, sans que je sois bien convaincu qu'il en ait aperçu lui-même toutes les conséquences.

Je m'arrête. Il serait superflu d'analyser les chapitres dans lesquels l'auteur entre dans des détails plus précis encore d'organisation, qui tous présentent quelque chose de neuf et de piquant, d'instructif et, je n'ai pas besoin de le dire, de hardi. On a le sens et l'esprit

de ce livre. Le retentissement en est grand ; il est mé--
rité; son succès s'accroîtra encore, il s'accroîtra à mesure
que s'étendra cet auditoire sérieux qui pense qu'après
avoir fait trop souvent de la politique une passion et un
jeu, il est temps d'en faire une étude. La liberté, fille
un peu trop ignorante, un peu étourdie, j'en ai peur,
de l'enthousiasme d'un peuple, est morte sous nos yeux.
Tâchons qu'un avenir meilleur attende la liberté fille
de la réflexion, et que l'histoire de France finisse comme
les contes de fées, par un légitime et heureux mariage
avec l'héroïne romanesque assez longtemps l'objet de
poursuites vaines et rassasiée d'un stérile encens.

FIN.

TABLE DES MATIÈRES

FIN DE LA TABLE.

Paris — Imprimerie de P.-A. BOURDIER et Cie, rue Mazarine, 30